大 学 问

始 于 问 而 终 于 明

四书通讲

刘强 著

广西师范大学出版社
·桂林·

四书通讲
SISHU TONGJIANG

图书在版编目（CIP）数据

四书通讲 / 刘强著. --桂林：广西师范大学出版社，2021.6（2025.3 重印）
ISBN 978-7-5598-3830-8

Ⅰ.①四… Ⅱ.①刘… Ⅲ.①儒家②四书－研究 Ⅳ.①B222.15

中国版本图书馆 CIP 数据核字（2021）第 098012 号

广西师范大学出版社出版发行
（广西桂林市五里店路 9 号　邮政编码：541004）
　网址：http://www.bbtpress.com
出版人：黄轩庄
全国新华书店经销
广西民族印刷包装集团有限公司印刷
（南宁市高新区高新三路 1 号　邮政编码：530007）
开本：880 mm ×1 240 mm　1/32
印张：15.375　　字数：330 千
2021 年 6 月第 1 版　　2025 年 3 月第 6 次印刷
印数：19 001~21 000 册　　定价：88.00 元
如发现印装质量问题，影响阅读，请与出版社发行部门联系调换。

目 录

自序 道的「窄门」

本书读法

第一讲 为学之道

一 「学习」的真义 2

二 学是为己，还是为人？ 6

三 为学的三种态度 12

四 为学的四大方法 16

五 为学的四种境界 20

第二讲 修身之道

一 为学与修身 30

二 修身之次第 31

三 修身之方法 36

四 修身之效用 49

第三讲 孝悌之道

一 「孝悌」也是「爱」 56

二 孝悌之效用 60

三 孝当合乎礼 64

四 孝须发乎情 69

五 孝必本乎义 72

六 孝道的人类学价值 76

第四讲 忠恕之道

一 夫子传道 82

二 何谓「忠恕」？ 87

三 「终身行之」唯有「恕」 90

四 忠恕之道与心性之学 93

五 「忠恕」的现代价值 102

第五讲　仁爱之道

一　「仁」的内涵与外延　111

二　仁者的表现与规模　119

三　仁宅的建构与生命智慧　131

第六讲　义权之道

一　「义者宜也」　143

二　「义」是「无可无不可」的智慧　146

三　「义」是人的内在合理性　157

四　经权之道，惟义所在　163

第七讲　诚敬之道

一　「诚敬」与「忠信」　169

二　诚敬之道与礼制完型「三部曲」　173

三　丧祭之礼与天人感通　180

四　明诚之教与天人合一　187

第八讲　正直之道

一　「正」「直」释义　194

二　「正身」与「正人」　197

三　「直心」与「直道」　200

四　好恶必察，报怨以直　206

五　亲亲互隐，直在其中　213

第九讲　中庸之道

一　何谓"中庸"？ 225

二　"攻乎异端"与"过犹不及" 228

三　"不为已甚"与"执两用中" 232

四　"君子时中"与"圣之时也" 237

五　"中庸鲜能"与"从容中道" 242

六　"博文约礼"与"止于至善" 248

第十讲　治平之道（上）

一　"为政以德"与"无为而治" 261

二　"礼治"与"刑政" 266

三　"民本"与"仁政" 272

第十一讲　治平之道（下）

一　"富民""教民"与"信民" 280

二　"选贤与能"与"循名责实" 288

三　"君臣之义"的现代诠释 294

四　"家国"与"天下" 302

第十二讲　齐家之道（上）

一　什么是"家"？ 314

二　作为共同体的"宗族"与"家庭" 316

三　"人伦"与"纲纪" 320

第十三讲 齐家之道（下）

一 夫妇判合，宜其室家 330

二 君子远其子，父子不责善 336

三 长幼有序，兄弟怡怡 340

第十四讲 教育之道

一 『为师』与『为政』 353

二 温故知新，教学相长 356

三 有教无类，因材施教 361

四 君子不器的『学习革命』 367

五 愤启悱发，教亦多术 374

六 『学缘』与『师道』 381

第十五讲 交友之道

一 何谓『朋友』？ 390

二 『朋友之义』 394

三 君子之交淡如水 401

四 『尚友』与『私淑』 406

尾声 道脉永传 411

附录 431

后记 465

自序：道的「窄门」

一

"四书"，是指《论语》《大学》《中庸》《孟子》四部儒家经典。一般认为，它们分别源自先秦儒家的四位代表人物，即孔子、曾子、子思、孟子，故又被称作"四子书"，简称"四书"。此"四子"，不仅皆有"圣"名——古人尊孔子为"至圣"、曾子为"宗圣"、子思为"述圣"、孟子为"亚圣"——而且师承明晰，线索宛然。随着历史的推移，这四位圣贤人物及其思想言论，在中国文化中的地位和价值日益彰显，并最终成为早期儒家"学脉"和"道统"的奠基者和代言人。

"四书"之名，始于南宋大儒朱熹。他编撰的《四书章句集注》，首次将《礼记》中的《大学》和《中庸》两篇，单独择出，与《论语》和《孟子》合为一体，不仅"激活"了蕴涵于"四书"中的儒家"道统"的新生命，而且开启了科举制度和经典教育的一个新时代。元、明两朝以至清末，在长达近七百年的历史长河中，

"四书"一直是科举考试的必读书,对于中华文明的赓续与民族精神的凝聚,起到了至关重要的作用。

不可否认,在中国古代文化史的坐标图上,元、明、清三朝基本上呈现出由"波峰"到"浪谷"的下降态势,以至形成了所谓"历史三峡"中最为凶险的"瓶颈"阶段,其积重难返的"现代转型"困境至今未能走出——我们的这一判断事实俱在,史有明证,不劳辞费。但是,如果抛开"以今律古""以西释中""以新非旧"的各种"现代性成见",有一点恐怕不能不承认,即在蒙、满二族入主中原,民族冲突与融合成为一大时代命题的历史背景下,中华文明的"慧命"虽然迭遭摧残,"花果飘零",甚至一度命悬一线,却终能浴火重生,绵延代序而至于今日。这其中,当然离不开无数仁人志士和英雄豪杰艰苦卓绝、向死而生的担荷与牺牲,不过,如果我们转换视角,问问何以手无寸铁的读书人,竟能在刀光血火中挺立人格、张扬节义、百折不挠、蹈死不悔?想想他们的精神世界和人格生命是如何得以"型塑",并展现出近乎宗教般的信仰品格和灵魂境界的?……这些问题一旦被追问下去,则作为王朝政教体系价值终端的"四书",其在近代以前多民族国家中的历史地位及文化价值,便会灵光乍现,呼之欲出。

我们无意也无须夸大任何一部经典在历史进程中的真实作用,但对于"四书"这样的经典而言,最为可怕的反倒不是"推明"和"阐扬",而是"低估"和"歪曲"。一个最为明显的例子,就是"朱元璋删《孟子》"。明太祖朱元璋登上皇位之后,不得不尊重"四书"在王朝政教体系中的经典地位,于是不惜动用手中的"绝对权力",对《孟子》中诸如"民贵君轻""土芥寇仇""独夫民贼"之类训诫共八十五条予以"删削"或"腰斩",仅留下了一百七十余条供天下士子诵读。这一史实告诉我们,"四书"不仅不是"养成奴性人格"的渊薮,其内在凝聚的"道"的能量,反而使其成了涵养士人节操、培植文化生命、唤起天道敬畏、制约皇权膨胀的肥沃土壤。换言之,在代表世俗权力的"势统"与代表天道信仰的"道统"的现实博弈中,"势统"要想获得其政权"合法性",依旧不得不借助"道统"的加持和护佑——这是"道尊于势"的儒家价值理想自始至终都没有退出历史舞台的明证。从这一角度说,承载"道统"理想的"四书"之于元、明、清之际的中华文化,几乎可谓虽不能"力挽狂澜于既倒",却足以为"维系斯文于不坠"的定海神针和中流砥柱!

我们固然可以批判皇权专制对圣贤经典的利用,使经典在某种程度上成了维护政权稳定的意识形态教条,但是,如果我们尚有基本理性,就绝不应该倒果为因,认定经典之所以被统治者利用,乃是因为其本身"有毒"!退一步说,即便经典真的"有毒",那也应该是"药毒",而非"病毒"。而历代统治者之所以借经典以自重,不过是因为他们自知"有病"——中外各种专制制度无不自带"病毒"——所以要用一剂"祖传秘方"般的良药来"对症下药","以毒攻毒"。至少,他们要向民众展示一种姿态,表明自己是"奉天承运""应天顺人""尊道行道"的,绝不至于昏聩到"讳疾忌医"的地步,如果有必要,他们甚至愿意"刮骨疗毒"!遵循"信言不美,美言不信"的逻辑,拥有现代理性的我们,当然可以甚至必须对历代专制统治者的这些"美言"表示怀疑,但我们就算再怀疑,也不应该殃及无辜——我们不能因为说话者失信,就将

"美言"或"经典"本身也一概否定。如果把经典比作良医，救死扶伤乃其天职，对病患自当一视同仁，岂能因求医者有道德缺陷，就拒之门外，见死不救？又或者，岂能因恶人利用良医为自己治病，就认为这良医是庸医甚至恶医了呢？

所以，经典被历代统治者利用，完全不损经典本身之价值，甚至恰是从反方向印证了其价值。同理，今天的人因为不明此理，而对经典妄下雌黄、极力诟病，除了证明自己的"傲慢与偏见"外，又于经典何伤呢？相比世界上有些地域和族群虽然也在地球上存续数万年以上，却至今依然没有形成自己的价值体系、文化经典和精英传统而言，作为"炎黄子孙"的我们，即使不应该沾沾自喜，妄自尊大，至少也不必妄自菲薄，顾影自怜，甚至自暴自弃吧。毕竟，一个有圣贤、有经典、有文化、有传统的民族是值得庆幸的，也是应该得到祝福的。

就中国传统学术而言，"四书"以及历史地形成的所谓"四书学"，可以说是当之无愧的儒家"道统"之始基，儒学"学统"之圭臬。"道统说"是由中唐大文豪韩愈发明的，就此开启了"北宋五子"（周敦颐、邵雍、张载、程颢、程颐）的理学革新运动，至南宋朱熹而得融贯之，条理之，并张大之。尤其是朱子穷一生之力，为"四书"所做的精彩注释，真可谓"转移风气，重昌绝学"，"融释归儒，厥功甚伟"[1]，使儒学的面目、气象与格局豁然为之一变。南宋以后，读书人若想通经致用，进德修业，鲜有不从"四书"下手入门者。要知道，一部经典的形成，绝非一时、一地、一人所可一蹴而就，以"四书"而言，不知经过多少大贤名儒"焚膏继晷，兀兀穷年"的世代接力，精研深考，扬榷诠释，才得以奠定其学术价值和道统地位。中国古典学问常常强调"天理"和"道心"的体察和传递，个体的人难免会有各种"私心杂念"，但当他面对浩瀚博大的经典时，必须怀揣一份虔诚庄敬之心，否则绝不可能完成经典的"发明"与"再造"。所以，经典所承载和彰显的绝不可能是某一人的私欲和偏见——即使偶有偏见，也会被后人的正见所覆盖——其所凝聚的乃是整个民族文化的魂魄，故经典之为物，实乃历代贤哲豪杰良知、学养、智慧和心血的结晶。

这样的经典，当然具有超越皇权和政统的历史文化"公信力"，因而常常成为圣贤精神和"道统"的象征。汉代《太平经》有云："拘校上古、中古、下古圣人之辞，以为圣经也。"这里必须指出一个事实，即"圣经"一词，绝非西洋文化的"舶来品"，而是中华文化的"土特产"——翻开自汉朝迄于清末的文献典籍，"圣经"一词几乎俯拾皆是，其所指代的，不是西方基督教的"新旧约全书"，而是儒家"十三经"系统的圣贤经典。就此而言，通常所说的"四书五经"，才是中华民族（至少是汉民族）自己的"圣经"。

相比各自独立、内容庞杂的"五经"而言，"四书"显然更具有"一以贯之"的系统性、逻辑性和哲学性，它不仅是中国人自己的"圣经"，也是中华文化的另一部"道德经"。和老子的《道德经》多谈"自然"与"天道"不同，"四书"所建构的，是一个立足于"人道"去体察"天道"，并致力于将"天道"下贯于"人道"，再以"人道"去承载"天道"的精神"道场"和思想世界。更有意味的是，如果我们把"四书"当作一个有机的整体，就会产生一种"整体大于部分相加之和"的"格式塔"效应。你会发现，宋儒把《礼记》中的《大学》《中庸》二篇单独挑出来，使之与《论语》和《孟子》相缉合，实在是一种"再造经典"的创举和壮举。而使这四部经典有效且有机贯穿的，正是一个大写的"道"字！

可以说，朱熹殚精竭虑以注"四书"，本身就是一个在"修道"中逐渐"悟道"，又借"四书"以"明道"和"传道"的精神探险，其心路历程之所以卓绝伟大，就在于他是站在整个民族的"精神巴别塔"上，以"人心"体察"天心"和"道心"，以"物理"求得"天理"和"道理"。所以，"四书"的汇聚，绝不是简单的"文本叠加"，而是把《论语》中子贡所"不可得而闻也"的"性与天道"等"大哉问"，通过《大学》《中庸》和《孟子》的"义理诠释"进一步酝酿、发酵、激活，并最终产生了一种类似"核聚变反应"的神奇裂变。儒学，正是经过这样一种更具形而上品格的"理学转型"，才终于能够上达"天道"，下启"人道"，实现了相对于先秦"轴心时代"的又一次"哲学突破"。从这个意义上说，"四书"又几乎可谓是一部"究天人之际""参赞天地之化育"的伟大"道书"！

二

这里，很有必要澄清今人对儒学的一个误解。受近现代以来百年反传统思潮的影响，今人多以为儒学只是追求功名利禄的庙堂之学，是不切实际甚至虚伪迂腐的高头讲章，已经完全不能适应现代社会与现实人生……凡此种种，不一而足。我以为，这些理解即使不能说全错，至少也是大错特错的！很多人带着这样的误解去看待以儒学为核心的传统文化，却完全无视儒学被毁弃之后的最近百余年，功利主义、官僚主义、威权主义等不仅没有在现实中消失，甚至比古代有过之而无不及的事实。有时候，基于道德教条的义愤常常蒙住了智慧的眼睛，我们常常因为对现实不满，就把所有责任"诿过"给了祖宗和传统，殊不知，现实的种种弊病，正有很大一部分恰是毁弃了祖宗和传统所使然。很多人对儒学的偏见，往往是建立在一知半解、道听途说之上，他们常常只是看到了"外王"之学的流弊，便兴奋得忘乎所以，完全不晓得儒学并不仅有"事功"这一个选项——儒学更为根本的"内圣"之学，是完全可以做到鄙薄富贵、傲视王侯，甚至视天下如敝屣的！

正如余英时先生所说："儒学不只是一种单纯的哲学或宗教，而是一套全面安排人间秩序的思想系统，从一个人自生至死的整个历程，到家、国、天下的构成，都在儒学的范围之内。"[2] 所以，仅仅把儒学当作一家学说、一种学派、一门学问，甚至一个学科，势必会造成对作为人类一大文明体系的儒学之"全体大用"的遮蔽、拘囿和扭曲。用现代的学科建制来反观儒学，不难发现，今天大学里的所有单一学科都不足以与儒学做"等量代换"。以人文社会科学为例，诸如哲学、历史学、文学、宗教学、法学、政治学、社会学、教育学、人类学、伦理学、心理学、艺术学等诸多门类，都不可能以儒学为分支学科，而反过来，它们却能在儒学的疆域内找到自己的学科位置。这一点，是古代意义上的如道家、墨家、法家、名家、兵家、农家、阴阳家等"诸子百家"不可比拟的，也是近代意义上的西方哲学、印度哲学以及佛教、道教等宗教无从望其项背的。作为一种"入世"的思想文化系统,儒学是一种包涵天人合一的价值信仰、内圣外王的治理之道、孝悌忠恕的伦理品格、仁爱义权的生命智慧、格致诚正的修养工夫、百科全书式的知识系谱……的多元、多维、开放、包容的人类文明体系。唯其如此,古代的学者——不管是哪一个思想流派或学术方向的学者——常常拥有一个大家喜闻乐见的"共名"——"儒者";其中最饱学、最有成就的学者,则被称作"大儒"或"硕儒"。如果我们只看到儒学呈现出来的某一个局部——有时是尚未全幅展开的逼仄而灰暗的局部——便以为自己看到了其包罗万象的整体,就难免会如盲人摸象、矮子观场一样,顾此失彼,以偏概全;长此以往,不仅得不出合情合理、实事求是的判断,也阻碍了自己的心灵向更大、更广的空间开放和拓展的可能。这不能不说是一个巨大的遗憾!

与西方文化重哲学思辨与逻辑推演不同,中华文化更为看重的是生命印证与躬行践履。中华文化念兹在兹的不过一个"道"字——"知道""闻道""悟道""体道""求道""行道""传道""达道""弘道"等等——可以说,诸子百家,各有其道。而儒学之道,总不离开一个"人"字,故儒学者,人学也;儒道者,人道也。儒学的最终目标,是要解决人生的种种问题,处理好各种关系——如人我关系、群己关系、天人关系、心物关系等。所以,"立己立人""达己达人""成己成人""爱人亲仁""尽心率性""知命知天",也即理想人格的不断完善与精神生命的全幅实现,才是儒学最初的生命关切,也是儒学最高的终极理想。

近百年以来,经典教育断裂,工具理性盛行,专业教育当令,致使在体制内完成中小学教育者,一旦进入大学,除非文史哲专业的学生,绝大多数人都与传统文化经典渐行渐远,再无交集。尤其是,在理工科专业至上的教育生态下,许多青年学子热衷于选择实用技能性专业,以为只要有了一技之长,能跻身收入稳定、衣食无忧的中产阶层,便算万事大吉,很多人再也不去读书,对天下大事漠不关心,对人文价值茫然无知,甚至对经典作品嗤之以鼻——这不能不说是当下教育和社会生态的一大弊端,其"病灶"源自现代人类共同陷入的精神疾患和价值危机。事实上,即便在现代化进程更为迅捷和领先的西方世界,人们对古代经典也是怀着崇高敬意的。我们通过"大数据"得知,诸多发达国家国民的读书水平远远超过中国,世界一流大学图书馆借阅率最高的前几种书多是文史哲经典,而中国大学的借阅排行榜,则贫瘠、世故、幼稚得令我们这些大学教师汗颜。这样的一种文化生态和阅读水准,连养成健康心智、健全人格尚且不能期待,又如何指望年轻学子能够对"四书"这样的经典,怀着一颗好奇、探索、怀疑、反思,或者尊敬、汲取、感悟、体证的"平常心"呢?

阿根廷小说家、诗人博尔赫斯(Jorge Luis Borges,1899—1986)曾这样解释经典:"经典不是指一本书拥有这样或那样的优点,经典是指一本被世世代代的人们由于各种原因的推动,以先期的热情和神秘的忠诚所阅读的书。"想想看,我们对自己的经典,是否还能够怀有这种"先期的热情和神秘的忠诚",或者如钱穆先生所说的"温情与敬意"呢?美国当代哲学家、《正义论》的作者罗尔斯(John Bordley Rawls,1921—2002)说:

> 我读前人的著作,如休谟或康德,有一个视为当然的假定,

即这些作者比我聪明得多。如果不然，我又何必浪费自己和学生的时间去研读他们的著作呢？如果我偶然在他们的论证中见到了一点错误，我的第一个反应是：他们自己一定早已见到了这个错误，并且处理过了。他们在哪里见到并处理了这点错误呢？这是我必须继续寻找的；但所寻找的必须是他们自己的解答，而不是我的解答。因此我往往发现：有时是由于历史的限制，我的问题在他们的时代根本不可能发生；有时则是由于我忽略了或未曾读到他们别的著作。总而言之，他们的著作中决没有简单的一般错误，也没有关系重大的错误。

我想，罗尔斯所谓"作者比我聪明得多"，不仅是对往圣先贤的真诚礼敬，也是对自己智识有限性的深刻洞察——这，才是我们读书应有的态度。

所以，对于今天的读者而言，通读"四书"，了解其所涵盖和传递的中国人的"日用常行之道"，就绝非仅有"知识考古学"的价值，而更有个体生命滋润与成长的意义。以我个人的经验和体悟而言，通过亲近古典去感悟大道，体贴圣贤，实在是一件"人间值得"的事情。

三

最后想说的是，本书的后半部分，基本上是在庚子年"新冠大疫"的"禁闭"中写成的。其间，我还涂鸦了近二十首旧体诗聊抒感喟，以遣忧闷。也就是在那样一种"不胜今昔之感"的处境和心境中，我反而更加坚信中华传统文化之"道"对于今日世界和人类的价值和意义。当整个世界恰逢动荡裂变、险象环生、危急存亡之秋，当人类社会几乎全体陷入迷茫、焦躁、恐惧而变得六神无主、手足无措之时，我们的确应该静下心来，收视反听，默诵古人的告诫，参悟圣贤的智慧，重建传统的价值，守住古老的信仰，反思当下的悖谬和乖戾——唯有立身于"道"中，方能"以不变应万变"！

庄子说："道术将为天下裂。"（《庄子·天下》）反观当今世界，似乎真被庄子"不幸言中"了！但是，当我们对"术"的诡谲、变诈、凶险感到绝望时，更应该相信"道"的清明、正大、广远！我们更应该坚定地相信——人类社会种种乱象、一切困厄和所有灾难，至少在相当大的概率下，乃是人类不知道、不合道、不顺道所致！

忽然想起一句西方谚语："上帝的归上帝，凯撒的归凯撒！"还有本土一首古老的祝辞："土反其宅，水归其壑，昆虫毋作，草木归其泽！"（《伊耆氏蜡辞》，见《礼记·郊特牲》）

让我借用以上的句式说一句："桥归桥，路归路；道归道，术归术！"

如果我们看到了"术"的机心、贪婪和丑恶，尽可以去批驳、揭露和摒弃；但切莫因此怀疑"道"的"真实无妄"与"廓然大公"！这绝不是迂腐，而是信念——对古老智慧的信念；甚至是信仰——对天道圣教的信仰。

如果因为挫折就不信，因为磨难就不信，因为别人质疑就不信,因为没看到结果就不信——那不是智慧,也不是理性,而只是蒙昧和怯懦,是自私和狭隘,甚至,是功利和世故!

夫"道"之为物,彻天彻地,至大至刚,可放诸四海而皆准,可俟诸百世而不惑;故曰:"天道有常,不为尧存,不为桀亡。"而"人"之为物,禀天地之精华,汲日月之灵气,可参赞天地,可位育万物;故曰:"人有气、有生、有知亦且有义,故为天下之最贵者也。"

"天道远,人道迩"。行远必自迩,登高必自卑。故一切学问,当自"人道"始。孔子说:"人能弘道,非道弘人。""天无私覆,地无私载,日月无私照"。一切善恶因果,皆非虚妄,"公道自在人心"。故天人合一之道,不感不通,感而遂通,一通则百通,通则可大可久。

"道"无处不在,人皆可行,而通向"道"的路口,却如陶渊明在《桃花源记》中所描述的那样,只有一道"初极狭,才通人"的"窄门"[3],不是每个人都能找到的。

摆在您面前的这本小书,浅薄微末,不过如恒河一沙,沧海一粟,实在不值一哂。作为一个年轻时深受反传统思想影响的曾经的"新青年",我不过是碰巧在人到中年时,通过谦卑的阅读和思考,隐约听到了来自远古的"道"的声音,然后斗胆将这声音再做"破译"和"解析",分享给有缘的读者罢了。在我看来,"四书"巍峨如山岳,其中有"道",其道有"脉",我不过是把我勘探出的一条隐而未显或者显而未彰的"道脉",笨拙地勾勒出来,煞有介事地设置一些道口和路标,以便于后来者识别而已。

我颇怀疑,我终究不过是陶渊明笔下的"武陵人",虽然在走出"桃花源"后,"处处志之",到头来,却只能落得个"遂迷,不复得路""后遂无问津者"的玄幻结局。

我只能默默祈祷——但愿不会吧!

2020年9月6日草就于守中斋

1 钱穆:《四书释义》,北京:九州出版社,2010年,第307页。
2 余英时:《现代儒学的困境》,见《现代儒学的回顾与展望》,北京:生活·读书·新知三联书店,2012年,第54页。
3 借用《马太福音》第七章耶稣对众人所说:"你们要进窄门,因为引到灭亡,那门是宽的,路是大的,进去的人也多。引到永生,那门是窄的,路是小的,找着的人也少。"世界几大古老文明,无不有"道",而进入其"道"的门,无不是乏人问津的"窄门"。

本书读法

一、所谓"读法",不过借古人"话头",提请读者注意,大体相当于对本书内容的简单说明。

二、本书主要梳理并诠释《四书》义理,发掘蕴藏在古代文献尤其是儒学典籍中的"日用常行之道"。如果说本书有所谓"关键词",大抵不外乎"四书"和"道"二端。

三、本书提炼归纳出为学、修身、孝悌、忠恕、仁爱、义权、诚敬、正直、中庸、治平、齐家、教育、交友等,共十三"道";又可细分为学道、修道、孝道、悌道、忠道、恕道、仁道、义道、权道、诚道、敬道、正道、直道、中道、治道、家道、师道、友道,凡十八个子目。此诸道,既可独立支持,又能相互勾连,彼此贯通,同时也有一个逻辑上的先后次第和首尾呼应的内在联系,恰如常山之蛇,"击首则尾应,击尾则首应"。

四、本书所讲诸道,若登高俯瞰,好比一座园子,回环往复,义脉相通,可瞻前顾后,可左右顾盼。其结构略如下图所示:

故读本书不妨当作游园，此门入，彼门出，讲题如亭台招引，义理如长廊迎送，假山隔断，漏窗通透，曲径幽深，移步换景。又，每讲之前，摘引该讲要点若干，以为"导游"之需。

五、本书所引《四书》经文，均据朱熹《四书章句集注》，一般不做白话今译，以免徒占篇幅；不易理解的章句，会在讲述中予以解析，俾使读者了其大意，又不至为今译所泥。

六、阅读本书，不妨佐以朱子《四书章句集注》，及近人如钱穆、蒋伯潜、杨伯峻、陈立夫诸家关于"四书"之论著。不唯有裨于读懂"四书"原著，亦可借此向先贤及前辈致敬。

七、本书所引古代文献，多据通行整理本，一般随文注明出处，不出脚注；所引中外论著，则以脚注出之。为免繁重，注释一律移至每一讲之后。

八、卷末附录《大学》《中庸》全文及与《四书》相关的古代名文，凡十一篇，以便读者参酌取资。

九、本书又有《尾声》一篇，梳理道统承传之脉络，与《自序》前后呼应，以为全书收官。至于本书写作之原委，则在《后记》中有所交代，读者其详之。

2020 年 9 月 25 日

第一讲 为学之道

今人要理解中华传统文化,不得不从这个"学"字开始。

"学"的内涵和价值之所以被遮蔽,与我们从小对于"学习"二字的严重误解有关。

"学而时习"或者说"学习"的真义不是别的,正是"知行合一"。

"为己"之学,而不是"为人"之学,才是一切学问的根本出发点。

真正的为学,不是向外求知识,而是向内求自信。

知识不等于智慧,如果仅知"道问学"而不知"尊德性",缺乏基本的"知识诚信",则知识越多,反而离智慧越远。

本书第一讲，我们要从"为学之道"开始。这既是"逻辑推演"的结果，也符合"生命成长"的真谛。

因为，中国人的一切"正知""正觉""正见"和"正信"，无不来自"学"；而中国人的一切"无知""错觉""谬见"和"迷信"，无不来自"不学"。

"学"与"不学"，一字之差，天壤之别！

打开《论语》，开篇便是《学而》篇——《学而》篇第一章，劈头便是一个"学"字！"学"，这一今天看来普通到近乎庸俗的汉字，在其漫长的传播演变过程中，其本身具有的神圣性和价值感，已经日渐稀薄，几近蒸发。尤其是，在伟大纯净的母语被"后现代"语境凌迟和不断羞辱的今天，许多美丽、典雅、厚重、廓大的汉字，早已失去了创始之初的灵性、温度和光泽。

如果你的视听感觉足够灵敏，也许能听见百年以来不断奏响的汉字和汉语的挽歌——仿佛灾难片的背景音乐，如泣如诉，哀婉低回，让人不胜唏嘘，徒唤奈何！

所以，如果我说，"学"这个汉字所能代表和指涉的，是整个中华传统文化大厦的基础，是任何一个中国人开辟鸿蒙、灵根自植、成长壮大、安身立命的必由之路；在我们有限的一生中，如果将这个"学"字轻易放过、错过,则损失大矣,遗憾多矣,悔之晚矣!——如果我真这么说,又有谁会相信呢?

我还想说的是,今人如要深入理解中华传统文化,也不得不从这个"学"字开始。中国古代著名的教育学文献《礼记·学记》有云:"君子如欲化民成俗,其必由学乎!""建国君民,教学为先。"又说:"玉不琢,不成器;人不学,不知道。"由此可知,大到治国平天下,小到个人求知修己,安身立命,离开这个"学"字,皆成镜花水月,雾露泡影!

宋人刘敞说得好:"天下之道莫大乎学,莫贵乎学。夫学者,匹夫也而居圣人之业,可不谓大乎?匹夫也而言王者之事,可不谓贵乎?"(《公是先生弟子记》)

"学",简直可以说是一粒比黄金还珍贵的种子——种下了这粒种子,生命中一连串的奇迹和惊喜,才会开花结果,如期而至。

一 "学习"的真义

"学"的内涵和价值之所以被遮蔽,与我们从小对于"学习"二字的严重误解有关。

在中国文化史上,将"学"作为人生头等大事予以彰显和倡导的,孔子可以说是第一人。《论语·学而》篇早已开宗明义:

子曰:"学而时习之,不亦说乎?"

"学而时习",正是"学习"一词的最早出处。但是,在文言被白话所取代的今天,"学习"的真义已被"白话今译"的通俗化解读扭曲了,甚至阉割了。通常对这句话的解释是:"学习了知识并且时常温习和复习,不也是很开心的事吗?"然而,这种理解实在太过肤浅。试问,如果白天听了一天课,晚上回家复习做作业到十一二点,哪有什么快乐可言呢?

那么,究竟是孔子说错了,还是我们歪曲了孔子的原意呢?这就要从"学习"二字的本义[1]说起。

"学"的正体字写作"學"。其含义大概有三:

一是"识",如《广雅》:"学者,识也。"二是"效",《尚书大传》:"学者,效也。"三是"觉",朱熹《论语集注》(本书以下简称《集注》)释"学":"学之为言效也。人性皆善,而觉有先后,后觉者必效先觉之所为,乃可以明善而复其初也。"[2]这也就是孟子所谓"使先知觉后知,使先觉觉后觉"(《孟子·万章上》[3])。

"习"的正体字写作"習"。《说文解字》(本书以下简称《说文》)称:"習,数飞也。"朱熹《集注》:"习,鸟数飞也。学之不已,如鸟数飞也。"这说明,"习"字与鸟的飞翔有关,绝不是指口头或纸上的"温习"和"复习",而是行为上的反复操练,带有"实习""践行""实践"之意。简体的"习"字取其一部以代全体,遂使"鸟飞"的内涵尽失——犹如鸟儿一双翅膀折断了一只,岂能振翅高飞?——今天的孩子动辄厌学也就毫不奇怪了。

再看"说"字。"说"字音义皆同"悦"。朱熹《集注》:"说,喜意也。既学而又时时习之,则所学者熟,而中心喜说,其进自不能已矣。"又引程子(北宋哲学家程颐)语:"习,重习也。时复思绎，浃洽于中，则说也。""学者，将以行之也。时习之，则所学者在我，故说。"原来"学习"二字，指的就是"学行"或"知行"；学而不习，知而不行，"所学者不在我"而在外，当然无法体验到"进德修业"的喜悦。进一步说，"学而时习"，正是"学以致用""知行合一"之意，唯其如此，学习才是真正让人喜悦的。

明代大儒王阳明后来标举"知行合一"之教，其大本大源，正在于此。阳明说："知之真切笃实处即是行，行之明觉精察处即是知。知行工夫，本不可离。"又说："知是行的主意，行是知的工夫，知是行之始，行是知之成"；"未有知而不行者，知而不行，只是未知。"（《传习录》）4 钱穆先生的解释是："阳明言格物穷理，则根本脱离不了一'行'字。天理在实践中，良知亦在实践中。天地万物与我一体亦在实践中。不实践，空言说，则到底无是处。"5 如此一来，则阳明所谓"致良知"，分明便是"行良知"之意了。

要知道，孔子所开创的儒学，本质上是一实践之学，故其最重"实行"，而不尚"空言"。《史记·太史公自序》引孔子语："我欲载之空言，不如见之于行事之深切著明也。"说的正是此意。有例为证。在《论语·述而》篇中，孔子有两处说到"学"与"行"的关系。一则说："默而识之，学而不厌，诲人不倦，何有于我哉？"一则说："若圣与仁，则吾岂敢？抑为之不厌，诲人不倦，则可谓云尔已矣！"这里须注意，"学而不厌"与"为之不厌"不仅句式相同，意思也毫无二致，其中"学"与"为"二字，完全可以互训，皆可理解为"行"——这分明已是"知行合一"的意思了。

不妨说，"学而时习"或者说"学习"的真义不是别的，正是"知行合一"！只有"知行合一"了，学习才是真正喜悦的。反之，如果一个人"学"与"习"、"知"与"行"严重脱节，不能习其所学、行其所知，则不仅无法享受"学习"的喜悦，还会让自己心思散漫，言行不一，驰骛外求，投机取巧，甚至走向逸妄邪曲一途，沦为孔子所反对的"为人之学"——这就要涉及为学的目的和方向问题了。

二 学是为己，还是为人？

为学的目的和方向问题，看似简单，实则复杂，极易被误导。且看孔子怎么说：

> 子曰："古之学者为己，今之学者为人。"（《论语·宪问》[6]）

这句话看似毫无褒贬，其实大有深意。孔子是赞同"古之学者为己"，还是"今之学者为人"呢？通常以为，"为己"涉嫌自私自利，"为人"总觉义正辞严。然而，冠冕堂皇的"大词"往往十分可疑，试问：如果无"己"，何谈有"人"？若不爱"己"，如何爱"人"？人不"为己"，又如何"为人"？孔子的高明，在于他绝不说那些大而无当、颠倒众生的豪言壮语，绝不讨好任何人，而是实事求是，直截了当。

"为己"的"为"字，可两读，既可读作去声，当介词"为了"解；也可读作平声，作动词用——如此"为己"又可解作"修己""克己""反己""立己"和"成己"。孔子此言，是在告诉我们：为学的目的，不在向外"为人"（追求名闻利养），而在向内"为己"（自反自强）。"为己之学"非为一己之私利，恰恰是为了摆脱一己之私利，追求纯粹的、超功利的人格精进和生命圆满。在难易程度上，"为己"实在要比"为人"难得多！

再看《论语·泰伯》篇下面一章：

子曰："三年学，不至于穀，不易得也。"

这里的"穀"（必须写作正体字才能见其义），乃"百穀之总名"（《说文》），本指粮食，引申为俸禄、名利、职业等。一个人学了三年还未想到这些身外之物，在孔子看来，真是难能可贵了！朱熹《集注》说："为学之久，而不求禄，如此之人，不易得也。"相比之下，今之教育动辄以饭碗、生计、就业、薪资、"钱途"等物质诉求相标榜，引诱青年学子汲汲于功利，正是彻头彻尾的"为人之学"！以此为目标固然也能学得一技之长，然格局和境界难免局促逼仄，终究难以获得生命的大愉悦。

孔子以"为己之学"教育弟子，成效显著；其高足如颜回、漆雕开、闵子骞、仲弓及曾子等人，都是力行为己之学、安贫乐道的典范。《论语·公冶长》载：

子使漆雕开仕。对曰："吾斯之未能信。"子说。

漆雕开比孔子小十一岁，颇有才德，孔子让他出仕，他却说自己在这方面并无自信。对于这样一个"不自信"的弟子，孔子何以反而"说（悦）之"呢？此无他，盖因漆雕开真能"不至于穀"也。宋儒说漆雕开"已见大意"，能"见其大而忘其小"（周敦颐《通书》），其实他哪里是"未能信"，实在是追随夫子求学问道，乐此不疲，心无旁骛，根本不愿废学和不屑做官罢了。

无独有偶。《论语·雍也》篇也记载了一则故事：

季氏使闵子骞为费宰。闵子骞曰："善为我辞焉。如有复我者，则吾必在汶上矣！"

季孙氏是鲁国的执政大夫，他看中孔门"德行"科的高才生闵子骞，欲让他做自己封地费（音必）邑的邑宰。不料面对今人眼中的"肥缺"，闵子骞却不为所动，他毫不客气地对前来邀请的使者说："好好为我把这差事给辞了吧！如果再来找我，那我一定会逃离鲁国，漂泊于汶水之北的齐国去了！"由此可见，孔门弟子真是气象万千，其中既有安邦定国的能臣，也有视爵禄如粪土的高士。我们很难想象如此优秀超拔的弟子，是由一位俗不可耐的老师培养出来的！

孔子对人生追求和生命价值的理解是涵融阔大的，一方面，他崇尚积极追求人生价值的彰显，故能勇猛精进，奋发有为，甚至"知其不可而为之"；另一方面，他也主张审时度势，"不忮不求"，"从吾所好"，"用行舍藏"，"天下有道则见，无道则隐"，"隐居以求其志，行义以达其道"，"不义而富且贵，于我如浮云"……总之，孔子绝不赞同因为外在情势的改变而放弃自己的理想和操守。这便是"为己之学"的纯粹境界。今人多以为孔子教育学生，就是为了干禄求仕，实在是无知妄说，误人子弟！

孔子的"为己之学"对后世士人学者影响甚巨。荀子就直接以君子小人来解读为己、为人之学：

> 君子之学也，入乎耳，著乎心，布乎四体，形乎动静，端而言，蠕而动，一可以为法则。小人之学，入乎耳，出乎口，口耳之间，则四寸耳，曷足以美七尺之躯哉？古之学者为己，今之学者为人。君子之学也，以美其身；小人之学也，以为禽犊。(《荀子·劝学》)[7]

可以说，学与不学，不仅关乎"君子"与"小人"的分野，甚至还关乎"人禽之辨"！又，颜之推《颜氏家训·勉学》云："夫学者所以求益耳。见人读数十卷书，便自高大，凌忽长者，轻慢同列；人疾之如仇敌，恶之如鸱枭。如此以学自损，不如无学也。古之学者为己，以补不足也；今之学者为人，但能说之也。古之学者为人，行道以利世也；今之学者为己，修身以求进也。"[8]可见，"为己"和"为人"，虽一字之差，其境界相去不啻千里！

话又说回来，"为己"与"为人"并非水火不容，不能统一。且看王安石在批评杨朱、墨子时，如何以"本末"论为学：

> 杨墨之道，独以为人、为己得罪于圣人者，何哉？此盖所谓得圣人之一而废其百者也。……杨子之所执者为己，为己，学者之本也。墨子之所学者为人，为人，学者之末也。是以学者之事必先为己，其为己有余，而天下之势可以为人矣，则不可以不为人。故

学者之学也，始不在于为人，而卒所以能为人也。今夫始学之时，其道未足以为己，而其志已在于为人也，则亦可谓谬用其心矣。谬用其心者，虽有志于为人，其能乎哉！ 9

此又可见，"为人"与"为己"绝非截然对立，而是本末一如——只有坚实"为己"，才能切实"为人"。朱熹也说："士人先要分别科举与读书两件，孰轻孰重。若读书上有七分志，科举上有三分，犹自可；若科举七分，读书三分，将来必被他胜却，况此志全是科举！所以到老全使不著，盖不关为己也。圣人教人，只是为己。"（《朱子语类》卷第十三）10

由此可知，"为己之学"是一种"向内求"而非"向外求"的学问。向外求，只会驰骛于名利，无休无止；向内求，则可"学然后知不足"，深造自得，从而获得源源不断的精神动力。近世大儒钱穆先生说："孔子曰：'己欲立而立人，己欲达而达人。'己立己达是为己，立人达人是为人。孔门不薄为人之学，惟必以为己之学树其本，未有不能为己而能为人者。"11 梁漱溟先生也说："孔子的学问是最大的学问，最根本的学问。——明白他自己，对他自己有办法，是最大最根本的学问，我们想认识人类，人是怎么回事，一定要从认识自己入手。……孔子学说的价值，最后必有一天，一定为人类所发现，为人类所公认，重光于世界。"12 这里的"明白他自己，对他自己有办法"，正是"为己之学"的题中应有之义。换言之，真正的为学，不是向外求知识，而是向内求自信！

更重要的是，一旦把为学的方向调整为"向内求"和"为己"，在处理人我关系时反而更容易"宽以待人，严以律己"。故孔子说："人不知而不愠，不亦君子乎？""不患人之不己知，患不知人也。"(《学而》)又说："不患无位，患所以立。不患莫己知，求为可知也。"(《里仁》)"不患人之不己知，患其不能也。"(《宪问》)"君子病无能焉，不病人之不己知也。"(《卫灵公》)为己之学是"向内用力"而非"向外用力"，不是追求虚名，而是强调切己的实学和工夫。

因为是"为己之学"，故不求为人所知，却要求自己要"知人"。弟子樊迟问知——什么是智慧？孔子答曰："知人。"(《颜渊》)——知人(洞悉人性)便是智慧。孔子还说："不知命，无以为君子也。不知礼，无以立也。不知言，无以知人也。"(《尧曰》)不知言则不能知人，不知人则不能知命，不知命则不能知天。老子也说："知人者智，自知者明。"(《老子》第三十三章)"自知之明"，正是"为己之学"的第一步。人若无"自知之明"，何谈"知人之智"？不能"自知"，如何"知人"？不能"知人"，又如何"为人"呢？程子说："古之学者为己，其终至于成物。今之学者为物，其终至于丧己。"(《近思录·为学》)诚哉斯言也！

所以，"为己"之学，而不是"为人"之学，才是一切学问的根本出发点。以孔子为代表的儒家和儒学认为，要处理好人我、群己、天人、心物等一切关系，首先要做的学问就是"为己"，进而才能"修己""立己""达己""成己"；只有通过"为己"以至于"成己"，才能更好地实现"为人""立人""达人"以至于"成人""成物"的理想。孟子说："人有不为也，而后可以有为。"(《离娄下》)"有所不为"便是"为己"，"可以有为"则是"为人"，二者之间，实隐含着一种精微互动的内在次第和因果关系。

由于是"为己之学",所以又当求自强自新。"苟日新,日日新,又日新"。熊十力先生曾说:"吾之为学,主创而已。"(《十力语要》卷四)又说:"故有生之日,皆创新之日,不容一息休歇而无创,守故而无新。使有一息而无创无新,即此一息已不生矣。"(《新唯识论》文言文本)儒者为学,往往有此一种砥砺奋进的精神,真值得我辈怠惰懒散者反躬自省,见贤思齐。

三 为学的三种态度

为学之目的已如上述,为学之态度又当如何呢?检寻《四书》所论,略有以下三端:

一是诚实严谨。为学求知,要在诚实,切不可自欺欺人。《论语·为政》记孔子告诫子路:"由,诲汝知之乎?知之为知之,不知为不知,是知也。"言下之意,知道就是知道,不知道就是不知道,这才是求知的最佳态度。《述而》篇又记孔子曰:"盖有不知而作之者,我无是也。""不知而作"就是不懂装懂,强不知以为知——孔子说,我却没有这种毛病。还有一次,孔子甚至对弟子说:"吾有知乎哉?无知也。"(《子罕》)绝不讳言自己"无知",这才是"为己之学"的应有态度。这种摆落一切名相俗谛的境界,可谓"大音希声""大象无形",本身便是一种大智慧!

许多中外先哲常常自视阙然,如苏格拉底就说:"我非常清楚地知道,我并没有智慧,不论大的还是小的都没有。""我平生只知道一件事:我为什么那么无知。"佛陀亦云:"说法者无法可说,是名说法。"又说:"吾四十九年住世,未曾说一字。"老子也有类似表达:"知不知,上;不知知,病。夫唯病病,是以不病。圣人不病,以其病病。夫唯病病,是以不病。"(《老子》第七十一章)这些往圣先贤认为自己所知有限,其实并非故作谦虚,而恰是德性具足、智慧圆满的自然表现。

换言之,知识不等于智慧,如果仅知"道问学"而不知"尊德性",缺乏基本的"知识诚信",则知识越多,反而离智慧越远。宋儒程颢所谓"涵养须用敬,进学则在致知"[13],正此意也。

熊十力先生曾说:"为学最忌有贱心与轻心。此而不除,不足为学。举古今知名之士而崇拜之,不知其价值何如也,人崇而己亦崇之耳,此贱心也。轻心者,己实无所知,而好以一己之意而衡量古今人之短长,譬之阅一书,本不足以窥其蕴,而妄曰吾既了之矣,此轻心也。贱心则盲其目,轻心且盲其心。有此二者,欲其有成就于学也,不可得也。"(《十力语要》卷四)其实,"贱心"与"轻心",皆因不能"诚实"对待学问,驰骛于外求。

诚实之外,更须严谨。孔子精通礼乐,但他仍然感叹:"夏礼,吾能言之,杞不足征也;殷礼,吾能言之,宋不足征也。文献不足故也,足则吾能征之矣。"(《八佾》)可知孔子发言遣论,著书立说,一定遵循有一分证据说一分话,如不能文献有征,言之有据,绝不信口开河,标新立异。这种实事求是、严谨笃实的学风,奠定了中华"学统"的坚实基础,影响了后世无数读书人。今之学子,昧于功利主义学习观久矣,故尤须好好吸纳,切实传承。

二是好学乐学。在《论语》中,"好学"一词反复出现,且被提到极高地位。如孔子说:"十室之邑,必有忠信如丘者焉,不如丘之好学也。"(《公冶长》)这大概是孔子唯一一次自夸,却将自夸的资本落实在"好学"上,细思极令人动容。我们从中可以窥知,孔子之所以成为圣人,恐怕舍"好学"而外,别无捷径。孔子这句话,似乎隐含着"好学"胜过"忠信"之意。唯其如此,他才会说:"性相近也,习相远也。"(《阳货》)这里的"性",盖指"忠信之性","习"则是后天"习染",隐指"好学"。可以说,正是"好学",让原本"相近"的人,渐渐拉开了距离,以至凡圣之间,渺若河汉了!

子曰:"生而知之者,上也;学而知之者,次也;困而学之,又其次也;困而不学,民斯为下矣。"(《季氏》)

乍一看,孔子似乎将人之根性分作上、中、下三等,实则蕴含着一种更大的"平等观",那就是——学习面前,人人平等!一个人若不能"下学",又焉能"上达"?孔子说"君子上达,小人下达"(《宪问》),正隐含着对不学之徒的批评。孔子还说:"知之者不如好之者,好之者不如乐之者。"(《雍也》)知学、好学、乐学,可以说是为学的三境界,孔子一生勇猛精进——"吾十有五志于学,三十而立,四十而不惑,五十而知天命,六十而耳顺,七十而从心所欲不逾矩。"(《为政》)——正是对"知""好""乐"这三种境界的不断超越!

事实上,"好学"不仅是一种美德,更是一种智慧,可以规避许多弊端,去除许多劣根。孔子说:"好仁不好学,其蔽也愚;好知不好学,其蔽也荡;好信不好学,其蔽也贼;好直不好学,其蔽也绞；好勇不好学，其蔽也乱；好刚不好学，其蔽也狂。"(《阳货》)仁、知、信、直、勇、刚，皆属正面价值，然若一味追求，不以"好学"来调节，便会过犹不及，产生愚、荡、贼、绞、乱、狂等诸多弊端。《中庸》所谓"好学近乎知"，亦是此意。

三是敏求不倦。孔子说："我非生而知之者，好古，敏以求之者也。"(《述而》)这里的"好古"，实即"好学"，而"敏以求之"，则是勤勉努力、毫不懈怠之义。孔子还说："学如不及，犹恐失之。"(《泰伯》)学习的心情就如与人赛跑般，唯恐赶不上，赶上了得到了，又唯恐失去它！——这真是求知若渴的最佳譬喻！孔子又曾赞美颜回："吾见其进也，未见其止也。"(《子罕》)我只看见颜回好学精进，从未见他怠惰停止！这种锲而不舍、自强不息的精神，千载之下，犹令人感发激荡，高山仰止！

关于"格物致知"，"即物穷理"，而"豁然贯通"的喜悦，朱子解释得最为精彩：

> 所谓致知在格物者，言欲致吾之知，在即物而穷其理也。盖心之灵莫不有知，而天下之物莫不有理，唯于理有未穷，故其知有不尽也。是以《大学》始教，必使学者即凡天下之物，莫不因其已知之理而益穷之，以求至乎其极。至于用力之久，而一旦豁然贯通焉，则众物之表里精粗无不到，而吾心之全体大用无不明矣。此谓物格，此谓知之至也。(《大学章句》第五章补注)[14]

这是说，世间万物之理，唯有尽心尽力、持之以恒去钻研，才有可能豁然开朗，一通百通。古语有云："贵有恒，何须三更起五更眠;最无益,只怕一日曝十日寒。""三更灯火五更鸡,正是男儿读书时。"又有联语曰:"天地生人,有一人应有一人之业;人生在世,活一日当尽一日之勤。"历代学者但凡有成就者,无不服膺孔子之教,一生努力,好学不倦,终于成就名山事业,垂范后世,此我辈不可不知而又少有人知者,不能不说是一大遗憾!

所以,就为学的态度而言,大概不外乎"四心"——诚心、敬心、乐心、恒心。有此"四心",则为人必有主宰,为学必有所成,可无疑也。

四 为学的四大方法

说到为学的方法,亦可谓见仁见智,大概可以概括出以下四端:

一曰学思并进。孔子说:"学而不思则罔,思而不学则殆。"(《为政》)又说:"吾尝终日不食,终夜不寝,以思,无益,不如学也。"(《卫灵公》)可知孔子在学、思之间,似乎更重视"学"。这一点又被荀子所继承:"吾尝终日而思矣,不如须臾之所学也。"(《荀子·劝学》)这大概也是中国文化与西方文化的区别之所在。古希腊哲学有"静观的人生"和"行动的人生"的二元分判,如柏拉图、亚里士多德都以"静观冥想"为人生最高境界,直到近代,才形成了关注"公共事务"、注重"行动的人生"的西方知识分子[15]。德国哲学家叔本华(Arthur Schopenhauer,1788—1860)说:"不加思考地滥读或无休止地读书,所读过的东西无法刻骨铭心,其大部分终将消失殆尽。""一种纯粹靠读书学来的真理，与我们的关系，就像假肢、假牙、蜡鼻子甚或人工植皮。而由独立思考获得的真理就如我们天生的四肢：只有它们才属于我们。""读书是让别人在我们的脑海里跑马；思考，则是自己跑马。"

可见，在学思之辨上，西方哲学比较重视"思"，而中国思想则更注重"学"。但总的来说，学与思当齐头并进，不可执一而偏废，应是毫无疑问的。

二曰博文约礼。《论语·述而》篇载："子以四教：文，行，忠，信。"是知孔门四教，以"文"教居首。孔子又有"一多之辨"，主张"多闻阙疑"，"多见阙殆"（《为政》），"多闻，择其善者而从之，多见而识之，知之次也"（《述而》）。子夏也说："博学而笃志，切问而近思，仁在其中矣。"（《子张》）可见孔门之教，首先强调博学多闻。但孔子又非唯知识论者，博学之外，更加重视践行。所以他才说："行有余力，则以学文。"（《学而》）又说："博学于文，约之以礼，亦可以弗畔矣夫！"（《颜渊》）这里，"博文"乃强调"知"，"约礼"则强调"行"，合在一起，便是"知行合一"。孟子对此亦有精彩发挥："博学而详说之，将以反说约也。"（《离娄下》）"由博返约"，其实也可理解为"由多归一"，"以一统多"。

如果与孔子"下学而上达"（《宪问》）的说法相联系，则"博学于文"相当于"下学"，"约之以礼"则可谓之"上达"。又，《中庸》有云："君子尊德性而道问学。"意谓君子既要尊重与生俱有的善性，又要经由学习，存养、扩充其善性。朱熹注称："尊德性，所以存心而极乎道体之大也。道问学，所以致知而尽乎道体之细也。"[16]认为"尊德性"是"存心养性"，"道问学"是"格物穷理"；

应以"道问学"为起点,上达"尊德性"——也就是强调"下学"的工夫。与朱子同时的另一位大儒陆九渊则认为,当以"尊德性"为先,所谓"先立乎其大",然后再考虑读书穷理。

窃以为,"博学于文"即"道问学";"约之以礼"即"尊德性"。又《易·系辞下》说:"天下何思何虑,天下同归而殊途,一致而百虑。"殊途百虑,便是"博文";同归一致,则是"约礼"。"博文"与"约礼",相辅相成,不可执一而论,更不可厚此薄彼。

三曰温故知新。孔子说:"温故而知新,可以为师矣。"(《为政》)这里,"温故"与"知新"非并列关系,实递进关系,意谓只有在已有的旧知中领悟新的道理,方可以为人师。这与《礼记·学记》"记问之学,不足以为人师"的说法,如出一辙。朱熹有诗云:"旧学商量加邃密,新知培养转深沉。却愁说到无言处,不信人间有古今。"大概也是表达"温故"可以"知新",天理昭彰,大化流行,只要用心体察,古今原本不隔之意。

子夏曰:"日知其所亡,月无忘其所能,可谓好学也已矣。"(《子张》)

"日知其所亡"正是"知新","月无忘其所能"便是"温故",二者结合,自可举一而反三,盈科而后进。余英时先生曾说过,他的治学方法深受子夏此句教言之影响,日积月累,终有所成——可见好的学习方法见效之速,化人之深。

四曰一以贯之。《论语·卫灵公》记孔子与子贡(端木赐)的一段对话:

> 子曰:"赐也,女以予为多学而识之者与?"
> 对曰:"然,非与?"
> 曰:"非也。予一以贯之。"

前面说过,孔子之学绝非仅是博闻强记,更注重身体力行。而在子贡眼里,却只见老师的"博"与"多",而无视老师的"约"与"一"。换言之,在"知"与"行"之间,只重"所知"而未见"所行"。故这里的"一以贯之",也可理解为"一以行之"。孔子痛感越是像子贡这样的聪明弟子,就越是容易关注"闻见之知",而不能力行"德性之知"。有一次,大概有弟子怀疑孔子对他们有所隐瞒,犹如今之所谓"留一手",孔子气不过,用近乎赌咒发誓般的口气说:"二三子以我为隐乎?吾无隐乎尔!吾无行而不与二三子者,是丘也!"(《述而》)我对你们哪有什么隐瞒呢?那个每天和你们朝夕相处的人,正是我孔丘啊!言下之意,你们不要只听我说了什么,更要看我是如何做的啊!

如果说,"多学而识"属于"言教"的话,那么"一以贯之"便是"行教"了。孔子就是要用"一以贯之"的"行教",给那些只专注于"言教"的弟子们以当头棒喝!再看《中庸》第二十章:

> 博学之,审问之,慎思之,明辨之,笃行之。有弗学,学之弗能弗措也;有弗问,问之弗知弗措也;有弗思,思之弗得弗措也;有弗辨,辨之弗明弗措也;有弗行,行之弗笃弗措也。人一能之,己百之;人十能之,己千之。果能此道矣,虽愚必明,虽柔必强。

学、问、思、辨、行，五者一脉贯穿，缺一不可，所有的学问思辨绝不能仅停留在"知"上，最终还必须落实在"行"上——"知而不行，还是未知"。宋儒程明道（即大程子程颢）甚至"以记诵博识为玩物丧志"（《近思录·为学》），正为矫正学者重知轻行之弊。今天坊间有所谓"记忆大师"，主流媒体常举办"诗词大会"，皆以博闻强识的"记问之学"为能事，不能说全无道理，但只怕引得年轻人徒事逞才炫博的"为人之学"，反倒把"一以贯之"的践行学问弃之不顾了！

五　为学的四种境界

前已说过，儒学乃人学，故为学之境界必须落实在人格的养成及修为的提升上，方可以言"境界"。约略而言，为学之境界有四：

（一）自信不惑

我们知道，孔子十五岁即"志于学"，经过十五年的努力，"三十而立"，这个"立"，非成家立业之意，乃立于学、立于礼、立于道之意。此时的孔子，因为有"学"，所以有"信"。西方宗教有"信则见"的说法，一般凡夫往往"见则信"，不见则不信。而中华文化，则隐然有一个"学则信"的特色。孔子"三十而立"，是人格能够挺立，学问能够树立，根深立定，算是完成了"学则信"的过程。

这时的孔子，一则信"道"，故能"守死善道"，一往无前；一则信"己"，故能"人不知而不愠"，"不怨天，不尤人"，甚至"知其不可而为之"，这才是一种真正的"文化自信"！至其四十岁，终于"不惑"，这时的孔子，便是一"智者"，因为"知者不惑"。所谓"不惑"，便是心灵"不取于相，如如不动"（《金刚经》），便是《大学》开篇所云："知止而后有定，定而后能静，静而后能安，安而后能虑，虑而后能得。"一个人真能"不惑"，则内无疑惑、迷惑、困惑，外可经得起诱惑。此一境界也为孟子所证成，他说："我四十不动心。"（《公孙丑上》）这个"不动心"，正是"自信不惑"！

何以能"自信不惑"？大概舍"好学"末由也。《中庸》说"好学近乎知"，而"知者"才能真"不惑"。《中庸》又说："君子素其位而行，不愿乎其外。素富贵行乎富贵，素贫贱行乎贫贱，素夷狄行乎夷狄，素患难行乎患难，君子无入而不自得焉。""素其位，不愿乎其外"，其实便是对自己的一种大确信，也即"自得"——没有"自得"，腹中空空，又何来"自信"？故孟子说：

君子深造之以道，欲其自得之也。自得之，则居之安；居之安，则资之深；资之深，则取之左右逢其原，故君子欲自得之也。（《离娄下》）

我们为学，若能"深造自得""居安资深"，自然能达致"自信不惑"之境界！对此，王阳明亦颇有会心，他说：

毁誉荣辱之来，非独不以动其心，且资之以为切磋砥砺之地，故君子无入而不自得，正以其无入而非学也。若夫闻誉则喜，闻毁则戚，则将惶惶于外，惟日之不足矣，其何以为君子！往年驾在留都，左右交谮某于武庙，当时祸且不测，僚属咸危惧，谓群疑若此，宜图所以自解者。某曰："君子不求天下之信己也，自信而已，吾方求以自信之不暇，而暇求人之信己乎？"（《答友人》）[17]

与阳明同时的另一位大儒陈白沙也说："宇宙内更有何事？天自信天，地自信地，吾自信吾。"（《与林时矩》）辞气何等豪迈！我们今天常说"文化自信"，其实若无"文化"，又何谈"自信"！

（二）乐以忘忧

为己之学，学到一定程度，便是乐境，无往而不乐也。《论语》中"乐"字随处可见。如开篇"学而时习之，不亦说乎？"《雍也》篇子曰："贤哉回也！一箪食，一瓢饮，在陋巷，人不堪其忧，回也不改其乐。贤哉回也！"《述而》篇载弟子所记夫子平日气象云："子之燕居，申申如也，夭夭如也。"又载夫子自道曰："饭疏食，饮水，曲肱而枕之，乐亦在其中矣。不义而富且贵，于我如浮云。""发愤忘食，乐以忘忧，不知老之将至云尔。"类似例子，所在多有。孟子也说："君子有三乐，而王天下不与存焉。父母俱存，兄弟无故，一乐也；仰不愧于天，俯不怍于人，二乐也；得天下英才而教育之，三乐也。"（《尽心上》）以至宋儒周敦颐教弟子程颢、程颐，便让他们寻"孔颜乐处，所乐何事"（《宋史·道学传》）[18]。周敦颐论颜子云："天地间有至贵、至富、可爱、可求而异乎彼者。见其大而忘其小焉尔。见其大则心泰，心泰则无不足，无不足则富贵贫贱处之一也，处之一则能化而齐，故颜子亚圣。"(《通书》)颜回"不改其乐"，孔子"乐以忘忧"，孟子"反身而诚，乐莫大焉"，无不是"见其大而忘其小"的乐道境界！

我们再看程明道的《秋日》诗：

闲来无事不从容，睡觉东窗日已红。
万物静观皆自得，四时佳兴与人同。
道通天地有形外，思入风云变态中。
富贵不淫贫贱乐，男儿到此是豪雄。

这便是"以天地万物为一体"(《孟子·梁惠王》)的仁者境界了！明代儒者王艮《乐学歌》云：

人心本是乐，自将私欲缚。私欲一萌时，良知还自觉。
一觉便消除，人心依旧乐。乐是乐此学，学是学此乐。
不乐不是学，不学不是乐。呜呼！天下之乐，何如此学？
天下之学，何如此乐！

如此妙语，读之真令人神旺！我们熟知的一副对联说："书山有路勤为径，学海无涯苦作舟！"我以为，若将"苦"字改作"乐"，方得为学三昧。若读书只是痛苦，如《儒林外史》中"名士""举人""选家"之流，恐怕还是为学道路上的"弃材"，只能劳碌终生而"不得其门而入"了！

(三) 变化气质

学问到了一定境界，人的气质会发生变化，佛家说"相由心生，境随心转"，东坡所谓"腹有诗书气自华"(《和董传留别》)，正是此意。孔子一生进德修业，晚年气质雍容廓大，达到了"致中和"的境界。弟子记录说："子温而厉，威而不猛，恭而安。"(《述而》)"望之俨然，即之也温，听其言也厉。"(《子张》)"温"与"厉"，"威"与"不猛"，"恭"与"安"，皆情态之两极，极难折中，而孔子偏能调和于一身，出入无间，自然自得，此即所谓"圣贤气象"，中节适度，直与天地相似，无一丝造作勉强，故能参赞天地，位育万物。

后儒对此多有发明。如程明道说："学至气质变，方是有功。""不学便老而衰。""涵养到着落处，心便清明高远。"明道为人，气象雍容，温和纯净，朱光庭见而叹之曰："光庭在春风中坐了一个月。"其门人刘安礼说："明道先生德性充完，粹和之气，盎于面背，乐易多恕，终日怡悦。从先生三十年，未尝见其忿厉之容。"(均见《近思录》)又，张载《语录抄》云："为学大益，在自求变化气质。"王阳明也指出："变化气质，居常无所见，惟当利害、经变故、遭屈辱，平时愤怒者到此能不愤怒，忧惶失措者到此能不忧惶失措，始是能有得力处。"(《与王纯甫书》)可见"气质"之变，绝非美容化妆所能奏效，实在是一种由内而外、长期陶冶的修养工夫。

(四) 超凡入圣

与西方文化以神为本，强调"神人之辨"，主张"原罪"和"救赎"不同，中华传统文化本质上乃以人为本，并不乞灵于"上帝"，故其尤强调"人禽之辨"，主张"自别于禽兽"，从而获得人的价值和尊严。

不仅如此，"人禽之辨"之上，还有一"凡圣之辨"，认为"人皆可以为尧舜"，"圣贤可学而至"，哪怕是一普通人，都可通过自身努力，实现人的自我生命成长的无限可能性，从而完成人的"内在超越"。没有此一种本源性、人文性的价值观，中华文化不可能走到今天。

孔子正是这一本源性文化价值观的开创者和力行者，他用一生的努力，完成了自我人格的"内在超越"。从十五志学开始，孔子一生不断攀登，学不厌，诲不倦，不怨天，不尤人，下学而上达，知人、知命而知天，终于达到"无适无莫""无可无不可""毋意、毋必、毋固、毋我""从心所欲不逾矩"的人伦化境——此即所谓"天人合一""超凡入圣"的境界了。

圣贤境界并非虚无缥缈的空中楼阁，而是被历代往圣先贤所证成的一种人格境界。周敦颐说："圣希天，贤希圣，士希贤。"（《通书·志学》）此可谓"人道三希"，真可为后世进学者打开一道"天窗"，搭设一架"天梯"，故能催人奋发有为，自强不息。王阳明少年时便以读书作圣贤为"人生第一等事"，晚年更是参透生死，说："学问工夫于一切声利嗜好俱能脱落殆尽，尚有一种生死念头，毫发挂滞，便于全体有未融释处。人于生死念头，本从生身命根上带来，故不易去，若于此处见得破透得过，此心全体方是流行无碍。"（《传习录》卷下）阳明临终前的遗言更是脍炙人口："此心光明，亦复何言？"明心见性，勘破死生，得大自在，获大自由，庶几正是成圣之标志。

正是因为有此一种"圣贤"追求，中华文明方可不绝如缕，代有英才，历数千年而不亡。古人读书治学，真能有所成就者，心中必有此一种养成君子、希贤希圣之志。晚清名臣曾国藩说："天下凡物加倍磨治，皆能变换本质，别生精彩，何况人之于学？但能日新又新，百倍其功，何患不变化气质，超凡入圣！"（辛酉十二月日记）甚至说："不为圣贤，便为禽兽！"此言听起来或许不免夸张，但究其本意，不过是欲振聋发聩，化性起伪，想要唤醒那些驰骛于外求的"梦中人"罢了。

当然，"超凡入圣"的境界，非我辈凡夫所可企及，正如本书《自序》中所说，那的确是一道"窄门"。但切不可因自己达不到而全然不信。须知人的根性有不同，努力有差别，追求有歧异，以一己之局限而度人，正是一叶障目，坐井观天。又须知圣人也是人，不是神——圣贤追求不是神灵崇拜，它源于对人的灵根慧性的自我确信，没有这样一种自我确信，便无从见出中华文化的理性精神和人道情怀。有人说，中华民族是世界上唯一没有信仰的民族，但恕我直言，就如没有信仰的人完全不能理解他人的信仰一样，如此哗众取宠的狂言，除了暴露说话者自己毫无信仰外，恐怕再无其他的认知价值了。

关于为学之道，我们姑且说到这里。荀子说："学不可以已。"所以，为学之路实际上便是我们的生命之路——路上的风景，还是让真正的行者自己去领略吧！

1. 本书对每一个"道"的解析,都会从字源学的本义开始,繁体字在本书中也一律称作"正体字"。
2. [宋]朱熹:《四书章句集注》,北京:中华书局,1983年,第47页。本书所引《四书》内容,皆据此书。
3. 为省文计,本书以下随文所注之《孟子》经文出处,将省去"孟子"之名,直接以篇名出之。《孟子》凡七篇,据朱熹《孟子集注》,每篇又分上下两篇,共十四篇,省去"章句"二字,简称为:《梁惠王上》《梁惠王下》《公孙丑上》《公孙丑下》《滕文公上》《滕文公下》《离娄上》《离娄下》《万章上》《万章下》《告子上》《告子下》《尽心上》《尽心下》,录此以备参考。
4. 陈荣捷:《王阳明〈传习录〉详注集评》,重庆:重庆出版社,2017年,第133、26页。
5. 钱穆:《阳明学述要》,北京:九州出版社,2010年,第77页。
6. 为省文计,本书以下随文所注之《论语》经文出处,将省去"论语"之名,直接以篇名出之。《论语》凡二十篇,依次为:《学而》《为政》《八佾》《里仁》《公冶长》《雍也》《述而》《泰伯》《子罕》《乡党》《先进》《颜渊》《子路》《宪问》《卫灵公》《季氏》《阳货》《微子》《子张》《尧曰》,录此以备参考。
7. [清]王先谦:《荀子集解》,沈啸寰、王星贤整理,北京:中华书局,2012年,第12页。
8. 王利器:《颜氏家训集解》(增补本),北京:中华书局,1993年版,第

206—207页。

9 [宋]王安石:《杂著·杨墨》,《王安石全集》卷二十六,上海:上海古籍出版社,1999年,第230页。

10 [宋]朱熹撰,黎靖德编:《朱子语类》,第一册,王星贤点校,北京:中华书局,1986年,第242页。本书所引《朱子语类》,均据此书,下引不再详注。

11 钱穆:《论语新解》,北京:生活·读书·新知三联书店,2002年,第269页。

12 梁漱溟:《孔子学说之重光》,《乡村建设》旬刊第4卷第5期,1934年9月16日。

13 《河南程氏遗书》卷十八。

14 [宋]朱熹:《四书章句集注》,第6—7页。

15 参看余英时《士与中国文化》引言部分,上海人民出版社,2003年,第4—8页。

16 [宋]朱熹:《四书章句集注》,第35页。

17 吴光等编校《王阳明全集》,上海:上海古籍出版社,1992年,第231页。

18 《河南程氏遗书》卷一:"昔受学于周茂叔,每令寻颜子、仲尼乐处,所乐何事。"见[宋]程颢、程颐著《二程集》,王孝鱼点校,北京:中华书局,2002年第2版,第16页。

第二讲 修身之道

修养好己身,使之合礼、合德、合道,乃是君子「为己之学」的第一步。

修身虽然是「向内求」,其结果却可以施及家国天下,并最终成就君子的理想和抱负。

喜怒哀乐都是「欲」,「怒」要克制,「喜」也要克制。

「天理」,是指人的正当欲望;而「人欲」,是指人的贪欲和私欲。朱子说「存天理,灭人欲」,正是要我们「存天理之公,灭人欲之私」。

修身是做人的根本,无论天子还是庶民,谁都不能豁免和逃避。和「为学之道」一样,这也体现了儒家的另一种「平等观」。

既然为学之道，其目的不在"为人"，而在"为己"，不是向外"求诸人"，而是向内"求诸己"，那么，为学的第一步，便不是所谓治学，而只能是修身。我们说儒学是"人学"，关键在此。

一　为学与修身

关于为学与修身的关系，《论语·学而》篇有三章值得注意：

子曰："弟子入则孝，出则悌，谨而信，泛爱众，而亲仁——行有余力，则以学文。"

子夏曰："贤贤易色，事父母能竭其力，事君能致其身，与朋友交言而有信——虽曰未学，吾必谓之学矣。"

子曰："君子食无求饱，居无求安，敏于事而慎于言，就有道而正焉——可谓好学也矣。"

这三章都涉及"学"字，但又不是今天的知识论或文化课的"学"，而在关乎立身处世的"行"，也即"修身""行己"和"做人"。细读这三章，不难得出一个结论，即在孔子看来，做人好、修身好便是学问好，反过来，做人、修身不好的人，一定没有真学问！你可以说孔子的这种学问观有一种"泛道德主义"的倾向，但你不能不承认，对于人类共同体而言，有才无德者的破坏力，要远远大于有德无才者。更何况，孔子并非片面强调德，而是致力于培养德才兼备、文质彬彬之君子。古人讲究"经明行修""文行出处"，盖缘乎此。

这一判断对于我们今天的人才观、学问观，不啻当头棒喝！可以说，孔子的为学之道，事实上也就是君子修身之道。孔门的学问，并非仅指学习知识、义理和技能，更多的是指"修身"与"行己"，也就是今天所说的"做人"。连墨子都说："士虽有学，而行为本焉。"(《墨子·修身》)准乎此，那些写了很多书、拿了很多专利、拥有很高知名度的所谓"人才"，不一定就真有学问——如果他们连起码的做人的道理都不懂的话。

那么，到底何谓修身？修身之道究竟所指为何呢？我们还是结合《四书》来一窥究竟。

二 修身之次第

首先须明白，修身的"身"，不是他人之身，而是己身，故修身也就是"修己"。《说文》称："身，躬也。象人之形。"修养好己身，使之合礼、合德、合道，乃是君子"为己之学"的第一步。

"修己"一词，最早见于《论语·宪问》篇：

> 子路问君子。子曰:"修己以敬。"
> 曰:"如斯而已乎?"
> 曰:"修己以安人。"
> 曰:"如斯而已乎?"
> 曰:"修己以安百姓。修己以安百姓,尧、舜其犹病诸!"

这里的"修己",便是修身。修身,即修治己身,其最终目的是完成君子人格,达至仁者之境,换言之,不修身则无以为君子、仁人。在孔子看来,"修己以敬"是君子为学的第一步——没有恭敬心,徒有表现欲,很难成就君子人格。在孔门诸弟子中,子路比孔子小九岁,可谓"大师兄",他性格刚直率真,而有"好勇"之病,故孔子对症下药,因材施教,以"修己以敬"启发之。子路两度问"如斯而已乎",正可见其憨直外露之性格。

不过,作为《论语》的读者,我们还真要感谢子路——他不问,孔子就不答,孔子不答,我们恐怕永远不明就里、蒙在鼓里了。《礼记·学记》有云:"善待问者如撞钟,叩之以小者则小鸣,叩之以大者则大鸣,待其从容,然后以尽其声,不善答问者反此。"孔子正是"善待问者"和"善答问者",在子路的两次追问下,他分别答以"修己以安人""修己以安百姓",真是递进争高,层转层深。更值得注意的是,"安人"与"安百姓",虽规模、境界有小大之别,但都以"修己"为前提,来不得半点含糊。——这可以说是修身的"三段论"。

我以为,孔子和子路的这段对话,对后来《大学》首章的

"三纲八目"说当有直接启发。

> 大学之道，在明明德，在亲民，在止于至善。……古之欲明明德于天下者，先治其国，欲治其国者，先齐其家；欲齐其家者，先修其身；欲修其身者，先正其心；欲正其心者，先诚其意；欲诚其意者，先致其知，致知在格物。物格而后知至，知至而后意诚，意诚而后心正，心正而后身修，身修而后家齐，家齐而后国治，国治而后天下平。

所谓"三纲"，盖指"明明德""亲民""止于至善"。其中，"明明德"便是"修己以敬"，"亲民"便是"修己以安人"，"止于至善"便是"修己以安百姓"。"八目"（格物、致知、诚意、正心、修身、齐家、治国、平天下）也正在此基础上推衍而来。这里，"格致诚正"，正是孔子教导子路的"修己以敬"，皆为"修身"之工夫，修身工夫做得好，便实现了所谓"内圣"；而"齐家""治国""平天下"，则是从"修己以安人"到"修己以安百姓"的次第展开，如果真能做到"安人"与"安百姓"，便是实现了所谓"外王"。

也就是说，修身虽然是"向内求"，其结果却可以施及家国天下，并最终成就君子的理想和抱负。这是一个由内而外、由近及远、由小到大、由己及人、由人及物的推理过程，也是君子为学必经之次第与阶梯。每次读到这一章，便不禁为古圣贤的澄明智慧与诚笃信念击节赞叹——那些心思混沌、杂念丛生、毫无诚敬之心的人，怕是无论如何也说不出如此精辟的话来的！

为什么说"欲修其身,先正其心"呢?《大学》传七章解释说:

所谓修身在正其心者,身有所忿懥,则不得其正;有所恐惧,则不得其正;有所好乐,则不得其正;有所忧患,则不得其正。心不在焉,视而不见,听而不闻,食而不知其味。此谓修身在正其心。

这说明,先秦儒家已经注意到"身心一如"的内在关系。如果说修治己身是一"向内求"的姿态,那么"修身在正心",则在"向内求"的方向上更进一步,由形体之"身"深入到精神之"心"。再看《中庸》首章:

喜怒哀乐之未发,谓之中;发而皆中节,谓之和。致中和,天地位焉,万物育焉。

其实,"中和"之境便是"正心"之果,而"忿懥""恐惧""好乐""忧患"等,皆人之情欲"发而不中节"的状况,"发而不中节"正因不能"正其心",不能"正其心",又岂能"致中和"?"心不在焉"实际上就是"心不在身",也即宋儒所谓"心不在腔子里"[1],这就是"身心分离"之状。而一旦"身心分离",则你的视听言动、饮食起居,都会出现紊乱、恍惚、错位、无感,这便是"麻木不仁"了。从哲学思想史的角度看,儒家之心学实已在此发轫。"身心"这一范畴,作为儒学修身工夫论的原初概念,无疑启发了后来作为认识论或曰美学方法论的"形神"这一范畴[2]。进而言之,道家哲学"神为形主"的思想,其实与儒家"心为身主"[3]的思想渊源有自,一脉相承。

那么,"身修而后家齐"又该如何理解呢?《大学》传八章接着说:

> 所谓齐其家在修其身者,人之其所亲爱而辟焉,之其所贱恶而辟焉,之其所畏敬而辟焉,之其所哀矜而辟焉,之其所敖惰而辟焉。故好而知其恶,恶而知其美者,天下鲜矣!故谚有之曰:"人莫知其子之恶,莫知其苗之硕。"此谓身不修不可以齐其家。

辟,读为僻,犹偏也。整章意为:之所以说管理好家族先要修养好自身,是因为人们对自己亲爱的人会有偏爱,对自己厌恶的人会有偏见,对自己敬畏的人会有偏向,对自己同情的人会有偏私,对自己轻视的人会有偏执。因此,喜爱某人又能了解其缺点,厌恶某人又能承认其优点,这样的人天下太少了。所以有谚语说:人都不知道自己孩子的缺点,都不满足自己庄稼的苗壮。这就是为什么不修养好自身便不能够管理好家族的道理。

这说明,修身不仅有次第,而且是由内而外、渐次扩展和生发的次第。明白这一次第,就不至于操之过急,躐等而学,也不会阴差阳错,顾此失彼。

三　修身之方法

关于修身之方法,大概可以归结为以下几点:

(一) 惩忿窒欲

此语出自《周易·损卦》:"山下有泽,损,君子以惩忿窒欲。"孔颖达疏:"君子以法此损道惩止忿怒,窒塞情欲……惩者,息其既往;窒者,闭其将来。惩、窒互文而相足也。""惩忿窒欲",说得通俗些,就是管理好自己的情绪和欲望,类似于现代管理学中的"情商管理"[4]。《论语》开篇就说:"人不知而不愠,不亦君子乎?""不愠"即不生气,不恼怒,这正是"惩忿窒欲"的结果,也是君子人格的表现。用今天的话说,就是有效地做好了情绪的"自我管理"。西谚云:生气,就是拿别人的错误惩罚自己。慈济慈善基金会的创始人证严法师也说:"你看别人不顺眼,是因为你修养不够。"(《静思语》)坊间流传上海滩"闻人"杜月笙的一句名言:"头等人,有本事,没脾气;二等人,有本事,有脾气;末等人,没本事,大脾气。"这些话,都是对"惩忿窒欲"的不同诠释和发挥。

上引《大学》传七章所说的"修身在正其心",身有所"忿懥""恐惧""好乐""忧患","则不得其正",其实也是"惩忿窒欲"的意思。"忿"与"欲"皆出于"心",只有很好地管理自己的负面情绪和贪欲,也即管住自己的"心",才能达到《中庸》首章所说的"致中和"之境。后来的儒者都追求所谓"未发之中",也是对"惩忿窒欲"的最佳诠释。

话又说回来，这种境界并非人人可期而至，王阳明就说："不可谓未发之中常人俱有。盖'体用一源'，有是体即有是用。有未发之中，即有发而皆中节之和。今人未能有发而皆中节之和，须知是他未发之中亦未能全得。"(《传习录》卷上)因为人难免有情绪和习气，要想做到"未发之中"和"已发之和"，谈何容易！真能做到的人，也就是所谓"优入圣域"了。

在孔门中，颜回堪称"惩忿窒欲"的表率。《论语·雍也》篇载：

哀公问："弟子孰为好学?"孔子对曰："有颜回者好学，不迁怒，不贰过。不幸短命死矣！今也则亡，未闻好学者也。"

颜回的"不迁怒，不贰过"，正是"惩忿窒欲"的结果。明明颜回是"修身"好，孔子却偏说他"好学"，可知"为学"最终是落实在"修身"上的。颜回在回答孔子"盍各言尔志"的提问时，曾说："愿无伐善，无施劳。"(《公冶长》)这还是在谈君子修身之道，说明要想做一个君子，不仅负面的情绪和过失要克制，就连自己的优点和功劳，也不能张扬和表白。因为喜怒哀乐都是"欲"，"怒"要克制，"喜"也要克制。孔子还提出"君子有三戒"：

孔子曰："少之时，血气未定，戒之在色；及其壮也，血气方刚，戒之在斗；及其老也，血气既衰，戒之在得。"(《季氏》)

不用说，这也是教人"惩忿窒欲"。

说到"欲",《论语·公冶长》篇有一则好例:

子曰:"吾未见刚者。"或曰:"申枨。"子曰:"枨也欲,焉得刚?"

孔子言下之意,申枨也有不少贪欲,哪里能够真正刚强呢?成语"无欲则刚"或由此出。孔子这么说,难道是要人无欲无求吗?当然不是。儒家对人的正当欲望一向肯认和重视,《礼记·礼运》就说:"饮食男女,人之大欲存焉。"告子也说:"食、色,性也。"(《孟子·告子上》)尽管肯定"人之大欲",但儒家的修身之道,还是主张要"窒欲"和"寡欲"。孟子正是在此基础上提出了"养心"说:

孟子曰:"养心莫善于寡欲。其为人也寡欲,虽有不存焉者,寡矣;其为人也多欲,虽有存焉者,寡矣。"(《尽心下》)

孟子说:养心没有比减少欲望更好的方法了。那些平素欲望少的人,尽管也有失去本心的,为数却是很少的;那些平素欲望多的人,尽管也有能保存本心的,为数也是很少的。朱熹解释此章说:"欲,如口鼻耳目四肢之欲,虽人之所不能无,然多而不节,未有不失其本心者,学者所当深戒也。"[5]

当然,所谓"寡欲",也并非要人"无欲",只是要给欲望"做减法"。因为欲望若不加节制,就会变本加厉,无休无止,永无满足之日,人就成了欲望的奴隶。《礼记·乐记》说:"夫物之感人无穷,而人之好恶无节,则是物至而人化物也。人化物也者,灭天理而穷人欲者也。"后世儒家"存天理,灭人欲"之说,实已在此萌芽。如程颐在论及"人心惟危,道心惟微"时就说:"人心私欲,故危殆。道心天理,故精微。灭私欲则天理明矣。"(《二程遗书》卷二十四)⁶朱熹循此立论,说:"圣人千言万语,只是教人存天理,灭人欲。""学者须是革尽人欲,复尽天理,方始为学。"(《朱子语类》卷四)王阳明也说:"只要去人欲,存天理,方是工夫。静时念念去人欲、存天理,动时念念去人欲、存天理,不管宁静不宁静。"(《传习录》卷上)

那么,"存天理,灭人欲"到底指的是什么?真的是要灭掉人的正当欲望,"压抑人性"吗?只要读读朱熹和弟子下面这段对话就一目了然了:

或问:"饮食之间,孰为天理,孰为人欲?"

答曰:"饮食者,天理也;要求美味,人欲也。"(《朱子语类》卷十三)

我们真要感谢这位善于提问的弟子,他能以饮食设譬,真是妙不可言!但弟子善问,还须老师"善答问"。朱子不愧是明师,他的回答斩截明快,一语中的,给人以拨云见日之感。原来所谓"天理",就是指人的正当欲望;而"人欲",则是指人的贪欲和私欲!比如饥则欲食,寒则欲衣,这便是"天理";如果你饥寒交迫,想的却是山珍海味、锦衣玉食,那就是"人欲"泛滥了!试问,今天那些挥金如土、骄奢极欲的富翁富婆,对金钱、豪宅、名车及奢侈品的追求近乎疯狂，这不是人欲泛滥、欲壑难填是什么呢？朱子说"存天理，灭人欲"，正是要我们"存天理之公，灭人欲之私"！

以往批判宋明理学，常常以此为口实，口诛笔伐，频做诛心之论，殊不知完全是断章取义，郢书燕说。如此厚诬先贤，"强不知以为知"，不仅混淆了是非和视听，而且侮辱了古人的智商，降低了民族文化的水准，真是数典忘祖，得不偿失！

（二）谨言慎行

《论语》中有许多格言，都关乎言行之辨。例如：

子贡问君子。子曰："先行其言，而后从之。"（《为政》）

子贡是"孔门四科"言语一科的高才生，能言善辩，聪明过人。他问君子之道，孔子应机设教，告之以"行在言先"之理。言下之意，君子立身处世，要在言行一致，不可徒逞口舌之快。又如下面两章：

子张学干禄。子曰："多闻阙疑，慎言其余，则寡尤；多见阙殆，慎行其余，则寡悔。言寡尤，行寡悔，禄在其中矣。"（《为政》）

子曰："君子欲讷于言而敏于行。"（《里仁》）

子张志高意广，欲学干禄求仕之道，孔子却岔开话题，告之以做人之理。有人据此以为孔门教育，不过升官发财，真不知从何说起！其实，孔子不过教人谨言慎行，讷言敏行，不要做"语言的巨人，行动的矮子"。否则，官做得越大，越成"害群之马"！

不仅如此，孔子更认为，一个人言行不一，是一件非常可耻的事：

子曰："古者言之不出，耻躬之不逮也。"（《里仁》）
子曰："君子耻其言而过其行。"（《宪问》）

这里的"逮"也好，"过"也好，皆赋予语言以一种不易觉察的"速度感"——红口白牙地"满嘴跑火车"太容易了，而真正的践行诺言却非常难，所以才有"君子一言，驷马难追"的说法。

如果说，谨言慎行、讷言敏行是一种"未发之中"，那么言行一旦发出，又该遵循怎样的标准呢？且看下面这个故事：

子张问行。子曰："言忠信，行笃敬，虽蛮貊之邦，行矣！言不忠信，行不笃敬，虽州里，行乎哉？"（《卫灵公》）

"问行"，就是问怎么做才能"行得通"。孔子认为，言语当忠诚信实，行为当诚笃恭敬，做到这一点，人即使走遍天下，甚至到化外之地，也能畅通无阻；反之，就是在本乡本土，甚至街坊邻里间，也将寸步难行！《中庸》所谓"言顾行，行顾言，君子胡不慥慥尔！"也是此意。

可知在言行之间，孔子显然更重视"行"，"孔门四科"，首德行，次言语，再次政事，复次文学，便是明证。孔子之所以对

"言"不够信任,与他对"仁"的理解有关。孔子说:"巧言令色,鲜矣仁。"(《学而》)又说:"仁者其言也讱。"(《颜渊》)"有德者必有言,有言者不必有德。"(《宪问》)这方面,孔子有过教训,甚至犯过"轻信"的错误:

宰予昼寝。子曰:"……始吾于人也,听其言而信其行;今吾于人也,听其言而观其行。"(《公冶长》)

宰予也是"孔门四科"言语科的高足,却言行不一,作为"反面教材",甚至改变了孔子对人的基本认知和态度。吸取教训之后的孔子,得出了一个屡试不爽的"识人"标准:

视其所以,观其所由,察其所安,人焉廋哉!人焉廋哉!(《为政》)

这句话的潜台词是:真要了解一个人,不要看他如何"言",而要看其如何"行"。这说明,言行不慎,实乃为学修身之大忌!

(三)克己慎独

先说"克己"。我们在为学之道一讲中说过,"为己之学"的"为己",可以解作"为了自己",也可把"为"当作动词,解作"修己""行己""克己""成己"。"克己",是君子修道成仁至为艰难的一步:

颜渊问仁。子曰:"克己复礼为仁。一日克己复礼,天下归仁焉。为仁由己,而由人乎哉?"

颜渊曰:"请问其目。"

子曰:"非礼勿视,非礼勿听,非礼勿言,非礼勿动。"

颜渊曰:"回虽不敏,请事斯语矣!"(《颜渊》)

"克己复礼",就是克制自己的私欲,以复归到合礼的状态。前面说的"惩忿窒欲"正是"克己"的工夫。孔子还说:

君子有九思:视思明,听思聪,色思温,貌思恭,言思忠,事思敬,疑思问,忿思难,见得思义。(《季氏》)

这里的"九思",也可一言以蔽之,即"思无邪"。其中,"忿""欲"和"思"都属于"未发"状态的"克己",而"非礼勿视,非礼勿听,非礼勿言,非礼勿动"则是"发而皆中节",也即所谓"复礼""归仁"的状态了。

由于君子要"克己复礼"才能成就仁德,所以相比向外表现的"示众"和"从众",儒家更重视向内反躬的"慎独"和"诚意"。《大学》传六章说:

所谓诚其意者,毋自欺也。如恶恶臭,如好好色,此之谓自谦。故君子必慎其独也!小人闲居为不善,无所不至,见君子而后厌然,掩其不善,而著其善。人之视己,如见其肺肝然,则何益矣。此谓诚于中,形于外。故君子必慎独也。

谦通"慊",满足义;自谦,也就是自足自洽,心安理得。所谓"独",根据朱熹的解释:"独者,人之所不知,而己所独知之地也。言欲自修者知为善以去其恶,则当实用其力,而禁止其自欺。"[7]"慎独",即在独处无人注意时,自己的言行也要谨慎不苟,合礼中道。故修身之道,实则也是修心之道,"诚于中"才能"形于外",万不可自欺欺人。又《中庸》首章云:

天命之谓性,率性之谓道,修道之谓教。道也者,不可须臾离也,可离非道也。是故君子戒慎乎其所不睹,恐惧乎其所不闻。莫见乎隐,莫显乎微。故君子慎其独也。

这里的"率性",即遵循人之本性,如果"率性之谓道",则"修道"其实便是"修身"。而"戒慎乎其所不睹,恐惧乎其所不闻",便是"修身"到了"慎独"境界,也即能做到"修己以敬"了。又《论语·季氏》篇:

孔子曰:"君子有三畏:畏天命,畏大人,畏圣人之言。小人不知天命而不畏也,狎大人,侮圣人之言。"

据此可知,"戒慎恐惧"是君子才有的内在敬畏,小人则无此敬畏。《中庸》说"小人而无忌惮也",正是此意。换言之,一个人若能"慎独",便真是"知天命"了,因为"知天命",故能充满对天道和天命的莫名敬畏。有此敬畏,自然能"慎独"。"慎独"的工夫,极为精密幽微,其对于君子心性和人格的塑造,其实已接近宗教信仰的境界。甚至可以说，人能"慎独"，是因为相信"人在做，天在看"，相信有一个无所不在的万能之"上帝"或"神"的存在。郭店简本《五行》有云："目而知之谓之进之，喻而知之谓之进之，譬而知之谓之进之。几而知之，天也。'上帝临汝，毋贰尔心'，此之谓也。"又《易·系辞下》曰："知几其神乎？"

就此而言，儒教是否存在，根本无须讨论和证明，因为真正的信仰，无不出于信者的"自觉"和"自信"，至于不信者的"疑"与"惑"，则完全可以忽略不计了。梁漱溟先生说："慎独之'独'，正指向宇宙生命之无对；慎独之'慎'，正谓宇宙生命不容有懈。儒家之学只是一个慎独。"[8] 真是切中肯綮之论！

（四）内省自反

"克己慎独"更进一步，便是"内省自反"，即自我反省、自我攻错的修身工夫。孔子说："见贤思齐焉，见不贤而内自省也。"（《里仁》）"吾未见能见其过而内自讼者也。"（《公冶长》）又说："君子求诸己，小人求诸人。"（《卫灵公》）这里的"求"，乃责也，故此句的真实意思是"君子责诸己，小人责诸人"。以此来衡量辨别君子小人，立竿见影，毫发不爽。孔子还主张"躬自厚而薄责于人，则远怨矣！""攻其恶，无攻人之恶"，"乐道人之善"，"无求备于一人"，等等，皆是"严以律己，宽以待人"之意。换言之，一个人要想做君子，那就必须要"对自己狠一点"！

因为能"反求诸己"，便没有工夫去"怨天尤人"：

子贡方人。子曰："赐也贤乎哉？夫我则不暇。"（《宪问》）

子贡不仅口才好，还善于货殖，"亿则屡中"，堪为"孔门首富"，故其为人难免心高气傲，目中无人。方者，谤也；方人，也即非议他人。针对此病，孔子毫不留情地指出：你端木赐就那么好吗？我连修养自己都来不及，又哪有闲暇去批评他人呢！

有孔子的榜样在前，自然有众弟子效法在后。《论语·学而》载：

曾子曰："吾日三省吾身：为人谋而不忠乎？与朋友交而不信乎？传不习乎？"

曾子"三省"正是"内省自反"的最佳范例。颜渊死后，曾子成为孔门道统的真正传人，正在其能修身为己，不折不扣地践行夫子之道。这种自反精神也在《大学》《中庸》和《孟子》中得到很好继承，如孟子就多次提到"反求诸己"："爱人不亲，反其仁；治人不治，反其智；礼人不答，反其敬。行有不得者皆反求诸己，其身正而天下归之。"又说："仁者如射：射者正己而后发；发而不中，不怨胜己者，反求诸己而已矣。"（《公孙丑上》）这也是《大学》所谓"君子有诸己而后求诸人，无诸己而后非诸人"。又如《礼记·学记》："学然后知不足，教然后知困；知不足，然后能自反也；知困，然后能自强也；故曰教学相长也。"足见一个人若能"自反"，就一定能够勇猛精进，自强不息。

明代思想家吕坤论及修身，说："人不难于违众，而难于违己。能违己矣，违众何难？"他又讲了一个故事："一友与人争而历指其短。予曰：'于十分中君有一分不是否？'友曰：'我难说没一二分。'

予曰：'且将这一二分都没有了，才好责人。'"（《呻吟语》）此又可见，"反求诸己"与"见贤思齐"，一反一正，都是君子修身的"不二法门"。

（五）迁善改过

人非圣贤，孰能无过？儒家修身之道，亦颇注重迁善改过。《周易·大象传·益》云："君子以见善则迁，有过则改。"这应是"迁善改过"的最早出处。此外还有"改过不吝"（《尚书·仲虺之诰》）、"有过必悛，有不善必惧"（《国语·楚语下》）、"人谁无过，过而能改，善莫大焉"（《左传·宣公二年》），等等，皆迁善改过之嘉言。

孔子的君子之教，也强调："过则勿惮改。"（《学而》）"法语之言，能无从乎？改之为贵。"（《子罕》）"过而不改，是谓过矣。"（《卫灵公》）子夏也说："小人之过也必文。"（《子张》）这是说"改过"。而"泛爱众而亲仁"，"就有道而正焉"（《学而》），"居是邦也，事其大夫之贤者，友其士之仁者"（《卫灵公》），"见善如不及，见不善如探汤"（《季氏》），则是说"迁善"。

也有迁善、改过、徙义合说并举者。如《论语·述而》篇子曰："三人行，必有我师焉，择其善者而从之，其不善者而改之。""德之不修，学之不讲，闻义不能徙，不善不能改，是吾忧也。"又，《中庸》引孔子语："回之为人也：择乎中庸，得一善则拳拳服膺，而弗失之矣。又曰不迁怒，不贰过，有不善未尝不知，知之未尝复行也。"颜回的"不贰过"，其实正是改过、迁善之结果。一个人的缺点毛病不断改掉，其优点长处也就越发彰显，距离君子成德也就越来越近。西方宗教也有"天国近了，你们要悔改"

（《马太福音》4：17节）的告诫，皆是从人的不完美角度立论，既指出过失，也昭示希望。可以说，一个执迷不悟、怙恶不悛、不知悔改的人，不啻将自己向上、向善的路彻底堵死了！

"改过迁善"绝非一时一地之行为，而是一以贯之、终身行之的修身工夫。从孔子的"加我数年，五十以学易，可以无大过矣""丘也幸，苟有过，人必知之"（《述而》），到蘧伯玉的"欲寡其过未能也"（《宪问》）、"年五十而知四十九年非"（《淮南子·原道训》），再到子贡所谓"君子之过，如日月之食焉：过也，人皆见之；更也，人皆仰之"（《子张》），皆可见君子修身的工夫次第和规模境界，真可谓"冰冻三尺，非一日之寒"！

在儒家典籍中，类似的表述还可罗列很多。如曾子说："朝有过，夕改，则与之；夕有过，朝改，则与之。"（《大戴礼记·曾子立事》）《大学》也说："见不善而不能退，退而不能远（一作速），过也。"孟子也说："人恒过，然后能改。"（《告子下》）"古之君子，过则改之；今之君子，过则顺之。"（《公孙丑下》）此皆就"改过"而言。孟子还说："杀之而不怨，利之而不庸，民日迁善而不知为之者。"（《尽心上》）"子路人告之以有过则喜。禹闻善言则拜。大舜有大焉，善与人同，舍己从人，乐取于人以为善。"（《公孙丑上》）此乃就"迁善"而言。

汉代儒者扬雄说："是以君子贵迁善，迁善也者，圣人之徒与！"（《法言·学行》）言下之意，圣人并非天生，而是日改一过，日迁一善，不断修身进学才能达到的。换言之，"止于至善"的境界或许永远都难以企及，但只要在"迁善改过"的路上一往无前，就可以算得上"圣人之徒"了。

四 修身之效用

修身之方法已如上述,以下略说修身之效用。

我们知道,孔子的言论和思想,并不以逻辑和思辨取胜,却具有非常深刻的理论价值和十分强大的逻辑力量。有时候,一种伟大的思想,未必是在绞尽脑汁地思考和奋笔疾书中推演得来,而常常在不经意的闲谈和对话中擦出火花,形成定见。这种生命的感发和激荡,给人的影响和改变是巨大的。故后世论修身之道,无不自前引"子路问君子"一章开出。《大学》首章谈修身之道,起于格物、致知、诚意、正心的"内圣"工夫,由此推扩开去,可直接通向齐家、治国、平天下的"外王"境界。该章最后总结道:

> 自天子以至于庶人,壹是皆以修身为本。其本乱而末治者,否矣。其所厚者薄,而其所薄者厚,未之有也。

修身是做人的根本,无论天子还是庶民,谁都不能豁免和逃避。和"为学之道"一样,这也体现了儒家的另一种"平等观"。人在世俗领域的出身和地位上,固然有上下贵贱之别,但每人都有一真实的生命和自我,在更高一层的道德乃至信仰领域的修身上,则人人平等,绝无高下之分!在古典儒家的教义中,"治平"为末,"修身"为本——修身不好而能治国平天下者,天下之大,往古来今,未之有也!

由此可见,修身之道真是牵一发动全身,贯穿了人的一生。

《中庸》第二十七章论"圣人之道",有"致广大而尽精微"之说。如果说,"正心"是"向内"以修身,与"格物""致知""诚意"相结合,属于"尽精微"的一面;那么,"齐家"则是"向外"以修身,与"治国""平天下"相结合,属于"致广大"的一面。我们不能不说,儒家的修身工夫不仅在实践上有着很强的可操作性,在逻辑上也是自足自洽的。

《中庸》第二十章也反复论及"修身"之道,今摘录如下:

哀公问政,子曰:"……故为政在人,取人以身,修身以道,修道以仁。……故君子不可以不修身;思修身,不可以不事亲;思事亲,不可以不知人;思知人,不可以不知天。"……

子曰:"好学近乎知,力行近乎仁,知耻近乎勇。知斯三者,则知所以修身;知所以修身,则知所以治人;知所以治人,则知所以治天下国家矣。"凡为天下国家有九经,曰:修身也,尊贤也,亲亲也,敬大臣也,体群臣也,子庶民也,来百工也,柔远人也,怀诸侯也。修身则道立,尊贤则不惑,亲亲则诸父昆弟不怨,敬大臣则不眩,体群臣则士之报礼重,子庶民则百姓劝,来百工则财用足,柔远人则四方归之,怀诸侯则天下畏之。齐明盛服,非礼不动,所以修身也;去谗远色,贱货而贵德,所以劝贤也;尊其位,重其禄,同其好恶,所以劝亲亲也;官盛任使,所以劝大臣也;忠信重禄,所以劝士也;时使薄敛,所以劝百姓也;日省月试,既廪称事,所以劝百工也;送往迎来,嘉善而矜不能,所以柔远人也;继绝世,举废国,治乱持危,朝聘以时,厚往而薄来,所以怀诸侯也。……

这真是一篇详细论证修身之效用的"大块文章"！其中涉及修身以至平治天下的众多方面，既有伦理学价值，亦有政治学意义，至今依然可以为镜鉴。

孟子说："天下之本在国，国之本在家，家之本在身。"（《离娄上》）这是儒家的个体观，也是儒家的天下观。儒学不是把人看作原子意义上的个体，而是把人当作在时间和空间中不断完善自我并对时空产生积极影响的大写的"人"。故孟子又说："吾未闻枉己而正人者也，况辱己以正天下者乎？"（《万章上》）"枉己不能正人"之说，连道家也不得不承认。《淮南子·诠言训》说："未尝闻身治而国乱者也，未尝闻身乱而国治者也。""矩不正，不可以为方；规不正，不可以为圆；身者，事之规矩也，未尝枉己而能正人者也。"这种将修身与齐家、治国、平天下视为一体的思想，正与孔子"修己以敬""修己以安人"以至"修己以安百姓"的思想一脉相承。

关于此点，我们会在"治平之道"中详谈，这里就不赘述了。

1 程明道说："心要在腔子里。"(《二程遗书》卷七）见《二程集》，第96页。

2 如《庄子·知北游》说："精神生于道，形本生于精，而万物以形相生。"同书《在宥》："抱神以静，形将自足。""神将守形，形乃长生。"同书《天地》："留动而生物，物成生理，谓之形；形体保神，各有仪则，谓之性。"又，《荀子·天论》："形具而神生，好恶、喜怒、哀乐臧焉，夫是之谓天情。"同书《不苟》："形则神，神则能化矣。"《淮南子·原道训》："以神为主者，形从而利；以形为制者，神从而害。"同书《诠言训》："神贵于形也。故神制则形从，形胜则神穷。"刘邵《人物志》："物生有形，形有精神，能知精神，则穷理尽性。"又嵇康《养生论》："精神之于形骸，犹国之有君也。……是以君子知形恃神以立，神须形以存。"葛洪《抱朴子·清鉴》："区别臧否，瞻形得神。"凡此，皆属形神之辨。

3 如郭店楚简《五行》："耳目鼻口手足六者，心之役也。心曰唯，莫敢不唯；诺，莫敢不诺；进，莫敢不进；后，莫敢不后；深，莫敢不深；浅，莫敢不浅。"《春秋繁露·天地之仁》："一国之君，其犹一体之心也。"朱熹则说："心，主宰之谓也。""心者，一身之主宰。"(《朱子语类》卷五）王阳明亦说："心者，身之主也。"(《传习录》）类似论说，不一而足。

4 根据美国学者丹尼尔·戈德曼（Daniel Goleman）《情商管理》的论述，情商管理主要包括以下内容：认识自身的情绪、妥善管理情绪、自我激励、认知他人的情绪、人际关系的管理，即管理他人情绪等。

5 ［宋］朱熹:《四书章句集注》，第374页。
6 ［宋］程颢、程颐:《二程集》，第312页。
7 ［宋］朱熹:《四书章句集注》，第7页。
8 梁漱溟:《人心与人生》第十三章《东西学术分途》，上海：上海人民出版社，2011年，第143页。

第三讲 孝悌之道

孝悌之道，并非孤立存在，而是与修身之道紧密相连，甚至可以说，孝悌乃是修身的第一步。

以"孝悌"为中心的早期教育，其本质正是一种"爱的教育"。孝悌之道，就是教人不仅能享受"被爱"，还要能主动"爱人"。

儒家的身体观是一种蕴含人文价值和道德生命的身体观。其核心精神不是别的，正是"爱"——"自爱"便是"爱亲"；反过来，"爱亲"也就是"爱己"！

只有将作为人类文明之始基的"人禽之辨"纳入视野，才能彻底激活和理解传统孝道的人类学价值和历史意义。

一 "孝悌"也是"爱"

因为儒学是人学,故为学即修身,修身即为学,两者原本一事,合则双美,分则两伤。这是儒学之内在逻辑使然,也是儒学所以能四通八达、周流无碍之关键所在。西方哲学在此类问题上,或许要做长篇大论的逻辑推理和论证,儒学则不然。儒学之旨趣不在知识论,而在生命经验流程中之自我体认、体察、体悟、体贴与体证。儒学只让我们做切己自觉的工夫,学问一旦切己和自觉,便如接通电源,打通周天,触处无碍,一往奔会,最终,便是"人心"与"天心"的不期邂逅,"人道"与"天道"的豁然朗现,"性命"与"天命"的上下贯通。故儒学之极处、妙处,不在外,而在内;不在人,而在己;不在器(或者知、学、技、术等),而在道。通常以儒学为生命之学、为己之学、实践之学,根源即在此。

即如本讲要讲的孝悌之道,亦非孤立存在,而是与修身之道紧密相连,甚至可以说,孝悌乃是修身的第一步。《中庸》第二十章云:

子曰:"君子不可以不修身。思修身,不可以不事亲;思事亲,不可以不知人；思知人，不可以不知天。"

由此可知，君子之修身不是自我修治好了就算完事，而是要与他人发生联系，换言之，也就是要处理好"人我关系"。而"人我关系"中，最重要、也最本初的关系便是诉诸血缘的"亲子关系"，如此一来，"修身"便与"事亲"合二为一了。

在儒学的修养工夫中，"事亲"绝非家庭内部的琐屑小事，而是关乎"知人""知性"与"知天"的认知与实践活动。通过"事亲"，不仅可以了解"人性"与"天命"，达到对"天人关系"的最终彻悟，还可以把"修身"与"齐家"一线贯通，妥善处理好"群己关系"与"心物关系"，从而达到安身立命、身心一如、自证性命的境界。我们通常把膝下承欢、含饴弄孙的"人伦之乐"，称作"天伦之乐"，原因正在于此。

那么，究竟应该如何"事亲"呢？孔子给出了两个字——"孝悌"。

何谓"孝悌"？《说文》释"孝"："善事父母者。从老省，从子。子承老也。"训"悌"："悌，善兄弟也。"又，贾谊《道术》："弟爱兄谓之悌。"故"悌"本来写作"弟"。一言以蔽之，善事父母即为"孝"，善事兄长则为"悌"。从字源学的训诂我们不难发现，"孝悌"这一行为是以"弟子"为主体的，《论语·学而》篇孔子说：

弟子入则孝，出则悌，谨而信，泛爱众，而亲仁——行有余力，则以学文。

"弟子"这一身份,涉及两伦关系——相对于兄长为"弟",相对于父母为"子"。"弟子",也即家中最小的孩子。可知儒家的人格教育,实植根于家庭之中,故首重孝悌。孝悌之道,可以说是针对家中"弟子"的"早期教育"。这种教育既合乎"人伦",又顺应"天道",没有这种教育,一任孩童天性肆意生长,则可能助长其习气和戾气,使其变得任性刁蛮,顽劣无度。俗话说:"少成若天性,习惯成自然。"《颜氏家训·教子》篇也说:"教妇初来,教儿婴孩。"正是强调早期家庭教育之重要。反过来说,若"自然成习惯",只能使人之动物性"故态复萌",积渐积微,竟至冥顽不化,情形或许更为不堪。

　　有人说,儒家文化只尊老,不爱幼。殊不知这种以"孝悌"为中心的早期教育,其本质正是一种"爱的教育"。质言之,"孝悌"就是"爱"! 孝悌之道,就是教人不仅能享受"被爱",还要能主动"爱人"。父母对孩子的爱,是一种"良知良能","不学而能","不虑而知"(《孟子·尽心上》);而孩子对父母的爱,尽管也属"良知良能",却需要及时启发、时时培养和不断召唤。之所以天下有《孝经》而无"慈经",原因即在此。通俗地说,"孝悌"是一种回报式的"爱",因为在此之前,父母和兄长(包括姐姐)已经先行给了"弟子"更多的"慈爱",甚至是"溺爱"! 正是在此意义上,《大学》传三章才会说:

　　为人子,止于孝;为人父,止于慈。

今天很多人单方面去看待"弟子"之"孝悌",而不能兼顾可能更为浓烈的"父兄"之"慈爱",就很容易先入为主,一叶障目,这样得出的结论恐怕除了偏见,还是偏见。

须知"孝悌"之爱,首先是以"自爱"为基础的。孔子说:"身体发肤,受之父母,不敢毁伤,孝之始也。"(《孝经·开宗明义章第一》)明明是教孩子"自爱",却偏以"爱亲"为名义,这正是儒家特有的"身体观"。言下之意,我们的身体和生命不是凭空产生的,每个人都不是"来自星星的你",而是来自天地、祖先和父母。从哲学意义上说,我们的身体不仅属于自己,还是父母生命的延续和接力,古人甚至把自身视为父母之"遗体":

身也者,父母之遗体也。(《礼记·祭义》)
身者,亲之遗体也。(《大戴礼记·曾子大孝》)
爱先人之遗体,惜己身之分气,非兄弟何念哉?(《颜氏家训·兄弟》)

这种独具特色的"身体观",无形之中将肉体的生命赋予了更为广远的时空意义和人文内涵。准乎此,即使有一天父母亡故了,他们的生命信息依然可以经由我们的身体存续于天地之间!这样一来,则人死后是不是升入天堂或极乐世界,也就不再那么重要和迫切了。孔子说:"未知生,焉知死?"(《先进》)正是将人们对死亡的恐惧和幻灭,落实在今生今世的现实责任和生命肯认上。所以,作为人子,我们不能不爱惜自己的身体,若"身体发肤"轻易毁伤,岂不是会让父母心疼和伤心?就此而言,孝的情感起点便是

"以父母之心为心",是对父母之心的体贴、体谅和体恤!

职是之故,儒家的身体观不是个人主义的,而是整体主义的;不是生物意义的,而是生命意义的;也即一种蕴含人文价值和道德生命的身体观。其核心精神不是别的,正是"爱"——"自爱"便是"爱亲";反过来,"爱亲"也就是"爱己"!孔子说:"爱亲者,不敢恶于人;敬亲者,不敢慢于人。"(《孝经·天子章第二》)又,《周易》家人卦九五爻《象传》说:"王假有家,交相爱也。""孝悌"正是在"自爱"的基础上去"爱亲",并由此获得了"泛爱众,而亲仁"的现实可能性。这便是爱的"涟漪效应",所谓"博爱之谓仁"(韩愈《原道》)。

孔子的教育,是把人当作一个"社会人""文化人""有情人"来调教的,而非把人当作"自然人""生物人""无情人",任其野蛮生长,任性胡来。这不是"爱的教育"是什么呢?

二 孝悌之效用

"孝悌"之爱,虽然限于家族或家庭内部,其对象固定,简便易行,相当于"特别的爱给特别的你",其效用却是巨大的,因为亲情伦理乃所有人伦价值的起点,正是在此意义上,我们才要说,孝悌之道,乃是"为人之根"与"行仁之本"。

《论语·学而》篇第一章谈为学与修身,第二章就说到"孝悌":

有子曰："其为人也孝悌，而好犯上者，鲜矣。不好犯上，而好作乱者，未之有也。君子务本，本立而道生。孝悌也者，其为仁之本与！"

此章不仅讲孝悌之道，而且包涵了修身、齐家、治国、平天下之术，将孝悌之效用做了既符合义理又符合实践的精彩发挥。我以为，"为人孝悌"，是讲"修身"；"不好犯上"，是讲"齐家"；不犯上则不作乱，是讲"治国"；君子务本，本立道生，孝悌为行仁之本，则是讲"平天下"。这是一由近及远、由内而外、由一己之小以至天下之大的动态推理过程[1]。有子的观点，在实践上或许可以找到不少反例，但在逻辑上还是基本自洽的。其所强调的是，人之根本，在于仁，而仁之扩充，则首先表现于孝悌。一个人若不能行孝悌之道，仁道之根本便被遮蔽，无从开显和生长，修身、齐家、治国、平天下，也就谈不上了。

王阳明在解读"孝悌"之于"仁"的关系时说：

仁是造化生生不息之理，虽弥漫周遍，无处不是，然其流行发生，亦只有个渐，所以生生不息。如冬至一阳生，必自一阳生而后渐渐至于六阳。若无一阳生，岂有六阳？阴亦然，惟有渐，所以便有个发端处，惟其有个发端处，所以生。惟其生，所以不息。譬之木，其始抽芽，便是木之生意发端处。抽芽然后发干，发干然后生枝生叶，然后是生生不息。若无芽，何以有干有枝叶？能抽芽，必是下面有个根在，有根方生，无根便死。无根何从抽芽？父子、兄弟之爱，便是人心生意发端处，如木之抽芽。自此而仁民，而爱物，便是发干生枝生叶。墨氏兼爱无差等，将自家父子、兄弟与途人一般看，便自没了发端处。不抽芽，便知得他无根，便不是生生不息，安得谓之仁？孝弟为仁之本，却是仁理从里面发生出来。（《传习录》卷上）²

阳明将仁看作"造化生生不息之理"，将仁的发散扩充比作树木之抽芽、发干、开枝散叶的动态过程，正是儒家生命哲学的绝佳阐释，具体而微，妙不可言！一句话，孝悌乃为人之根，行仁之本，不能行孝悌者，亦不能行仁道——不能行仁道，则人将非人也。

再看《论语·子路》篇：

子贡问曰："何如斯可谓之士矣？"
子曰："行己有耻，使于四方，不辱君命，可谓士矣。"
曰："敢问其次。"
曰："宗族称孝焉，乡党称弟焉。……"

这里，"宗族称孝焉，乡党称弟焉"，可以作为前引"入则孝，出则悌"的注脚。说明"孝悌"作为"为仁之本"，是可以将人的仁心善性向外推扩的，犹如一粒种子，只要悉心栽培，终可长成参天大树。如果说"宗族称孝"是"齐家"的实现，则"乡党称弟"已是走出家门，涉及"修己以安人"；再往外推扩，"使于四方，不辱君命"，则相当于"修己以安百姓"，已蕴有治国、平天下的意涵了。故《大学》传九章云：

所谓治国必先齐其家者,其家不可教而能教人者,无之。故君子不出家而成教于国:孝者,所以事君也;弟者,所以事长也;慈者,所以使众也。

孝悌之道不仅是修身、齐家之道,实则亦是治国之道。从"五伦"[3]的角度说,"父子"一伦的"孝",可推而至于"君臣"一伦的"忠";而"长幼"也即"兄弟"一伦的"悌",又可推而至于"朋友"一伦的"信"。这样,"孝悌"之道便与"忠信"接上了轨,如同"修身"之道与齐家、治国、平天下息息相关一样。

孔子说:"爱敬尽于事亲,而德教加于百姓,刑于四海。盖天子之孝也。"(《孝经·天子章第二》)可知孝悌之道,实乃人伦大道,此道立,则可以言成人,可以言尽性、知命以知天。孝悌之爱虽然起源于亲情,发生于家族内部,而由此推衍开去,却能形成"涟漪效应",从而惠及乡党、家国以至于天下。从这个角度再去看子夏所谓"四海之内皆兄弟",孟子所谓"老吾老以及人之老,幼吾幼以及人之幼",简直可以说是"让世界充满爱"了!

惟其如此,孟子才要说:"尧舜之道,孝悌而已矣。"(《告子下》)"君子之守,修其身而天下平。"(《尽心下》)这些说法无不隐含一个重要观念,即孝悌之道,实为修、齐、治、平之本。又《吕氏春秋·孝行览》说:"凡为天下,治国家,必务本而后末,务本莫贵于孝。夫孝,三皇五帝之本务,而万事之纪也。夫执一术而百善至,百邪去,天下从者,其惟孝也。"正是本着这一思想,中国古代不少朝代都主张"以孝治天下",而所谓"以孝治天下",

其实质不过是"以孝治天下之人"罢了。故孟子说：

> 道在迩而求诸远，事在易而求诸难：人人亲其亲，长其长，而天下平。(《离娄上》)

你可以说先秦儒家的这种思想太过理想化，未必尽合实际和逻辑，但你不能否认，这种基于"爱"的"伦理""情理"和"治理"，本质上是圆融自洽而又充满生命感的，因而也是最接地气的！

"孝悌"之间，"孝"的重要性尤胜于"悌"，无孝不悌，故"孝"又可谓"悌"之本。孔子以孝为"至德要道"，说："夫孝，德之本也，教之所由生也。""孝，始于事亲，中于事君，终于立身。"(《孝经·开宗明义》)又说："夫孝，天之经也，地之义也，民之行也。"(《孝经·三才》)谢幼伟先生说："中国文化在某一意义上，可谓为'孝的文化'。孝在中国文化上作用至大，地位至高；谈中国文化而忽视孝，即非于中国文化真有所知。"[4]诚哉斯言也！

三　孝当合乎礼

在《论语》中，孔门弟子多次问孝，而孔子因材施教，问同答异，小叩小鸣，大叩大鸣，从多方面阐发孝道之微言大义，形成了别具特色的中国孝文化。且看《学而》篇第十一章：

子曰："父在，观其志；父没，观其行；三年无改于父之道，可谓孝矣。"

这一章常常引起今人的疑惑和误解。有人会问：如果父亲是个十恶不赦的坏蛋，难道也要无改于其道吗？坦率地说，这种"钻牛角尖"或"抬杠"式的提问，实在不利于我们真正读懂经典，体贴古圣先贤之用心。须知孔子此言，绝非凿空之论，更非信口开河，一定有其对象、语境和情境，只不过被记述者省略了而已。我们理解经典，应站在一正向的价值基础上，要明白孔子说某句话，常是应机设教，有感而发，既不能苛求其"放之四海皆准"，具有无限适用性，更不能带着某种刁钻促狭的心理，严重轻视孔子的智商和情商，以为我们想到的孔子就想不到，或者干脆以为，孔子就是要我们"不学好"，定要"无改于"一个坏父亲的"道"！

事实上，孔子说"三年无改于父之道"，很大程度上是从丧礼来谈孝道的。古有三年守孝之礼，"三年"并非整三年，而是二十五个月（跨三年）。不唯平民，天子亦有"三年之丧"。《礼记·王制》云："父母之丧，三年不从政。"《尚书》也有"高宗谅阴，三年不言"的记载，说高宗（商王武丁）守孝，住在凶庐里，三年没有说话。子张以此事问孔子，孔子的回答是："君薨，百官总己以听于冢宰三年。"（《宪问》）意谓君主去世后，嗣君守孝期间，百官都各守其职，听命于冢宰三年。可知"三年不言"，并非三年不说一言，而是"三年不言政"。

从这个意义上再来看"三年无改于父之道"，意思就再明白不过了。"无改"盖有两层意思：一是不忍改，二是不必改。《中庸》第十九章说：

> 夫孝者，善继人之志，善述人之事者也。……践其位，行其礼，奏其乐，敬其所尊，爱其所亲，事死如事生，事亡如事存，孝之至也。

能够继承父之遗志，祖述父之美德，秉承父之善道，正是在精神上延续父亲之生命，孝莫大焉！⁵可知在孔子看来，孝与礼本是一体，无违于礼所规定的事亲之道，就是孝的最佳表现。再看《论语·为政》篇第五章：

> 孟懿子问孝。子曰："无违。"
> 樊迟御，子告之曰："孟孙问孝于我，我对曰：'无违。'"
> 樊迟曰："何谓也？"
> 子曰："生，事之以礼；死，葬之以礼，祭之以礼。"

这里的"无违"，并非"无违于父母"，而是"无违于礼"。父母在世，以礼事之；父母亡故，以礼葬之，以礼祭之。一个人，不管文化程度如何，能"以礼事亲"便是懂得孝了。盖礼之制定乃本乎人性人情，所谓"称情而立文"（《礼记·三年问》）、"缘人情而制礼，依人性而作仪"（《史记·礼书》）。惟其如此，孔子才会以礼论孝。今人只看到"礼"与"情"对立的一面，却没有追本溯源，看到"礼"与"情"内在的渊源及其逻辑上的统一性，难免失于一偏。事实上，孝道作为礼教中最重要的原则，本身就是亲情的自然显现，就此而言，守礼也就是尽孝。

《孟子·滕文公上》记孟子与墨者夷子论厚葬，讲了一个故事：

> 盖上世尝有不葬其亲者。其亲死，则举而委之于壑。他日过之，狐狸食之，蝇蚋姑嘬之。其颡有泚，睨而不视。夫泚也，非为人泚，中心达于面目。盖归反虆梩而掩之。掩之诚是也，则孝子仁人之掩其亲，亦必有道矣。

故事生动地说明了"礼"与"情"的内在联系。此人由"不葬其亲"到"其颡有泚"，再到"虆梩而掩之"，正是孝道萌生于内心的自然反应，"掩其亲"的自发行为可以说是最早的丧葬之礼。质言之，礼看似是外在的一套"繁文缛节"，而其最初的设计，却是本自人之情性的。甚至可以说，礼的制定，乃源于"人之所以为人"的本性自觉。故《礼记·冠义》说："凡人之所以为人者，礼义也。"同书《曲礼》说："鹦鹉能言，不离飞鸟。猩猩能言，不离禽兽。今人而无礼，虽能言，不亦禽兽之心乎？夫唯禽兽无礼，故父子聚麀。是故圣人作，为礼以教人，知自别于禽兽。"足见礼本就是为"自别于禽兽"设计的。人类学的研究表明，正是孝道的产生，直接将人与动物区分开来，使人类摆脱丛林法则和动物世界，并最终进入文明世界。随着本乎情的孝道纳入礼制的顶层设计并不断精密化，孝当合乎礼也就顺理成章了。

再看《论语·为政》篇第六章：

孟武伯问孝。子曰:"父母唯其疾之忧。"

此章看似与"礼"无关,其实亦隐含对礼的要求。朱熹说:"人子能使父母不以其陷于不义为忧,而独以其疾为忧,乃可谓孝。"[6]言下之意,真正的孝子当谨言慎行,动静皆合乎礼义,不使父母忧其德,唯使父母忧其病。生活中总有一些调皮顽劣的孩子,他生病时父母为他担心,他病一好,只怕父母更担心!大概孟武伯就不是"省油的灯",所以孔子才要委婉告诫,勉其遵礼守义。明人张岱评此条云:"答孟懿子,以守礼为孝。答孟武伯,以守身为孝。"(《四书遇》)实则"守身"者,亦"守礼"也。

孔子曾说过:"一朝之忿,忘其身以及其亲,非惑与?"(《颜渊》)因为一时的愤怒,就忘记自己的身家性命和父母双亲,而去铤而走险,这不是迷惑是什么?还有一次,子路问:"闻斯行诸?"听到一件自认为该做的事就要立刻行动吗?孔子回答说:"有父兄在,如之何其闻斯行之?"(《先进》)子路性格刚直果决,好勇急义,是一个"未之能行,唯恐有闻"(《公冶长》)的急性子,孔子不希望他"听风就是雨","暴虎冯河,死而无悔",故以孝道启发他要"临事而惧,好谋而成"(《述而》)。你看,孔子对孝道的理解和阐释,绝不是下定义和逻辑推理式的,而是基于对天道与天理、人道与人情的全面把握和综合体认,并在具体的生命情境中予以揭示和激发,因而充满了活泼泼的生机和精微绝伦的妙谛!

四 孝须发乎情

话又说回来,礼虽然是缘情而制的,但在一般人看来,情与礼究竟是两回事。在具体的生活中,人们还是会把礼的规定置诸脑后,一味我行我素,违礼悖礼。所以,在"礼"的规定中,常常凸显"情"的重要,这是儒家孝道尤其令人感动的地方。且看《论语·为政》篇第七章:

> 子游问孝。子曰:"今之孝者,是谓能养。至于犬马,皆能有养;不敬,何以别乎?"

这里,孔子将"养父母"与"养犬马"做了明白斩截的区分,其实已蕴含着不易觉察的"人禽之辨"。"敬"之内涵尤为丰富,其外在表现是"合乎礼",内在根据则是"发乎情"。孝子事亲,若无此"敬",便不是"孝",而只是"养"。《大戴礼记·曾子大孝》记曾子曰:"孝有三:大孝尊亲,其次弗辱,其下能养。"言下之意,仅知赡养父母而不知爱敬,乃最下等之孝行。仅提供口腹之欲的满足,而没有发自内心的敬爱,便把孝行本身的人文价值抽空了。

孟子对孝道的阐发也与"人禽之辨"相关。他说:"食而弗爱,豕交之也;爱而不敬,兽畜之也。"(《尽心上》)毫无敬爱之情的赡养,缺乏良知灵明的孝行,其实就是"豕交兽畜",只能算是小人之孝。《孟子·离娄上》还讲了一个关于曾子的故事:

> 曾子养曾晳，必有酒肉。将彻，必请所与。问有余，必曰"有"。曾晳死，曾元养曾子，必有酒肉。将彻，不请所与。问有余，曰"亡矣"。将以复进也。此所谓养口体者也。若曾子，则可谓养志也。

曾子是大孝子，对父亲曾晳敬爱有加，有求必应，而其子曾元对他则按部就班，例行公事，无视其内在需求。孟子称曾子之孝为"养其志"，曾元之孝为"养口体"，真是一针见血！正是在此意义上，孟子才要说："人之所以异于禽兽者几希？庶民去之，君子存之。"（《离娄下》）相比君子，庶民或小人更容易丧失"人禽之辨"的持守，放弃人类应有的文明性和伦理性的生活追求，尤其在对父母的赡养中，更容易只养口体，不养心志。孟子还说："世俗所谓有不孝者五：惰其四支，不顾父母之养，一不孝也；博弈好饮酒，不顾父母之养，二不孝也；好货财，私妻子，不顾父母之养，三不孝也；从耳目之欲，以为父母戮，四不孝也；好勇斗很，以危父母，五不孝也。"（《离娄下》）孟子归纳的"五不孝"，其实就是指懒、馋、贪、淫、暴，可谓"孝之五毒"也！

又如《论语·为政》第八章：

> 子夏问孝。子曰："色难。有事，弟子服其劳；有酒食，先生馔。曾是以为孝乎？"

同样是谈孝须发乎情，前一章关键词是"敬"，这一章关键词是"色"。如果说"敬"诉诸内心，"色"则见乎外貌。"色难"一般解作和颜悦色地侍奉父母是很难的,所谓"久病床前无孝子";也有径直解作"色敬"的,皆可通。《礼记·祭义》说:"孝子之有深爱者,必有和气;有和气者,必有愉色;有愉色者,必有婉容。"可知"色"亦关乎"情",若无"深爱",则必无"和气""愉色"与"婉容"。孔子在说"君子有九思"时,明确提出"色思温,貌思恭,言思忠,事思敬"(《季氏》)的原则。对一般人尚且如此,何况生身父母呢?

再看《论语·里仁》篇下面两章:

子曰:"父母在,不远游,游必有方。"
子曰:"父母之年,不可不知也:一则以喜,一则以惧。"

这两章谈事亲之道,具体而微,情深义重,细思真催人泪下!"不远游",首先是"不忍",既不忍离开父母之呵护,亦不忍让父母陷于无尽之思念与担忧。有此不忍之心,方可言孝。"游必有方"则是说,真要远游,也须有一方向,勿忘父母家中盼归,望眼欲穿之苦情。此即"以父母之心为心"也。

再看"父母之年,不可不知",实则涉及人类特有的时间意识。相比于一般动植物,人类生长期尤为缓慢。婴儿初生,柔软脆弱,从牙牙学语到蹒跚学步,谈何容易!故孔子与弟子宰我论"三年之丧"时,有"子生三年,然后免于父母之怀"的感言。而此"人之初"最为宝贵的三年,正是父母鞠育含辛茹苦的三年,却因人类孩童期共有之"遗忘症"而消失在记忆的"黑洞"里了。及至自己养儿育女,那三年记忆才借助"生命流转"之经验而"自动恢复",这时只要是一有情人,无不生感恩之心,萌报孝之志。俗语"不当家不知柴米贵,不养儿不知报父母恩",此之谓也。

然而遗憾的是,人之亲情,常常本能下移于子女,而疏于对父母的关爱,此即所谓"薄于孝而厚于慈"(《礼记·坊记》)。当我们明白此理时,父母早已发白如丝、纹深如壑、老态龙钟、来日无多矣!人生如行旅,有始必有终,一旦踏上这一旅程,便是进入不可逆转的"倒计时"了。"一则以喜,一则以惧"两句,真是宛转关生,感天动地!无论父母是否康健,是否长寿,总有一天,他们会先行"到站",从此与我们"天人永隔"!此正所谓"树欲静而风不止,子欲养而亲不待"!人生如此,岂不痛哉!《大戴礼记》载曾子之言曰:"人之生也,百年之中,有疾病焉,有老幼焉,君子思其不可复者而先施焉。父母既殁,虽欲孝,谁为孝乎?年既耆艾,虽欲弟,谁为弟乎?故孝有不及,弟有不时,此之谓与?"原来所谓"孝悌",真如一道"急急如律令",需要我们"及时当勉励,岁月不待人"了!

今人若真能明白此意,才能理解孔子所以主张孝道,实乃出于对天下老迈之父母的"恻隐悲悯",出于对芸芸众生的"一往情深"!故这两章虽是谈孝,却置于《里仁》篇。钱穆先生说:"即仁便是孝,即孝便是仁,非谓仁孝可有先后之分别。"[7]良有以也!

五 孝必本乎义

更重要的是,孝道除了应当本乎礼、发乎情,还须本乎义。

教条化、极端化、功利化的孝行往往会背离孝之本义，极易沦为"愚孝"。明人纪振伦所校正的《三桂记》说："天下无不是底父母，我母亦无可记之仇；世间难得者兄弟，吾兄实有难报之德。"此言表达孝悌之情，情感上固可通，道理上却甚为牵强，即如"天下无不是底父母"一句，就严重违背了生活常识！关于如何"事父母"，还是孔子的观点最可信从：

子曰："事父母几谏。见志不从，又敬不违，劳而不怨。"（《里仁》）

孔子以为，父母也是人，"人非圣贤，孰能无过"？作为孝子，对父母的过错，不能姑息纵容，一定要劝谏。唯劝谏父母须注意态度、方式、时机和效果——态度要委婉，方式要讲究，时机要恰当，效果要达成。即使父母不听，亦当起敬起孝，任劳任怨，绝不能因谏而犯，因理伤情，甚至恼羞成怒，反目成仇。这便是我们所说的"孝必本乎义"了。《礼记·内则》有云："父母有过，下气怡色，柔声以谏，谏若不入，起敬起孝。"同书《坊记》："子云：从命不忿，微谏不倦，劳而不怨，可谓孝矣。"又同书《檀弓上》："事亲有隐而无犯。"孔颖达《正义》云："隐，谓不称扬其过失也。无犯，不犯颜而谏。"这里，"柔声以谏""微谏"与"不犯颜而谏"，皆孔子所谓"几谏"之意也。

由此可知，孔子绝不赞成"愚孝"，所谓"天下无不是底父母"，实则已经背离夫子之道。再看《孔子家语·六本》的一则故事：

曾子耘瓜，误斩其根。曾皙怒，建大杖以击其背，曾子仆地而不知人久之。有顷乃苏，欣然而起，进于曾皙曰："向也参得罪于大人，大人用力教参，得无疾乎？"退而就房，援琴而歌，欲令曾皙而闻之，知其体康也。孔子闻之而怒，告门弟子曰："参来，勿内。"曾参自以为无罪，使人请于孔子。子曰："汝不闻乎？昔瞽瞍有子曰舜，舜之事瞽瞍，欲使之，未尝不在于侧；索而杀之，未尝可得。小棰则待过，大杖则逃走，故瞽瞍不犯不父之罪，而舜不失烝烝之孝。今参事父，委身以待暴怒，殪而不避，既身死而陷父于不义，其不孝孰大焉！汝非天子之民也，杀天子之民，其罪奚若？"曾参闻之，曰："参罪大矣！"遂造孔子而谢过。

故事中的曾子，因不避父亲"家暴"，以致人事不省，险些丧命，何其愚也！孔子洞幽烛微，看出曾子"愚孝"中潜藏的危险和荒谬，几乎要将其逐出门墙，一句"身死而陷父于不义，其不孝孰大焉"，不啻警钟长鸣，千年之后，犹足以振聋发聩！

无独有偶。在《孝经·谏诤》章里，曾子和孔子也有过类似的对话：

曾子曰："若夫慈爱、恭敬、安亲、扬名，则闻命矣。敢问子从父之令，可谓孝乎？"子曰："是何言与！是何言与！昔者天子有争臣七人，虽无道，不失其天下；诸侯有争臣五人，虽无道，不失其国；大夫有争臣三人，虽无道，不失其家；士有争友，则身不离于令名；父有争子，则身不陷于不义。故当不义，则子不可不争于父；臣不可不争于君；故当不义则争之。从父之令，又焉得为孝乎！"

可见，孝并不是毫无原则地一味顺从父母，而是要审时度势，合义达权。"父有争子，则身不陷于不义"，正是"孝必本乎义"的最佳诠释。

孟子在此基础上，又将孝悌的内涵进一步阐发。他一方面承认，"不得乎亲，不可以为人；不顺乎亲，不可以为子"，这是"孝须发乎情"；另一方面又指出："事，孰为大？事亲为大；守，孰为大？守身为大。不失其身而能事其亲者，吾闻之矣；失其身而能事其亲者，吾未之闻也。孰不为事？事亲，事之本也；孰不为守？守身，守之本也。"（《离娄上》）此即"孝必本乎义"。荀子也说："父有争子，不行无礼；士有争友，不为不义。""入孝出弟，人之小行也；上顺下笃，人之中行也；从道不从君，从义不从父，人之大行也！"（《荀子·子道》）"从义不从父"，一语道破"孝"与"义"之间的内在联系，何其光明而正大！

不仅"养生"要合乎义，"送死"亦然。孟子说："养生者不足以当大事，惟送死可以当大事。"（《离娄下》）很多人只重视"养生"，忽略了"送死"对于涵养人性的重要意义。有的人，父母一死，再也没有哀戚怀念之情，无法做到"慎终追远"，或"事死如事生，事亡如事存"。长此以往，人心必然浇薄，甚至类同禽兽而不自知矣！

不过，凡事并无绝对。儒家孝道一则主张丧事须尽哀，一则又主张哀痛要适可而止，坚决反对"以死伤生"。如《孝经·丧亲》章子曰:"孝子之丧亲也,哭不偯,礼无容,言不文,服美不安,闻乐不乐,食旨不甘,此哀戚之情也。三日而食,教民无以死伤生。毁不灭性,此圣人之政也。"临丧哀戚,这是人之常情,但也要爱惜身体,不可因哀毁过度而误了"卿卿性命"!《论语·子张》篇记子游说:"丧致乎哀而止。"又记曾子曰:"吾闻诸孔子:'人未有自致者也,必也亲丧乎!'"正因丧亲之痛,乃人情之大痛,故尤须善自珍摄,好自为之。西汉桓宽《盐铁论·散不足》中有句名言:"事生尽爱,送死尽哀。""爱"与"哀",虽一声之转,却蕴含无穷意味,充满人间至情!

今天很多人对孝道极尽批判之能事,动辄以《二十四孝图》为口实,对儒家孝道口诛笔伐,殊不知,原始儒家恰是"愚孝"最有力的反对者。若起孔子、孟子于地下,对于后世津津乐道的王祥"卧冰求鲤"、郭巨"埋儿奉母"、庾黔娄"尝粪忧心"之类"愚孝"之行,定会怒目圆睁,大声呵斥:"是可忍也,孰不可忍也!"

六 孝道的人类学价值

孝道的基本内涵已如上述。还有一个不容回避的问题是:何以中国传统文化如此奉行孝道,且特别强调"父子有亲"呢?为何不说"母子有亲"?这是否是对女性的一种歧视呢?或者换言之,在人类发展史上,母系氏族社会最终为父系氏族社会所取代,究竟是进步还是落后?

要回答此一问题,仍须诉诸"人禽之辨"。就传统孝道中"父子之亲"何以更被重视和强调而言，基于人类学和伦理学的回答，远比基于社会学或性别政治学的回答，更具启发意义和科学价值。前引《礼记·曲礼上》有云："夫唯禽兽无礼，故父子聚麀。"郑玄注："聚，犹共也。鹿牝曰麀。"这是说，禽兽世界尚不知父子、夫妇之伦，故有父子共牝之事，其实就是群居杂交，两代乱伦。《吕氏春秋·恃君览》说："昔太古尝无君矣，其民聚生群处，知母不知父。"干宝《搜神记》卷三载："宣帝之世，燕、岱之间，有三男共取（娶）一妇，生四子，及至将分妻子而不可均，乃致争讼。廷尉范延寿断之曰：'此非人类，当以禽兽从母不从父也。'请戮三男，以儿还母。"所谓"知母不知父""从母不从父"，正是母系氏族社会的基本状态。换言之，母系氏族社会以女性或母系为中心，相比动物世界确是一大进步，然由于父子一伦尚未确定，夫妇一伦不免暧昧混乱，仍保留着动物世界的基本特征。

《礼记·中庸》说："君子之道，造端乎夫妇。"同书《郊特牲》："夫昏（婚）礼，万世之始也。取于异姓，所以附远厚别也。……男女有别，然后父子亲；父子亲，然后义生；义生，然后礼作；礼作，然后万物安。无别无义，禽兽之道也。"所谓"男女有别"，并非仅指男女两性之生理差异，而是从遗传学和优生学角度而言，其实质乃是源于人类文明演进过程中自觉形成的"乱伦禁忌"。"就是将性别原则推及人类，在家庭和家族内防止男女乱伦，将亲亲之爱（亲爱）与男女之爱（性爱）严格区别和隔离，于是就必须'取于异姓，所以附远厚别'。……从这种'别''区别'或'男女有别'出发，才有'父子亲'"。[8]这也即《郭店楚简·六德》中所谓"男女不别，父子不亲"。换言之，唯有确立了"父子有亲",人类才真正有了伦理道德和礼义廉耻,从而摆脱禽兽世界。

就此而言,母系氏族社会的状况,好比母亲"爱上了一个不回家的人";而其最终为父系氏族所取代则意味着,那个"只管生不管养"的男人回归了家庭,开始承担起家庭的责任和父亲的义务了。我们固然可以批判父权极端化带来的种种社会弊端,并力求改善之,但不能釜底抽薪地认为,家庭和父权的形成从根本上就不该发生甚至惨无人道!新文化运动对于孝道的批判就常与对"父权"的批判结合在一起。如李大钊在《由经济上解释中国近代思想变动的原因》中说:"君臣关系的'忠',完全是父子关系的'孝'的放大体。因为君主专制制度完全是父权中心的大家族制度的发达体。"[9]这种基于"进化论"和"现代性"的对于传统文化的批判,初心未必不善,却常常过犹不及,以至在逻辑上陷入"循环论"。

以为只要是对权力的批判,就天然占据某种道德制高点,这是激进主义者常犯的"左派幼稚病"。对积重难返的君主集权专制和父权中心予以严正批判固然无可厚非,但为了批判而彻底否定作为"人之大伦"的父子一伦则显然属于釜底抽薪、无知者无畏了。因为如前所述,从文化人类学的角度看,家族制和父权的确立恰是人类文明的一大进步。

最后,还须明白,孝道也不仅限于东方文明。西方文化虽无"孝道"这一概念,但亲子之"爱"一直被主流文化所强调。《旧约》中也有一些和孝道相似的箴言,如基督教十诫第五诫即"孝敬父母"。新的人类学研究发现,"使用工具、自身意识、运用语言符号、政治权术等,都在动物中发现",因此也不是人特有的,唯有"孝",这种需要"更深长的内时间意识"才能拥有的情感,才使人成其为人。"动物特别是鸟类和哺乳类,也有亲代对子代的不忍之心,但缺少子代对于亲代的不忍之心。人从能孝开始,才算是与其他动物有了不同生活世界的人。"[10]

总之,我们理解传统孝道,仅以空间维度的"中西之辨"和时间维度的"古今之辨"为参照显然不够,只有掘井及泉,将作为人类文明之始基的"人禽之辨"纳入视野,才能彻底激活和理解传统孝道的人学价值和历史意义。

1 刘强:《论语新识》,长沙:岳麓书社,2016年,第6页。
2 陈荣捷:《王阳明〈传习录〉详注集评》,重庆:重庆出版社,2017年,第90页。
3 《孟子·滕文公上》:"父子有亲,君臣有义,夫妇有别,长幼有序,朋友有信。"
4 谢幼伟《孝与中国文化》中语。转引自梁漱溟《中国文化要义》,上海:上海人民出版社,2003年,第31页。
5 详参刘强《论语新识》,第22—23页。
6 [宋]朱熹:《四书章句集注》,第55页。
7 钱穆:《论语新解》,北京:三联书店,2002年,第104页。
8 参见张祥龙《家与孝——从中西间视野看》,北京:生活·读书·新知三联书店,2017年,第145页。
9 《新青年》1920年1月1日第7卷第2号。
10 张祥龙:《家与孝——从中西间视野看》,第110页。

第四讲 忠恕之道

既然『孝悌』便是『爱』，是『爱亲如己』；同理，『忠恕』也是『爱』，是『爱人如己』。

『孝悌』是『特别的爱』，又是『感性的爱』；『忠恕』是『普遍的爱』，又是『理智的爱』。是故『孝悌』与『忠恕』，理一而分殊，殊途而同归也！

『恕』道体现的是基于人类底线伦理或曰人道主义的一种『平等观』。今人多以为中国无『平等』观念，实则大谬不然。

以忠恕为起点，必能向内寻找到仁爱之源泉，此即孔孟儒学特别标举的『仁心说』与『性善论』。

一 夫子传道

任何伟大的哲学思想与宗教信仰，无不涉及对形而上之"道"的终极追问，也都会面临一个"弘道"和"传道"的问题。

作为春秋末期最大的学术思想共同体，孔门或者孔子学派尤其重视对"道"的探求，关注"道统"及"文脉"的赓续。孔子说："人能弘道，非道弘人。"（《卫灵公》）非常深刻地揭示了"道"与"人"的内在关系。春秋时郑国贤相子产也说："天道远，人道迩，非所及也，何以知之？"（《左传·昭公十八年》）子产以远近衡量"天道"与"人道"，似乎是一种对于天道的"不可知论"。而孔子却坚定地认为："道不远人。人之为道而远人，不可以为道也。"（《中庸》第十三章）又说："道也者，不可须臾离也，可离非道也。"（《中庸》首章）既然"道"尚且"不远人"，那么"为道"之人更不可以远人。道不仅"不远人"，甚至"不离人"。换言之，"道"的高明广大，必须由"人"来开显和揭示，离开了"人"，"道"也便如王阳明所谓"岩中花树"，"与尔心同归于寂"[1]了。

那么，孔子所弘之道，到底是什么？《论语》中"夫子之道"一语，究竟所指为何呢？

我以为，所谓"夫子之道"，其实就是"人所当行之道"，也即"顺乎天而应乎人"的人伦大道。在对"夫子之道"的众多表述和诠释中，除"为学""修身""孝悌"之外，最能有效地贯通"天道"与"人道"，且可"终身行之""一以贯之"的，大概就是"忠恕之道"了。

然而，在孔门内部，"忠恕"之道的揭橥和彰显，其实并不容易，"孔子传道"的千秋伟业，更可谓一波三折。我们且讲几个《论语》中的故事。

在孔门弟子中，颜回最得孔子欣赏和喜爱，本来是众望所归的"传道"之不二人选。但不幸的是，颜回英年早逝，这让孔子及其弟子经历了一场很大的精神地震：

季康子问："弟子孰为好学？"孔子对曰："有颜回者好学，不幸短命死矣！今也则亡。"（《先进》7）

颜渊死。子曰："噫！天丧予！天丧予！"（《先进》9）

我们知道，孔子最重"好学"，曾说"十室之邑必有忠信如丘者焉，不如丘之好学也"，此番又说"有颜回者好学"，"今也则亡"，明是后继无人之意。而"天丧予"之叹，更是悲痛欲绝。这里的"丧予"，非丧予之身，实丧予之道。故朱熹说："悼道无传，若天丧己也。"[2]这一年，孔子七十一岁，已是风烛残年、来日无多了。

颜回死后，还有谁可堪"传道"之大任？这恐怕是孔子生命垂暮之年最为纠结的问题。起初，他把目光投向了子贡：

子曰:"赐也,女(汝)以予为多学而识之者与?"对曰:"然。非与?"曰:"非也,予一以贯之。"(《卫灵公》)

孔子首先发问,意在启发子贡向道之心。"予一以贯之"的"予",亦可作"予道",也即"夫子之道"。然,子贡更关注于"多学而识之"的"闻见之知",而未能切己为学,故于"夫子之道"究竟何所指,尚且懵懂无知。这一段对话,足见师徒二人根本不在同一个"频道"上。在《论语·阳货》篇中,孔子再一次对子贡感叹:

子曰:"予欲无言!"子贡曰:"子如不言,则小子何述焉?"子曰:"天何言哉?四时行焉,百物生焉,天何言哉?"

孔子以"予欲无言"和"四时行,百物生"启发子贡,试图把子贡对"言"的注意力转移到"行"上。可惜的是,子贡依旧未能开窍,竟然说:"您要是不说话,我们这些做弟子的该传述什么呢?"这分明是把孔子当作只知"言传"、不重"身教"的"教书匠"了。难怪朱熹要说:"学者多以言语观圣人,而不察其天理流行之实,有不待言而著者。是以徒得其言,而不得其所以言,故夫子发此以警之。"又说:"四时行,百物生,莫非天理发见流行之实,不待言而可见。圣人一动一静,莫非妙道精义之发,亦天而已,岂待言而显哉?此亦开示子贡之切,惜乎其终不喻也。"[3]

说子贡不懂"夫子之道"的真义,还有一条例证见于《论语·公冶长》：

> 子贡曰："夫子之文章，可得而闻也，夫子之言性与天道，不可得而闻也。"

子贡似乎对孔子不谈"性与天道"不太满意，"言""闻"二字对举，适可见子贡之学，只重"言语"，而未能"笃行"。另有一次，孔子不无伤感地喟叹道："二三子以我为隐乎？吾无隐乎尔！吾无行而不与二三子者，是丘也！"（《述而》）此章我们多次提到，足见其重要性非比寻常。我很怀疑这话又是对子贡所言，盖此一"隐"字正好与子贡的"不可得而闻"遥相呼应。孔子苦口婆心，反复启发，就是想要告诉弟子：我的道并非博闻强识、徒逞口舌之快，而是要身体力行、一以贯之的呀！这与孔子答子贡问君子，说"先行其言，而后从之"，其旨正合。

再看《论语·宪问》下面一章：

> 子曰："莫我知也夫！"子贡曰："何为其莫知子也？"子曰："不怨天，不尤人；下学而上达。知我者其天乎！"

这段话还是对子贡所说，而子贡依旧不知所云。大概子贡多次"表错情""会错意"实在让孔子大为失望，一句"莫我知也夫"，仿佛在说：知音难觅，颜回何在?! 而"知我者其天乎"云云，既可见孔子已达"天人合一"之境，又可见其臻于此一"道境"之后的大苦闷与大孤独！的确，颜回死后，孔子举目四顾，望眼欲穿,却再也见不到"于吾言无所不说(悦)"(《先进》)的"好学者"了。

正所谓"举一隅不以三隅反,则不复也"(《述而》),对于仅能"告诸往而知来者""闻一以知二"的子贡,诲人不倦的孔子终于知难而退。也许正是在这时,他把目光投向了一位更年轻的弟子——曾参:

子曰:"参乎!吾道一以贯之。"
曾子曰:"唯。"
子出。门人问曰:"何谓也?"
曾子曰:"夫子之道,忠恕而已矣!"(《里仁》)

这个颇具戏剧性的故事如要冠一标题,可以谓之"夫子传道"。孔子先说"吾道一以贯之",与对子贡所言"予一以贯之"如出一辙。没想到,曾被孔子目为"参也鲁"的曾子,却心有灵犀地说:"唯。"并且在门人的追问下公布了答案:"夫子之道,忠恕而已矣。"至少,在故事的记录者看来,这一次,对于孔子的"口传心授",曾子做到了"心有灵犀一点通"——这是当年颜回才能达到的境界啊!

作为孔门后进弟子,曾子脱口而出的"忠恕"二字,体现了他对"夫子之道"的精准把握——这两个看似简单的汉字,深深植根于中国文化的深层结构中,成了能够彰显和代表中华文化伦理特质的基因性文化密码,并且潜移默化地影响到整个世界。

二 何谓"忠恕"?

然则,究竟何谓"忠恕"之道?它在整个"夫子之道"的体系中居于何种地位呢?要回答这一问题,还是要对曾子的话再做推敲。

"夫子之道,忠恕而已矣。"仔细品味此言的语气,大有意味。很显然,曾子并不是说"忠恕"乃唯一的"夫子之道","而已矣"其实是退一步而言,从逻辑推理上说,用的是由个别到一般的"归纳法"。孔子曾说:"《诗三百》,一言以蔽之,曰:思无邪。"(《为政》)曾子此言也可照此解读为:"夫子之道,一言以蔽之,曰:忠恕。"这是一种"由博返约""以一统多"的致思理路,类似于今天所谓的"做减法"。曾子言下之意,"夫子之道"千变万化,四通八达,但能够"牵一发动全身""以不变应万变""万变不离其宗"的,不过就是"忠恕"二字罢了!老子说:"为学日益,为道日损。"(《老子》第四十八章)我们也可以说,子贡专注于"言",乃是"为学日益";而曾子能由博返约,正是"为道日损"。曾子后来成为继颜回之后,孔门道统的真正传人,绝非偶然。

不过,虽然"忠""恕"本是一体,可"一以贯之",但在语义上,二者又有着显著而微妙的差别。

先说"忠"。"忠"是一会意字,中心为忠。《说文》云:"忠,敬也。从心中声。"段玉裁注:"敬者,肃也。未有尽心而不敬者。……尽心曰忠。"汉代大儒马融《忠经·天地神明》章称:"忠者,中也,至公无私。天无私,四时行;地无私,万物生;人无私,大亨贞。忠也者，一其心之谓矣。为国之本，何莫由忠？"这里的"一其心"，盖"同其心""尽其心"之谓也。

再看"恕"。"恕"也是一会意字，如心为恕。《声类》云："以心度物曰恕。"又，《诗经·小雅·巧言》："他人有心，予忖度之。"按照马融以"一其心"释"忠"的逻辑，我们也可用"如其心"来解释"恕"。通俗地说，"恕"就是"将心比心""人同此心，心同此理"，或者"以他人之心为心"，也即孟子所谓的"心之所同然"（《告子上》）。

合而观之，"忠""恕"皆涉及"人我关系"或曰"人己关系"。如果说"孝悌"之道适用于"亲子关系"，那么"忠恕"之道则可适用于一切人际关系。只不过二者在最初的心理活动和行为方向上正好相反——"忠"道由内而外，"恕"道则由外而内。故朱熹释云："尽己之谓忠，推己之谓恕。"焦循解释说："忠恕者何？成己以及物也。"要言之，"忠"是"尽己之心以待人"，"恕"是"推己之心以及人"。顾炎武《日知录》卷九"忠恕"条引慈溪黄氏语："天下之理无所不在，而人之未能以贯通者，己私间之也。尽己之谓忠，推己及人之谓恕。忠恕既尽，己私乃克，此理所在，斯能贯通。故忠恕者，所以能一以贯之者也。"[4] 忠恕之道乃人际关系中最重要的伦理原则，其包含积极和消极二端：积极者为"忠"，即"不负人"；消极者为"恕"，即"不损人"或"不害人"[5]。

进而言之，忠恕之道，一进一退，一张一弛，不仅与仁道相通，也与中庸之道若合符节。孔子说："不得中行而与之，必也狂狷乎。狂者进取，狷者有所不为也。"（《子路》）孟子也说："有所不为，而后有为。"（《离娄下》）据此，则"忠"相当于"有所为","恕"相当于"有所不为"。我们观察一个人，不能只看其"有所为"的一面，还要看其"有所不为"的一面。同理，判断一个人，也不能只被其"恪尽忠道"的一面所迷惑，还要看他是否能"恪守恕道"。譬如说，有的官员为官一任，确实有不少政绩，算是尽了"忠"道；后来却因贪腐而受到法律制裁，说明他没能守住"恕道"的底线。就此而言，忠恕之道实是处理人际关系的黄金法则，好比是一体两面的一把尺子，可以测量出人的长短、优劣、善恶甚至雅俗来。其实又何止人际关系，国际关系不也应该循此道而行吗？

有必要指出的是，关于"忠恕"之道，一定要避免两种庸俗化的解读。

一是，将"忠"解释为仅适用于"君臣"关系的伦理法则，片面强调臣对君的依附关系和道德义务。事实上，"忠"道适用于一切人伦关系，故曾子的"三省吾身"首先是反省"为人谋而不忠乎"；孔子答樊迟问仁，说："居处恭，执事敬，与人忠。虽之夷狄，不可弃也。"（《子路》）"与人忠"与"为人谋而忠"，其揆一也。也就是说，父子、夫妇、长幼、君臣、朋友以至所有"人我关系"，都应该恪尽"忠道"。

二是，望文生义地将"恕"理解为"宽恕"，如此一来，似乎占据某种道德制高点，居高临下地看待人际关系。中华传统文化的"恕道"与西方宗教文化提倡的"宽恕"有相似性，却是不同的两个概念。英国作家奥斯卡·王尔德（Oscar Wilde，1854—1900）有句名言："永远宽恕你的敌人，没有什么比这更能让他们心烦的了。"而事实上，"恕道"乃是一种基于"同类"的"同情""同理"原则,是对弱者的一种"低到尘埃里"的大爱,又何"宽恕"之可言?孟子说:"古之人所以大过人者无他焉,善推其所为而已矣。"(《梁惠王上》)这里的"推",正相当于"恕",即"以此类推""推己及人"之义。进一步说,"恕"道体现的是基于人类底线伦理或曰人道主义的一种"平等观"。今人多以为中国无"平等"观念,实则大谬不然。

三 "终身行之"唯有"恕"

既然"忠""恕"各有所指,那么究竟孰轻孰重呢?

此一问题也曾引起孔门的讨论。大概在曾子说出"夫子之道,忠恕而已"之后不久,子贡似乎若有所悟,他主动向孔子请教:

> 子贡问曰:"有一言而可以终身行之者乎?"子曰:"其'恕'乎!己所不欲,勿施于人。"(《卫灵公》)

"终身行之"其实就是"一以贯之"。曾子言"忠恕"已是"由博返约"了,但毕竟还是两个字,子贡这一次,似乎要"将减法进行到底",偏要从孔子那里得到"一字真经"。子贡的问题,其实已隐含"忠恕二者孰轻孰重"的疑问了。所以,这个故事对于"夫子之道"的揭示,其重要性实不亚于曾子论道那一章。

孔子回答得很巧妙,说:"如果真有那么一个字可以终身行之的话,那一定就是'恕'吧!——己所不欲,勿施于人。"由此可知，孔子之学，必以"恕道"为先；"恕道"可谓底线伦理，"忠道"是"恕道"的进一步推扩。一个人不能尽"忠"，或许是能力问题，虽有缺憾而无伤大雅；但若不能守"恕"，"己所不欲，硬施于人"，损人利己，那就不是能力问题，而是品德问题了。从此以后，"己所不欲，勿施于人"这"八字箴言"就成了对"恕道"的最佳解释，也成了中国文化贡献给全人类的伦理法则，堪称放之四海而皆准。

孔子对"恕"道的诠释使子贡大受启发，《论语·公冶长》载：

子贡曰："我不欲人之加诸我也，吾亦欲无加诸人。"子曰："赐也，非尔所及也。"

子贡的话显然是对"己所不欲，勿施于人"的"借题发挥"，其着眼点也在"恕道"，但他的"我不欲人之加诸我"，实则早已超越"恕"，而涉及"仁"的境界了。而在孔子眼里，子贡连"恕道"尚且未及（从他"方人"一事即可看出），何况仁乎？而且，子贡的"我不欲人之加诸我也"云云，似有"人不犯我，我不犯人"之意，故孔子不之许也。孔子言下之意，己不正则难正人，"恕"且未至，焉能行"仁"？[6]

《大学》传十一章也涉及"恕"道：

是故君子有诸己而后求诸人，无诸己而后非诸人，所藏乎身不恕，而能喻诸人者，未之有也。

这里的"恕",相当于"反身而诚"的"诚",其实就是既能"推己及人",又能"反求诸己",可见相比"忠道","恕"道知易行难,更加难能可贵。

再看《中庸》第十三章:

> 子曰:"忠恕违道不远,施诸己而不愿,亦勿施于人。"

这里又以远近论道,"违"者,去也;"违道不远"也即"去道不远"。须知这里的"忠恕"乃偏义复词,其强调的乃是"恕道","施诸己而不愿,亦勿施于人",正是"己所不欲,勿施于人"的另一种表达。

孟子更用"自反"精神以发明"恕道",他说:

> 万物皆备于我矣。反身而诚,乐莫大焉。强恕而行,求仁莫近焉。(《尽心上》)

意思是:按照恕道的原则,万物之理皆可通达于我心。反躬自问,若能诚实无欺,没有比这更大的快乐了。尽力按照恕道的原则立身处世,要追求仁德,没有比这更近的道路了。

"恕道"的"违道不远""求仁莫近",还可以得到训诂学的支持。《说文》释"恕":"恕,仁也。"段玉裁注:"孔子曰:'能近取譬,可谓仁之方也矣。'孟子曰:'强恕而行,求仁莫近焉。'是则为仁不外于恕。析言之则有别,浑言之则不别也。仁者,亲也。"又程子曰:"以己及物,仁也;推己及物,恕也,违道不远是也。"[7]

也是将仁、恕并举。

恕道既然距离仁德最近,当然也就与"爱"最近。张载说:"以爱己之心爱人,则尽仁。"(《正蒙·中正》)《华严经》也说:"爱人如爱己,率己以随人。"本乎此,则"恕道原则"其实就是——以责人之心责己,以爱己之心爱人。西方宗教有"爱人如己"之说,正与恕道等同。《圣经》中也说:"无论何事,你们愿意人怎样待你们,你们也要怎样待人,因为这就是律法和先知的道理。"法国启蒙主义思想家伏尔泰(Voltaire,1694—1778)在《论孔子》里说:"没有任何立法者比孔夫子曾对世界宣布了更有用的真理——'己所不欲,勿施于人'。"钱锺书更有"东海西海,心理攸同"之说,揆诸事实,信不虚也!

要言之,既然"孝悌"便是"爱",是"爱亲如己";同理,"忠恕"也是"爱",是"爱人如己"。"孝悌"是"特别的爱",又是"感性的爱";"忠恕"是"普遍的爱",又是"理智的爱"。是故"孝悌"与"忠恕",理一而分殊,殊途而同归也!

四 忠恕之道与心性之学

一旦明白忠恕也是爱,再来探求其与儒学"心性之学"的内在关系,也就水到渠成了。因为忠恕与仁爱相通,故以忠恕为起点,必能向内寻找到仁爱之源泉,此即孔孟儒学特别标举的"仁心说"与"性善论"。以下我们分别加以说明。

（一）仁心说

上文已说，"忠恕违道不远"，"强恕而行，求仁莫近焉"，两相绾合，可知此道即仁道。仁道何以不远？盖因仁道源自人心，不假外求。换言之，欲求仁道，必须"反求诸己"，切莫舍近求远。孔子说："仁远乎哉？我欲仁，斯仁至矣。"（《述而》）实则"我欲仁"正是"我心欲仁"。孔子还说："回也其心三月不违仁，其余则日月至焉而已矣。"（《雍也》）这里"仁"与"心"首次并举，可谓"仁心说"之滥觞。

表面看来，孔子论学，极少提到"心"。除上引一例外，《论语》中还有两处提到"心"：一是"七十而从心所欲不逾矩"（《为政》），一是"饱食终日，无所用心，难矣哉！"（《阳货》）但这绝不意味着孔子对"心"不够重视。事实上，《论语》中如"内自省""内自讼""求诸己""不患人之莫己知，患不知人也""内省不疚，夫何忧何惧""过则无惮改"等表述，皆与"忠恕"相关，都是儒家心学的修养工夫。如果说"忠"的"有所为"相当于向外求的"为人之学"，则"恕"的"有所不为"便是向内求的"为己"之学。因为向内求，所以才要"反求诸己"，不仅求诸己之"身"，还要求诸己之"心"。正如"忠恕"二字皆有一个"心"字底，忠恕之道从一开始便与人之"心性"不可分割。可以说，原始儒学的心性之学完全是从"忠恕"之道开显而出的。

孔子说："君子求诸己，小人求诸人。"（《卫灵公》）求者，责也。可知"反求诸己"，不过是将恕道严格化，所谓严以律己，宽以待人。孟子正是在此基础上建构了"心性之学"。他说："仁者如射：射者正己而后发；发而不中，不怨胜己者，反求诸己而已矣。"

(《公孙丑上》)又说:"爱人不亲,反其仁;治人不治,反其智;礼人不答,反其敬,行有不得者皆反求诸己,其身正而天下归之。"(《离娄上》)不仅如此,孟子尤为重视对"心"的理论探讨,尝云:"物皆然,心为甚。"(《梁惠王上》)"心之官则思,思则得之,不思则不得也。"(《告子上》)孟子充分运用"心"之"思"的功能,抉幽发微,进而提出了"同心说":

孟子曰:"口之于味也,有同耆焉;耳之于声也,有同听焉;目之于色也,有同美焉。至于心,独无所同然乎?心之所同然者何也?谓理也,义也。圣人先得我心之所同然耳。故理义之悦我心,犹刍豢之悦我口。"(《告子上》)

孟子认为,"人同此心,心同此理",圣人之所以能够"先得我心之所同然",正是圣人"善推其所为"的结果,而"善推其所为",不正是"推己及人"的恕道原则吗?很显然,孟子的"心性之学"正是对孔子"忠恕"之道的进一步深化和细化。

有了"同心说",孟子心学体系中最为重要的命题"心之四端"也就呼之欲出了:

孟子曰:"人皆有不忍人之心。先王有不忍人之心,斯有不忍人之政矣。以不忍人之心,行不忍人之政,治天下可运之掌上。所以谓人皆有不忍人之心者,今人乍见孺子将入于井,皆有怵惕恻隐之心。非所以内交于孺子之父母也,非所以要誉于乡党朋友也,非恶其声而然也。由是观之,无恻隐之心,非人也;无羞恶之心,非人也；无辞让之心；非人也；无是非之心，非人也。恻隐之心，仁之端也；羞恶之心，义之端也；辞让之心，礼之端也；是非之心，智之端也。人之有是四端也，犹其有四体也。……"(《公孙丑上》)

这里，"人皆有"便是"人同有"，而仁、义、礼、智这"心之四端"，皆从仁心中萌芽壮大，而其一再强调的"非人也"，又是从"人禽之辨"来论人性——"性善论"也便在此萌芽了。

"同心说"之外，孟子还提出了一系列"心学"修养学说：

一是"存心"说。《论语·雍也》篇孔子有"居敬行简""居简行简"之说，"居"即"居心"之意。孟子顺此而提出"存心"说："君子所以异于人者，以其存心也。君子以仁存心，以礼存心。仁者爱人，有礼者敬人。爱人者，人恒爱之；敬人者，人恒敬之。"(《离娄下》)可见，孟子所要"存"的不是邪心、贪心，而是仁心、礼心，此即所谓"宅心仁厚"。

二是"养心"说。仁心不仅要"存"，还要"养"。孟子说："故苟得其养，无物不长；苟失其养，无物不消。孔子曰：'操则存，舍则亡；出入无时，莫知其乡（向）。'惟心之谓与？"(《告子上》)因为"心"的特点是"出入无时，莫知其乡"，飘忽不定，故须好好操持存养，以免走失。孟子引用孔子之言，适可见孔孟心学之传承脉络。针对如何"存心""养心"，孟子又提出了"寡欲"说：

养心莫善于寡欲。其为人也寡欲，虽有不存焉者，寡矣；其为人也多欲，虽有存焉者，寡矣。(《尽心下》)

孟子本人便很善于操持存养其"仁心",他说"我四十不动心",正是存养得法的结果。"不动心"便是"智者不惑",这与孔子的"四十不惑"差可仿佛。由此可见,孔孟心学,不唯是一套本体论和认识论,更是一套方法论和修养工夫论。

三是"恒心"说。此说亦从孔子导源而来。孔子曾说:"善人,吾不得而见之矣;得见有恒者,斯可矣。亡而为有,虚而为盈,约而为泰,难乎有恒矣。"(《述而》)又借南人之口说:"人而无恒,不可以作巫医。"(《子路》)孟子在此基础上提出"恒心"说:"民之为道也,有恒产者有恒心,无恒产者无恒心。苟无恒心,放辟邪侈,无不为已。"(《滕文公上》)孟子还从经济角度阐发"恒产"与"恒心"之关系,指出:"无恒产而有恒心者,惟士为能。若民,则无恒产,因无恒心。苟无恒心,放辟邪侈,无不为已。"(《梁惠王上》)追本溯源,亦从孔子"君子固穷,小人穷,斯滥矣"(《卫灵公》)的思想而来。

四是"求放心"说。既然"无恒产者无恒心",那么无"恒心"者,便难以"存养"其"心",以至"失其本心"或"放其良心"。孟子说:

大人者,不失其赤子之心者也。(《离娄下》)

非独贤才有是心也,人皆有之,贤者能勿丧耳。……乡(向)为身死而不受,今为所识穷乏者得我而为之,是亦不可以已乎?此之谓失其本心。(《告子上》)

虽存乎人者,岂无仁义之心哉?其所以放其良心者,亦犹斧斤之于木也,旦旦而伐之,可以为美乎?(《告子上》)

孟子所谓"赤子之心",其实便是"本心"和"良心",也即"仁心"。"仁心"常会随人欲的膨胀而"放失",故须"求其放心":

仁,人心也;义,人路也。舍其路而弗由,放其心而不知求,哀哉!人有鸡犬放,则知求之;有放心而不知求。学问之道无他,求其放心而已矣。(《告子上》)

孟子不愧为孔子道统的隔代传人,一句"仁,人心也",便将孔子的"仁"学与"心"学打通一气,遂使儒家的"修身"和"内圣"工夫论更具可操作性。"仁心说"的义理诠释路径,正是遵循了"恕道"原则。正如钱穆先生所说:"忠恕之道即仁道,其道实一本之于我心,而可贯通之于万人之心,乃至万世以下人之心者。而言忠恕,则较言仁更使人易晓。因仁者至高之德,而忠恕则是学者当下之工夫,人人可以尽力。"[8]

(二)性善论

忠恕之道,尤其是恕道的原则,不仅开启了"仁心说",也证成了"性善论"。

孔子虽未直接提出"性善论",但他对于人性的看法总体而言是正面积极的。他说:"天地之性人为贵。"(《孝经·圣治》)又说:"性相近也,习相远也。"(《阳货》)还说:"十室之邑,必有忠信如丘者焉,不如丘之好学也。"(《公冶长》)这里,"忠信如丘"便是"性相近";"不如丘之好学"则是"习相远"。孔子虽未明说"人性善",实已种下"性善论"的根苗。孔子这两句话,孟子取前者,开创了"性善论";荀子取后者,认为"人之性恶,其善者伪也"(《荀子·性恶》),故其极力"劝学",以求改善人之恶性。

孟、荀的人性善恶之辨,自古迄今,聚讼不已。究竟孰是孰非?且看孟子与告子的一段辩论:

告子曰:"性犹湍水也,决诸东方则东流,决诸西方则西流。人性之无分于善不善也,犹水之无分于东西也。"孟子曰:"水信无分于东西,无分于上下乎?人性之善也,犹水之就下也。人无有不善,水无有不下。今夫水,搏而跃之,可使过颡;激而行之,可使在山。是岂水之性哉?其势则然也。人之可使为不善,其性亦犹是也。"(《告子上》)

告子认为"性无善无不善",以水的东西分流为喻,这是一种"二维"的平面思维;而孟子则以"三维"的空间思考反驳他:水之性确实无分东西,但水受到"势"的刺激,有可能改变"就下"的特性,从而改变运动的方向。同理,人之所以为不善,并非其本性不善,而是受到外在之"恶势"的影响。正如不能因为长江、黄河的中下游浊浪滚滚,就否认其青藏高原的源头乃是一条清澈见底的溪流一样,我们同样不能因为一个人做了恶事,就认为他天生便是"恶棍"或"孬种"!孟子的思考是基于"类属"的本源性推理,而荀子则是基于"个别"的末流性描述。而且,善恶本是相对性概念,我们认为某人或某事是"恶"的,正是因为先有了"善"的标准,而这个善恶标准的产生和确立,正是人类本质上拥有"善根善性"的最佳证据!正如近代大儒熊十力先生所说:"人生本来是至善的。虽然人生有很多不善的行为,却须知不善是无根的,是无损于善的本性的。如浮云无根,毕竟无碍于太虚。"⁹所以,"个别的恶"不能否定"总体的善","现象的恶"也不能颠覆"本质的善"。

相比荀子基于现象认知和功利诉求的"性恶论",孟子的基于恕道原则与"反求诸己"精神的"性善论",不一定在逻辑上颠扑不破,却可通过每人都具有的普遍心理活动加以验证。孟子与公都子的辩论有力地证明了这一点:

公都子曰:"告子曰:'性无善无不善也。'……今日'性善',然则彼皆非欤?"孟子曰:"乃若其情,则可以为善矣,乃所谓善也。若夫为不善,非才之罪也。恻隐之心,人皆有之;羞恶之心,人皆有之;恭敬之心,人皆有之;是非之心,人皆有之。恻隐之心,仁也;羞恶之心,义也;恭敬之心,礼也;是非之心,智也。仁义礼智,非由外铄我也,我固有之也,弗思耳矣。故曰:'求则得之,舍则失之。'……"(《告子上》)

如果说,以水为喻论性善尚存在比喻论证不可避免的"逻辑漏洞"的话,那么,孟子以"心之四端""人皆有之"这样诉诸本心的体认和体验来论证人性本善,显然更具说服力。孟子之意,不过是说人类之善皆由人性中来,非谓人之天性一切皆善。孟子的方法论无他,就是近取譬、善类推的恕道原则,即所谓"我心之所同然"。"求则得之,舍则失之"一句,正与上述"仁心说"的论证一样,仍然是"反求诸己"的结果。

既然这种心理活动是普遍的，那么性善论就是有根据的，是出于人的本性、天性的，此即孟子所谓"良知""良能"：

人之所不学而能者，其良能也；所不虑而知者，其良知也。（《尽心上》）

孟子正是在此一种"人禽之辨"的垂直伦理和"反求诸己"的恕道原则基础上，反复辩难，论证人性本善的伦理价值。与其说孟子的性善论是一种学说，不如说是一种信念和信仰来得更准确些。孟子说："言人之不善，当如后患何？"（《离娄下》）焦循对此解释说："若言人之不善，而转贻将来之患，则患不在人之不善，而转在吾之言矣。"[10]可以说，孟子之所以标举"性善论"，正是因为他深刻洞察和预见到了"性恶论"所可能带来的弥合"人禽之辨"的道德隐患、伦理危机和信仰失落！

孟子还说："尽其心者，知其性也。知其性，则知天矣。存其心，养其性，所以事天也。殀寿不贰，修身以俟之，所以立命也。"（《尽心上》）此言将"仁心"与"善性"，"天命"与"天道"一线贯穿，彻上彻下。《中庸》讲"天命之谓性"，乃从"上"往下讲；而孟子讲"尽心、知性而知天"，存心、养性以事天、立命，则是从"下"往上讲，通过"心""性"这一入口，使"人"与"天"彻底贯通，妙合无间。孟子的"性善论"，彻底证成了儒家"天人合一"的文化模型，为中华文化开凿了一汪"心泉"，植入了一脉"善根"，而"忠恕"之道在其运思和体证过程中，无疑起到了不可替代的支撑作用，可谓厥功至伟！

五 "忠恕"的现代价值

在现代语境中,"忠恕"二字的确显得颇为古典,甚至有过时与落伍之嫌,所以才会出现上文所说的两种"庸俗化"的误读。不过,就汉语本身的生命力和儒家思想的合理性而言,"忠恕之道"及其由此证成的"仁心说"与"性善论",或许比我们想象的更具现代普适性,其实践价值和现实意义实在不容小觑。

首先,忠恕之道有助于个人修身及人格养成。不管时代如何发展,"人之为人"的根本属性和情感心理经验是基本守恒的,有些价值就如阳光和空气,历久弥新,永远不会过时。此即所谓"天不变,道亦不变"(《汉书·董仲舒传》),"世异事变,人道不殊"(《汉书·扬雄传》)。无论古人还是今人,如能秉承忠恕之道立身行事,就较易获得"知人之智"与"自知之明",就能以平常心看待人我关系,从而改善和提升自己的生命状态和精神境界。

其次,与作为"亲情伦理"的孝悌之道不同,忠恕之道属于"社会伦理",对公民社会的养成富有积极意义。近代以来,不少学者对传统文化中的孝悌之道持批判态度,却对忠恕之道不吝赞美。比如,蔡元培在论及"公民道德"时就说:

何谓公民道德?曰法兰西之革命也,所标榜者,曰自由、平等、博爱。道德之要旨,尽于是矣。孔子曰"匹夫不可夺志",孟子曰"大丈夫者,富贵不能淫,贫贱不能移,威武不能屈",自由之谓也,古者盖谓之义。孔子曰"己所不欲,勿施于人"……平等之谓也,古者盖谓之恕。……孔子曰"己欲立而立人,己欲达而达人",亲爱之谓也,古者盖谓之仁。三者诚一切道德之根原,而公民道德教育之所有事者也。(《对于教育方针之意见》)

蔡元培将"恕"与"平等"联系起来,可谓别具只眼。而钱穆在论及"性善论"时,也将其与"自由"和"平等"互勘:

盖孟子道性善,其实不外二义:启迪吾人向上之自信,一也。鞭促吾人向上之努力,二也。故凡无向上之自信与向上之努力者,皆不足以与知孟子性善论之真意。若从别一端论之,则孟子性善论,为人类最高之平等义,亦人类最高之自由义也。人人同有此向善之性,此为平等义。人人能到达此善之标的,此为自由义。凡不主人类性善之论者,此皆不主人类有真平等与真自由者。[11]

这是我所见过的对于"性善论"的最富感召力和人文情怀的解读。相比之下,密尔在《论自由》中将仅仅"无害他人"作为自由社会的基本原则,甚至认为吸食鸦片也是人的"自由"[12],这样一种基于权利而不是道德的自由观,就实在显得等而下之了。而基于"恕道"原则的自由观,不仅包含"无害他人",而且包含"无害自己"。这对于"后现代社会"的虚无主义病症,不啻为一剂良药。

美国学者哈特更将孔子的忠恕之道用于解读人民与国家的关系。他说:"中国最伟大的思想家,当然要数孔子了。他把中国人的基本思想构成一个信仰体系,而他就是这个体系的鼻祖。……他恪守这样的信条：国家要为人民利益而存在，而不是人民要为国家利益而存在。统治者管理国家不是靠武力而是靠仁政，'己所不欲，勿施于人'是他的信条，这和'你愿人如何待你，你就应该如何待人'这条金科玉律简直是异曲同工。"[13]实际上，不仅人民与国家的关系需要"强恕而行"，国家与国家的关系更应如此。今天的国际争端和局部战争不断，归根结底皆是不行"恕道"而"霸道"横行的结果。

　　第三，忠恕之道还与整个中华文化价值和信仰体系的建构攸关。在谈到中国文化的特质时，不少学者都会提到忠恕之道，并对其做出宗教性的解读和阐释。英国学者麦婵就说："中国人当有中国本来之宗教，使外来者不得入，此必然之理也。夫黄金法律所谓'己所不欲，勿施于人'，其首先发明斯义者，实由于此行星上得未曾有之最大人物孔子是矣。"[14]日本当代大儒冈田武彦也以宗教来解读"性善论"："恶为人心中之私欲，而善则人性中之固有。然善恶两端何为人性之本？环顾世间，似乎性恶之说显而易见。目击社会及国际事务，尤其易作此想。此情此景，人性之恶似乎必然无疑，甚至可于孩童之欲考见之。虽然，人类群居之基本事实，必使吾人肯认人性之善。对此善性之真实领悟实乃吾人内心深刻体验之结果也。性善之说非出于对人类行为之理性观察，必须以宗教眼光视之方有以明之。故虽恶相多端，驱人以性为恶，然究须信奉人性本善。如若不然，则乾坤或几乎息矣。孟子性善之说实发乎吾人对人类之宗教性理解。非基于事象之观察，乃源于对人类本性之坚定信仰也。"[15]钱穆更以"心教"来涵盖"中国人之教"："中国人之教，乃教人立志为学，其所学则为道。孔子曰'志于道，据于德，依于仁，游于艺'是也。其道则曰为己之道，以达于人道，通于天道。其发端在己之一心，其归极亦在己之一心。故若谓中国有教，其教当谓之心教。"[16]其实，所谓"心教"者，亦不妨谓之"恕教"也。

德国学者马克斯·韦伯说："人性本善，恶乃是由外部通过感官侵入内心的……这种特殊的观点是由于缺乏一位超世的伦理之神。"[17]的确，对于一个不执着于"神教"的民族而言，如果没有对"人性善"的基本信仰，没有"人禽之辨"的严格区分，没有"忠恕之道"的价值判断和实践智慧，而一味张扬"恶性"，笃信"原罪"，或者干脆以"劣根性"厚诬整个民族，则整个民族的道德精神必将难以维系，每况愈下，真不知"伊于胡底"了！

1 《传习录》卷下:"先生(王阳明)游南镇,一友指岩中花树问曰:'天下无心外之物,如此花树在深山中自开自落,于我心亦何相关?'先生曰:'你未看此花时,此花与汝心同归于寂;你来看此花时,则此花颜色一时明白起来。便知此花不在你的心外。'"陈荣捷:《王阳明〈传习录〉详注集评》,上海:华东师范大学出版社,2009年,第270页。

2 [宋]朱熹:《四书章句集注》,第125页。

3 [宋]朱熹:《四书章句集注》,第180页。

4 《日知录校释》,张京华校释,长沙:岳麓书社,2011年,第306页。

5 这里的"消极"乃中性用法,非负面之义也。

6 详参刘强《论语新识》,第134—135页。

7 [宋]朱熹:《四书章句集注》,第72页。

8 钱穆:《论语新解》,北京:生活·读书·新知三联书店,2002年,第98页。

9 《熊十力文选》,高瑞泉主编,上海:远东出版社,1997年,第246页。

10 [清]焦循:《孟子正义》(下册),北京:中华书局,1987年,第554页。

11 钱穆:《四书释义》,第193页。

12 [英]约翰·密尔:《论自由》,程崇华译,北京:商务印书馆,1959年,第104页。

13 高尚榘、赵强编:《中外名人学者赞孔子》,太原:山西人民教育出版社,1993年,第150页。

14 高尚榘、赵强编:《中外名人学者赞孔子》,第155页。
15 转引自米湾所译美国学者罗德尼·泰勒(Rodney Taylor)《儒家冥想法:冈田武彦与静坐传统》。
16 钱穆:《中国学术论衡》,长沙:岳麓书社,1986年,第13页。
17 [德]马克斯·韦伯:《儒教与道教》,洪天富译,南京:江苏人民出版社,2010年,第156页。

第五讲 仁爱之道

孔子之学,高明广大,气象万千,其核心却只是一个『仁』字,故儒学虽浩瀚无涯,却可一言以蔽之,曰『仁学』。

原始儒家所建构的仁学,不仅包含『爱人好生』和『以生说仁』的爱的哲学和生命智慧,同时也蕴含着『天人合一』『万物一体』的伦理化的自然观和宇宙论。

相比于西方哲学的『爱智慧』,儒家的仁学则是『爱生命』,这种以『爱的智慧』为核心的生命智慧,正是整个中华传统文化的源头活水。

换言之,使人『囊括了宇宙』并获得尊严的,绝不仅是『思想』,还有『仁爱』!

孔子之学，高明广大，气象万千，而其核心却只是一"仁"字，故儒学虽浩瀚无涯，彻上彻下，却可一言以蔽之，曰"仁学"。

如果把孔子建构的"仁学"，比作一座峻极于天的巍峨大厦，那么，其赖以拔地而起、卓然挺立的基础不是别的，正是——"爱"。"孝悌"是"爱"，"忠恕"是"爱"，"仁"当然更是"爱"。

"仁"与"爱"，密不可分，水乳交融，但又有着大小、高下、深浅、厚薄、广狭、久暂之别，需要仔细体察和分辨；而"仁爱之道"，作为"夫子之道"最为本质的内容，尤须经之营之，大书特书。

何以说仁爱之道"最为本质"呢？盖涉及人我关系的"孝悌""忠恕"之道，皆与"仁爱"有关，皆是以仁爱为根本开出的伦理之花。

如果说，"孝悌"适用于家族内部，属于"亲情伦理"；"忠恕"适用于各种人际关系，属于"社会伦理"；那么，"仁爱"则不仅适用于人我、群己关系，亦且适用于心物、天人等一切关系，故其可谓"宇宙伦理"。

可以说，"仁爱之道"在空间上无远弗届，在时间上无始无终，弥漫于天地六合之间，流贯于往古来今之际，体现了原始儒学在本体论、宇宙观、人伦与人道、天理与物理等诸多问题上的总体性认知和形而上思考。

一 "仁"的内涵与外延

"仁"作为一个概念，极抽象又极精微，理解起来颇不容易，需要调动丰富的情感体验和复杂的智力判断才能渐次领会和体认。在《论语》中，"仁"字共出现109次，正面论仁者有之，反面论仁者有之，给仁下定义者有之，描述仁之表现与规模、效用与境界者亦有之，林林总总，不一而足。有赖于这种"横看成岭侧成峰"的全方位、多角度的论说与阐发，孔子仁学的内涵与外延才得以渐次显影与廓清。下面我们择要论之。

（一）"仁"是"人"的本质规定性

究竟什么是"仁"？结合经典中的用例可知，"仁"字略有三义：

一曰"爱"。如《论语·颜渊》："樊迟问仁，子曰：爱人。"

二曰"亲"。如《说文》："仁，亲也。"又《国语·晋语一》："爱亲之谓仁。"

三曰"人"。在《论语》中，"仁"字常与"人"字互训。如《论语·里仁》篇"观过，斯知仁矣"，《雍也》篇"井有仁焉"，《微子》篇"殷有三仁焉"，皆是。这里的"仁"，音、义均与"人"同。故《中庸》第二十章说："仁者，人也。亲亲为大。"郑玄注云："人也，读如相人偶之人。""相人偶"即人与人相互亲敬之意。又孟子曰:"仁也者,人也。"(《尽心下》)这在训诂学上,属于同音互训。

据此可知,"仁"是"人"的本质规定性。正如坚果皆有内核,其内核皆被称作"仁",如桃核有仁,杏核有仁,花生有仁……同理,"人"的内核也是"仁"(即仁心善性)。人而无仁,则不能成其为人。"仁者人也"这一命题,从语法或语言形式上看,是用"人"来理解"仁",而从思想内容和实际效果来看,则是用"仁"来规定"人"。仁的概念,可以说是孔子对人之本质属性的深刻发现和重新厘定。

在郭店竹简中,"仁"字被写成"㤚",这也在提示我们,"仁"是一种"身心一如"的生命状态。失去这种状态,就是所谓"麻木不仁"了。正如徐复观先生所说,"仁的第一义是一个人面对自己而要求自己能真正地成为一个人的自反自觉"[1]。就此而言,"仁者人也"的命题,实与作为中华文化之始基的"人禽之辨"密切相关。故朱子说:"仁者,人之所以为人之理也。"[2]换言之,仁心善性是人之"自别于禽兽"的根本所在,如"人而不仁",不啻禽兽虫豸,简直可以被"开除人籍"了!

沿波讨源,孔子的仁学实与周公创制的礼乐文明一脉相承。作为原始儒学的源头,周公的一个伟大贡献便是"制礼作乐",由此奠定了华夏文明的上层建筑和治理基础,使周王朝得以绵延近八百年。然而,平王东迁之后,周天子大权旁落,名为"天下共主",实则只是一"虚君",诸侯各自为政,恃强凌弱,是非蜂起,纷争不断,"王道"治理遭遇来自"霸道"的严峻挑战。孟子对当时的描述是:"世道衰微,邪说暴行有作,臣弑其君者有之,子弑其父者有之。"(《滕文公下》)这就是所谓"礼崩乐坏"。孔子生此乱世,忧心天下,他发现,仅靠外在的礼乐无法挽回世道人心的崩坏,唯有唤起每个人天赋具足的"仁心善性"和道德良知,方能真正使周公开创的礼乐文明得以落实和恢复;否则,礼乐只能成为野心家、阴谋家冠冕堂皇粉饰太平、倒行逆施的工具,而礼乐的真精神势必荡然无存!

且看《论语·八佾》篇第三章:

子曰:"人而不仁,如礼何?人而不仁,如乐何?"

此章对于我们理解"仁"的内涵十分关键。孔子言下之意,礼乐虽好,终究外在于人的道德生命,若没有内在的仁心、仁德、仁性,礼乐演习得再好,也都是虚文伪饰,甚至还会酿成僭越非礼的恶果。如《八佾》篇前两章,分记季氏"八佾舞于庭"和"三家者以《雍》彻"[3],这种"以礼僭礼"行为,正是以"人而不仁"为前提的。孔子显然认为,仁为礼乐之本,无仁不成礼,无仁不成乐。这与《礼记·儒行》"礼节者,仁之貌也;歌乐者,仁之和也"的说法,如出一辙。

要言之,周公制礼,孔子弘仁。孔子开创的"仁学",使周公开创的礼乐文明由外而内,进一步精密化、内省化、道德化,这在中国文明史上无疑是一次伟大创举,标志着华夏文明由礼乐文明进入道德文明阶段。而且,"仁者人也""人而不仁,如礼何?"这样的表述,一正一反,一内一外,等于给"人"下了一个定义,也为独具中国特色的"人性论"奠定了基础。日本学者佐藤贡悦说:

"孔子着眼于人性,树立了以人为根干的道德说,将人从隶属于人格神的'天'中解放出来,以中国思想史上伦理道德说的确立而言,可以说跨出了伟大的第一步。"[4]郭沫若也认为这是"人的发现"[5],的确不无道理。

(二)"仁者爱人"

既然"仁"是"人"的本质规定性,那么在具体的生活实践中,究竟怎么做才能实现"仁"的价值呢?孔子的回答斩钉截铁,就两个字——"爱人":

> 樊迟问仁。子曰:"爱人。"(《颜渊》)

这是孔子对"仁"的精彩解读。在此基础上,孟子才提出了"仁者爱人"说:

> 仁者爱人,有礼者敬人。爱人者,人恒爱之;敬人者,人恒敬之。(《离娄下》)

如果说"仁者人也"揭示了"仁"是人的"本质规定性","仁者爱人"则宣告了"仁"的"行动纲领"。前者主"静",可谓"人之性";后者主"动",可谓"性之情"。"仁者人也"是说,只要是人,必须具备仁心和仁性,必是天地间一个自给自足、自觉自洽的道德生命;"仁者爱人"则是说,每一个道德生命都非孤立存在,必须与其他道德生命发生关系,形成互动,相亲相爱,才能使其内在的生命之光得以开显和敞亮。此即孔子所谓"德不孤,必有邻"(《里仁》)。

"仁"字的结构,"从二从人",说明"仁"之价值,必得在人我关系的互相对待中始能彰显。《国语·周语下》说"言仁必及人",盖即此意。《论语》中孔子多次谈及"爱人",如:"道千乘之国,敬事而信,节用而爱人,使民以时。"(《学而》)"君子学道则爱人。"(《阳货》)又,《国语·周语下》说:"仁,文之爱也","爱人能仁"。董仲舒也说:"仁者,爱人之名也","人不被其爱,虽厚自爱,不予为仁。"(《春秋繁露·仁义法》)凡此种种,皆可为"仁者爱人"之注脚。

今人多认为"博爱"的理念来自西方宗教,其实不然。当孔子说出"泛爱众而亲仁"(《学而》)之时,"博爱"的种子便已种下了。"泛爱"就是"博爱",是由"爱人"到"爱众"。子夏说"四海之内皆兄弟",孟子说"老吾老以及人之老,幼吾幼以及人之幼",都是"泛爱众"的具体表现。汉语的"博爱"一词,也早在汉代就已出现。董仲舒就说:"先之以博爱,教以仁也。"(《春秋繁露·为人者天》)刘向《说苑·君道》载师旷云:"人君之道,清净无为,务在博爱。"中唐韩愈在《原道》一文中干脆说:"博爱之谓仁。"今河南有一县,名"博爱",亦其证也。

不过,根据儒家"爱有差等"的原则,"泛爱"也好,"博爱"也罢,必须以"爱人"为中心和前提,不能"爱物"更甚于"爱人"。《论语·乡党》篇载:

厩焚。子退朝,曰:"伤人乎?"不问马。

或以为孔子"不问马",乃不爱马,只爱人。此话说对了一半。须知孔子问人,乃第一时间之举动,正可见"仁者爱人"之义。朱子说得好:"不问马。非不爱马,然恐伤人之意多,故未暇问。盖贵人贱畜,理当如此。"⁶可见孔子不问马,乃因事有轻重缓急,爱有次第先后,必先推己及人,而后方可及物。试问,假如孔子先问"伤马乎",不问人,则成何言语!又让人情何以堪?故《吕氏春秋·爱类》说:"仁于他物,不仁于人,不得为仁。不仁于他物,独仁于人,犹若为仁。仁也者,仁乎其类者也。"《淮南子·主术训》也说:"遍知万物而不知人道,不可谓智;遍爱群生而不爱人类,不可谓仁。仁者爱其类也,智者不可惑也。"可知"仁"是以"仁乎其类"或者"爱其类"为前提的,只爱物不爱人,绝不能称其为仁。今人有爱宠物甚于爱父母者,原则上也不能谓之"仁"。

再看《论语·八佾》篇的一个故事:

> 子贡欲去告朔之饩羊。子曰:"赐也,尔爱其羊,我爱其礼。"

此又涉及仁与礼之关系。当时各国国君每月月初都要祭祀宗庙,行告朔之礼,须杀一头活羊作为祭品。鲁君偷懒,常派人代替他去祭祀。子贡认为,既然此一祭祀已形同虚设,不如免了宰杀活羊之礼,或许还可成就仁道。不料孔子却说:"赐啊,你心疼那只待宰杀的羊,我却心疼那快要被毁掉的礼啊!"言下之意,仁为礼之本,礼为仁之用;如祭祀祖先毫无诚敬,敷衍了事,甚至偷工减料,以假乱真,那祭祀岂不成了荒唐的儿戏?这说明,仁不仅表现为对活人的爱，同样也适用于"慎终追远"。若因爱羊而废礼，则"爱人之仁"又何从体现呢？此亦朱子所谓"贵人贱畜"之义也。

（三）"仁民爱物"

话又说回来，虽然"仁爱"之道首先以"爱人"为前提，却并非不主张"爱物"。实际上，真能"爱人"者，必能"爱物"。《论语·述而》篇载：

> 子钓而不纲，弋不射宿。

孔子也钓鱼，但他不贪，故绝不用大网捕鱼，来个"一网打尽"；孔子也射鸟，但他不忍，故绝不射正在睡觉的鸟，更不会"一窝端"！孔子宅心仁厚，及于鱼鸟，于斯可见。俗话说："劝君莫打三春鸟，子在巢中盼母归。"正是人类"移情"于鸟兽的仁心流露。再看《礼记·檀弓下》所记孔子埋狗的故事：

> 仲尼之畜狗死，使子贡埋之，曰："吾闻之也：敝帷不弃，为埋马也；敝盖不弃，为埋狗也。丘也贫，无盖；于其封也，亦与之席，毋使其首陷焉。"

你看，孔子真能"埋马""埋狗"，而不是宰杀食用，足见其仁心扩充，已经由人推及于狗马了。今之好吃狗肉者，可以为戒矣！

孟子继承孔子，亦有此仁爱之心。他说：

君子之于物也，爱之而弗仁；于民也，仁之而弗亲。亲亲而仁民，仁民而爱物。(《尽心上》)

意思是：君子对于天下万物，能关爱，但谈不上仁爱；对于百姓，能仁爱，但谈不上亲爱；(真正的君子)应当亲爱亲人而又仁爱百姓，仁爱百姓而又关爱万物。尽管孟子亦主张"博爱"，有"仁者无不爱也"(《尽心上》)之说，但他仍然坚守儒家"爱有差等"的原则，并对亲爱、仁爱和关爱做了明细精当的区分。孟子说："亲亲，仁也；敬长，义也。"(《尽心上》)此即"亲亲"之义也。又说："禹思天下有溺者，由己溺之也；稷思天下有饥者，由己饥之也，是以如是其急也。"(《离娄下》)此即"仁民"之义也。孟子还说："君子之于禽兽也，见其生，不忍见其死；闻其声，不忍食其肉。是以君子远庖厨也。"(《梁惠王上》)此又"爱物"之义也。类似说法亦见于《礼记·玉藻》篇："君子远庖厨，凡有血气之类弗身践也。"或以为"君子远庖厨"乃虚伪之行，殊不知，此正"不忍人之心"也即"仁心"的自然流露。相比鸟兽犬马，人固然是强者，但强者若一味贪残好杀，弱肉强食时毫无恻隐之心，便只是一虎狼猛兽，而不配称其为"人"，亦不足以言"仁"了！

这一"仁民爱物"的思想影响深远，后世儒家亦有精彩发挥。如董仲舒说："质于爱民，以下至于鸟兽昆虫莫不爱，不爱，奚足谓仁！"(《春秋繁露·仁义法》)宋儒张载的名言是："民，吾同胞；物，吾与也。"(《西铭》)天下百姓，皆为我之同胞；世间万物，皆我可相与相亲之对象。唯有此一种大爱，张载才能说出"为天地立心，为生民立命，为往圣继绝学，为万世开太平"的豪言壮语！

朱熹也说："亲亲、仁民、爱物，三者是为仁之事。""古人必由亲亲推之，然后及于仁民；又推其余，然后及于爱物；皆由近以及远，自易及难。"(《朱子学的》)甚至说："天地间非特人为至灵，自家心便是鸟兽草木之心。"(《朱子语类》卷四)

由此可见，"仁"之为物，真是至大无外，至小无内，弥漫于天地之间，纵横于古今之际，谓之"宇宙伦理"，信不虚也！

二　仁者的表现与规模

关于"仁"的内涵与外延，大体已如上述。落实在具体的人身上，究竟何谓"仁者"？其表现与规模如何？欲解此惑，还须结合经典，抉幽发微，抽丝剥茧，详加分辨。

我们知道，孔子虽提倡仁德，却从来不敢以仁者自居，有人以仁者圣人誉之，孔子却说：

若圣与仁，则吾岂敢？抑为之不厌，诲人不倦，则可谓云尔已矣。(《述而》)

实则"为之不厌"近乎"智"，"诲人不倦"近乎"仁"，既仁且智，正孔子所以为"圣与仁"之证也。打开《论语》，不难发现，孔子以"仁"许之者为数极少，检寻之下，不过伯夷、叔齐、比干、微子数人而已。至于评管仲"如其仁"，称颜回"不违仁"，虽以"仁"目之，总觉成色不够，有些勉强。可见，"仁"之为物，实在高不可攀，邈不可及，给人以"仰之弥高，钻之弥坚，瞻之在前，忽焉在后"之感！

好在我们有经典。经典之为经典，就因为其中不仅有"文"，而且有"道"。刘勰说得好："道沿圣以垂文，圣因文而明道。"（《文心雕龙·原道》）经典乃"明道"之文，孔子即"垂文"之圣。无孔子，则此"文"不得彰，此"道"不得明矣。下面我们结合《论语》所载孔子有关"仁"的言论，借以探明"仁"之表现与规模，勾勒"仁者"之形象与气象。

（一）仁者不佞

"仁者不佞"，是就人的言行而立论。孔子非常注重从言行中观察人、研究人、判断人。他发现，凡是伶牙俐齿、口才太好的人，往往不可靠：

子曰："巧言令色，鲜矣仁。"（《学而》）

司马牛问仁。子曰："仁者其言也讱。"（《颜渊》）

子曰："刚、毅、木、讷，近仁。"（《子路》）

或曰："雍也仁而不佞。"子曰："焉用佞？御人以口给，屡憎于人。不知其仁，焉用佞？"（《公冶长》）

以上诸例，无不以"言"论"仁"，其主旨可一言以蔽之，即"仁而不佞"。前面说过，因为对言语严重不信任，当"言语科"高足子贡问君子时，孔子答曰："先行其言，而后从之。"（《为政》）"言语科"另一弟子宰予言行不一，时常"昼寝"，孔子发现后，大骂其"朽木不可雕也，粪土之墙不可杇也"，又总结教训说：

"始吾于人也,听其言而信其行;今吾于人也,听其言而观其行。"(《公冶长》)既然言语如此不可靠,那究竟该怎样观察人呢?孔子说:"视其所以,观其所由,察其所安,人焉廋哉!人焉廋哉!"(《为政》)这里,"所以""所由""所安"无不关乎"行",就是与"言"无关!

孔子还主张从一个人所犯的过错去了解他,说:"人之过也,各于其党。观过,斯知仁矣。"(《里仁》)俗话说:"物以类聚,人以群分。"一个人所犯过失,常与其所处阶层、所接党类、所受之习染有关,观察其过失,推测其成因,再会掩饰表演的人也无处遁形。孔子还主张"放郑声,远佞人",因为"郑声淫,佞人殆"。(《卫灵公》)又曾说:"是故恶夫佞者!"(《先进》)可见孔子对巧舌如簧的"佞人"和"佞者",一向深闭固拒,毫不姑息。

那么,"仁者不佞"是否就等于"仁者不言",或者说,仁者是否一定就是笨嘴拙舌的呢?当然不是。孔子之学看似零碎散乱,实则颇有一内在系统。孟子说:"仲尼不为已甚者。"(《离娄下》)说孔子绝不做过头的事,绝不说过头的话。如果你熟读《论语》,就会发现,孔子某一句话可能带来的逻辑破绽,一定会在另一句话中得到修补。比如,孔子一方面指出"巧言乱德"(《卫灵公》),似乎"德"与"言"风马牛不相及;而另一处孔子却说:"有德者必有言,有言者不必有德。"(《宪问》)也就是说,真正有德的仁者,一定是含章内映,潜德流光,自然会有嘉言善语,只不过仁者绝不以卖弄口才为能事,更不会以花言巧语瞒天过海,欺世盗名。

最明显的例子就是孔子本人。孔子毫无争议应该是一"仁者",奇怪的是,他却拥有极高的语言表达能力,不仅其脱口而出的许多话都成了流传千古的"至理名言",而且做到了"言忠信"和"修辞立其诚"。可以说,孔子堪称"有德者必有言"的典范,真正达到了《左传》所谓立德、立功、立言"三不朽"的境界!

(二)仁者不忧

如果说,"仁者不佞"是对仁者言语方式的外部观照,"仁者不忧"则是诉诸仁者心境的内部聚焦。孔子曾对子贡说:"君子道者三,我无能焉:仁者不忧,知者不惑,勇者不惧。"子贡曰:"夫子自道也!"(《宪问》)另一处,孔子又说:"知者不惑,仁者不忧,勇者不惧。"(《子罕》)类似的表述还有:"人不知而不愠,不亦君子乎";"不怨天,不尤人";"发愤忘食,乐以忘忧,不知老之将至云尔";"饭疏食,饮水,曲肱而枕之,乐亦在其中矣";"知之者不如好之者,好之者不如乐之者";"在邦无怨,在家无怨";"子之燕居:申申如也,夭夭如也";以及孔子夸奖颜回所说:"一箪食,一瓢饮,在陋巷,人不堪其忧,回也不改其乐,贤哉,回也!"似此,皆可见安贫乐道、无忧无虑、无怨无尤、无往不乐的仁者境界。这也正是宋儒所津津乐道的"孔颜乐处"。

仁者何以能不忧呢?窃以为原因有二:

一是"内省不疚"。《论语·颜渊》载:"司马牛问君子。子曰:'君子不忧不惧。'曰:'不忧不惧,斯谓之君子已乎?'子曰:'内省不疚,夫何忧何惧?'"又,《礼记·中庸》云:"故君子内省不疚,无恶于志。"

二是"乐天知命"。《易·系辞上》曰:"乐天知命,故不忧。"《论语·尧曰》篇子曰:"不知命,无以为君子。"孔子五十而知天命,六十而耳顺,正"不忧不惧"之仁者境界。而孟子的"君子三乐"中，亦有"仰不愧于天，俯不怍于人"(《尽心上》)的自陈，其实也是仁者所以能"不忧"的充要条件。

当然，"仁者不忧"并非"仁者无忧"。孔子说："人无远虑，必有近忧。"(《卫灵公》)又说："德之不修，学之不讲，闻义不能徙，不善不能改，是吾忧也。"(《述而》)由此可见，所谓"仁者不忧"，其实是不为一己之私的忧患所困扰罢了。孟子也说："是故君子有终身之忧，无一朝之患也。……非仁无为也，非礼无行也。如有一朝之患，则君子不患矣。"(《离娄下》)"终身之忧"即"远虑"，"一朝之患"便是"近忧"，君子即使有"一朝之患"，也完全可以忽略不计，故能做到"不患"，也即"仁者不忧"。

（三）仁者必智

仁者所以能不忧，还与其所达到的智慧境界相关。《论语·里仁》篇第一章就涉及"仁智之辨"：

子曰："里仁为美。择不处仁，焉得知？"

智、仁、勇乃儒家追求的"三达德"，所谓"知（智）者不惑，仁者不忧，勇者不惧"。当孔子说"择不处仁，焉得知"时，分明是将"智"之内涵扩充了，提升了，变成了与"仁"相辅相成的一种境界。可谓"仁者必有智，智者必有仁"。甚至可以说，仁即智，智即仁。再看《里仁》篇第二章：

子曰："不仁者不可以久处约，不可以长处乐。仁者安仁，知者利仁。"

此句也可理解为：仁者可以久处约，可以长处乐。仁者不忧，故能安仁；智者不惑，故能利仁。董仲舒《春秋繁露·必仁且智》说："仁而不智，则爱而不别也；智而不仁，则知而不为也。故仁者所以爱人类也，智者所以除其害也。"如此，则仁者不唯有仁德，亦必有智慧。再看《雍也》篇下面一章：

宰我问曰："仁者，虽告之曰：井有仁焉，其从之也？"子曰："何为其然也？君子可逝也，不可陷也；可欺也，不可罔也。"

宰我以"仁者是否愚"试探孔子，孔子却答以"仁者必有智"。君子所以"可欺也"，乃因其有仁；所以"不可罔也"，乃因其有智。这与撒旦对耶稣说："假如你是上帝的儿子，你从山上跳下来，上帝托着你，不使伤你的足。"耶稣却说："撒旦退去，不可试探主，你的上帝。"何其相似乃尔！再看下面一章：

子曰："知者乐水，仁者乐山。知者动，仁者静。知者乐，仁者寿。"（《雍也》）

此章也是"仁智之辨"。孔子以山水喻仁智，也即君子比德于山水。实则山水、动静、乐寿并非两极对立，而是互为映衬，彼此包容，故在儒家思想中，智慧必是仁德之开显，仁德必是智慧之归宿。换言之，智术小惠、阴谋诡计，皆与智慧无关。一言以蔽之：智在仁中，仁是智之根。无仁不智，无智不仁，二者必相辅而成，相伴而行也。

（四）仁者必勇

或以为仁者必懦弱畏葸，实则不然。窃以为，智、仁、勇"三达德"中，"勇"乃最低位格，其次是"智"，最高是"仁"。故孔子说："仁者必有勇，勇者不必有仁。"（《宪问》）可知只有勇而未仁者，未有仁而不勇者。同理，如说"智者必有勇，勇者不必有智"，亦可通。孔子还说："志士仁人，无求生以害仁，有杀身以成仁。"（《卫灵公》）如伯夷、叔齐"不食周粟"，饿死于首阳山，孔子谓其："求仁而得仁，又何怨？"又如"微子去之，箕子为之奴，比干谏而死"，孔子曰："殷有三仁焉。"（《微子》）可知孔子所称许之仁者，必有将道德生命置于肉体生命之上的大智大勇。

为何仁者能有勇呢？无他，盖仁者必为道义所驱使也。故孔子说："见义不为，无勇也。"（《为政》）实则见义不为，不唯"无勇"，亦必"无仁"。孟子说："故闻伯夷之风者，顽夫廉，懦夫有立志。"（《万章下》）他主张"舍生而取义"，说："鱼，我所欲也，熊掌，亦我所欲也，二者不可得兼，舍鱼而取熊掌者也。生，亦我所欲也，义，亦我所欲也，二者不可得兼，舍生而取义者也。生亦我所欲，所欲有甚于生者，故不为苟得也。死亦我所恶，所恶有甚于死者，故患有所不避。如使人之所欲莫甚于生，则凡可以得生者何不用也。使人之所恶莫甚于死者，则凡可以避患者何不为也！由是则生而有不用也；由是则可以避患而有不为也。是故所欲有甚于生者，所恶有甚于死者。非独贤者有是心也，人皆有之，贤者能勿丧耳。"（《告子上》）孟子还说："昔者曾子谓子襄曰：'子好勇乎？吾尝闻大勇于孔子矣：自反而不缩，虽褐宽博，吾不惴焉；自反而缩，虽千万人，吾往矣！'"(《公孙丑》)可知"仁者"之勇，绝非匹夫血气之"小勇"，而是志士仁人之"大勇"。"小勇"出于"力"，"大勇"出于"仁"。《庄子·秋水》也说："知穷之有命，知通之有时，临大难而不惧者，圣人之勇也。"惟其如此，才能造就一个"富贵不能淫，贫贱不能移，威武不能屈"的"大丈夫"！(《滕文公下》)

（五）特长不等于仁

既然仁者必兼智与勇，那么，卓越的才能与仁德是何关系？且看孟武伯与孔子的这段对话：

孟武伯问："子路仁乎？"子曰："不知也。"又问。子曰："由也，千乘之国，可使治其赋也。不知其仁也。""求也何如？"子曰："求也，千室之邑，百乘之家，可使为之宰也。不知其仁也。""赤也何如？"子曰："赤也，束带立于朝，可使与宾客言也。不知其仁也。"(《公冶长》)

孟武伯问子路、冉求、公西赤是否为仁者，孔子以"治其赋""为之宰""与宾客言"诸才能分言之，而仁则未之许。可知在孔子心目中，军事、经济、外交诸才能皆不等于仁。孔子还说："如有周公之才、之美，使骄且吝，其余不足观也已。"(《泰伯》)更直接把"才"与"德"做了切割。言下之意，"有才无德"比起"无才有德"，离仁的距离不是更近，而是更远！

（六）私德不等于仁

既然特长不等于仁，是否一个人私德很好，就一定是仁者呢？也未必。且看下面这个故事：

子张问曰："令尹子文三仕为令尹，无喜色；三已之，无愠色。旧令尹之政，必以告新令尹。何如？"子曰："忠矣。"曰："仁矣乎？"曰："未知，焉得仁？""崔子弑齐君，陈文子有马十乘，弃而违之。至于他邦，则曰：'犹吾大夫崔子也。'违之。之一邦，则又曰：'犹吾大夫崔子也。'违之。何如？"子曰："清矣。"曰："仁矣乎？"曰："未知，焉得仁？"（《公冶长》）

这个故事至少说明，类似"忠""清"这样的个人私德，或许离仁德较近，但还远远没有抵达仁德，更不可能等同于仁德。"盖忠之与清，有就一节论之者，有就成德言之者。细味本章辞气，孔子仅以忠清之一节许此两人。若果忠清成德如比干、伯夷，则孔子亦即许之为仁矣。盖比干之为忠，伯夷之为清，此皆千回百折，毕生以之，乃其人之成德，而岂一节之谓乎？"[7] 也就是说，孔子主张的"为己之学"，绝非仅做独善其身"自了汉"，而是能担荷天下道义于己身；越是世道混乱，越是要迎难而上，而非洁身自好，知难而退。

子张问仁于孔子。孔子曰："能行五者于天下，为仁矣。"请问之。曰："恭、宽、信、敏、惠。恭则不侮，宽则得众，信则人任焉，敏则有功，惠则足以使人。"（《阳货》）

此一章最为吃紧处在"天下"二字！相比"忠""清"之德，

"恭""宽""信""敏""惠"在境界上亦并非更高,关键在其能"行于天下",与"人"和"众"发生关系,也即将"私德"扩充而为"公德",普惠天下众生,如此,方可称"仁德"而无愧!

(七)"为仁由己"

孔子仁学,乃为己之学,此"为"字,既可作介词用,强调为学之方向;亦可作动词用,强调为学之方法,即修己、克己、反己、成己、立己、达己也。

> 颜渊问仁。子曰:"克己复礼为仁。一日克己复礼,天下归仁焉。为仁由己,而由人乎哉?"(《颜渊》)

"为仁由己,而由人乎哉?"此言既出,真为人类精神世界开一崭新天地!窃以为,"由己",即"由自",倒过来即"自由"。故孔子此言,实仁学之"自由"义,亦中国传统文化之"自由"义。为学、修身、孝悌、忠恕、仁爱诸道,其主体绝非他人,而是自己。故所能达到之程度规模,亦完全在己,而不在人。孔子还说过:"譬如为山,未成一篑,止,吾止也。譬如平地,虽覆一篑,进,吾往也。"(《子罕》)正如仁心善性皆天赋具足,非由外铄,行道弘仁之进退行止,也不假外求,尽皆由己。此即所谓"人能弘道,非道弘人"。就此而言,仁学不仅是"为己之学",更是"自由之学"。孔子"七十而从心所欲不逾矩",正是"为仁由己""克己复礼"之后臻于大自由境界的生动体现。

(八)仁者能"致广大而尽精微"

虽曰"为仁由己",然仁之境界却可"致广大而尽精微"。《论

语·雍也》载:

> 子贡曰:"如有博施于民,而能济众,何如?可谓仁乎?"子曰:"何事于仁,必也圣乎!尧、舜其犹病诸!夫仁者,己欲立而立人,己欲达而达人。能近取譬,可谓仁之方也已。"

此章可谓"仁圣之辨"。前面已说能将恭、宽、信、敏、惠五德"行于天下"则可为仁者,此章子贡以"博施于民,而能济众"问仁,而孔子竟说"何事于仁,必也圣乎",以为早已超越仁者,而优入于圣人之境了!可见必能致广大而后可以言"仁""圣"。孔子又说,"夫仁者,己欲立而立人,己欲达而达人","立人""达人"显然比"爱人"更高一筹。据此可知,孔子之仁学,实乃立己达人、成己成物之学,《周易·系辞上》所谓"安土敦乎仁,故能爱。范围天地之化而不过,曲成万物而不遗",正此意也。

孔子对管仲的评价亦可见一斑。孔子曾说管仲"器小",且"不知礼"(《八佾》),看似颇有微词;然在《宪问》篇中,孔子又以仁许之,说:"如其仁!如其仁!"究其原因,"桓公九合诸侯,不以兵车,管仲之力也",此无人可及之仁德;同时,"管仲相桓公,霸诸侯,一匡天下,民到于今受其赐。微管仲,吾其被发左衽矣!"此又是使华夷明辨、文明存续、功在千秋之功业。管仲其人,虽未必定能"博施济众",却的确做到了"立己达人"。

以上是仁德"致广大"的一面,其"尽精微"处更妙不可言。《论语·里仁》篇孔子说:"君子去仁,恶乎成名?君子无终食之间违仁,造次必于是,颠沛必于是。"又说:"我未见好仁者、恶不仁者。好仁者,无以尚之;恶不仁者,其为仁矣,不使不仁者加乎其身。有能一日用其力于仁矣乎?我未见力不足者。盖有之矣,我未之见也。"皆可见仁德不可须臾或离,须时时用功,刻刻留意,即使颠沛造次,亦必安处于其中,真是极尽精微、间不容发!刘备说:"勿以善小而不为,勿以恶小而为之。"也可看作是仁德的修养工夫。

更值得注意的是下面一章:

子曰:"仁远乎哉?我欲仁,斯仁至矣。"(《述而》)

此章可谓"孔氏顿门"。盖人之所思所欲,有着超越物理空间和时间的强大力量,可以移迢远为切近,变不能为可能,佛家所谓"愿力无边",亦是此意。朱熹《集注》说:"仁者,心之德,非在外也。放而不求,故有以为远者;反而求之,则即此而在矣,夫岂远哉?"这说明,仁德之境并非高不可攀,远不可及,在仁心发动的一瞬间,每一个道德主体都是仁者。"我欲仁,斯仁至矣",实则正是说"为仁由己,而由人乎哉"?故熊十力先生以"自由"之义论此章云:"西人有言,人得自由,而必以他人之自由为界,此当然之理也。然最精之义,则莫如吾孔子所谓我欲仁,斯仁至矣。言自由者,至此而极矣。夫人而不仁,即非人也。欲仁,而仁斯至,自由孰大于是。而人顾不争此自由,何耶?"[8]与其说是熊先生"读书得间""触类旁通",不如说是孔子之仁学,本身便是一精微无比、左右逢源的生命学问,其所以能两千余年薪尽火传,历朝历代皆不乏解人,至今仍然不绝于缕的真正原因,盖在于此。

三 仁宅的建构与生命智慧

（一）孔子的"仁里"

上文已说，仁是一个比较抽象的概念，如何让人明白其深刻内涵，又能身体力行，的确是一非常棘手的问题。孔子深谙语言之妙，故常能化抽象为形象，以动态为静态，以物理空间形容心理器宇。比如前引"里仁为美"一句，就将"里"字动词化，使"仁"有了一可以想见的空间特征。以"里"作动词，则"里仁"便是"居仁"，与下文"择不处仁""久处约""长处乐"之"处"，前后呼应。"里仁为美"是说，君子以仁德为居所，行止坐卧，动静语默，无往而不在仁德之中，此是天地之间最大的美事。"里仁为美"四字所蕴含者，不仅是一伦理—道德之境界，亦是一审美—艺术之境界。孔子将"仁"这一抽象概念空间化、形象化、诗意化，极大地拓展了儒家的仁学内涵和义理深度。[9]

再看《论语·雍也》：

> 子曰："回也，其心三月不违仁；其余，则日月至焉而已矣。"

此章亦论仁之境界，乍一看似乎与空间无关，细思则发现，其中隐含两重对比：一是时间之对比，如"三月"与"日月"，言颜回能久处仁道而其心不惑。一是空间之对比：违者，去也，言由此而向他处去；至者，来也，言由他方而向此处来。"不违仁"，是说颜回居仁不离，以仁为安宅也。"至焉而已矣"，是说其余弟子欲仁求仁，而只能或日或月至于仁也。"三月"言其久，乃安仁之境；"日月"言其暂，乃求仁之貌。仁道本属抽象之价值，而孔子则以时空二维之久暂去来以喻之，赋予仁德以空间效果，遂使仁德之修为有内外、宾主之别。这就是孔子"仁里"或曰"仁宅"的建构，何其高屋建瓴！又何其宏大瑰玮！

（二）孟子的"仁居"

孟子在孔子的影响下，又提出"居仁由义"说，使儒家的"仁学"大厦基础更为坚固：

孟子曰："居天下之广居，立天下之正位，行天下之大道。得志，与民由之；不得志，独行其道。……"（《尽心上》）

这里的"天下之广居"便是"仁"，"天下之正位"便是"礼"，"天下之大道"便是"义"。大丈夫立于天地之间，自当"居仁由义"：

孟子曰："自暴者，不可与有言也；自弃者，不可与有为也。言非礼义，谓之自暴也；吾身不能居仁由义，谓之自弃也。仁，人之安宅也；义，人之正路也。旷安宅而弗居，舍正路而不由，哀哉！"（《离娄上》）

"安宅"与"正路"，"居仁"与"由义"，正是人类所以安身立命的最佳生命场域，原始儒家大中至正之气象于此蓬勃蒸腾，呼之欲出！

孟子还说,"居移气,养移体,大哉居乎"(《尽心上》),认为人所处之环境可以改变人的气质,供养可以改变人的体质。又说:"夫仁,天之尊爵也,人之安宅也。莫之御而不仁,是不知也。"(《公孙丑上》)"杀一无罪非仁也,非其有而取之非义也。居恶在?仁是也。路恶在?义是也。居仁由义,大人之事备矣。"(《尽心上》)人若不能"居仁由义",无异于"自暴自弃"!

孟子更将"仁"与"人心"等量齐观,说:

仁,人心也;义,人路也。舍其路而弗由,放其心而不知求,哀哉!人有鸡犬放,则知求之;有放心,而不知求!学问之道无他,求其放心而已矣。(《告子上》)

孟子的"求放心",也是将仁比作一"安宅",而"人心"之"放",便是"违仁""去仁",故当知"求"而使"至焉"。

就此而言,则"仁宅"者,实亦"心宅"也。后世理学与心学之"心外无理""心即理"之说,早已在此埋下了种子。

(三)"天地万物一体之仁"

由孔孟所建构的这一"仁宅"或"仁居",不仅可以安顿个体生命,还可使"天地万物为一体"。《论语·公冶长》记载了孔子与颜回、子路的一段精彩对话:

颜渊、季路侍。子曰:"盍各言尔志?"

子路曰:"愿车、马、衣、裘,与朋友共,敝之而无憾。"

颜渊曰:"愿无伐善,无施劳。"

子路曰:"愿闻子之志!"

子曰:"老者安之,朋友信之,少者怀之。"

这段对话可谓"师徒言志",涉及孔子乃至儒学之终极理想。师徒三人,各表其愿,唯孔子所言,最为仁厚高迈,真非厚德载物者不能道。子路是忘物爱友,求仁也;颜渊是忘我去私,不违仁也;孔子则大而能化,成己成物,安仁也。孔子所说的老者即长辈,朋友即平辈,少者即晚辈,三者足以该尽天下人,或者说是将天下人都视为一家人。故《礼记·礼运》篇说:"故圣人耐(能)以天下为一家,以中国为一人者。"同书《礼运》"大同"章亦云:

大道之行也,天下为公。选贤与能,讲信修睦。故人不独亲其亲,不独子其子。使老有所终,壮有所用,幼有所长。矜寡孤独废疾者,皆有所养。男有分,女有归。货恶其弃于地也,不必藏于己。力恶其不出于身也,不必为己。是故谋闭而不兴,盗窃乱贼而不作。故外户而不闭。是谓大同。

这便是孔子的"大同理想"。其源泉正是"好生爱人"[10]的仁爱精神和生命智慧。

宋明儒者进一步弘扬儒家仁本之学,并使其日益缜密和精微。如程颢说:"人与天地一物也。"又说,"仁者以天地万物为一体","仁者浑然与物同体"。程颐更提出"仁包四德"说:"元亨利贞谓之四德。元者万物之始,亨者万物之长,利者万物之遂,贞者万物之成。"[11]朱熹《仁说》亦云:"天地以生物为心者也。"又提出"仁之本体"论：

"仁"字须兼义礼智看，方看得出。仁者，仁之本体；礼者，仁之节文；义者，仁之断制；知者，仁之分别。犹春夏秋冬虽不同，而同出于春：春则生意之生也，夏则生意之长也，秋则生意之成，冬则生意之藏也。

盖儒家之仁学，处处不离一个"生"字！
王阳明在《大学问》中进一步发挥此意，提出"一体之仁"：

大人者，以天地万物为一体者也。其视天下犹一家，中国犹一人焉。若夫间形骸而分尔我者，小人矣。大人之能以天地万物为一体也，非意之也，其心之仁本若是，其与天地万物而为一也。岂惟大人，虽小人之心亦莫不然，彼顾自小之耳。是故见孺子之入井，而必有怵惕恻隐之心焉，是其仁之与孺子而为一体也；孺子犹同类者也，见鸟兽之哀鸣觳觫，而必有不忍之心，是其仁之与鸟兽而为一体也；鸟兽犹有知觉者也，见草木之摧折而必有悯恤之心焉，是其仁之与草木而为一体也；草木犹有生意者也，见瓦石之毁坏而必有顾惜之心焉，是其仁之与瓦石而为一体也：是其一体之仁也，虽小人之心亦必有之。是乃根于天命之性，而自然灵昭不昧者也，是故谓之"明德"。[12]

每读此文，不觉情灵摇荡，真有"神超形越"[13]之感！若无"与天地万物为一体"之仁心，又岂能说出如此"拔本塞源"的话来!

《周易·系辞上》说:"天地之大德曰生。""生生之谓易。"又《尚书·大禹谟》:"好生之德,洽于民心。"此皆中华传统文化之仁爱精神与生命智慧。王阳明还说:"风雨露雷,日月星辰,山川木石,与人原只一体。"[14]从《礼记》的"天下一家,中国一人",到宋儒的"仁者以天地万物为一体",再到阳明的"一体之仁",已逐步将作为"人的本质规定性""仁者爱人"以至"仁民而爱物"的"仁",推扩至整个宇宙!

法国哲学家布莱士·帕斯卡尔(Blaise Pascal,1623—1662)在《思想录》中说:"人,只不过是一根苇草,是自然界最脆弱的东西;但他是一根能思想的苇草。我们全部的尊严就在于思想,人囊括了宇宙。"这是西方的天人观。而原始儒家所建构的仁学,则不仅包含"爱人好生"和"以生说仁"的爱的哲学和生命智慧,同时也蕴含着"天人合一""万物一体"的伦理化的自然观和宇宙论。

换言之,使人"囊括了宇宙"并获得尊严的,绝不仅是"思想",还有"仁爱"!

这一思想现在依然适用。我们常说台湾同胞、港澳同胞、海外侨胞,正是"天下一家中国一人""民胞物与"的现代版。佛教的"同体大悲"亦可作如是观。一个人修行到一定程度,真可与天地万物为一体,看到别人的痛苦,感同身受,觉得也是自己的痛苦,所以要慈悲喜舍,普度众生。此即孟子所谓"人溺己溺,人饥己饥"[15]。就此而言,儒家的仁爱思想,实与佛家的慈悲为怀息息相通,接榫无间!今有论者更提出"仁学本体论",发明儒家仁学之微言大义,认为"仁统自由、平等、公正",只有"作为普世价值的仁"[16],才能融通中西,涵摄古今,为全人类不同族群所认可和接受。

总之,儒家之仁学,乃是由孔子奠基而成的理性生命、精神生命和文化生命——"文化生命等于超越的宗教生命与形而下的生物生命之综合"。[17]相比于西方哲学的"爱智慧",儒家的仁学则是"爱生命",这种以"爱的智慧"为核心的生命智慧,正是整个中华传统文化的源头活水。

谭嗣同《仁学》称:"智慧生于仁。"故无仁则无智,无智则无仁。牟宗三更将仁德、智慧与生命打通一气,说:"吾人即谓此即是透体生命是智慧之人格,全幅是仁之人格。何谓仁？就此简单言之,即是生命之不滞。"[18]儒家之道德理想在此,儒家之生命智慧亦在此。

有此一种文化生命与智慧境界,则中华文明虽历经千劫百难,甚至一度"花果飘零""灵根倒悬",亦可卓然立于世界文明之林而不倒,终能迎来剥尽转复、否极泰来的一天。

1 徐复观:《释〈论语〉的"仁"——孔子新论》,《中国思想史论集续编》,上海:上海书店出版社,2004年,第237页。

2 [宋]朱熹:《四书章句集注》,第367页。

3 《论语·八佾》第一章:"孔子谓季氏:'八佾舞于庭,是可忍也,孰不可忍也!'"第二章:"三家者以《雍》彻。子曰:"'相维辟公,天子穆穆',奚取于三家之堂?'"

4 高尚榘、赵强编:《中外名人学者赞孔子》,第131页。

5 郭沫若:《十批判书》,北京:人民出版社,1976年,第78页。

6 [宋]朱熹:《四书章句集注》,第121页。

7 钱穆:《论语新解》,第128页。

8 《熊十力文选》,高瑞泉主编,第283—284页。

9 详参刘强《论语新识》,第94、95页。

10 《太平御览》引《春秋元命苞》曰:"仁者情志,好生爱人。故其为仁以人。其立字二人为仁。"

11 [宋]程颢、程颐:《二程集》,第695页。

12 吴光等编校:《王阳明全集》,第1066页。

13 《世说新语·文学》:"阮孚云:'泓峥萧瑟,实不可言,每读此文,辄觉神超形越。'"

14 吴光等编校:《王阳明全集》,第107页。

15 《孟子·离娄下》:"禹思天下有溺者,犹己溺之也。稷思天下有饥者,犹己饥之也。"

16　陈来:《仁学本体论》,北京:生活·读书·新知三联书店,2014年,第469页。

17　牟宗三:《道德的理想主义》,长春:吉林出版社集团,2010年,第192页。

18　牟宗三:《道德的理想主义》,第11页。

第六讲 义权之道

所谓『仁义之道』，也完全可以拆分为『仁道』和『义道』。仁道也即上一讲所揭示的『仁爱之道』，而『义道』的内涵，则可概括为『义权』之道。

儒家的『仁』『义』二道本末一体，并行不悖。如果说『仁爱之道』是『本体』，那么『义权之道』就是『工夫』，二者缺一不可。

就经权关系而言，『仁』即是『经』，『义』则为『权』。『仁』的扩充光大，直可与『天地万物为一体』；『义』的反经达权，又可使『万物周流而无碍』。

一切正向价值，皆须合乎『义』；一切常道法则，亦当达乎『权』。

一言以蔽之，『仁』是儒家大慈悲，『义』是儒家大智慧。

说起儒家思想的核心价值，许多人常将其概括为"仁义之道"——这当然无可厚非；但若细究起来，"仁"和"义"究竟并非一事。《易传》孔子曰："立天之道曰阴与阳，立地之道曰柔与刚，立人之道曰仁与义。"显然以"仁义"与"阴阳""刚柔"一样，皆为对立统一的不同概念和范畴。所以，如果笼统地将"仁""义"双称并举、等量齐观，自然有其约定俗成的道理，但也很容易造成对二者不同伦理特性和价值旨趣的遮蔽。要知道，老祖宗创造的每一个汉字，都有其不可或缺、更不可替代的文化内涵和价值功能，当我们使用"仁义"这一语汇时，首先应当了解"仁""义"二字的语义差别，这不仅是一"语用学"的问题，更是一伦理学甚至是形上学的问题。

比如，古人对"仁""义"二字的解读，就有如下多种：

仁，内也，非外也；义，外也，非内也。(《孟子·告子上》)
仁者爱人，义者循理。(《荀子·议兵》)
仁以爱之，义以正之。……仁近于乐，义近于礼。(《礼记·乐记》)
失爱不仁，过爱不义。(贾谊《新书·礼》)

心兼爱人谓之仁，反仁为戾。行充其宜谓之义，反义为懵。（贾谊《新书·道术》）

仁者爱人，义者正我。（董仲舒《春秋繁露·仁义法》）

君子于仁也柔，于义也刚。（扬雄《法言·君子》）

仁者，不忍也，施生爱人也；义者，宜也，断决得中也。（班固《白虎通·情性》）……

类似表述，不一而足。这说明，"仁义"这一黏合度极高的词，其实有着某种不可"通约"的内在张力。而所谓"仁义之道"，也完全可以拆分为"仁道"和"义道"。"仁道"也即上一讲所揭示的"仁爱之道"，而"义道"的内涵，则可概括为"义权之道"。

一 "义者宜也"

正如很多人一看到"恕"，就想到"宽恕"一样，一看到"义"，恐怕也多会想到"正义"。不过严格说来，这多少有些望文生义，或想当然。

事实上，"义"的内涵十分丰富，绝非"正义"一词可以涵盖。俗话说，读书先须识字。白话文运动和古文今译的一个后果是：以为只要将一个古字组成一个双音词，便能解释其字义；比如一看到"习"字，便用"温习"和"复习"解释之，却忽略了其"鸟数飞"之本义，这就使其本来蕴含的"实习""践行"之义湮没不彰，因而造成了对经典理解的通俗化甚至是庸俗化。

今天很多人对传统文化的深层内涵极为隔膜，往往以误解、曲解为正解，甚至自以为是地口诛笔伐，厚诬古人，细究起来，一方面是拜百年来激进革命思潮所赐，另一方面，也不过就是"读书尚未识字"的结果。

就"义"字而言，要想明白其真义，必须先从字源学对其稍加追溯。"义"，正体字写作"義"，甲骨文已有此字。其义至少有四：

一曰"仪"。《说文》训"義"曰："己之威仪也，从我羊。"从字形上看，"義"字从"我"，盖谓义出于己，由己决定，此其一。其二，"義"字又从"羊"，"羊"在"我"上，或与远古的宗教祷祝仪式有关。段玉裁注："义之本训，谓礼容各得其宜。从羊者，与美善同义。"这是对"义"的民俗学和伦理学解释。就此而言，"义"的行为也就是"美善"的行为。人有"义"心，正如人有"仁"心，皆可为"性善论"张本。

二曰"宜"。《礼记·中庸》云："义者，宜也。"《释名》也说："义，宜也。裁制事物，使各宜也。"这个解释属于转注式的同音互训，与"仁者人也"，其理无二。又，《论语·公冶长》："子谓子产：'有君子之道四焉：其行己也恭，其事上也敬，其养民也惠，其使民也义。'"这里的"义"，就可解释为"宜"。

三曰"我"。董仲舒《春秋繁露·仁义法》说："义者，谓宜在我者，宜在我者，而后可以称义，故言义者，合我与宜以为一言，以此操之，义之为言我也。故曰：有为而得义者，谓之自得，有为而失义者，谓之自失；人好义者，谓之自好，人不好义者，谓之不自好；以此参之，义、我也，明矣。"又说："是义与仁殊，仁谓往，义谓来;仁大远,义大近;爱在人,谓之仁,义在我,谓之义;仁主人,义主我也;故曰:仁者,人也;义者,我也,此之谓也。"这是把"义"放在人我关系中考量,以此彰显"义"的原则性和自洽性。

四曰"理"。孟子在谈到"心之所同然"时,说:"口之于味也有同耆焉,耳之于声也有同听焉,目之于色也有同美焉。至于心,独无所同然乎?心之所同然者何?谓理也,义也。圣人之先得我心之所同然耳。故理义之悦我心,犹刍豢之悦我口。"(《告子上》)又,贾谊《新书·道德说》亦称:"义者,理也。""义者,德之理也。"这里,"义"分明又与"理"同义。后世义理之学盖由此而开出。

此外,"义"字还与"礼""节"相近,如《论语·学而》有子曰"以礼节之"。《礼记·礼运》称:"义者,仁之节也。"同书《礼器》:"义理,礼之文也。"《乐记》:"仁近于乐,义近于礼。"皆是。同时,"义"还可与《周易》"变易"之"易"相联系,含有"变通"之义。如清儒焦循在论及人性能善之原因时,就说:"以己之心通乎人之心,则仁也;知有不宜,变而之乎宜,则义也。仁、义由于能变通。人能变通,故性善;物不能变通,故性不善。岂可以草木之性比人之性?"[1]这说明,"仁"与"义"是相伴而行,相辅而成的,以江河为喻,"仁"好比源头活水,"义"则是水道河床;"义者宜也",正说明"义"之为道,贵在"变通"。种种解读,颇多殊趣,读者若有心,自可掬一瓢饮。

相比之下,"义者宜也"不仅更易理解,也更能揭示"义"的本质内涵。这一训诂,非常鲜明地道出了"义"作为一种"应然性"价值,与"时中"和"权宜"等"或然性"价值的内在联系。因为"义"与"宜"通,故"不宜"之事便是"不义"之事。就此而言,"义"是一种较有弹性的价值判断和处事原则,与"仁"相辅相成,共同构成了儒家所认可的人性基础和道德理想。

二 "义"是"无可无不可"的智慧

不过,在更深广的意义上,"义"还代表着一种理性智慧。前面所引董仲舒的"反义为慆",正说明一旦违反了"义",人就会陷入昏昧懵懂,毫无智慧可言。

在《论语》中,孔子对"义"的解读非常丰富,而其最终指向,则是一种"无可无不可"的智慧境界。因为"义者宜也",故一切价值必须以"合义"为前提和基础。以下试就"义勇""义信""义礼""义利"之关系稍作论析。

(一)义勇之辨

孔子虽然说过"勇者不惧",但他对"勇"的价值认同,却是以"义"为前提的。在《论语·为政》篇中,孔子说:"见义不为,无勇也。"这就是"义勇之辨",成语"见义勇为"即由此出。见到合"义"的事而不去做,这是没有勇气的表现。换言之,不合"义"的事做得再多,也与"勇"无关,甚至有可能是"乱"。故孔子说:"勇而无礼则乱";"好勇疾贫,乱也。"(《泰伯》)

孔门中最好勇者莫过于子路,但孔子对他的批评也最多,诸如"暴虎冯河,死而无悔"(《述而》),"好勇过我,无所取材"

(《公冶长》)等。盖孔子以为，子路之"好勇"固然是一德性，然若不善加剪裁，则容易铤而走险，最终只能是"不得其死然"(《先进》)。子路后来的结局也印证了孔子的判断[2]。有一次，子路向孔子请教：

> 子路曰："君子尚勇乎？"子曰："君子义以为上。君子有勇而无义为乱，小人有勇而无义为盗。"(《阳货》)

"义以为上"，其实便是"尚义不尚勇"。也就是说，义勇之间，义在勇先，合乎义的勇才是值得提倡的，不合乎义的勇，非盗即乱。

为何孔子对"勇"如此警惕呢？我想，这大概是因为"勇"与"血气"相关，更偏于感性冲动，不易为理性所约束，常常容易过头。因此，孔子才要说："血气方刚，戒之在斗。"(《季氏》)又说："仁者必有勇，勇者不必有仁。"(《宪问》)其实，说到义勇关系，也可以这样说："义者必有勇，勇者不必有义。"

（二）义信之辨

如我们所知，孔子十分推崇"信"的价值，曾说过"人而无信，不知其可""民无信不立""言忠信，行笃敬"的话，但他对于片面追求"信"的行为颇有保留。我们一般都认为，"言必信，行必果"是君子风度，但在《论语·子路》篇中，孔子偏偏说：

> 言必信，行必果，硁硁然小人哉！

意思是：诺言一定追求兑现，做事必须追求结果的人，不过是固执己见，像石头一样坚硬固陋、冥顽不化的小人罢了！这样的判断实在让今人大跌眼镜，"三观尽毁"。其实，《论语》中很多一时不能理解的道理，只要放在实践中来个"情景还原"，便可豁然开朗。

我们且讲两个与"信"有关的故事。据《史记·孔子世家》载：

（孔子）过蒲，会公叔氏以蒲畔，蒲人止。孔子弟子有公良孺者，以私车五乘从孔子。其为人长贤，有勇力，谓曰："吾昔从孔子遇难于匡，今又遇难于此，命也已！吾与孔子再罹难，宁斗而死。"斗甚疾。蒲人惧，谓孔子曰："苟毋适卫，吾出子。"与之盟，出孔子东门。孔子遂适卫。子贡曰："盟可负邪？"孔子曰："要盟也，神不听！"

这个"孔子负盟"的故事说明，"信"如不合乎"义"，便是小人之信；而要挟之下订立的盟约，是为"要盟"——神且"不听"，何况人乎？此故事亦见于《孔子家语·困誓》，略有异文，孔子所说作："要我以盟，非义也。"也就是说，"要盟"本不合"义"，若求"必信必果"，不是"硁硁然"的小人又是什么呢？孔子不听"要盟"，不为外力裹挟而轻易改变自己的坚守，恰恰是合乎"义"的。

还有一个"尾生抱柱"的故事，见于《庄子·盗跖》篇：

尾生与女子期于梁下，女子不来，水至不去，抱梁柱而死。……直躬证父，尾生溺死，信之患也。

这个故事流传很广，尾生为追求所谓"信"，不知变通，最后付出了生命的代价，这哪里是"信"，分明是"傻"！

孔子目光如炬，对此类不合"义"的"小信"，一概斥之为"谅"。《论语》中两次提到"谅"。一次是在孔子回答子贡"桓公杀公子纠"，而管仲"不能死，又相之"的困惑时，说："管仲相桓公，霸诸侯，一匡天下，民到于今受其赐。微管仲，吾其被发左衽矣！岂若匹夫匹妇之为谅也，自经于沟渎而莫之知也。"（《宪问》）"匹夫匹妇之为谅"，其实就是"小人之小信"。还有一次，孔子说："君子贞而不谅。"（《卫灵公》）意思是：君子坚贞中正，但不固守于小信。

究竟什么是"谅"？朱熹《集注》解释说："谅，则不择是非而必于信。"焦循说："谅者，信而不通之谓。君子所以不谅者，非恶乎信，恶乎执也。"可见，信作为一种价值，和我们前面所讲的孝一样，也必须要合乎义。"言必信，行必果"之所以是"硁硁然小人哉"，就因为其最容易陷入"不择是非""信而不通"的"执"与"谅"中不能自拔！

这说明，在儒家看来，人世间一切正向的价值，都不是绝对的，都应有一个合理的适用范围，都不应该成为束缚人的理性良知的枷锁和牢笼！

（三）义礼之辨

在儒家的价值系统中，"礼"的地位和重要性自不待言，故孔子谈为政,主张"道之以德,齐之以礼"(《为政》),"上好礼,则民莫敢不敬"(《子路》);论修身,则说"不学礼,无以立"(《季氏》),主张"克己复礼",要求"非礼勿视,非礼勿听,非礼勿言,非礼勿动"(《颜渊》)。孔子又尝言"六言六蔽":"好仁不好学,其蔽也愚;好知不好学,其蔽也荡;好信不好学,其蔽也贼;好直不好学,其蔽也绞;好勇不好学,其蔽也乱;好刚不好学,其蔽也狂。"(《阳货》)又说:"恭而无礼则劳,慎而无礼则葸,勇而无礼则乱,直而无礼则绞。"(《泰伯》)可见,仁、智、信、直、勇、恭、慎等价值虽属美德,然一旦为人所"好",皆难免存在偏失,唯"好学"方可救其蔽。

值得注意的是,"好礼""好义"则不在"其蔽"之列。不仅如此,孔子还赞美"富而好礼"者,又以"质直而好义"为"达者"(《颜渊》)。何以如此呢?盖"好学"本身即含"好礼""好义"之意,故"忠信如丘"易,"好古敏求"难,唯有通过"好学",方能知礼达义。

要言之,礼和义实乃节度与调适所有美德的砝码与权衡。而相比之下,"义"比"礼"更具灵活性,甚至"礼"亦必须合乎"义"。[3]如《论语·子罕》篇载:

> 子曰:"麻冕,礼也;今也纯,俭;吾从众。拜下,礼也;今拜乎上,泰也。虽违众,吾从下。"

孔子说:"用麻料编织冠冕,这是合乎礼的;如今都用丝料编织,比麻冕更为俭约——我愿跟从大家的做法。大臣见君时,在堂下即礼拜,这是合乎礼的;如今大家都不在堂下拜,而只在堂上礼拜,这样太骄慢了——虽然有违众人,我还是遵从先在堂下礼拜的古礼。"这说明,对于"礼"的追求如果过头,或"奢"或"泰",都不合乎"义",均不为孔子所认可。你看,孔子的"违礼"而"从众"也好,"违众"而"从礼"也好,都不是没有原则的首鼠两端,而是是非分明,恰如其分,处处都遵循了"义"的原则。

(四)"义之与比"

既然勇、信、礼这样的正面价值都有可能在实践上出现偏差,那么,到底应该怎样做才算是"君子"呢?孔子在《论语·里仁》篇里给出了答案:

子曰:"君子之于天下也,无适也,无莫也,义之与比。"

孔子说:君子对于天下的事物而言,没有规定一定要怎样做,也没有规定一定不要怎样做,一切都要根据是否合乎"义"来做选择和判断。这话乍一听似乎既无原则,更无立场,实则不然。须知孔子心目中的君子绝不仅是道德君子,还必须是智慧君子。这里的"义之与比"的"比",即靠近义,与《学而》篇有子所言"信近于义""恭近于礼"的"近",实即一义。正如"忠恕"之间,孔子以"恕"为主,"礼义"之间,孔子则主张"义之与比"。"义之与比"是强调做任何事,都不能死守教条,不知变通,而是要"义以为上",能够因时、因地、因人以制宜,也即因人而异、因势利导、相机行事,绝不能如俗话所说的,"一条路走到黑",或者"一棵树上吊死"。只有这样,人的行为才是合乎"义"的,也是最具智慧的。

《论语·子罕》篇下面一章尤为值得注意：

子绝四：毋意、毋必、毋固、毋我。

此章可谓"夫子四毋"。说孔子杜绝了常人都会犯的四种毛病，能够做到——不主观臆想、不武断绝对、不固执己见、不自我中心。这里的"意必固我"，相当于佛家所谓"我执"或"着相"。一个心胸狭隘、缺乏智慧、不知变通的人，难免会陷入这样那样的"我执"，囿于各种"名相"或"成见"，这样的人当然不可能成为君子。可以说，君子一生努力的方向和目标，就是要能够随时随地破除"我执"，摆落成见，执两用中，从善如流。如何破除"我执"呢？关键在于"无适也，无莫也，义之与比"。

其实，孔子所反对的绝不是"信"和"果"，而是那个"必"字！任何事，一旦陷入"必"的状态中不能自拔，就一定会远离"义"的智慧。也就是说，"义"作为一种"应然性"价值，在与"时中"和"权宜"等"或然性"价值保持内在联系的同时，也与"必然性"价值划清了界限。换言之，"义"正是对治"必"的一剂良药。而"义"的本质便是"不必"。"不必"，也即"不执"。孔子的高足有若也说："信近于义，言可复也。"（《学而》）认为"信"只有接近于"义"的状态，诺言才可能兑现。

《论语·微子》篇中，孔子再次对自己做了一个精彩的"自我评鉴"，他说：

虞仲、夷逸隐居放言，身中清，废中权。我则异于是，无可无不可。

虞仲、夷逸皆为古之逸民，他们逃世隐居，放肆直言，行为清洁，就算被废弃，也合乎权变之道。而孔子却说："我就和他们这些人不一样，我是无可无不可的！"这个"无可无不可"，其实正是"无适无莫""义之与比"！那是一种真正摆脱了"我执"和"意必固我"的大智慧与大自由！惟其如此，孔子才能在七十岁时，达到"从心所欲不逾矩"的至圣之境。

孟子深得孔子"义智"之真传，进一步提出了"惟义所在"的观点：

孟子曰："大人者，言不必信，行不必果，惟义所在。"（《离娄下》）

很显然，这是从孔子"言必信，行必果，硁硁然小人哉"之说演化而来。这里的"大人"即"君子仁人"，正与孔子所说的"小人"相对。孟子以"不必"来解释"义"，等于补充说明了孔子的言外之意。既然"言必信，行必果"是小人行径，那么大人君子又该怎么做呢？难道要"言无信，行无果"吗？当然不是。一句"言不必信，行不必果"，完美回答了上述困惑和质疑。"不必"绝不是"无"，而是"不一定""不必须"，正是对"必"的节制和超越。因为天下之事，一旦"必"了，就有可能陷入"不义"。而要想"义之与比"，就必须摆脱"必"的限制和束缚，让良知和道义真正获得选择和判断的自由。

孔子和孟子之后，另一位大儒荀子也提出了"以义变应"之说：

> 以义变应，知当曲直故也。《诗》曰："左之左之，君子宜之；右之右之，君子有之。"此言君子能以义屈信（伸）变应故也。（《荀子·不苟》）

一个人的智慧，不在于你遵守诺言的程度如何，而在于你的一切言行都能遵道合义，也即"义之与比"，"惟义所在"！

（五）义利之辨

"义"的内涵中还包括如何处理与"利"的关系，这就是通常所说的"义利之辨"。

在《论语》中，孔子多次谈到义利之辨。如说："富与贵是人之所欲也；不以其道得之，不处也。贫与贱是人之所恶也；不以其道得之，不去也。"（《里仁》）这里其实已隐含着"义利之辨"，也即所谓"君子爱财，取之有道"。孔子又说："富而可求也，虽执鞭之士，吾亦为之。如不可求，从吾所好。"（《述而》）孔子并不排斥财利和富贵，不过财富显然也并非其真正"所好"。孔子"所好"者何？不过"义"字而已。在《论语·宪问》篇中，孔子两次强调"见得思义""见利思义"，就是担心人一旦陷入对财富和物欲的追求，就有可能"绝仁弃义"。

不仅如此，孔子还认为："放于利而行，多怨。"（《里仁》）一切都以利为先，唯利是图，不仅心态失衡，怨天尤人，而且，也会招致他人更多的指责和埋怨。所以，在孔子那里，义利之辨也成了区分君子与小人的试金石：

子曰："君子喻于义，小人喻于利。"(《里仁》)

这里的君子和小人最初是指地位阶层的差别，如郑玄就说："贾物而有三倍之利者，小人所宜知也。君子知之，非其宜也。"刘宝楠《论语正义》也说："如郑氏说，则《论语》此章，盖为卿大夫之专利者而发，君子、小人以位言。"据此可知，孔子的本义并非赞美君子好义，批评小人好利，而是在做一个"应然性"的判断，即在上位的君子因不缺财利，故应当晓于仁义以化民；在下位的小人因为财利易被剥夺，故应当通晓获利之道。后来荀子说："上重义，则义克利；上重利，则利克义。"(《荀子·大略》)显然是从孔子的义利之辨而来。这说明，原始儒家的"义利观"其实是颇具"现代性"的。

因为孔子并不将义与利截然对立，故到了墨子，也就将义利等量齐观了。他说："仁，体爱也。义，利也。忠，以为利而强君也。孝，利亲也。"(《墨子·经上》)又说："仁，爱也；义，利也。爱利，此也；所爱、所利，彼也。爱利不相为内外，所爱、所利亦不相为外内。"(《墨子·经下》)所以应该"兼相爱，交相利"，"兴天下之利，除天下之害"。(《墨子·兼爱下》)不过，正如熊十力批评墨子时所说的："兼爱兼利，未尝不本于夫子之道。然言仁不酌以义，则仁道不可通也。……墨子非儒，殊不知其所非者，乃当时政俗之弊，正由儒者之道未行耳。"[4]墨子的这种"以利为义"的义利观显然不无流弊，故儒家不得不起而矫正之。如孟子就发现"以利为义"，会导致"苟为后义而先利，不夺不餍"的后果，遂提出"亦有仁义而已矣，何必曰利？"(《梁惠王上》)这种"先义后利"的思想，其实也就是《大学》所谓的"以义为利"[5]。

既然"义"与"利"关系如此密切，要想做到举措得宜，"义之与比"，真是谈何容易！《吕氏春秋·察微》篇记载了两个故事，足以说明义利关系的复杂和微妙。

一则曰："鲁国之法，鲁人为人臣妾于诸侯，有能赎之者，取其金于府。子贡赎鲁人于诸侯，来而让，不取其金。孔子曰：'赐失之矣。自今以往，鲁人不赎人矣。取其金则无损于行，不取其金则不复赎人矣。'"

一则曰："子路拯溺者，其人拜之以牛，子路受之。孔子曰：'鲁人必拯溺者矣。'"

这两个故事，结局都有一个情节的"翻转"。前一个故事，子贡赎人而不取赏金，看似重义轻利，令人感佩，不料却被孔子批评；后一个故事，子路救人而受赠牛，看似重利轻义，俗人一个，不意却被孔子肯定。是孔子突然间丧失了智慧和道德感吗？当然不是。故事的末尾总结道："孔子见之以细，观化远也。"

也就是说，义利不仅不是截然对立，而且是彼此涵摄，一体两面的。所谓"见利思义"，也有广狭二义：狭义地说，就是"君子爱财，取之有道"；广义地说，对于"利"的取舍是否合乎道义，不能只看个人一己之喜好，还要看其对社会是否具有良性的示范效应,所谓"义然后取,人不厌其取"(《宪问》)。像子贡那样把道德的标杆升得太高,以至一般人难以企及,这样"不接地气"的道德表演,看似"义举",其实反而离真正的"义"渐行渐远了。

如上所述,因为"义"的内涵十分丰富和灵活,也就使包括孝悌、忠恕、仁爱等伦理价值的儒学更具弹性和智慧。一个显而易见而又常常被视而不见的事实是,原始儒学固然重视伦理价值和道德境界,但也十分警惕道德的绝对化、极端化和教条化。换言之,真正的儒家,绝不赞同所谓"道德中心主义"。

在世俗的政治生活和道德领域中,诸如仁、礼、孝、忠、信、智、勇等正面价值极容易被过分强调和推崇,成为一种不容置疑的"政治正确",这就难免会造成理论和实践的偏颇与执迷。比如,对于孝道的过分强调,便极易堕入"愚孝";对于仁爱的过分宣扬,常会导致"愚仁";对于礼的教条化推崇,又可能导致"礼教杀人";反过来,对于"利"的极端排拒,又会导致道德的虚伪和悬空。对此,儒学都有及时而又有力的矫正措施。其中,"义"充当了"价值调节"或曰"道德减压"的安全阀和减速带,故而才有"道义""仁义""礼义""孝义""忠义""信义""勇义"等说法。也就是说,不管是多么高尚的道德,都必须合乎"义"。

一言以蔽之:"仁"是儒家的大慈悲,"义"是儒家的大智慧。

三 "义"是人的内在合理性

如果说,孔子对"义"的阐发,更多指向一种"无可无不可"

的智慧，那么，孟子则赋予"义"一种更为刚性的价值内涵，成为君子安身立命的一种道德原则和行动纲领。在孔子那里，"义"与"仁"常常分开说，而在孟子这里，"仁"与"义"则如影随形，不可分割，成为"人性"中最为本原和内在的良知良能，也即所谓"天爵"：

孟子曰："仁义忠信，乐善不倦，此天爵也；公卿大夫，此人爵也。"（《告子上》）

很显然，孟子是把"仁义忠信"当作上天赋予人类的"本质之性"的。所谓"仁义礼智，非由外铄我也，我固有之也，弗思耳矣"（《尽心上》）。孟子的"人性论"思想，有效地补充了孔子很少涉及的"性与天道"等本体论和形上学问题，尤其是孟子将"仁"和"义"都作为人类内在德性的原点，这在当时的思想界引起了巨大争议。比如，告子就认为"义"是外在于人的道德生命的，提出了"仁内义外"说：

告子曰："食、色，性也。仁，内也，非外也；义，外也，非内也。"孟子曰："何以谓仁内义外也？"曰："彼长而我长之，非有长于我也。犹彼白而我白之，从其白于外也，故谓之外也。"曰："异于白马之白也，无以异于白人之白也。不识长马之长也，无以异于长人之长与？且谓长者义乎？长之者义乎？"曰："吾弟则爱之，秦人之弟则不爱也，是以我为悦者也，故谓之内。长楚人之长，亦长吾之长，是以长为悦者也，故谓之外也。"曰："耆秦人之

炙，无以异于耆吾炙，夫物则亦有然者也，然则耆炙亦有外欤？"（《告子上》）

　　告子说："饮食男女，这是人的本性。仁是内在的，不是外在的；义是外在的，不是内在的。"孟子反问："什么叫仁内义外呢？"告子答："他年长我就尊敬他，而敬长之心并非我所固有；好比外物是白的，我便认为它是白的，这是根据其外在的白形成的认识，所以说是外在的东西。"孟子说："白马的白和白人的白或许并无不同，是否我们对老马的怜悯心，也和对老人的尊敬心毫无不同呢？而且，我们是该称老人'义'呢，还是该称尊敬老人的人'义'呢？"告子答："是我的弟弟我就爱，秦国人的弟弟我就不爱，这是因为我自己喜爱的缘故，所以说仁是内在的；尊敬楚国的老人，也尊敬自己的老人，是因为他是老者的缘故，所以说义是外在的。"孟子说："喜欢吃秦国人的烤肉，和喜欢吃自己的烤肉并无不同，各种事物也有这样的情形。难道喜欢吃烤肉的心也是外在的东西吗？"

　　这一段辩论十分精彩！告子以"长""白"立论，是站在客体角度看问题，孟子则以"长之""白之"为说，则是从主体角度看问题。也就是说，敬长的行为看似是因为老者之年长，敬长之心却是我们本心自具的。孟子"心学"的力量在此显露无遗。在讲"仁爱之道"时，我们说"仁"是人的本质规定性，那么同样也可以说，"义"是人的内在合理性。"仁"是"情"之源，"义"是"理"之根，只有情理兼备，仁义具足，自然意义的人，方可成为社会、伦理、道德意义上的人。儒学之所以是人学，正在于其义理上能圆融，逻辑上能自洽，实践上行得通。

孟子在论及"浩然之气"时，将其与"义"绾合，提出了"集义"说：

> 其为气也，至大至刚，以直养而无害，则塞于天地之间，其为气也，配义与道。无是，馁也。是集义所生者，非义袭而取之也。行有不慊于心，则馁矣。(《公孙丑上》)

朱熹《集注》说："集义，犹言积善，盖欲事事皆合于义也。"孟子的"集义所生者，非义袭而取之也"，是说人的浩然之气是长期"集义""事事皆合于义"的结果，不是"临时抱佛脚"式的一时的正义行为就可以养成的。此即所谓"从量变到质变"，没有"量变"，何来"质变"？王阳明的弟子陆澄曾问道："有人夜怕鬼者，奈何？"阳明回答说："只是平日不能集义，而心有所慊，故怕。若素行合乎神明，何怕之有！"(《传习录》卷上)[6]由此可见，"集义"作为儒家一种修养工夫论，有着十分重要的实践意义。

在论及"仁"的价值时，孔子曾说："志士仁人，无求生以害仁，有杀身以成仁。"(《卫灵公》)这里的"志士仁人"，也可理解为"义士仁人"，因为能够"杀身成仁"，一定是长期"集义"的结果。孟子在此基础上，又提出了"尚志"说：

> 王子垫问曰："士何事？"孟子曰："尚志。"曰："何谓尚志？"曰："仁义而已矣。杀一无罪非仁也，非其有而取之非义也。居恶在？仁是也。路恶在？义是也。居仁由义，大人之事备矣。"(《尽

心上》)

将此章和上引子路问"君子尚勇乎",孔子答曰"义以为上"合起来看,就会发现,孟子的"尚志",其实是对孔子"义以为上"的再次强调。从这个意义上说,"志士仁人"一定是能行"仁义之道"也即"居仁由义"的有志之士、大人君子！孟子还说：

鱼,我所欲也；熊掌,亦我所欲也,二者不可得兼,舍鱼而取熊掌者也。生,亦我所欲也；义,亦我所欲也,二者不可得兼,舍生而取义者也。(《告子上》)

孟子的"舍生取义",与孔子的"杀身成仁"遥相呼应,有效地将"义"的地位提升到了和"仁"并行不悖的重要地位,使其具备了"人的内在合理性"也即天赋"良知良能"的本质内涵。孟子说："人之所不学而能者,其良能也；所不虑而知者,其良知也。孩提之童无不知爱其亲者,及其长也,无不知敬其兄也。亲亲,仁也；敬长,义也；无他,达之天下也。"(《尽心上》)因为仁义是一种良知良能,所以也就是人当秉承的一种道德原则："行一不义,杀一不辜,而得天下,皆不为也。"(《公孙丑上》)也就是说,违背了"义"这一道德原则,也就丧失了"人之所以为人"的本质属性,与禽兽无异：

人之所以异于禽兽者几希,庶民去之,君子存之。舜明于庶物,察于人伦,由仁义行,非行仁义也。(《离娄下》)

孟子的"人禽之辨",固然以"仁者人也"为价值原点,但"义者宜也",同样起到了奠基作用。正是经由孟子,"仁义之道"的结构性基础和本源性价值才真正得以开显和完善。

既然"义"和"仁"一样,都是"内在"的,都属"心之端",那么也就可以说,人不仅有"仁心",而且有"义心"。鉴于"义"本来就与"理"相关,则陆王心学所谓"心即理","心外无理",便也水到渠成,渊源有自了。王阳明甚至提出了"义即是良知"说:

黄勉之问:"'无适也,无莫也,义之与比。'事事要如此否?"先生曰:"固是事事要如此,须是识得个头脑乃可。义即是良知,晓得良知是个头脑,方无执着。且如受人馈送,也有今日当受的,他日不当受的;也有今日不当受的,他日当受的。你若执着了今日当受的,便一切受去;执着了今日不当受的,便一切不受去。便是适莫,便不是良知的本体,如何唤得做义?"(《传习录》卷下[7])

阳明认为,"义"不仅是人的"头脑",还是"良知的本体",人人自具。这是十分通俗而又通透的认识。阳明龙场悟道时所说:"圣人之道,吾性自足,向之求理于事物者误也。"正是向内求到了与"圣人之所同然"的"仁义"和"良知"的宣言。有人以为这是"顿悟",不知其乃"集义"所成,"非由外铄"者也。

四　经权之道，惟义所在

如上所述，"义"是人的内在合理性，但这种内在合理性，仅是就人类的共性而言，具体到每一个个体或者曰"我"的外在行为，"义"也有可能被教条化（所谓"天经地义"），以至走向它的反面。这就必须有一更具智慧性和自由度的"杠杆"予以调节和变通。于是"义道"之外，还须辅以"权智"——这就涉及儒家的"经权之道"了。

"权"的重要性，早为孔子所发现。《论语·子罕》篇载：

> 子曰："可与共学，未可与适道；可与适道，未可与立；可与立，未可与权。"

孔子将为学的境界分成四个阶段，即"共学""适道""与立""与权"。四者之中，"与权"最为难至。"权"，本义为秤锤，这里引申为"权变"。孔子虽然没有提到"经"，但事实上已隐含着"经权之辨"。"与立"其实就相当于"经"：经者，常也；权者，变也。

真正揭橥经权之道的是孟子。他说："权，然后知轻重；度，然后知长短。物皆然，心为甚。"（《梁惠王上》）在辟杨、墨时，孟子先肯定子莫的"执中"，紧接着却说："执中无权，犹执一也。所恶执一者，为其贼道也，举一而废百也。"（《尽心上》）这里的"执中无权"，其实就是孔子所说的"可与立，未可与权"。不仅如此，孟子还提出了"反经"的说法："君子反经而已矣。经正，则庶民兴；庶民兴，斯无邪慝矣。"（《尽心下》）"反经"的"反"，应该理解为"反者道之动"的"反"；"反经"，不是死守经典，而是通达权变。

在《孟子·离娄上》中，关于"嫂溺"的一段辩论尤为精彩：

淳于髡曰："男女授受不亲，礼与？"
孟子曰："礼也。"
曰："嫂溺，则援之以手乎？"
曰："嫂溺不援，是豺狼也。男女授受不亲，礼也；嫂溺，援之以手者，权也。"

这个故事涉及"礼权关系"，其实就是"经权之辨"。如果说，"男女授受不亲"是"经"，则"嫂溺援之以手"便是"权"；"父母之命，媒妁之言"是"经"，则舜的"不告而娶"[8]便是"权"。孟子所谓的"权"，即权变、权宜、变通，其实就是孔子所谓"义之与比"，"无适也，无莫也"，以及"无可无不可"。"权"与"经"相反而相成，故权者，必反乎经者也。反经合道方为"权"。程子甚至认为："权即是经也。"可见，守经达权乃是为学的最高境界。

关于经权之道，后世儒家亦多有发明。如《韩诗外传》说："夫道二，常之谓经，变之谓权。怀其常道而挟其变权，乃得为贤。"[9]董仲舒则说："《春秋》有经礼，有变礼。为如安性平心者，经礼也。至有于性虽不安，于心虽不平，于道，无以易之，此变礼也。""夫权虽反经，亦必在可以然之域，不在可以然之域，故虽死亡，终弗为也。"[10]《公羊传·桓公十一年》有云："权者何？权者，反于经然后有善者也。权之所设，舍死亡无所设。行权有道，自贬损以行权，不害人以行权。杀人以自生，亡人以自存，君子不为也。"清儒焦循则顺此而立说："夫经者，法也。制而用之谓之法，法久不变则弊生，故反其法以通之。不变则不善，故反而后有善。不变则道不顺，故反而后至于大顺。……此反经所以为权也。""权者，变而通之之谓也。变而通之，所谓反复其道也。……权外无道，道外无权，圣贤之道，即圣贤之权也。"[11]

也就是说，"权"不仅不是对"经"的背离，反而是使容易被教条化的"经"真正合乎"道"的"方便法门"。只要权变得宜，当然也就是"义之与比""惟义所在"了。

柳宗元在《断刑论下》一文中说："经也者，常也。权也者，达经者也；皆仁智之事也。离之，滋惑矣。经非权则泥，权非经则悖。……知经而不知权，不知经者也。知权而不知经，不知权者也。"程颐也说："权者，经之所不及也；经者，只是存得个大纲大法正当的道理而已。其精微曲折处，固非理（经）之所能尽也。所谓权者，于精微曲折处，曲尽其宜，以济经之所不及尔。"故朱熹说："权者，道之变也。"[12]

综上言之，儒家的"仁义之道"其实是本末一体，并行不悖的。如果说"仁爱之道"是"本体"，那么"义权之道"就是"工夫"，二者缺一不可。就经权关系而言，"仁"即是"经"，"义"则为"权"。"仁"的扩充光大，直可与"天地万物为一体"；"义"的反经达权，又可使"万物周流而无碍"。一切正向价值，皆须合乎"义"；一切常道法则，亦当达乎"权"。质言之，权者，义也；义者，权也。呜呼！义权之道，于是乎颠扑不破矣。

1 [清]焦循:《孟子正义》下册,第734页。
2 《论语·先进》篇第十三章:闵子侍侧,訚訚如也;子路,行行如也;冉有、子贡,侃侃如也。子乐。"若由也,不得其死然。"不得其死,盖死于非命之意,这是孔子对子路结局的一个预言。颜回死后一年,即鲁哀公十五年(前480)冬,子路亦死于卫国孔悝之乱,享年六十三岁。《左传哀公十五年》记卫国内乱,子路不避其难,结缨而死。孔子闻卫乱,曰:柴也其来,由也死矣。已而果然。孔子道大德全,可以前知预断,于斯可见。明年,即鲁哀公十六年(前479)四月,夫子溘然而逝!
3 参见刘强《论语新识》,第104—105页。
4 熊十力:《原儒》,长沙:岳麓书社,2013年,第29页。
5 《大学》传十章:此谓国不以利为利,以义为利也。
6 陈荣捷:《王阳明〈传习录〉详注集评》,第62页。
7 陈荣捷:《王阳明〈传习录〉详注集评》,第258页。
8 《孟子·离娄上》:"孟子曰:'不孝有三,无后为大。舜不告而娶,为无后也。君子以为犹告也。'"
9 许维遹:《韩诗外传集释》,北京:中华书局,1980年,第34页。
10 [清]苏舆:《春秋繁露义证》卷三,北京:中华书局,1992年,第74、79页。
11 [清]焦循:《孟子正义》上册,第522页。
12 [宋]黎靖德编:《朱子语类》卷三十七,北京:中华书局,1986年,第989页。

第七讲 诚敬之道

儒学不仅是「仁学」，就其本质意义而言，儒学更是关乎成人、立人、达人、爱人的「人学」。

诚敬之道的适用范围绝不仅限于「人我关系」，在更本质的意义上，它触及了人类文明最为本源和终极的一种关系——「天人关系」。

「诚敬」，就是一种「心斋」状态，诚敬之道，其实就是儒家的「心学」。

儒家文化虽是一种「敬鬼神而远之」的理性文化，但并非没有宗教的终极关怀。只不过儒家的宗教关怀不是寄托在「神」，而是掌握在「人」。

如果说仁爱之道关乎"仁",义权之道关乎"义"与"智",那么,本讲的"诚敬之道",则关乎"信"与"礼"。而说到"信"和"礼",我们首先想到的,是人与人之间的一种对待关系。《礼记·曲礼上》说:"夫礼者,自卑而尊人,虽负贩者必有尊也,而况富贵乎?"孟子也说:"爱人不亲,反其仁;治人不治,反其智;礼人不答,反其敬。"(《离娄上》)从实践的意义上说,一个人若真能做到"自卑而尊人",其实就是将"礼"的"良知"转化为了"良能",做到了"知行合一"。

不过,诚敬之道的适用范围绝不仅限于"人我关系",在更本质的意义上,它触及了人类文明最为本源和终极的一种关系——"天人关系"。

我曾在一篇文章中,提出过中国传统文化的"四大关系"说,认为传统的中国哲学,尤其是以伦理学为内核的儒家哲学,必须要面对和处理四种关系,即:人我关系、群己关系、心物关系、天人关系。"这四种关系由小及大、由近及远、由内及外、由人及天,共同构成了人与世界共生共荣的全息结构与丰富图景。在每一种关系中,人,这一价值的创造者和体现者,都无一例外地处于相对主动的中心位置。故儒家哲学,实际上便是处理人与人、人与自然之相互关系，使其于伦理中显秩序，于秩序中'致中和'的人生哲学和生命哲学。"[1]

正如我们反复强调的，儒学不仅是"仁学"，就其本质意义而言，儒学更是关乎成人、立人、达人、爱人的"人学"。

因为儒学是"人学"，所以就必须回答诸如：人是什么，人在宇宙、天地和生命世界中应该如何自处，人与人、人与物、人与天、人与神之间究竟是何关系，彼此应该如何对待，等等一系列带有终极意义的问题。

就此而言，诚敬之道就不是关于"人我关系"的"信"与"礼"所能涵盖的，它还将触及文化学、人类学、宗教学、民俗学等学科的丰富知识，从而把我们对此一问题的思考引向深入和精密。

一 "诚敬"与"忠信"

那么，究竟何谓"诚敬"呢？我们先从文字学角度做一辨析。

先说"诚"。《说文》释"诚"字曰："信也，从言成声。"又释"信"："诚也，从人从言。会意。"段玉裁注："人言则无不信者，故从人言。"这说明，"诚""信"二字完全可以互训，且都与"人言"有关。孟子说："有诸己之谓信。"（《尽心下》）此又可见，"诚"之发用，固然要诉诸外在的"人言"，而"诚"之根本，却是内在的一种"诚意"。故《礼记·大学》云："欲修其身者，先诚其意。……所谓诚其意者，毋自欺也。"也就是说，"诚"不仅是对外"不欺人",还必须对内"毋自欺"。今人所谓"诚信",实即含有"内诚外信"之意。

再说"敬"。《说文》释"敬"曰:"敬,肃也。从攴苟。"段玉裁注:"肃者持事振敬也。"又释"忠":"忠,敬也。从心,中声。"直接将"敬"与"忠"相连。故可一言以蔽之,"诚敬"者,即"忠信"也。这就与孔子的人格教育或者说君子养成结合在一起了。

在《论语》中,"忠信"一词反复出现,是养成君子的基本要求。如《学而》篇子曰:"君子不重则不威,学则不固。主忠信,无友不如己者,过则勿惮改。"同样的内容又见于《子罕》篇。可见"忠信"对于君子成德的重要性。譬如,子张问崇德,孔子说:"主忠信,徙义,崇德也。"(《颜渊》)又《述而》篇:"子以四教:文、行、忠、信。"这里,四个方面看似各自独立,实则以"忠信"为根本,也即"文行"都须合乎"忠信"。有例为证:

子张问行。子曰:"言忠信,行笃敬,虽蛮貊之邦行矣;言不忠信,行不笃敬,虽州里行乎哉?立,则见其参于前也;在舆,则见其倚于衡也。夫然后行!"子张书诸绅。(《卫灵公》)

子张问的正是如何"行"的问题,而孔子则以"言""行"二端回答,可见"言忠信,行笃敬",几乎是君子立身行事之座右铭,有之,则可行于天下,无之,必将寸步难行。同样的表述还见于《子路》篇:

樊迟问仁。子曰:"居处恭,执事敬,与人忠;虽之夷狄,不可弃也。"

"居处恭，执事敬，与人忠"与"言忠信，行笃敬"，表达不同，其理则一。再如曾子说："吾日三省吾身：为人谋而不忠乎？与朋友交而不信乎？传不习乎？"（《学而》）仍是将"忠""信"对举。又如孔子说"敬事而信"（《学而》），根据"敬，忠也"的训诂，事实上说的还是"忠信"。这说明，所谓"诚敬之道"，其实是和人的"忠信之质"相辅相成的。在一般情况下，"诚敬"可与"忠信"等量齐观。

然而，在更为深层的意义上，"诚敬"却有着比"忠信"更高的精神内涵和文化品位。且看下面一章：

子曰："十室之邑，必有忠信如丘者焉，不如丘之好学也。"（《公冶长》）

在第一讲"为学之道"中，我们已将此章与"性相近，习相远"一章做过对比，认为此章实已隐含"人性善"的端倪，同时也带有"劝学"之意。从"诚敬"与"忠信"的分判而言，"忠信"显然与"仁义"一样，具有某种"先天"或"自性"的意味，而"诚敬"则是"后天"或曰"文化"的产物，要通过"好学"和"传习"才能养成。孔子下面这句教言最能看出此中深意：

子曰："质胜文则野，文胜质则史。文质彬彬，然后君子。"（《雍也》）

这里，孔子提出了一对重要概念，即"文"和"质"。"质"，指人的内在品性，如"忠信"即是；"文"，则指外在的礼文和修养，则需要"诚敬"来呈现，否则就会失之"野"。《礼记·仲尼燕居》称："敬而不中礼谓之野。"正是强调"诚敬"的重要性。联系"十室之邑必有忠信"章，可以这么说，徒有"忠信"之质却不"好学"的人，就无法培养"诚敬"之心，最后只能是"质胜文则野"的"小人"；而一个既"忠信"又"好学"的人，才能真正成为"敬而中礼""文质彬彬"的优雅"君子"。

换言之，从"忠信"到"诚敬"，必须经过一个"好学""传习"也即"博文约礼"的过程，如此才能"下学上达"，真正完成君子人格的塑造。故子路问君子之道，孔子答以"修己以敬"（《宪问》）。为何不说"修己以忠"呢？盖因在孔子看来，"忠信"乃天赋之性，"十室之邑"必有其人，而"诚敬"却需不断修养才能达成。

由此可知，"忠信"属于"质"，"诚敬"关乎"文"；"忠信"与"诚敬"相得益彰，才可算是"文质彬彬"之君子。从这个角度上说，"忠信"之质就是孟子所谓"不虑而知"的"良知"；而"诚敬"之修养，则是将"良知"落实为"良能"，相当于王阳明所说的"致良知"。"诚敬"不像"忠信"，可以"不学而能"，而是要下一番"格物""致知""诚意""正心"的"修身"工夫才能真正达成。

所以，古人涵养身心，都会念一"敬"字诀。如宋儒程颐就说："涵养须用敬，进学在致知。"（《二程遗书》卷十八）程颢也说:"吾作字甚敬,非是要字好,只此是学。"这也启发了王阳明由书法悟出"心学"的道理:"既非要字好,又何学也?乃知古人随时随事只在心上学,此心精明,字好亦在其中矣。"[2]晚清名臣曾国藩亦于诚敬之道颇有心得,其所作"日课十二条",第一条便是"主敬"。他说:"主敬则身强。'敬'之一字,孔孟持以教人,春秋士大夫亦常言之。至程、朱则千言万语,不离此旨。内而专静纯一,外而整齐严肃,'敬'之工夫也。"

从王阳明的"心上学",到曾国藩的"专静纯一",无不是"诚敬"工夫的开显与光大,可见诚敬之道于君子之学至关重要,几乎可谓养成君子的必由之路。

二 诚敬之道与礼制完型"三部曲"

或许有人会问:既然在字源学上两者可以互相解释,为什么"诚敬"又会比"忠信"更高一筹呢?这就涉及二者的文化品格和适用范围了。

简单说,"忠信"作为一种美好品质,仅适用于人我关系和群己关系,而"诚敬"则不仅适用于人我关系和群己关系,而且还适用于心物关系和天人关系。前者是一种平面或者说"二维"的关系,后者则是立体的或者说"三维"的垂直关系。就"仁义礼智信"这五种价值而言,"忠信"可涵盖的是"信",而"诚敬"则不仅涵盖"信",还可通向"礼"。

我们知道,在"五常"之中,"仁义礼智"是比"信"更高也更本质的价值标准。就"信"与"礼"二者而言,"信"是每个人都应遵循的"底线价值",故孔子说"人而无信,不知其可也","民无信不立";而"礼"则是对精英阶层也即"君子"的一种"高位要求",对于一般平民百姓,则不妨网开一面,所谓"礼不下庶人",说的正是此意。

窃以为,中华传统礼制的创始、发展及完型,大致经历了以下三个阶段:"人禽之辨""夷夏之辨"和"天人之辨";而诚敬之道在这三个阶段中发挥着不可替代的作用,几乎可谓"一以贯之"。以下我们分别加以讨论。

(一)"人禽之辨"

在谈及孝悌之道时,我们已经提示过"人禽之辨"对于中国传统文化的"始基"作用,指出传统孝道不仅有着人类学和伦理学的支撑,还颇具现代价值。而在追溯传统礼制的创生源头时,同样要诉诸"人禽之辨"。

今天很多人一提到"礼",就会把它当作"人"的对立面,认为礼压抑了人性,甚至说"礼教吃人"。但恕我直言,这种倒果为因的思维方式和情绪化的表述,基于政治博弈或宣传攻势的需要或许有其作用,却绝不是讨论文化和历史应有的理性态度。我们不能因为传统礼制后来出现不少流弊,便釜底抽薪地认为,人类早期的礼制设定本来就是腐朽、荒谬甚至是"吃人"的!基于这种孟浪荒唐的想法看问题,则整个人类文明恐怕都要被彻底否定了。

事实上,在早期文献中,礼的产生正是基于"人禽之辨"的:

> 凡人之所以为人者,礼义也。(《礼记·冠义》)

鹦鹉能言，不离飞鸟。猩猩能言，不离禽兽。今人而无礼，虽能言，不亦禽兽之心乎？夫唯禽兽无礼，故父子聚麀。是故圣人作，为礼以教人，知自别于禽兽。(《礼记·曲礼上》)

这说明，礼本就是为"自别于禽兽"而设计的。"禽兽"虽然在生物本能上与人相似，但只能"发乎情"，不能"止乎礼义"。孟子说："人之有道也，饱食、暖衣、逸居而无教，则近于禽兽。"(《滕文公上》)换言之，人之所以为人，关键在于人能够明教化、知礼义，否则与禽兽何异？正如《诗经·鄘风·相鼠》所唱："相鼠有体，人而无礼。人而无礼，胡不遄死？"——人而无礼，连鼠都不如，活着又有何意义？

不仅如此，各种礼仪的制定也是本乎人性与人情的，所谓"称情而立文"(《礼记·三年问》)、"缘人情而制礼，依人性而作仪"(《史记·礼书》)。正如《礼记·丧服四制》所说："凡礼之大体，体天地，法四时，则阴阳，顺人情，故谓之礼。訾之者，是不知礼之所由生也。夫礼，吉凶异道，不得相干，取之阴阳也。丧有四制，变而从宜，取之四时也。有恩、有理、有节、有权，取之人情也。恩者，仁也；理者，义也；节者，礼也；权者，知也。仁义礼知，人道具矣。"这里不仅提到了"仁义"，还提到了"权智"，而"礼"的教化，在完成"人道"的过程中，无疑起到了至关重要的作用。

试想：如果没有礼教，则人将非人，又何来"吃人"一说？若无礼义廉耻，人类文明必将堕入"无父无君"的禽兽之域，不过是回到弱肉强食、群居乱伦的"丛林社会"罢了，又谈何自由与平等、进步与解放?! 我们不否认新文化运动对于"礼教"弊端的批判有其时代价值,但极端化地将礼制一概否定,恐怕只能说是一种"不知礼之所由生"的无知和无畏!

不过,在"人禽之辨"中,"诚敬之道"所起的作用并不明显,几乎是以一种"人性自觉"的形式出现的。孔子说"鸟兽不可与同群"(《微子》),非常精准地道出了原始初民强烈地想要摆脱"禽兽"状态的朴素心理,这种心理正是一种基于人道的"自尊"和"自爱"。

(二)"夷夏之辨"

尽管礼制的最初产生,是为了使人"知自别于禽兽",但仅"知自别于禽兽",还远远不够。完成"人禽之辨"的分判只是"礼"的第一步。如果只是不与"鸟兽同群",明白"夫妇有别,父子有亲",却依然是断发文身、茹毛饮血、刀耕火种、被发左衽,那就还是丛林部落和蛮貊之邦。于是,孔子提出了著名的"夷夏之辨":

子曰:"夷狄之有君,不如诸夏之亡也。"(《八佾》)

诸夏,指中原诸国,乃礼乐文明之发祥地;夷狄,则指周边落后之异族。孔子此言,常常被误解为宣示一种基于空间地理意义上的优越感,实则不然。窃以为,"夷夏之辨"内涵非常丰富,至少包括两层含义:

其一关乎"礼",涉及文明与野蛮的内在张力。表面上看,夷狄之地虽有君主(如"酋长"或"头人"),却比不上中原各国没有君主,这话似乎是强调生产力水平或者社会组织能力的先进性。如《礼记·王制》说:"东方曰夷,被发文身,有不火食者矣。南方曰蛮,雕题交趾,有不火食者矣。西方曰戎,被发衣皮,有不粒食者矣。北方曰狄,衣羽毛穴居,有不粒食者矣。"但实际上,判定"夷夏之辨"的绝不仅是衣冠文物、"火食""粒食",还有礼乐文明与伦理秩序。韩愈在《原道》中说:"诸侯用夷礼则夷狄之,进于中国则中国之。"这里的"夷狄"和"中国",当然不是空间地理概念,而是礼乐文化概念。只有通过"夷夏之辨",才能将文明与野蛮区别开来。

其二关乎"道",涉及君道和王道的统一性。当孔子说"夷狄之有君"时,是肯定"夷狄"已经完成了"人禽之辨",进入"有父有君"的人类社会了,但这还远远不够。孔子说"不如诸夏之亡(无)",一方面是对夷狄的批评,但同时也是对诸夏文明实质的一种揭示,其中也流露出对诸夏现状的不满。窃以为,孔子话里有话,其中隐含着一种不便明说的"君道之辨"。言下之意,夷狄虽然"有君"却"无道",反不及中原"无君"而"有道"。联系到春秋末年"臣弑君者有之,子弑父者有之"的乱象,孔子显然有着更为深广的忧患。在这里,"道"作为一个不在场的在场者,构成了对"夷狄"和"君"的双重批判。换言之,孔子之所以对华夏文明有着坚定信念,绝不是因为其"有君",而是因为其"有道"!正是在这个意义上,孔子才会说:"上好礼,则民莫敢不敬;上好义,则民莫敢不服;上好信,则民莫敢不用情。"(《子路》)一旦在上之君不好礼、不好义、不好信,民便可以不敬、不服、不用情。这里分明隐含着一个"从道不从君"的价值判断。

如果说,"人禽之辨"让人获得了作为人的"自尊"和"自爱",那么,"夷夏之辨"则是提醒那些为君、为臣者,不要仅为摆脱野蛮状态并掌握了"君权"或"特权"而沾沾自喜,还应该将"诚敬之道"进一步推扩,培养对于"君道""臣道"乃至"王道"的"自觉"与"自律"!否则,必然会为了争权夺利而相虐相杀,使本已进入文明状态的天下倒退到"率兽食人"的丛林部落与蛮貊之邦!

进一步说,孔子此言,其实有着对于"道不行"的沉痛感喟!这个隐而不显的"道"到底是什么?窃以为,就是高于"人道"和"君道"的"王道"与"天道"!如果说,"人禽之辨"确立了"人道",有了"人之礼";那么"夷夏之辨"则确立了"君道",有了"君之礼"。现在的问题是,如何才能使"人君"当位、中礼、合道?显然,那个最高的仲裁者和节制者,就不可能是"人",而只能是"天"!

(三)"天人之辨"

如上所说,中国传统礼制如果仅是"有父有君",就谈不上真正"完型"。如果君、父的权力被无限放大,"礼"便失去了"节制"的作用。所以,一定要有一种更为崇高的向度,让人性获得向上提撕的神圣力量,使人不仅与"禽兽"和"夷狄"渐行渐远,还能向"天"或"神"进一步靠近。这样,儒家的礼乐文明就有了与宗教相似的信仰意义和价值理性。正如"神"在西方宗教中有着绝对性价值一样,在中国传统礼制中,"天"也是作为绝对性价值出现的,因而才有"礼者,天地之序也"(《礼记·乐记》),"夫礼,天之经也,地之义也,民之行也"(《左传·昭公二十五年》),"礼以顺天，天之道也"（《左传·文公十五年》），"礼以顺时"（《左传·成公十六年》）等种种说法。而在确立对"天"的信仰中，仅凭人的"忠信"之质显然不够，于是"诚敬"之道的价值便凸显出来。且看下面一章：

子曰："君子有三畏：畏天命，畏大人，畏圣人之言。小人不知天命而不畏也，狎大人，侮圣人之言。"（《季氏》）

我们知道，孔子自承"五十而知天命"（《为政》），又说"不知命，无以为君子也"（《尧曰》），这里又说"君子有三畏"，首先就是"畏天命"。这便触及"诚敬之道"的形上维度，也即"礼"的宗教品格。这里的"畏"，正是"诚敬"的表现。一般小人虽然也有"忠信"之质，但因为不"好学"，故不能修己以敬、下学上达、知天知命；又因为"不知天命"，也就不懂"敬畏"，所以孔子才会说："小人穷，斯滥矣。"（《卫灵公》）"小人而无忌惮也。"（《中庸》第二章）

"礼"的宗教品格还可以得到字源学的佐证。《说文》释"礼"云："禮，履也，所以事神致福也。从示从豊。"又，《礼记·曲礼》："道德仁义，非礼不成。教训正俗，非礼不备。分争辨讼，非礼不决。君臣、上下、父子、兄弟，非礼不定。宦学事师，非礼不亲。班朝治军，涖官行法，非礼威严不行。祷祠祭祀，供给鬼神，非礼不诚不庄。"可见"礼制"的最初创制，是为了使人"知自别于禽兽"，也即明人伦，行人道；但其终极目标，则是使人能"致孝乎鬼神"，从而达到尽心、知命以知天的君子人格和信仰境界！

可以说,"人禽之辨"解决了"父子""君臣"二伦的伦理学问题,"夷夏之辨"解决了"道"与"君"一旦发生矛盾,必须"从道不从君"的政治学问题,而"天人之辨"要解决的则是人类与天地、鬼神之关系,以及生与死的终极追问等一系列宗教学问题。

以上三端,姑且谓之中华传统礼制完型之"三部曲"。其中,诚敬之道无疑起到了至关重要的提振作用。

三 丧祭之礼与天人感通

中国文化之所以"淡于宗教",一方面与巫史文化的递嬗兴盛有关,一方面也与孔子及儒家文化的理性品格有关。《论语·雍也》篇载:

樊迟问知。子曰:"敬鬼神而远之,可谓知矣。"

这里孔子提到了"敬"字,其实涉及"礼"与"智"的关系问题。《礼记·曲礼》说"毋不敬",郑玄注称:"礼主于敬。"但"礼敬"必须合度中节,才算有智慧。同样是"敬","敬鬼神"与"敬父母"又不可同日而语:对父母,须有一份发自内心的恭敬,"敬"里有"爱";对鬼神,则须一种自内而外的虔敬,"敬"中有"畏"。《释名》说:"敬,警也。恒自肃警也。"《大学》谈及"君子慎独"之道,说:"戒慎乎其所不睹,恐惧乎其所不闻。"民间俗话说"人在做,天在看","举头三尺有神明",皆是此意。这种朴素的敬畏心，原本是"人之所以为人"的一种天赋，不妨谓之"人的宗教基因"。

与西方文化不同，中国人的这种"宗教基因"和"天赋"是在"礼"的设计和践行中得以发挥和实现的。古有"六礼"之说，即冠礼、昏（婚）礼、丧礼、祭礼、乡饮酒礼、士相见礼（《礼记·王制》），几乎渗透在世俗生活的每一个角落，正所谓"礼乐不可斯须去身"（《礼记·祭义》）。而"六礼"之中，丧祭之礼最具宗教品格，也最为帝王贵族阶层所重视。曾子说："慎终追远，民德归厚矣。"（《学而》）"慎终"乃言丧礼，"追远"则指祭礼。谁来"慎终追远"呢？当然不是"民"，而只能是"君"，或者是卿大夫之"臣"。《左传·成公十三年》说："国之大事，在祀与戎。"孟子也说："养生者不足以当大事，惟送死可以当大事。"（《离娄下》）儒家之所以重视丧祭之礼，目的正在于敦化人心，不使其因生死存亡而有别，此正儒学与宗教相通之处。正是在这个意义上，礼乐文明才成为宗教信仰的一种替代品。

不过，在孔子看来，对于鬼神的崇敬也当"以礼节之"，不宜陷入"淫祀"中不能自拔，只有"敬鬼神而远之"，才算真正拥有了"智"。且看《论语》中的几则故事：

王孙贾问曰："与其媚于奥，宁媚于灶。何谓也？"子曰："不然。获罪于天，无所祷也。"（《八佾》）

子疾病，子路请祷。子曰："有诸？"子路对曰："有之。《诔》曰：'祷尔于上下神祇。'"子曰："丘之祷久矣。"（《述而》）

季路问事鬼神。子曰："未能事人，焉能事鬼？"曰："敢问死。"

曰:"未知生,焉知死?"(《先进》)

由此可知,"鬼神"在孔子的心目中,显然不是"第一义"的,故而要保持适当的距离。毋宁说,孔子真正确信的唯有"天"!"获罪于天,无所祷也"(《八佾》),"丘之祷久矣"(《述而》),"未能事人,焉能事鬼"(《先进》),我们从这些话中不难看出,在孔子对"天道"的信仰中,其实包含着对"人道"的确信。孔子说:"人能弘道,非道弘人。"(《卫灵公》)换言之,人道行得正,即是顺天道。这又是中华传统礼制富有人文价值和理性精神的体现。因为有此"正信"而非"迷信",孔子才能把子路对鬼神和生死的困惑化于无形。孔子的"不语怪、力、乱、神",体现的正是一种澄明、理性而又圆融的智慧!

问题是,怎样才能做到"敬鬼神而远之"呢?孔子给出的答案依旧是——"礼":

子曰:"生,事之以礼;死,葬之以礼,祭之以礼。"(《为政》)

孔子明确谈到了子路纠结的"生死"和"鬼神"问题。"生,事之以礼",是区分"人禽";"死,葬之以礼,祭之以礼",则是分际幽明、感通神鬼、弥合天人。"礼"在这里不仅指"礼敬",同时也含有"节度"之意。祭祀"以礼",正是为了避免"失礼"和"无度":

子曰:"非其鬼而祭之,谄也。"(《为政》)

在中国文化的语境里,"鬼"其实并不可怕。《说文》称:"鬼者,归也。"《礼记·祭法》说:"大凡生于天地之间者皆曰命,其万物死皆曰折,人死曰鬼。""鬼",指的就是死去的祖先,故祭鬼者,实祭祖也。"鬼"亦可引申为鬼神。不该祭祀之鬼神,你偏要去祭祀,这不仅是谄媚,而且属于非礼。孔子这些话,显然是针对当时鲁国权臣"八佾舞于庭""三家者以《雍》彻""季氏旅于泰山"等违礼失道行为而做出的严正批判。因为按照传统说法,非礼的祭祀属于"淫祀",鬼神不会降福[3]。

孔子之所以如此强调"礼",并非如文化激进主义者所说,是为了维护统治者的权力,或者捍卫封建等级制度,而是有着更为深广的文化忧思。一方面,是站在"礼"的立场,限制诸侯、大夫权力的僭越,以维护天下的整体秩序与相对和平。另一方面,又是站在"智"的立场,试图将人类对鬼神的祭祀和崇拜限制在一个合理而适当的范围内。正是在这一点上,"礼"和"智"本同末异,殊途同归。

不过话又说回来,"礼"的本质终究不是"智",而是"仁"。离开了"仁","礼"不过是毫无生命情感的形式而已。尤其是在丧祭之礼中,如果仅有礼仪节文,而没有天地神人的"感通"和"交会",礼的价值就会荡然无存!而"诚敬之道"那图腾仪式般的"招魂"功能和"交感"作用,也必将魂魄无依!说穿了,没有情感和灵魂的文化,又怎能深入人心,传之久远呢?所以,相比"理性"而言,"礼"的"感性"价值才是更重要的!

通常以为,中国传统文化是"情本体"或"仁本体"的,故作为情感主体的"人",绝非一个孤悬空虚的存在,而是与天地、阴阳、鬼神等打通一气的,此即所谓"天人合一"。《周易·文言传》说:"大人者,与天地合其德,与日月合其明,与四时合其序,与鬼神合其吉凶,先天而天弗违,后天而奉天时。天且弗违,而况于人乎?况于鬼神乎?"又《礼记·礼运》:"故人者,其天地之德,阴阳之交,鬼神之会,五行之秀气也。"

可以说,中国文化中的"人",绝非生物意义上的"人",而是具有某种"神性"的人,完全配得上"天地之心""万物之灵"的美誉!至于究竟该如何"与天地合其德",与鬼神"交会",原始儒家给出的答案无他,惟"诚敬"二字!

古圣先贤们坚信,在丧祭之礼中,祭祀者的"诚敬"程度直接关乎祭祀的效果及成败。《孝经·感应章第十六》说:"宗庙致敬,鬼神著矣。孝悌之至,通于神明,光于四海,无所不通。"唐玄宗注称:"事宗庙能尽敬,则祖考来格。"《礼记·祭统》甚至以为,"祭者,教之本也","夫祭者,非物自外至者也,自中出生于心也。心怵而奉之以礼,是故唯贤者能尽祭之义"。这些记载,非仅礼仪之规定,实乃致祭时内心情感的真实体验,因而感人至深。

那么,在祭祀中,究竟该如何凝聚诚意、感通鬼神呢?孔子提出一"方便法门"——"祭如在":

祭如在,祭神如神在。子曰:"吾不与祭,如不祭。"(《八佾》)

"祭如在",盖弟子平时见孔子祭祀祖先与神灵时,心怀孝敬,容止庄严,就如同祖先和神灵真在那里接受祭祀一般。"祭如在"的"如"字非常吃紧！在儒家典籍中，"如"字反复出现，尤其在对礼仪的描述中最为常见。《论语》中弟子对孔子的观察和描述，往往会出现"如也"二字。一般而言，"……如也"之类的描述，犹如电影镜头语言，呈现的是观察者的主观感受，属于"外聚焦"。而在"祭如在"这样的表达中，却产生了"内聚焦"的效果，呈现的是"祭者"与"观者"的双重心理感受。《礼记·玉藻》说："凡祭，容貌颜色，如见所祭者。"也就是说，当记述者说"祭如在"时，其实是受到了祭祀者"如见所祭者"的真实情感体验的感染。

这说明，在祭祀过程中，主祭者的诚敬不仅具有示范性，还有着巨大的感染力！用今天的话说，就是有着强烈的"带入感"，能引起人心与人心的感发与共振。人且如此，何况于鬼神呢！再看《中庸》第十六章：

子曰："鬼神之为德，其盛矣乎。视之而弗见，听之而弗闻，体物而不可遗。使天下之人，齐明盛服，以承祭祀。洋洋乎，如在其上，如在其左右。……诚之不可掩，如此夫！"

这里，"如在其上，如在其左右"，正是对"祭如在""祭神如神在"的生动注释！而"齐（斋）明盛服，以承祭祀"八字则告诉我们：祭祀行为之所以能产生"祭如在"的精神体验，必须有一个前提条件，那就是——"斋戒"！

关于斋戒对于祭祀的效用，孟子说得好："西子蒙不洁，则人皆掩鼻而过之；虽有恶人，齐（斋）戒沐浴，则可以祀上帝。"

(《离娄下》)《礼记·祭义》也说:"斋之日,思其居处,思其笑语,思其所乐,思其所嗜。斋三日,乃见其所为斋者。祭之日,入室,僾然必有见乎其位。周旋出户,肃然必有闻乎其容声。出户而听,忾然必有闻乎其叹息之声。"又说:"悫善不违身,耳目不违心,思虑不违亲,结诸心,形诸色,而术省之。"这里的"思",其实是斋戒中的一种"观想"工夫,也是斋戒后的一种情感和心灵的真实体验。

只不过,要想达到这种"如见所祭者"的效果,必须以"诚敬"为前提。故朱熹《集注》说:"祭先主于孝,祭神主于敬。虽孝敬不同,而如在之心则一。"又引范氏语:"有其诚则有其神,无其诚则无其神。"[4]此即民间所谓"心诚则灵"。

为什么今天的祭祀缺乏身体与心灵的"感通"呢?原因很简单,很可能就在于一无"斋戒"、二无"诚敬"!

台湾学者杨儒宾在解读儒家祭礼时,提出了一种"恍惚的伦理"说。认为早期儒家与巫、祭传统密切相关,故儒家的工夫关键在于"斋戒"。斋戒是普见于各大宗教的现象,它最容易产生转化身心的经验,即由斋戒而入恍惚。《礼记·祭义》将斋戒分为"散斋"与"致斋"。"散斋"为期七天,在室外举行;"致斋"为期三天,在室内举行。祭祀者透过了心、耳、目三者十天的努力,产生了意识变形,可将先人的意象由幽暗中召唤而出,先人"谕其志意"后,祭祀者即可"恍惚以与神明交"。[5]

这种解读对于理解儒学的宗教性格是颇有启发的。诚如《中庸》记孔子言宗庙之礼所言:"践其位,行其礼,奏其乐;敬其所尊,爱其所亲;事死如事生,事亡如事存,孝之至也。"这里又有两个"如"字,足见"祭如在"类似于所谓"神道设教"。盖自传说中的"绝地天通"[6]之后,神人上下隔绝,天地之道不得相通,故《周易·观》彖辞云:"观天之神道,而四时不忒,圣人以神道设教,而天下服矣。"[7]其实所谓"神道",实不在神,而在人。"如在"之"在","非有一定之存在状态之在,而只是一纯粹的于此感通中之'纯在'"。[8]可以说,祭礼乃是礼制对于孝亲之连续性的要求,正是这种孝的不以生死定有无的连续性,使人类摆脱了丛林法则和动物世界。[9]

综上可知,以孔子为代表的儒家文化虽是一种"敬鬼神而远之"的理性文化,但并非没有宗教的终极关怀。只不过儒家的宗教关怀不是寄托于"神",而是掌握在"人"。孔子说:"未能事人,焉能事鬼?"正是强调人的生命价值和现实责任。伏尔泰说:"孔子一个人由于在神明的问题上,提出了人类理性所能形成的最圣洁的看法,而(享有)受之无愧的荣誉。"[10]列维-斯特劳斯说:"宗教是自然法则的人化,巫术即人类行为的自然化,即把某些人类行为看作是物理决定作用的一个组成部分。"[11]所以,儒家虽不主张淫祀,却将起孝起敬、诚意正心当作一种修身养性的涵养工夫,并以此来引领人类摆脱兽性,丰富人性,不离神性。

四 明诚之教与天人合一

我们知道,《大学》讲修身,已经把"诚意"当作一重要纲目:

所谓诚其意者，毋自欺也。如恶恶臭，如好好色，此之谓自谦。故君子必慎其独也。小人闲居为不善，无所不至，见君子而后厌然，掩其不善，而著其善。人之视己，如见其肝肺然，则何益矣。此谓诚于中形于外。故君子必慎其独也。曾子曰："十目所视，十手所指，其严乎！"富润屋，德润身，心广体胖，故君子必诚其意。（传六章）

更值得注意的是，"四书"中最具形上价值和宗教品位的《中庸》里，出现频率最高的竟然不是"中庸"二字，而是这个天大的"诚"字！毋宁说，《中庸》就是一部"诚之书"！

"诚敬"，就是一种"心斋"状态，诚敬之道，其实就是儒家的"心学"。一个人要想"诚意正心"，首先是"毋自欺"，其次是"不欺人"，然后才能达到"不欺天"！只有诚其意，正其心，才不会"自欺欺人""怨天尤人"！此意在《中庸》中反复言之：

在下位不获乎上，民不可得而治矣；获乎上有道：不信乎朋友，不获乎上矣；信乎朋友有道：不顺乎亲，不信乎朋友矣；顺乎亲有道：反诸身不诚，不顺乎亲矣；诚身有道：不明乎善，不诚乎身矣。诚者，天之道也；诚之者，人之道也。诚者不勉而中，不思而得，从容中道，圣人也。诚之者，择善而固执之者也。（第二十章）

一句"诚者，天之道也；诚之者，人之道也"，正说明"诚"是天人合一、成圣成贤的唯一通道。再看《中庸》第二十一章：

自诚明，谓之性；自明诚，谓之教。诚则明矣，明则诚矣。

这里，"诚明之性"即人之"善性"，也即《大学》的"明德"；"明诚之教"则是要我们"明明德"。再与《中庸》首章"天命之谓性，率性之谓道，修道之谓教"合参，则孔门圣学便豁然开朗！盖"明德"即"自诚明"，乃"天命"之"性"；"明明德"即"自明诚"，乃"率性"之"道"；自诚而明，自明而诚；不诚不明，不明不诚也。如果说"诚"是一种美德，则"明"就是一种智慧。有此诚明之教，方能以人合天，内圣外王。

《中庸》还将"至诚之境"分为三种：

一是"至诚尽性"："唯天下至诚为能尽其性。能尽其性，则能尽人之性。能尽人之性，则能尽物之性。能尽物之性，则可以赞天地之化育。可以赞天地之化育，则可以与天地参矣。"（《中庸》第二十一章）换言之，唯至诚之人，才能推己及人，推人及物，达到"与天地万物为一体"的仁者境界。

二是"至诚能化"："其次致曲，曲能有诚。诚则形，形则著，著则明，明则动，动则变，变则化。唯天下至诚为能化。"（《中庸》第二十三章）这是说，至诚者无微不至，与物同化。这与《易·系辞上》"曲成万物而不遗"，以及孔子言鬼神之德的"体物而不可遗"（《中庸》第十六章），差可同调。

三是"至诚如神"："至诚之道，可以前知。国家将兴，必有祯祥；国家将亡，必有妖孽。见乎蓍龟，动乎四体。祸福将至：善，必先知之；不善，必先知之。故至诚如神。"（《中庸》第二十四章）这里，又将"至诚"之人与"神"相比附，极言诚敬之道不仅为君子修身之工夫，更是参赞天地、预测前知的必由之路。孔子就有"前知"之能。如其判断鲁莽好勇之子路"不得其死然"，果然应验。又如《论语·季氏》篇首章谈及季氏将伐颛臾，孔子表示反对，说："恐季孙之忧，不在颛臾，而在萧墙之内也。"宋儒邢昺据此说："孔子，圣人，有先见之明。见季氏家臣擅命，必知将为季氏之祸，因冉有言颛臾后世必为子孙忧，故言吾恐季孙之忧不远在颛臾，而近在萧墙之内。后季氏家臣阳虎果囚季桓子。"[12]

事实上，所谓"前知"，并非神乎其技，只不过是"至诚"之人，能摆脱俗见，"透过现象看到本质"罢了。

孔子晚年实已参透天地万物，曾说过："予欲无言。……天何言哉？四时行焉，百物生焉，天何言哉！"又说："不怨天，不尤人，下学而上达，知我者其天乎！""惟天为大，惟尧则之。""天生德于予，桓魋其如予何？"这些话见诸载籍，深切著明，皆为孔子已达"天人合一""以人合天"之道境之证也。又《中庸》第三十二章说："唯天下至诚，为能经纶天下之大经，立天下之大本，知天地之化育。夫焉有所倚？肫肫其仁！渊渊其渊！浩浩其天！苟不固聪明圣知，达天德者，其孰能知之？"荀子也说："君子养心莫善于诚，致诚则无它事矣，唯仁之为守，唯义之为行。诚心守仁则形，形则神，神则能化矣；诚心行义则理，理则明，明则能变矣。"（《荀子·不苟》）朱熹更是宣称："天即人，人即天。人之始生，得之于天也。既生此人，则天又在人矣。"（《朱子语类》卷十七）

由此可知，我们通常所说的"天人合一"，并非仅指人与天（自然）和谐相处，其所指涉的，实是一种更为高远的诚敬精神和信仰境界，是天与人的上下感通和相互呼应，是人对天的莫名敬畏和无上感恩。就此而言，董仲舒所谓"君权神授""天人感应"并非全是迷信，而一度为人称道的"人定胜天"，也绝非什么真知灼见。对于中国人而言，要能做到"仰不愧于天，俯不怍于人"，没有比"诚敬之道"更坚实、更宽广的路了。

诚敬，既可以让我们脚踩大地、头顶苍天，从而安身立命，也可以让我们成己成物、尽心知命、应人顺天！

1 刘强:《儒家诗学的伦理建构与审美转换——以刘勰的"华实"范畴为例》,《同济大学学报(社会科学版)》2014年第3期。
2 吴光等编校:《王阳明全集》,第1347—1348页。
3 如《左传·僖公十年》:"神不歆非类,民不祀非族。"《左传·僖公三十一年》:"鬼神非其族类,不歆其祀。"又《礼记·曲礼下》:"非其所祭而祭之,名曰淫祀,淫祀无福。"
4 [宋]朱熹:《四书章句集注》,第64页。
5 杨儒宾:《恍惚的伦理——先秦儒家工夫论之源》,中山大学系列讲座,未刊稿。
6 关于绝地天通的传说,见于《尚书·吕刑》《国语·楚语下》及《尚书·孔氏传》。相关论述可参看陈来《古代宗教与伦理》,北京:北京大学出版社,2017年,第22—31页。
7 孔颖达疏:"圣人法则天之神道,本身自行善,垂化于人,不假言语教戒,不须威刑恐逼,在下自然观化服从,故云:天下服矣。"明白指出借助神道而施行教化,可起到事半功倍之效,此可谓儒家基于教化的理性宗教观。
8 唐君毅:《中国哲学原论·原道篇》,北京:中国社会科学出版社,2006年。
9 刘强:《论语新识》,第77页。
10 (法)伏尔泰:《风俗论》上册,北京:商务印书馆,1997年,第219页。
11 (法)列维-斯特劳斯:《野性的思维》,李幼蒸译,北京:商务印书馆,1987年,第252页。
12 [魏]何晏注,[宋]邢昺疏:《论语注疏》,北京:北京大学出版社,2000年,第253页。

第八讲 正直之道

「正直」绝不仅是一种道德状态，在更深层意义上，「正直」还涵摄了一种智慧境界。

「直道」不是一把固定不变的尺子，而是一根孙悟空的可大可小、能屈能伸、收放自如的「如意金箍棒」！

在儒学视野中，「以直报怨」是君子，「以怨抱怨」是小人，「以德报怨」是乡愿，「以怨报德」是禽兽。君子，德之直也；小人，德之绞也；乡愿，德之贼也；禽兽，德之弃也！

正直之道与诚敬、义权诸道一样，实亦关乎君子安身立命、成己成物、立己达人，万不可以为是道德说教，而等闲视之、轻易放过也。

上一讲我们讲到，诚敬之道乃君子养成的必由之路，无诚敬，则内心失去主宰，行为失去方向，会将人导入小人之境，甚至禽兽之域。如果说，诚敬之道关乎人之形上追求，略显抽象而不易把握的话，那么，本讲要说的正直之道，则可说是落实诚敬最好的下手工夫。

　　"正直"二字，在中国人的人格辞典中最具显示度和影响力，几乎是"君子"一词的最佳前缀，通常所谓"正人君子"，正是强调君子必须拥有"正直"的美德。而事实上，"正直"绝不仅是一种道德状态，在更深层意义上，"正直"还涵摄了一种智慧境界。

　　欲明此理，还要从"正""直"二字的本义说起。

一　"正""直"释义

　　从文字学上说，"正""直"二字皆属会意字，既有区别，又相联系。

　　先说"正"。《说文》释曰："正，是也。从止，一以止。凡正之属皆从正。""正"既与"是"通，自然与"非"无缘。又说：

"古文正从一足。足者亦止也。"徐锴注:"守一以止也。"从字源学来看,"正"与人所处的空间位置有关,人之居止处于"中正"状态,是为"正",否则即是"不正",甚至是"邪"。

从哲学上看,"正"还关乎"位"。一部《周易》,就是研究人在各种复杂的条件和变化中,如何"当位"和"正位"。"六爻"其实便是"六位"。《周易·乾·彖》说:"六位时成……乾道变化,各正性命。""六位时成",便是"正位";只有"正位",才能"正命"。《乾卦·文言》又说:"大哉乾乎!刚健中正,纯粹精也。""中正"即"大中至正",所谓"居上位而不骄,在下位而不忧",其实已与"中庸之道"相贯通。

不过话又说回来,一个人立身处世,若能时时处处得其"正位",真是谈何容易!故《易传》在解释"亢龙有悔"的"亢"字时说:"'亢'之为言也,知进而不知退,知存而不知亡,知得而不知丧。……知进退存亡,而不失其正者,其唯圣人乎!"孔子之所以被孟子誉为"圣之时也"(《孟子·万章下》),正是因为其能做到"知进退存亡,而不失其正"。《坤卦·文言》亦说:"君子黄中通理,正位居体,美在其中,而畅于四支,发于事业,美之至也。"

由此可知,"正"所蕴含的不仅是一"形而下"的空间位置问题,在更深层意义上,还牵涉超乎时空和现象界的"形而上"问题,也就是说,所谓"正",既关乎形下之"器",更通乎形上之"道"。

再说"直"。"直"的正体字写作"直"。《说文》称:"直,正见也。从乚从十从目。"徐锴曰:"乚,隐也。今十目所见是直也。"段玉裁注:"《左传》曰:'正直为正,正曲为直。'其引申之义也。

见之审则必能矫其柱，故曰正曲为直。从十目乚，谓以十目视乚，乚者无所逃也。"又，《说文》："乚，匿也。象迟曲隐蔽形。凡乚之属皆从乚，读若隐。"如果说，"正"与"足"之所处有关，那么"直"则与"目"之所见有关。"正"是居处得中正之位，"直"是目力明察，洞幽烛微，既"正"且"直"，可使行为动机纯正，方向明确，所谓"正道直行"。

更有意味的是，"直"不仅与"目"相关，还与"心"相连。郭店楚简《五行》说："中心辩然而正行之，直也。"郭店楚简的"德"字写作"悳"。一句话，"直心为德"。《说文》释"悳"："外得于人，内得于己也。从直从心。"又释"德"云："德，升也。从彳悳聲。"彳（chì），乃道路、行走之义。这说明，"德"虽发端于"心"之"直"，但必须落实在"行"之"正"上。所谓"德行"者，在内为德，在外为行也。

"正""直"二字虽各有意涵，一般情况下却又可以互训。如《吕氏春秋·君守》"有绳不以正"句，高诱注："正，直也。"大意是，就算有墨绳也不用它来测量是否直。这里的"正"其实就是"直"。在先秦典籍中，"正直"经常连用。如《诗经·大雅·小明》："靖共尔位，正直是与。……靖共尔位，好是正直。"《尚书·洪范》："无反无侧，王道正直。"以"正直"为"王道"。又标举"三德"："一曰正直，二曰刚克，三曰柔克。"孔颖达疏："一曰正直，言能正人之曲使直。"又《韩诗外传》卷七："正直者顺道而行，顺理而言，公平无私，不为安肆志，不为危激行。"前引《左传·襄公七年》："恤民为德，正直为正，正曲为直，参和为仁。"杜预注："正人曲。"孔颖达疏："能以己正，正人之曲，是谓直也。"

例子甚多,不必赘举。

不唯如此,"正直"还与"诚敬"和"义权"诸道紧密联系。如《周易·系辞》说:"直其正也,方其义也。君子敬以直内,义以方外,敬义立而德不孤。"孔颖达《正义》云:"直则不邪,正则谦恭;义则与物无竞,方则凝重不躁。"又《程传》云:"君子主敬以直其内,守义以方其外。敬立而内直,义形而外方。"其大意是,君子贵在能以诚敬之心内修直德,又能以义权之智外行正道。这就把"正直"与"诚敬"和"义权"一线贯通了。

正是在此意义上,我们才会说,"正直"之道,不仅关乎道德,而且关乎智慧。换言之,一个人若心明眼亮,正道直行,实践上看似不易,过程中也许会遇到阻力和挫折,但方向是对的,结果总会柳暗花明,近悦远来,此即所谓"敬义立而德不孤"。反过来说,一个人若专走歪门邪道,实践上或许容易得多,刚开始也会一时得计,但长此以往,只会把人生的路越走越窄,甚至四处碰壁,走投无路!

就此而言,正直之道与诚敬、义权诸道一样,实亦关乎君子安身立命、成己成物、立己达人,万不可以为是道德说教,而等闲视之、轻易放过也。

二 "正身"与"正人"

如上所说,"正直"既然是一种德行,那么它就不是向外苛求他人,而是向内规范自身。正如一把尺子,首先要"正己",然后才能"正人"。

在《论语》中,孔子反复强调"正身"的重要性,并且时常将其与为政相联系。例如:

季康子问政于孔子。子曰:"政者,正也。子帅以正,孰敢不正?"(《颜渊》)

"政者正也",与"仁者人也""义者宜也",皆属同音互训。在孔子心目中,"政治"就应该是"正治",是正大、正当、正派、正直、公正的社会治理,而非争权夺利、阴谋变诈、贪赃枉法、欺世盗名。《礼记·礼运》说:"政不正,则君位危,君位危,则大臣倍,小臣窃。"这无疑是对为政者的严正警告和当头棒喝!

在《孔子家语·致思》篇中,孔子说:"武王正其身以正其国,正其国以正天下,伐无道,刑有罪,一动而天下正,其事成矣。"这说明,"政者正也"还可以理解为"为政者"必须率先"正其身","治人"者先须"治己","正人"者先须"正身"。再看下面两章:

子曰:"其身正,不令而行;其身不正,虽令不从。"(《子路》)
子曰:"苟正其身矣,于从政乎何有?不能正其身,如正人何?"(《卫灵公》)

这里的"正身",也可理解为"正己""修己""克己""反己",这就与"修身之道"接榫无间了。而且,"正直"还不仅是

"修身"之道，同时也是"忠恕"之道。所谓"己所不欲，勿施于人"，不正是"己不正，难正人""正人先须正己"之义吗？

不唯如此，"正直"之道还与《大学》所揭示的"絜矩之道"不谋而合。《大学》传十一章云：

所谓平天下在治其国者，上老老而民兴孝，上长长而民兴弟，上恤孤而民不倍。是以君子有絜矩之道也。所恶于上，毋以使下；所恶于下，毋以事上；所恶于前，毋以先后；所恶于后，毋以从前；所恶于右，毋以交于左；所恶于左，毋以交于右。此之谓絜矩之道。

何谓"絜矩之道"呢？"絜""矩"，本来都是名词，这里作动词用。《说文》释"絜"："麻一耑也。"段玉裁注："一耑犹一束也。耑，头也。束之必齐其首，故曰耑。……絜，束也，是知絜为束也。束之必围之，故引申之围度曰絜。"这说明，"絜"就是以麻绳或卷尺围束物体，度量其长度，有"正曲为直"之义；"矩"，则是画直角或方形用的尺子，有"正直为正"之义。

如此，则"絜矩之道"，不妨说就是"正直之道"。"絜矩"二字，引申为尺度、法度、规范，便是"正人先须正己"之义。不仅"己身"须"正"，"己心"尤须先"正"。故《大学》又提出"正心"说：

所谓修身在正其心者，身有所忿懥，则不得其正，有所恐惧，则不得其正，有所好乐，则不得其正，有所忧患，则不得其正。心

不在焉，视而不见，听而不闻，食而不知其味。此谓修身在正其心。(《大学》传七章)

由此看来，"心正"才能"身正"，"身正"才能使"人正"。"正直"也好，"絜矩"也好，其实都带有某种"隐喻"或"暗喻"的修辞功能，在某种意义上说，是把人比作了"絜"和"矩"。一个人，只有通过"正心"而"正身"，让自己成为一把无形的尺度或镜子，才能如俗语所言"自带光芒"，形成"榜样的力量"，从而完成"正人"的使命。孟子说："吾未闻枉己而正人者也。"(《万章上》)正是从反面论证了此一道理。

顺便说一句，这种"以正为政""正身"才能"正人"的思想不唯儒家所独有，连道家也表认同。老子说："以正治国，以奇用兵，以无事取天下。"(《老子》第五十二章)此正儒、道二家可以相通、互补之明证。

三 "直心"与"直道"

就"正""直"二字而言，对"正"的理解并不难，在生活实践中，最易产生分歧甚至是"头脑风暴"的，还在对"直"的认识上。

如前所说，"直"不仅关乎"目"，而且关乎"心"，故其在儒学的概念体系中，颇具诠释学价值，亦尤有哲学品味。孔子主张"直道而行"，诚正无欺，反对邪枉不直，盖不直者，亦必不仁也。

钱穆论及"孔子之学说",首先"论仁",其次"论直",甚至说"直即是仁也"[1],足见"直道"在孔学中之地位。

不过,在《论语》中,"直"作为一种美德,常常不是单独出现,而是在一些"反义词"的映衬下凸显其内涵的。哪些反义词呢?

首先是"枉"。略有二例,如下:

哀公问曰:"何为则民服?"孔子对曰:"举直错诸枉,则民服;举枉错诸直,则民不服。"(《为政》)

樊迟问仁。子曰:"爱人。"问知。子曰:"知人。"樊迟未达。子曰:"举直错诸枉,能使枉者直。"……(《颜渊》)

这里的"直"和"枉",皆非实指,而是喻体,所指即为"正直的人"和"不正直的人"。"举直错诸枉",属于"知人"之"智";"能使枉者直",则属"爱人"之"仁"。这两章均涉及治国为政之道,我们会在"治平之道"中详谈,这里不赘。

其次是"罔"。这个"罔"虽与"枉"字音同义近,在感情色彩上却有显著区别。"枉"或许只是事实上的"不直",属于"不学之愚","无心之过";而"罔"则似乎带有某种主观选择上的"不直",相当于"有心之过"甚至"有意之恶"。有例为证:

宰我问曰:"仁者,虽告之曰:'井有仁焉。'其从之也?"子曰:"何为其然也?君子可逝也,不可陷也;可欺也,不可罔也。"(《雍也》)

朱熹《集注》说："逝，谓使之往救。陷，谓陷之于井。欺，谓诳之以理之所有。罔，谓昧之以理之所无。盖身在井上，乃可以救井中之人；若从之于井，则不复能救之矣。"[2] 从君子"可欺也，不可罔也"一句可知，"欺"本来已属"不直"，而"罔"比"欺"还要过分，变成了彻头彻尾的愚弄，甚至是落井下石了！对于君子而言，"欺"尚可不予计较，一笑了之，"罔"就"是可忍，孰不可忍"了。

这说明，真正的君子，不是徒有仁德而已，还必须同时拥有智慧。在此基础上，再来看下面一章，就会豁然开朗：

子曰："人之生也直，罔之生也幸而免。"（《雍也》）

此章可谓"直罔之辨"。孔子说："人天性就是正直的，那些邪曲不直的人也能生存，不过是暂时幸免于灾难罢了。"正因对"罔"的行为深恶痛绝，孔子才会做如此诛心之论！孔子此言，实亦隐含对"性与天道"的深刻体悟，其中既有事实判断，也有价值判断。"人之生"即"人之性"。故此章可与"十室之邑必有忠信如丘者焉"，及"性相近也，习相远也"二章同参，且大旨相同。正如"仁"是"人的本质规定性"一样，"直"也是人"天生"的一种美质，故"直罔之辨"，亦是"性习之辨"："直"是"相近之性"，"罔"是"相远之习"。

还有一次，弟子子张问"达"，孔子回答说："夫达也者，质直而好义……。"（《颜渊》）这里的"达"，即通达事理之义，相当于

"智"。这又一次表明,"直"作为人的一种"性"或"质",不仅通向"仁",而且还通向"智"。进而言之,孔子对"人之生直"的坚定信念和对"罔生幸免"的斩截判断,实与佛家"因果报应"说异曲而同工。儒家经典中,类似表述俯拾皆是,如:

积善之家,必有余庆;积不善之家,必有余殃。(《易传·坤·文言》)

君子居易以俟命,小人行险以侥幸。(《礼记·中庸》)

为善者,天报之以福;为不善者,天报之以祸。(《孔子家语·在厄》)

仲尼曰:"始作俑者,其无后乎!"(《梁惠王上》)

孟子曰:"人必自侮,而后人侮之;家必自毁,而后人毁之;国必自伐,而后人伐之。"(《离娄上》)……

凡此种种,不妨说是儒家的一种"因果"观。我们把这些带有预言性质的价值判断,拿来与古今中外的人类历史及现实人生相印证,可谓屡试不爽。要知道,古圣先贤如此说,不过是教人正道直行,宁为君子而失势,勿做小人而丧德罢了。其所体现的乃是对人道与天道规律的一种理性认知,属于"正信",而非"迷信"。

第三,"枉""罔"之外,"直"的反义词还有"匿"与"隐"。我们在解释"直"的本义时,已经提到"从乚从十从目",而《说文》称:"乚,匿也。……读若隐。"正好揭示了"直",就是对人"不欺不罔",于己"不隐不匿"的心灵状态。

这就涉及儒学中最为精微绝妙的"心学"工夫了。荀子在

《劝学》篇中，曾说"木直中绳，𫐓以为轮。……木受绳则直，金就砺则利"。对于外物来说，改变其形状，"正曲为直"或许不难，但是对于瞬息万变的"人心"而言，欲令其时时处处都能是一"直心"，实在是"难于上青天"！因为"人心"是最容易被"隐""匿"的！而真实的心思和情感一旦被"隐匿"，"直"就变成了一种徒劳的努力，甚至虚伪的表演，变成事实上的"曲"！这就给孔子所提倡的"知人"之学带来了莫大的困难。俗话说"知人知面不知心"，正是此意。

有鉴于此，孔子才提出了观察人、了解人的"不二法门"："视其所以，观其所由，察其所安，人焉廋哉！人焉廋哉！"（《为政》）请注意，这个"廋"字，正是"隐匿"的意思！

为什么人们会本能地"隐匿"真实的心地和情感呢？很简单，因为人是社会中人，对于世俗的好恶、褒贬和毁誉，难免有着近乎狂热的执迷和追求。为了对治人类的这种"难言之隐"，孔子提出了"直道而行"的主张：

子曰："吾之于人也，谁毁谁誉？如有所誉者，其有所试矣。斯民也，三代之所以直道而行也。"（《卫灵公》）

孔子言下之意，他对人不轻易做毁誉和褒贬，如果要赞美一个人，一定有所"测试"和"试验"（"视其所以，观其所由，察其所安"），证明其值得赞美。而赞美的标准只有一个，就是其人一定要像夏、商、周三代的淳朴百姓一样，能够心无邪曲、"直道而行"！孔子显然深刻地洞察到，人们之所以不行"直道"，往往是被世俗的毁誉褒贬所诱惑和驱使。

可以说,"毁誉"是"直道"最大的障碍和敌人!下面这个关于微生高的故事便是好例:

子曰:"孰谓微生高直?或乞醯焉,乞诸其邻而与之。"(《公冶长》)

孔子说:谁说微生高正直呢?有人向他讨点儿醋,他明明没有醋却说有,然后向邻居借了醋,给了那个向他讨醋的人。

这个故事看似简单,其实颇具"心学"价值,它非常鲜明地揭示了"心迹"与"行迹"的差异和悖谬。这个微生高大概在世俗的"毁誉"中享有"直"的美誉,为了保持和捍卫这一美誉,难免就会机心萌动而使言行发生扭曲。从"行迹"上看,似乎微生高助人为乐,做了一件好事。然如果"透过现象看本质",则不难发现,其"心迹"早已"不直"。无醋而称有,不诚不信,其"心"不诚,其"言"不信,早已"不直"。而"乞诸其邻而与之",从行为上看,更是"弯弯绕",不仅"掠人之美",而且"自欺欺人",更是"不直"。好在孔子目光如炬,眼里揉不进沙子,一句话就将微生高打回原形!

王阳明有句名言:"破山中贼易,破心中贼难。"每个人都不免有"心中贼",而儒家心学最大的使命和工夫就是要"破心中贼"!常言道:"日防夜防,家贼难防。""家贼"尚且难防,"心贼"岂不更难防!怎么破"心贼"呢?那就是培养"直心",倡导"直道"。俗话说:"欺人欺面难欺心。"《大学》传第七章亦云:

小人闲居为不善，无所不至，见君子而后厌然，掩其不善，而著其善。人之视己，如见其肺肝然，则何益矣？

因为说到底，"人之生也直"，就是再蠢笨和邪恶的人，对于自己的"直心"和"贼心"还是能够判断的。况且，正如孔子所说："吾谁欺？欺天乎？"（《子罕》）你就是欺骗得了自己的"心"，也欺骗不了"天"，因为——"人在做，天在看"！

反观今日之教育，只重外在"行迹"之表演，而不重内在"直心"之呵护，以至三尺之童，便知左右逢源，争名邀誉，长大后不免精于算计，八面玲珑，成为所谓"精致的利己主义者"。这不正是"现实版"的微生高吗？

四 好恶必察，报怨以直

上文已说，"直心"难养，"直道"难行，与人们执迷于世俗的"毁誉"有关。下面要说的是，因为现实利益的需要，人们还会"隐匿"自己真实的"好恶"，从而也为"直心""直道"的养成，带来很大的困难。如果说"毁誉"的计较是外在的，那么"好恶"的隐匿就是内在的，惟其如此，反而更难察觉：

子曰："巧言、令色、足恭，左丘明耻之，丘亦耻之。匿怨而友其人，左丘明耻之，丘亦耻之。"（《公冶长》）

这里虽然并未说到"直",事实上却是从反面来论证"直道"。"巧言令色足恭",是从外在行为逢迎讨好于他人,是"行迹"上的"不直";"匿怨而友其人"则是掩饰真实的"好恶",是"心迹"上的"不直"。这两种状态,都是主张"直道而行"的孔子所"耻之"的。正因如此,孔子对于一般人的"好恶"充满怀疑:

子曰:"众恶之,必察焉;众好之,必察焉。"(《卫灵公》)

孔子说:"众人都讨厌某人,一定要去考察一下;众人都喜欢某人,也一定要去考察一下。"为什么呢?我们可以用孔子的另外两句话来解读。一句是:"放于利而行,多怨。"(《里仁》)一句是:"爱之欲其生,恶之欲其死,既欲其生,又欲其死,是为惑也。"(《颜渊》)"众恶之",或许出于"放于利而行";而"众好之",则可能正因好恶无节,反而最易为人所"惑"!

至于怎么"察",且看孔子和子贡的一段对话:

子贡问曰:"乡人皆好之,何如?"
子曰:"未可也。"
"乡人皆恶之,何如?"
子曰:"未可也。不如乡人之善者好之,其不善者恶之。"(《子路》)

这里的"乡人皆好之",即"众好之";"乡人皆恶之",也即

"众恶之";孔子皆以为"不可",就是"必察焉"之意。怎么"察"呢?孔子的回答出人意料,不是要"察"那个被"好恶"的对象,而是要对"乡人"先行"勘察",对其"善者"与"不善者"进行"分流",然后得出结论:"皆好之"与"皆恶之"都"未可也"(未必值得称许),能让"善者好""不善者恶"的人,才是真正值得赞美的!

孔子的这种精微高妙的"察人"之法也为孟子所继承。孟子说:

国君进贤,如不得已,将使卑逾尊,疏逾戚,可不慎与?左右皆曰"贤",未可也;诸大夫皆曰"贤",未可也;国人皆曰"贤",然后察之;见贤焉,然后用之。左右皆曰"不可",勿听;诸大夫皆曰"不可",勿听;国人皆曰"不可",然后察之;见不可焉,然后去之。左右皆曰"可杀",勿听;诸大夫皆曰"可杀",勿听;国人皆曰"可杀",然后察之,见可杀焉,然后杀之。故曰,"国人杀之"也。如此,然后可以为民父母。(《梁惠王下》)

窃以为,孔孟的这一对民众或乡人之好恶的"怀疑论"倾向,对于矫正甚嚣尘上的"民粹主义"思潮,营造理性良善的舆论空间,避免造成"多数人的暴政",无疑具有现实意义和参考价值。

当然,更重要的问题是,民众"好恶"的不可靠,责任并不全在"乡人"身上。换言之,民众之所以被"惑"不过缺乏"智",以至于利令智昏;而迷惑民众的人却是放逐了"直心",背叛了"直道"!故孔子对他们的批评尤其严厉:

子曰:"论笃是与,君子者乎?色庄者乎?"(《先进》)

子曰:"色厉而内荏,譬诸小人,其犹穿窬之盗也与?"(《阳货》)

子曰:"乡原,德之贼也。"(《阳货》)

在生活中,那些口是心非、阳奉阴违、巧言令色甚至笑里藏刀的人,不是"德之贼"又是什么呢?孟子对"乡原"之流的批判也是毫不留情:

(万章)曰:"何如,斯可谓之乡原矣?"(孟子)曰:"……阉然媚于世也者,是乡原也。"万子曰:"一乡皆称原人焉,无所往而不为原人,孔子以为德之贼,何哉?"曰:"非之无举也,刺之无刺也,同乎流俗,合乎污世,居之似忠信,行之似廉洁,众皆悦之,自以为是,而不可与入尧舜之道,故曰'德之贼'也。"(《尽心上》)

为什么孔孟都把"众好之"的"乡原"斥为"德之贼"?关键在于"直心为德",而"乡原"们恰恰背离了"直心"和"直道"!故孔子才要说:

唯仁者能好人,能恶人。(《里仁》)

为什么唯有仁者才能"好(hào)人"和"恶(wù)人"?

盖因仁者不唯有仁心，亦且有"直心"，因为"直"，故能秉公去私，明辨是非，不隐不匿，故其所好者，必可好之人，所恶者，亦必可恶之徒。反过来，不仁者则往往以利害定好恶，只贪财利，不辨是非，故其所好者，未必可好之人，所恶者亦未必可恶之徒。黄宗羲《宋元学案》云："小人好恶以己，君子好恶以道。"这里的"道"，正是"直道"与"公道"。

那么，仁者究竟怎样对待别人的"好恶"或"怨"呢？《论语·宪问》篇如是说：

或曰："以德报怨，何如？"子曰："何以报德？以直报怨，以德报德。"

此章可谓"德怨之辨"。或人所谓"以德报怨"，大有佛、老二氏意趣。老子说："大小、多少，报怨以德。"（《老子》三十六章）又说："善者，吾善之；不善者，吾亦善之，德善。信者，吾信之；不信者，吾亦信之，德信。"（《老子》四十九章）分明便是"以德报怨""以善待恶""以信报不信"。佛教《四十二章经》亦云："人愚，以吾为不善，吾以四等慈（慈悲喜舍）护济之。重以恶来者，重以善往。"这里的"恶来善往"，好比俗话所谓"人家打你左脸，你再伸右脸"，或者如"唾面自干"，逆来顺受。这与西方宗教所谓"要爱你爱的人，要爱你不爱的人，要爱你的敌人"，可谓不谋而合。

然而，在孔子为代表的儒家看来，"以德报怨"看似宽容厚道，实则文过饰非，泯灭善恶，不仅有违"直道"，而且容易姑息养奸,败义丧德!故孔子主张"以直报怨,以德报德",这才是恩怨分明,爱憎由衷的君子之道!而"以直报怨者,其实则犹以仁道报怨也,以人与人相处之公道报怨也"。[3]要言之,在儒学视野中,"以直报怨"是君子,"以怨报怨"是小人,"以德报怨"是乡愿,"以怨报德"是禽兽。君子,德之直也;小人,德之绞也;乡愿,德之贼也;禽兽,德之弃也![4]

和其他宗教多以"出世"来感召受众不同,作为一种"入世"的哲学思想体系,儒学在修身上主张克己、慎独、宽容和忠恕,但在价值判断上,则不得不给出一个明晰的立场和坚定的原则。正是在这一点上,作为"人学"的儒学,才得以和世界上所有"神学"和宗教拉开了距离,从而确立和凸显了自己的独特地位和价值。

如果说,"罔""枉""隐""匿"是"直"的"反面",那么,"直"还有一张似是而非的"假面",常常容易混淆视听,干扰判断。这张"假面"表现在文字上,就是——"绞"和"讦"。

《论语》中两次提到"绞",如《泰伯篇》孔子说:"直而无礼则绞。"又《阳货篇》孔子又说:"好直不好学,其蔽也绞。"还有一次提到"讦",即子贡所说的"恶讦以为直者"(《阳货》)。"绞",《说文》解作"缢也",本义是两绳相交,勒颈而死;引申为行为急切,出语尖刻。"讦",《说文》作"面相斥罪,相告讦也",意为攻人隐私,当面揭短。无论是"绞"还是"讦",都是"以怨报怨"的小人行径,皆非真"直"。

这说明,"直道"虽是正面价值,但亦须以礼义、好学调节之,否则一味"好直",则易生弊端,甚至酿成灾祸。尤其在"邦无道"之时,孔子甚至主张"明哲保身"[5]:

子曰:"邦有道,危言危行;邦无道,危行言孙。"(《宪问》)

"危言危行",其实就是"直言直行",这在"邦有道"时尚可,一旦"邦无道",那就只能"危行言孙"——这里的"孙"同"逊",有"卑顺"义,其实就是对"直"的变通与调试。

子曰:"直哉史鱼!邦有道如矢;邦无道如矢。君子哉蘧伯玉!邦有道,则仕;邦无道,则可卷而怀之。"(《卫灵公》)

这里,"直"又和"卷"相对。史鱼乃卫国大夫,刚直不阿,多次劝谏卫灵公未果,死后竟以尸体"直谏",留下"生以身谏,死以尸谏"⁶的美名。而在《说苑·杂言》篇中,孔子又赞美史鱼:"有君子之道三:不仕而敬上,不祀而敬鬼,直能曲于人。"蘧伯玉的"卷而怀之"也好,史鱼的"直能曲于人"也罢,都符合"守经达权"的君子之道。再看孔子对宁武子的评价:

子曰:"宁武子,邦有道则知,邦无道则愚。其知,可及也;其愚,不可及也。"(《公冶长》)

如果从"直道"的角度看,宁武子"邦有道则知(智)"显然属于"直",但是,其"邦无道则愚"是否就是"曲"或"罔"呢?当然不是。不仅不是"曲",孔子反而认为这种"佯愚"是一种"不可及"的智慧,是大智若愚!盖因直道亦可以行义从权也。

孔子说:"无适也,无莫也,义之与比。"又说:"无可无不可。"孟子也说:"可以仕则仕,可以止则止,可以久则久,可以速则速。"(《公孙丑上》)故亦可下一转语:"可以智则智,可以愚则愚。"

要知道,乱世无道,"枪打出头鸟",当面临生死考验之时,适当的明哲保身,不仅是一种智慧,甚至也是一种权利!孔子对宁武子的肯定,不是对"直道"的否定,而是为乱世之中人的基本生命尊严和价值,保留了一道"生门"。这恰恰说明,"直道"不是一把固定不变的尺子,而是一根孙悟空的可大可小、能屈能伸、收放自如的"如意金箍棒"!学者若不明此理,实不足与言夫子之道也。

五 亲亲互隐,直在其中

因为"正直之道"必须合乎"义权之道",故而其中所承载的哲学价值和智慧含量才值得重视,不容低估。接下来将要探讨的这个问题,几乎是中国传统文化中最具思辨性、也最"烧脑"的问题之一,曾引起学术界广泛而持久的争鸣[7],从而将"正直之道"的哲学诠释能量发挥到了极致。这个类似"天问"的问题,见于《论语·子路》篇:

> 叶公语孔子曰:"吾党有直躬者,其父攘羊,而子证之。"孔子曰:"吾党之直者异于是。父为子隐,子为父隐,直在其中矣。"

必须指出,这个故事聚焦的核心就是"直"与"隐"的关系问题,可以称作"直隐之辨"。前面已经说过,"隐"是"直"的"反面",一般情况下,"隐"很难和"直"等量齐观。但在这个故事中,孔子告诉我们,根据"直道"的权变原则,正如在"邦无道"的前提下,"卷""曲""逊""愚"都不悖离"直道"一样,在这个故事所面临的抉择困境中,选择"隐"不仅不违背"直",而且是"直在其中"的!

窃以为,这个故事非常符合美国作家海明威的"冰山理论"[8],具有丰富的语义空间,可以做哲学、人类学、伦理学、政治学、法学等多种学科的交叉研究和跨界诠释。限于篇幅,今从以下三个角度稍作辨析,以明其要旨和大义。

其一是"君父之辨",也可视为内外之辨。

乍一看,这个故事很像是一场辩论,正方代表是叶公,赞成"大义灭亲";反方代表是孔子,主张"亲亲互隐"。叶公所举的直躬者"证父攘羊",公私分明,占据了道德制高点,犹今之所谓"政治正确",似乎应该算是"直"的。但是,前面微生高的故事已经警示我们:"行迹"并不直接等同于"心迹",外在的"直行",未必出于内在的"直心"。

我们可以做一个"情景还原"——假定自己就是那个儿子,看到父亲犯了"攘羊"的错误,第一时间应该怎么做才能既符合"孝道",又符合"直道"呢?不用说,首先应该想到的就是劝谏他,敦促其还人之羊,从而将错误可能带来的危险降至最低。劝谏父亲的行为,对于公权力或者说"君"而言,就是"隐";但对于私人空间、亲情伦理或者说"父"而言,则属于"直"。透过这个故事的"表层结构",即公与私、内与外、情与法的现实张力背后,不难发现，其真正蕴含的其实是一个重要的伦理问题——"君父之辨"，也即君与父孰轻孰重、孰先孰后的问题。

今人可能并不都知道，在儒家文化的五伦关系中，"父"是先于"君"的，《郭店楚简·六德》就说："为父绝君，不为君绝父。"也就是说，"父子之亲"不仅先于，而且也重于"君臣之义"；前者属"自然法"，后者属"实在法"，后者必须以前者为前提，当两者发生冲突，后者亦当为前者作妥协与让步。有例为证。《三国志》裴松之注引《邴原别传》载：

太子（曹丕）燕会，众宾百数十人，太子建议曰："君父各有笃疾，有药一丸，可救一人，当救君邪，父邪？"众人纷纭，或父或君。时原在坐，不与此论。太子谘之于原，原悖然对曰："父也。"太子亦不复难之。

这个故事告诉我们，当"君"所代表的"公"或"外"，与"父"所代表的"私"或"内"，两者发生只能"二选一"的抉择时，作为"人子"的"孝"，必须优先于作为"人臣"的"忠"。因为从"自然人"的意义上说，没有"父"，也就没有"我"；没有"我"，也就无所谓"君"——况且，"君"也是有"父"的。根据恕道"己所不欲勿施于人"的原则，"君"即使掌握着强大的"公权力"，也不能强制臣下为了"尽忠"而放弃"尽孝"，也即"为君绝父"（这在古代叫"夺情"，是背离人道的）。从某种意义上说，"父子"一伦是不可选择、也无法让渡的"绝对关系"，而"君臣"一伦则是可选择的、甚至是契约式的"相对关系"。逼迫一个人为了"君"而背叛"父",就像孔子所批评的,"夷狄之有君,不如诸夏之亡也",等于是让文明人退回"有君无父"的夷狄之邦,甚至是"只知有母不知有父"的禽兽之域!

正是在这个意义上,孔子才会说:"父为子隐,子为父隐,直在其中矣。"朱熹解释此章说:"父子相隐,天理人情之至也;故不求为直,而直在其中。"[9]因为你一旦"为君绝父",对于"君"似乎是"大义灭亲",但对于"父",则成了"落井下石""无情无义""卖父求荣",也即自绝于"父子之亲"这一"人之大伦"了。这就违背了"直心为德"的原则。

换言之,"隐"虽然是"直"的"反面",却并不破坏"直"的价值,就"父子之情"而言,外在行为的"隐"反而源于内在情感的"直"。以迹求心,反身而诚,问心无愧,才是真正的"直"。孔子说的"直在其中",也即"直"在"隐"中,深意正在于此。

其二是"经权之辨",也可视为生死之辨。

前面说过,在"邦无道"的情况下,"卷而怀之""佯愚"甚至是"曲",都不会悖离"直道",因为"直道"也必须合义达权。尤其是面临"生死"选择时,选择"生门",既符合"仁道",更不离"直道"。且看《韩非子·五蠹》篇的一则故事:

楚之有直躬,其父窃羊而谒之吏。令尹曰:"杀之。"以为直于君而曲于父,报而罪之。以是观之,夫君之直臣,父之暴子也。

故事显然是《论语》"证父攘羊"章的"改编版"或者说"续集"。作者似乎是在按照孔子的思路对此一行为后果的严重性予以揭示。故事告诉我们，在当时的楚国，因为礼乐教化较中原为晚，其法令十分严酷，刻薄寡恩，常以国法凌驾于亲情之上，故窃羊之罪很可能面临杀头之刑。在这样的背景下，一个儿子"证父攘羊"的行为，就很难被当作"直"了。好在故事中的令尹心明眼亮，他下令要杀的不是父亲，而是告发父亲的儿子。理由是其"直于君而曲于父"，他为了做"君之直臣"（这显然是个美誉），不惜做"父之暴子"！试想，如果一看到父亲攘羊，儿子的第一个念头便是检举揭发、邀功请赏，这样的儿子，等于视父亲为路人，早已失去基本人性，心里的"弯弯绕"犹如"九曲回肠"，哪里还有半点"直道"可言！

　　进而言之，"证父攘羊"不仅不是"直"，甚至连"曲"都算不上，而是前面所说的"绞"！朱熹在解释《论语·泰伯》篇"直而无礼则绞"时，两次提及证父攘羊之事，说："若不当直后，却须要直，如证羊之类，便是绞。"又说："绞如绳两头绞得紧，都不宽舒，则有证父攘羊之事矣。"[10]相比"绞以为直"的"证父攘羊"之举，"父子相隐"不过是一"直在隐中"的"权宜之计"，完全符合"守经达权"的经权之道。

　　换句话说，如果明知"证父攘羊"导致的是父亲被杀，一个儿子还要这么做，只能是"绞"而不可能是"直"；甚至连"绞"都抬高了他，而只能算是"毒"了！

　　其三是"情法之辨"，也可理解为公私之辨。

　　可能有人会问：亲亲互隐，岂不是互相包庇吗？人人如此，法律的正义如何得到彰显？如果"亲亲互隐"可以容忍，岂不等于将情感置于法律之上，将公道置于私情之下，这不是滋生腐败的温床是什么呢?……当代学者的确就围绕着这一问题进行过长达十余年的争论,至今未息。"腐败论"者似乎抓住了一个很大的把柄,以此展开对儒学的攻击。

但是,恕我直言,这样的观点在逻辑上根本不能成立。孔子主张"亲亲互隐",并非就是认同"其父攘羊",也不是希望他"逍遥法外",其出发点不是包庇犯罪,而是站在人道立场,绝不赞同处于强势的公权力以"鼓励"甚至是"立法"的形式,引诱和迫使处于弱势的个体,选择主动"告发"或"加害"自己的亲人!孔子深刻地洞察到,鼓励一个孩子告发父亲带来的危害,要远远大于一只羊的损失!

"腐败论"者在讨论"亲亲互隐"的问题时,常常忽略了孔子不是在谈法律问题,而是在谈"正直之道"。在孔子看来,如果把外在的无情无义当作了"直",那么"直"便走向它的反面——"绞",甚至成为一把杀人不见血的刀!再看下面这个故事:

楚有直躬者,其父窃羊而谒之上,上执而将诛之。直躬者请代之。将诛矣,告吏曰:"父窃羊而谒之,不亦信乎?父诛而代之,不亦孝乎?信且孝而诛之,国将有不诛者乎?"荆王闻之,乃不诛也。孔子闻之,曰:"异哉!直躬之为信也!一父而载取名焉;故直躬者之信,不若无信。"(《吕氏春秋·当务》)

故事也许还是好事者的杜撰,但其十分生动地揭示了"证父攘羊"者背后的"心理活动",先是告发父亲以求"信"之名,再是"父诛而代之"以求"孝"之誉,足见其心术不正、天良丧尽矣！这样的儿子，不啻为"虎狼之子"，与"正直"毫无关系！那种把"亲亲相隐"视为"腐败"之源的观点，无疑是把先贤对此一问题的"形上"思考，不费吹灰之力地做了"形下"处理，孔子明明是在谈"性与天道"，腐败论者却将话题"压缩打包"，使哲学问题降格而为政治及法律问题。

反对"亲亲互隐"，很容易滑向另一个深渊，也即所谓"大义灭亲"。这种观点看似义正词严，实则是以破坏的方式建设，以反人性的、釜底抽薪的方式维护所谓道义，其行为也许能获得暂时的"道义"满足，但久而久之，必使"人将不人，国将不国"。打个不恰当的比方——用"大义灭亲"的方式反腐败，不啻将一把割阑尾的手术刀，直接插进了心脏！[11]历史上，此类教训和灾难甚多，殷鉴不远，何劳辞费！

因为以孔子为代表的儒家文化，在伦理建构和制度设计上充分注意到公权与私权、法律与情感、人道与直道等诸多因素的兼容与平衡，故"亲亲互隐"或者"容隐权"的思想，一向为历代法律所采纳和贯彻。如秦律规定："子告父母，臣妾告主，非公室告，勿听。而行告，告者罪。"汉律规定："小罪可隐，告者有罪"，"大罪不可隐，隐者连坐"。这又是对"隐"的程度和范围的一种制约和调适。又如唐《名例律》说："诸同居，若大功以上亲及外祖父母外孙，若孙之妇，夫之兄弟及兄弟妻，有罪相为隐，以其小功以下相隐，减凡人三等。"似此，皆可说明"亲亲互隐"的合理性已经成为古代法律的一种共识。

"亲亲互隐"不仅是中国传统文化的一个"公理"，而且也为西方现代法理所认同，可以说"放之四海而皆准"。比如，西方现代法律之"沉默权"概念,就与"亲亲互隐"有着异曲同工之妙。我们看西方电影,经常会看到如下桥段:警察抓住嫌犯,第一时间常会这样说:"你有权保持沉默,你的话将作为呈堂证供。"这就是在宣告,尽管对方是嫌犯,但依然享有基本人权,包括"沉默权"。西方"沉默权"含义有三:其一,嫌疑人或被告人有权拒绝说出对自己不利的供词,以免法庭对他量刑过重;其二,嫌疑人或被告人有权聘请律师,为其做无罪辩护;其三,如其无力请律师,法庭有义务为他指定律师,而律师的职责则是尽力为被告人作辩护,使其依法享受应该享受之基本权利。试问,既然连被告人都可享有"沉默权",凭什么要求其直系亲属必须告发他呢?准此,则亲属亦当依法享有同样的权利。亲属当然无权充当辩护律师,但保持沉默、避免让亲人遭受更严厉的司法处罚,此一人性之本能心理和情感,哪怕作为一种人性的弱点,亦应当被法律制定者充分理解和尊重,如此方能制定善法,形成良治,营造和谐社会。

  职是之故,"亲亲互隐"的"隐",既可作"容隐"讲,亦可理解为"沉默"[12]。事实证明,如果"容隐权"和"沉默权"这些基本人权不能落实,势必会导致公权力的肆意妄为,类似刑讯逼供造成的"冤假错案",还会不断发生。值得高兴的是,经过学界多年的深入讨论,儒家提倡的"亲亲互隐"相对于法家意味更浓重的"大义灭亲",在学理上已经取得了压倒性优势,也为更多有思考能力的现代人所接受。2012年3月14日,第十一届全国人民代表大会第五次会议通过了《中华人民共和国刑事诉讼法》的修正案,其中增加了如下规定作为第一百八十八条第一款:

经人民法院通知，证人没有正当理由不出庭作证的，人民法院可以强制其到庭，但是被告人的配偶、父母、子女除外。

这说明，中华传统文化长期凝聚和形成的某些价值观，不仅不腐朽，而且很先进，不仅属于中国，甚至可以惠及全人类。孔子在二千五百年前所说的"直在其中"一语，看似脱口而出，实则高瞻远瞩，蕴含着"极高明而道中庸"的"直道"智慧，有着超越时空和族群的文化价值和现实意义，值得今天的我们好好思考和汲取，传承和弘扬。

1 钱穆:《四书释义》,第63页。
2 [宋]朱熹:《四书章句集注》,第91页。
3 钱穆:《四书释义》,第64页。
4 详参刘强《论语新识》,第412页。
5 "明哲保身",语出《诗经·大雅·烝民》:"既明且哲,以保其身,夙夜匪懈,以事一人。"
6 《韩诗外传》卷七:"昔者卫大夫史鱼病且死,谓其子曰:'我数言蘧伯玉之贤而不能进,弥子瑕不肖而不能退。为人臣生不能进贤而退不肖,死不当治丧正堂,殡我于室足矣。'卫君问其故,其子以父言闻,君造然召蘧伯玉而贵之,而退弥子瑕,徙殡于正堂,成礼而后去。生以身谏,死以尸谏,可谓直矣。《诗》曰:'静恭尔位,好是正直。'"
7 参见郭齐勇主编的《儒家伦理争鸣集——以"亲亲互隐"为中心》(武汉:湖北教育出版社2004年)、《<儒家伦理新批判>之批判》(武汉:武汉大学出版社2011年)、《正本清源论中西——对某种中国文化观的病理学剖析》(上海:华东师范大学出版社,2014年)。
8 1932年,海明威在他的纪实性作品《午后之死》中说:"冰山运动之雄伟壮观,是因为他只有八分之一在水面上。"文学作品中,文字和形象不过占"八分之一",而含而不露的情感和思想却占了"八分之七"。这就是所谓"冰山理论"。
9 [宋]朱熹:《四书章句集注》,第146页。
10 《朱子语类》卷三十五,第911、912页。
11 参见刘强《"亲亲互隐"的迷局》,《社会学家茶座》总第23辑。亦见刘强《有刺的书囊》,中国青年出版社,2010年,第210页。
12 关于"亲亲互隐"的辨析,详参刘强《论语新识》,第358—362页。

第九讲 中庸之道

儒家所有之道,皆可以『中庸』为旨归,中庸之道实是中华传统文化最具形上价值的一种道德追求和哲学圭臬,体现了最具民族特色的理性精神和智慧境界。

『中庸』,首先是一种包含极浅近而又极高明道理的处世原则,『中庸』即『用中』之义。故中庸之道,盖伦常日用之中道也。

中者,正也,即在空间维度上,不偏不倚、无过无不及之谓也;庸者,常也,即在时间维度上,与时偕行、守常时中之谓也。

亦可用更通俗的说法一言以蔽之:『中庸』者,『正常』也;不中庸者,『反常』也,『反常』者,犹今之所谓『变态』也。

经由为学、修身、孝悌、忠恕、仁爱、义权、诚敬、正直诸道，一路走来，盈科后进，移步换景，此刻，我们终于来到了"中庸"之道的门前。

众所周知，近代以来，"中庸"之道，饱受诟病，以其"虚伪"者有之[1]，以其"骑墙""两面光""随风倒"甚至"卑怯"者亦有之[2]。鲁迅在其杂文《最艺术的国家》中，曾以不无讽刺的口吻感叹："呵，中国真是个最艺术的国家，最中庸的民族。然而小百姓还要不满意，呜呼，君子之中庸，小人之反中庸也！"[3]且不论其观点是否偏激，至少，将"中庸"作为"中国"的一种民族特性来看待，可谓"虽不中，亦不远"。

然而，"中庸"真如鲁迅等人所讽刺的那样不堪吗？当然不是。鲁迅自己就承认："我中华民族虽然常常的自命为爱'中庸'，行'中庸'的人民，其实是颇不免于过激的。……然则圣人为什么大呼'中庸'呢？曰：这正因为大家并不中庸的缘故。人必有所缺，这才想起他所需。"又说："孔子曰，'不得中行而与之，必也狂狷乎，狂者进取，狷者有所不为也！'以孔子交游之广，事实上没法子只好寻狂狷相与，这便是他在理想上之所以哼着'中庸，中庸'的原因。"[4]

由此可见，鲁迅不仅知道"中庸"并非"乡愿"，而且还知道"过激"才是"中庸"的反面。他之所以要以"中庸"为靶子批评国民劣根性，在我看来，无他，不过是"中庸"和"中国"都有个"中"字，使用起来较为方便罢了。只是这样一来，"中庸"的真义和价值也就被"遮蔽"了。这不啻为近代以来，对中国文化的最大误读和扭曲！

事实上，儒家所有之道，皆可以"中庸"为旨归，中庸之道实是中华传统文化最具形上价值的一种道德追求和哲学圭臬，体现了最具民族特色的理性精神和智慧境界。

一 何谓"中庸"？

"中庸"一词，最早由孔子提出，并见于《论语》：

子曰："中庸之为德也，其至矣乎！民鲜久矣。"（《雍也》）

类似的表述亦见于《礼记·中庸》：

子曰："中庸其至矣乎！民鲜能久矣。"（第三章）

从此，"中庸"便成为中国文化最为重要的一个关键词。然则，"中庸"二字究竟何意？其作为"德"与"道"，被孔子赞为"其至矣乎"者究竟何所指？要回答这些问题，还是要从文字训诂出发,始可探明其真义。

先说"中"。"中"字本是一象形字,甲骨文中就有三种写法,其中一种写作🚩,像旗之形,竖笔像旗杆,一说本义指对峙两军之间的非军事地带。后本义消失,出现多种引申义。《说文》曰:"中,内也,从口。丨,上下通。"段玉裁注:"然则中者,别于外之辞也,别于偏之辞也,亦合宜之辞也。"又说:"云下上通者,谓中直或引而上,或引而下,皆入其内也。"

可见"中"之本义,正如"正""直"一样,乃指处于"中心"的与四周等距的空间方位或状态。又《周礼·天官·序官》称:"惟王建国,辨方正位,体国经野,设官分职,以为民极。"古代都城建造,皆须辨明方向,确定正位,表现在建筑设计上,便是确立一中轴线,以此为脊柱对整个城市加以布局构造。不久前,我在洛阳二里头遗址博物馆,看到历代都城设计的电子模拟图,中轴线赫然在目,毫厘不爽,十分震撼。

可以说,"中国"所以为"中国",与先民对于"中"的方位崇拜、哲学认知和审美追求不无关系。同时,甲骨文中还有一例写作中,乃中之省,盖有射中之义,读作去声。《礼记·中庸》云:"喜怒哀乐之未发,谓之中。发而皆中节,谓之和。"其中,"中节"的"中",便读去声,作动词用,有"合乎""适合""达到"之义。而"谓之中"的"中",则为名词,读平声。对此一节,解读甚多,如宋儒游酢就说:"以性情言之,则曰中和,以德行言之,则曰中庸是也。"朱熹也说:"然中庸之中,实兼中和之义。"[5]可见,"中"之一字,兼有"中正""中节""中和"等义,内涵极为丰富。

再说"庸"。在文字训诂上,"庸"有二义:

一曰"用"。如《说文》释"庸":"用也。从用从庚。庚,更事也。"又,郑玄《礼记目录》称:"名曰中庸者,以其记中和之为用也。庸,用也。"《庄子·齐物论》亦称:"庸也者,用也;用也者,通也;通也者,得也,适得而几矣。"据此,则"中庸"最原初之本义,便是"中用",实即"用中"二字的倒装;"中"字前置,乃为强调,故"中庸"者,实"以中为用"之义也。《中庸》第六章所谓"执其两端,用其中于民",正是"中庸"之为"用中"的最佳用例。

二曰"常"。前引郑玄虽以"用"释"庸",但在解释"小人反中庸"时,却说:"庸,常也。用中为常道也。反中庸者,所行非中庸,然亦自以为中庸也。"而在解释"庸德之行,庸言之谨"时,郑玄又说:"庸,犹常也。言德常行也,言常谨也。"《荀子·不苟》篇云:"庸言必信之,庸行必慎之。"王先谦释曰:"庸,常也。为言常信,行常慎。"[6] 又《尔雅》亦释"庸"为"常也"。显然,这是把"庸"放在时间维度去理解,从而也使"中庸"的内涵得以在时、空二维上展开。在此基础上,宋儒程颐才这样解释"中庸":"不偏之谓中,不易之谓庸。中者,天下之正道。庸者,天下之定理。""不偏"即是"正","不易"即是"常"。朱熹顺此说:"中者,不偏不倚,无过无不及之名。庸,平常也。"[7]

综合以上诸说,我们可以把"中庸"做如下概括:"中庸"首先是一种包含极浅近而又极高明道理的处世原则,"中庸"即"用中"之义。故中庸之道,盖伦常日用之中道也。此其一。其二,在"中庸"一词的历史演变过程中,其作为动词性的"用中"义,逐渐被名词化,成为一并列结构的双音节词,并包含了时、空两个维度的哲学思考：中者，正也，即在空间维度上，不偏不倚、无过无不及之谓也；庸者，常也，即在时间维度上，与时偕行、守常时中之谓也。

就此而言，亦可用更通俗的说法一言以蔽之："中庸"者，"正常"也；不中庸者，"反常"也；"反常"者，犹今之所谓"变态"也。

所以，正如义权、正直二道同时涵摄德行与智慧一样，中庸之道亦然。不过，要将"中庸"的智慧内涵说清楚，就必须从孔子对"攻乎异端"的批判说起。

二 "攻乎异端"与"过犹不及"

正如"举一隅能以三隅反"，"中"的时空坐标一旦确立，则必然会产生"两端"。而在具体的生命情境和世俗生活的人事经验中，也就必然会产生"执其一端"或"攻乎异端"的"偏执"状态。《论语·为政》篇载：

子曰："攻乎异端，斯害也已。"

历来对此章的解读歧义纷出，错谬甚多。如杨伯峻先生就将此句译为："批判那些不正确的议论，祸害就可以消灭了。"[8] 如此一来，一向主张"和而不同""攻其恶，无攻人之恶"的孔子，就成了"党同伐异""同而不和"的"小人"，甚至是"文化专制主义"

者了——真是"失之毫厘,谬以千里"!

其实孔子所谈的,正是中庸之道。这里的"异端"二字,非常吃紧!凡事皆有两端,或左或右,或上或下;凡人之立场,亦不免有两端,或彼或此,或同或异。"异"者,不同也,故"异端"者,实即别一端、另一端也。你站在"左","右"就是"异端";你站在"此","彼"就是"异端"。"异端"既在,则"两端"自显。就此而言,所谓"异端"未必就是"不正确的议论",而是和你"不同的思想和言论"。如以"异端"为必非,等于预设自己这一端为必是,这就陷入"意必固我"的执着怪圈了。

"异端"的意思既明,整句话便可迎刃而解。"攻"本有二义:一为攻伐、批判;一为专治、致力。成语"他山之石,可以攻玉"的"攻",便是"治"之义。显然,这里只能取第二义。"攻乎异端"就是"只在另一端用力"(或攻治一种偏激的学问,如杨、墨之学),而不能兼顾"两端",把握整体和"中道"。"也已"在《论语》中多次出现,并无实义,多作语气词,相当于"了"。故"攻乎异端",实即偏执一端,不能执两用中之义。孔子的意思是说:"专在偏激反向的一端用力,(而不能兼顾两端,力行中道,)就会有害了!"[9]

孔子一向强调为己之学,主张"人不知而不愠","不怨天,不尤人",故绝不赞成党同伐异,打压异见。伏尔泰的名言:"我不同意你的观点,但我誓死捍卫你说话的权利。"正与孔子的这一主张遥相呼应。要知道,伏尔泰恰恰是当时的欧洲最崇拜孔子的一位思想家[10]。民国初年,胡适在与陈独秀的信中,谈及"争自由"的问题时说:"争自由的唯一原理是:'异乎我者未必即非,而同乎我者未必即是；今日众人之所是未必即是，而众人之所非未必真非。'争自由的唯一理由，换句话说，就是期望大家容忍异己的意见和信仰。凡不承认异己者的自由的人，就不配争自由，不配谈自由。"[11] 这里的"容忍异己的意见和信仰"，正是反对"攻乎异端"。

既然"攻乎异端"是有害的，就等于告诉我们，在"两端"之间，一定有一个类似"黄金分割点"的最佳状态，也就是——"中"。正如"黄金分割点"约等于0.618：1，"中庸"的"中"绝非两点之间的数理中点，而是一个可以因时、因地、因势、因人而变动的最佳变量。在《论语》中，关于"中道"的表述不少，如《先进》篇：

子贡问："师与商也孰贤？"
子曰："师也过，商也不及。"
曰："然则师愈与？"
子曰："过犹不及。"

师，即颛孙师，字子张；商，即卜商，字子夏。二人皆孔子晚年所收弟子，才华出众，各有所长，子贡难分高下，故有此问。孔子先不论二人高下，只说"师也过，商也不及"，这是"事实判断"；子贡追问之下，孔子又说"过犹不及"，这便是"价值判断"了。

孔子言下之意，无论是子张的"过"，还是子夏的"不及"，都不是最佳状态，都未达到"中"。仅从孔子这句话的语境来看，似乎隐含着对子张、子夏的委婉批评，但若就对"中庸"之道的整体描述而言,"过"与"不及"虽然还有欠缺,却离那个"黄金分割点"十分接近了,相比"攻乎异端"的极端状态,实在高出许多!

这是孔门内部的"人物品藻",将对人物的抽象品评空间化、形象化、诗意化,无论语言还是意境,无不耐人寻味,精妙入微!再看《论语·子路》篇:

> 子曰:"不得中行而与之,必也狂狷乎!狂者进取,狷者有所不为也。"

"中行",盖指"行能得其中者",在儒家的人格序列中,差不多相当于最高境界的圣人。孔子感叹,当今之世,我恐怕无法找到"中行"之人与之相交了,如果退而求其次,我一定选择那些"狂狷"之士作为同道,因为"狂者进取,狷者有所不为也"。这里须注意,虽然"狂""狷"作为一种人格状态,可能或"过"或"不及",却是离"中行"最近的!孟子引孔子此言,并加解释说:"孔子岂不欲中道哉?不可必得,故思其次也。……狂者又不可得,欲得不屑不洁之士而与之,是狷也,是又其次也。"(《尽心下》)又说:"人有不为也,而后可以有为。"(《离娄下》)由此可知,"狂狷"之士诚不易得也,而相比之下,"狂"更优于"狷",因为狂者能"进取"和"有为"。孔子曾说:"与其进也,不与其退也。"(《述而》)言下之意,有进取心的人值得赞许,而退缩不前、画地为牢者就乏善可陈了。

王阳明也以狂者自期,说:"狂者志存古人,一切纷嚣俗染,举不足以累其心,真有凤凰翔于千仞之意,一克念,即圣人矣。"(《传习录》卷下)其对孔门弟子曾点的狂者气象尤为激赏,有"铿然舍瑟春风里,点也虽狂得我情"[12]之句。阳明所以能即凡而圣,与其"狂者进取""勇猛精进"的精神不无关系。

三 "不为已甚"与"执两用中"

然则,究竟应该如何才能守住"中道",避免"攻乎异端"或"过犹不及"的弊端呢?我们从"四书"中可以归纳出三个"方便法门":

一是"不为已甚"。此言出自孟子:"仲尼不为已甚者。"(《离娄下》)意为孔子绝不做于情于理都很过分的事。但追本溯源,孟子的灵感还是来自《论语》中孔子的教言:

子曰:"好勇疾贫,乱也。人而不仁,疾之已甚,乱也。"(《泰伯》)

乍一看,孔子似乎是在说什么情况下才会导致"乱",实则正如"攻乎异端,斯害也已"一样,此言也涉及中庸之道。因为"乱"也好,"害"也罢,都是不行中道、好为"已甚"惹的祸!通常情况下,"好勇"者必尚暴,"疾贫"者必仇富,疾恶太甚必心生戾气;"人而不仁,疾之已甚",看似正义,实则过犹不及,此皆祸乱之源。盖人之喜怒好恶,一旦背离中庸之道,则必为已甚,当然无法做到"发而皆中节",而只能"一发不可收拾"了。

《老子》第二十九章云:"是以圣人去甚,去奢,去泰。"老子所谓圣人"三去","去甚"居首,实与孔子的"不为已甚"相通。"好勇""疾贫""恶不仁",可谓民之三性,皆性情有偏,不合中道,须道之以德,齐之以礼,才不至放辟邪侈,无所不为。孔子说:"加我数年,五十以学《易》,可以无大过矣。"(《述而》)这里的"大过",也可以理解为"已甚"。事实证明,走极端的思想和时代,往往都是悖离中道的,常常带来不可挽回的灾难,而只有秉持中庸之道,才能达到"万物并育而不相害,道并行而不悖"的理想境界。

二是"执两用中"。真正做到"中庸",必须兼具智、仁、勇,所谓"三达德"。《礼记·中庸》第六章专谈舜之"智":

> 子曰:"舜其大知也与!舜好问以好察迩言,隐恶而扬善。执其两端,用其中于民。其斯以为舜乎!"

孔子说:"舜,大概是大智之人吧!舜喜欢问,并善于考察浅近之言,隐匿其恶,阐扬其善。他能把握人言的两端,用中间最合理的以治民。这就是舜之所以为舜的原因吧!"对此,朱熹解释说:"两端,谓众论不同之极致。盖凡物皆有两端,如小大厚薄之类,于善之中又执其两端,而量度以取中,然后用之,则其择之审而行之至矣。"[13]这里,"执两用中",可谓"中庸"之为"用中"的最佳诠释。

其实,孔子本人就是"执两用中"的典范。且看下面这个

故事:

子曰:"吾有知乎哉?无知也。有鄙夫问于我,空空如也;我叩其两端而竭焉。"(《子罕》)

这里涉及对"知"与"智"的理解问题。孔子说"好学近乎知(智)"(《中庸》第二十章》),又说"学然后知不足"(《礼记·学记》)。可见"知识""学问"虽与"智慧"有关,但并非一事。老子说:"为学日益,为道日损。"为学可做加法,为道要做减法。真正清明的智慧,一定是对人和事物的整体性认知、前瞻性预判和超越性把握。换言之,一个人真正有了智慧,不仅不会自满自负,反而会产生对自己所掌握知识的一种反思性批判,所谓"否定之否定"。孔子说自己"无知",绝非故作谦虚,而是智慧境界的"虚空"状态。当"鄙夫"向他请教问题,或许语言系统不能完全对接,孔子的感受就是"空空如也"的"无知"。但孔子并没有拒人于千里之外,而是"叩其两端而竭焉",就是站在对方的立场上,努力找到其所问问题的两个极端,然后循循善诱,一步步接近其所问问题的核心,为其答疑解惑。"而竭焉",实则指竭尽所能解开其所有疑惑,使其豁然开朗之意。这便是"好察迩言","隐恶而扬善","执其两端而用其中"的最佳范例!

三是"择乎中庸"。且看《中庸》第七、第八章:

子曰:"人皆曰'予知',驱而纳诸罟擭陷阱之中,而莫之知辟也。人皆曰'予知',择乎中庸,而不能期月守也。"

子曰："回之为人也：择乎中庸，得一善，则拳拳服膺，而弗失之矣。"

两章一言"智"，一言"仁"，都提到"择乎中庸"的问题。请注意，"择乎中庸"的"择"，与"执两用中"的"执"，似同而实异。"择"者，择善而从也；"执"者，持而守之也。"两端"可"执"而不可"择"，"中庸"可"择"而不可"执"。从语义上看，"择"是动态的选择，与智慧和仁德有关，故孔子说："择不处仁，焉得知？"（《里仁》）又说："择其善者而从之，其不善者而改之。"（《述而》）而"执"则显得呆板和固执，不易变通和转圜，只有在"择善而固执"的意义上，"执"才是良善的。孟子在批评杨、墨时，就提到"子莫执中"的问题：

孟子曰："杨子取为我，拔一毛而利天下，不为也。墨子兼爱，摩顶放踵利天下，为之。子莫执中，执中为近之。执中无权，犹执一也。所恶执一者，为其贼道也，举一而废百也。"（《尽心上》）

子莫虽然比杨、墨的"攻乎异端"更高一筹，因其知道"执中"的道理，但他"执中无权"，就陷入"举一废百"的"执一"之弊中了。

这说明，"中"绝不是固定不变的"一"，而是不断变化的"多"。故程子说："中字最难识，须是默识心通。且试言一厅，则中央为中；一家，则厅非中而堂为中；一国，则堂非中而国之中为中。推此类可见矣。"又说："中不可执也，识得则事事物物皆有自然之中，不待安排，安排着则不中矣。"朱子也说："为我害仁，兼爱害义，执中者害于时中，皆举一而废百者也。"又说："此章言道之所贵者中，中之所贵者权。"¹⁴是又可知，一味"执中"而"无权"，就如同刻舟求剑，反而是一种僵化固陋的偏执状态。只有"执中有权"，才能真正把握住瞬息万变的"自然之中"，达到"时中"境界。而这个"自然之中"，也一定是"善"的，即便如此，"善"依然是可"择"而不可"执"的。

由此可见，"中庸"之道和"义权"之道明通暗合，不仅指向"智"，而且还通向"仁"。

当然，在先秦典籍中，也有"执中"的正面用例。如《论语·尧曰》云："尧曰：'咨！尔舜！天之历数在尔躬。允执其中。四海困穷，天禄永终。'"又《尚书·大禹谟》载，舜对禹说："人心惟危，道心惟微，惟精惟一，允执厥中。"此即古人所谓"圣人十六字之心传"。意思是：人心危险难安，道心幽微难明，只有精心一意，诚恳地秉执中道，才能治理好天下。这里虽然用了"执"字，但前有"允"字，后有"厥"（或"其"）字，等于做了很好的限定。允者，诚也；执者，守也；"厥中"者，两端之中也。"允执厥中"，和《中庸》第二十章所谓"诚之者，择善而固执者也"，其揆一也。故朱熹《中庸章句序》说："其曰'择善固执'，则精一之谓也。其曰'君子时中'，则执中之谓也。"¹⁵这就涉及"君子时中"的问题了。

四 "君子时中"与"圣之时也"

如何才能"择善而固执"呢？这就必须与"时"结合起来看。事实上，"中庸"之道，最难把握的不是空间维度的变幻不定，而是时间维度的变易不居。《中庸》第二章便揭橥了"君子时中"的境界：

仲尼曰："君子中庸，小人反中庸。君子之中庸也，君子而时中；小人之（反）中庸也，小人无忌惮也。"

这里，"时中"之"中"，可两读，既可读作去声，也可读作平声，实即"时时合乎中道"之意。朱熹说："君子之所以为中庸者，以其有君子之德，而又能随时以处中也。"怎么才能做到"时中"呢？仔细玩味会发现，"忌惮"二字很吃紧！小人之所以"反中庸"，是因为"无忌惮"，倒过来则可推知，君子之所以"时中"，必是因为"有忌惮"。

这就与《中庸》首章联系起来了。其文曰：

天命之谓性，率性之谓道，修道之谓教。道也者，不可须臾离也；可离，非道也。是故君子戒慎乎其所不睹，恐惧乎其所不闻。莫见乎隐，莫显乎微。故君子慎其独也。喜怒哀乐之未发，谓之中；发而皆中节，谓之和。中也者，天下之大本也；和也者，天下之达道也。致中和，天地位焉，万物育焉。

此一章司空见惯，今不做白话今译，只想说明三点：第一，中庸之道关乎天人关系，即天之命与人之性的上下贯通。第二，中庸之道非常微妙，不可须臾或离，这里的"须臾"，正是一时间概念，其实已经隐含"时中"之意。第三，君子所以能"时中"，关键在于"戒慎乎不睹"，"恐惧乎不闻"，也就是时时刻刻谨言慎行，永葆对"天命"和"天道"的终极敬畏。这又与我们前面所讲的"诚敬之道"相贯通了。

　　君子为什么能做到"慎独"？就是因为心中不仅有"人"，而且有"天"。他知道"人在做，天在看"，故独处时虽不与人交接应对，却依然遵道而行，保持对"天"的敬畏。小人则没有这种"戒慎恐惧"之心，所以就"无忌惮"。因为"无忌惮"，当然不知"慎独"，故其喜怒哀乐也就"发而不中节"了。

　　请注意，这个"慎独"的"独"，含时、空二义，既可指"独处之地"，也可指"独处之时"——故依旧与"时"有关。君子所以能做到"时中"，关键在于"独处之时"也能"戒慎恐惧"，"心有忌惮"，故能保持"道心"或"天理"，节制"人心"或"人欲"。朱子说："喜怒哀乐，情也。其未发，则性也，无所偏倚，故谓之中。发皆中节，情之正也，无所乖戾，故谓之和。"[16]这是从"性情"上言"中和"。明末大儒王夫之则从"体用"上谈"中庸"，说：

　　　　中者体也，庸者用也。未发之中，不偏不倚以为体，而君子之存养，乃至圣人之敦化，胥用也。已发之中，无过不及以为体，而君子之省察，乃至圣人之川流，胥用也。……中为体，故曰"建中"，曰"执中"，曰"时中"，曰"用中"；浑然在中者，大而万理万化在焉，小而一事一物莫不在焉。庸为用，则中之流行于喜怒哀乐之中，为之节文，为之等杀，皆庸也。[17]

就此而言，君子的"时中"之境便是"中和"之性的外在表现，是"人"对"天"和"时"的精微体察、适时顺应和动态平衡的结果。

然而，就常人而言，要做到时时处处"发而皆中节"，真是谈何容易！王阳明对此深有体会，他在论情感之易"过"时，就说：

父之爱子，自是至情，然天理亦自有个中和处，过即是私意。人于此处多认作天理，当忧则一向忧苦，不知已是"有所忧患不得其正"。大抵七情所感，多只是过，少不及者。才过便非心之本体，必须调停中始得。就如父母之丧，人子岂不欲一哭便死，方快于心；然却曰"毁不灭性"，非圣人强制之也，天理本自有分限，不可过也。人但要识得心体，自然增减分毫不得。[18]

这里的"增减分毫不得"，正是"时中"之意。

不仅情感的表达很难做到"时中"，就连说话也是如此。《论语》中多次提到"言"与"时"的关系，例如：

公明贾对曰："……夫子时然后言，人不厌其言。"（《宪问》）
孔子曰："侍于君子有三愆：言未及之而言，谓之躁；言及之而不言，谓之隐；未见颜色而言，谓之瞽。"（《季氏》）

"时然后言"也好,"言及之而言"也好,其实都是说"言"的恰到好处,也即"时中"。"言"须"及时","行"亦不能"失时"。《论语·阳货》载阳货对孔子说:"好从事而亟失时,可谓知乎?"又说:"日月逝矣,岁不我与。"《乡党》篇末章孔子说:"山梁雌雉,时哉时哉!"无不是对"时"的精微体察与独到感发,可以说是中国最古老的"时间哲学"。

孟子对"时中"之义也有精彩发挥。他称道孔子说:"可以速而速,可以久而久,可以处而处,可以仕而仕,孔子也。"(《万章上》)又提出"四圣"论,说:

伯夷,圣之清者也;伊尹,圣之任者也;柳下惠,圣之和者也;孔子,圣之时者也。孔子之谓集大成。集大成也者,金声而玉振之也。金声也者,始条理也;玉振之也者,终条理也。始条理者,智之事也;终条理者,圣之事也。智,譬则巧也;圣,譬则力也:由射于百步之外也,其至,尔力也;其中,非尔力也。(《万章下》)

这里,孟子不仅把圣人的境界分成"清""任""和""时"四种,而且还以"始条理"与"终条理"描述孔子作为"时中之圣"的"集大成",实在是伟辞高论,可俟诸百世而不惑。"始条理"和"终条理",其实也即通常所谓"善始善终"。对此钱穆先生说:"伊尹圣之任,狂者也。伯夷圣之清,狷者也。狂狷皆得为圣人,唯不如孔子仕止久速之时中。时中,即时时不失于中行,即时而狂时而狷,能不失于中道。故狂狷非过与不及,中行非在狂狷之间。"[19]此论弥缝罅漏,抉幽发微,足资解惑。

可见"中庸"之道者,实即"圣人"之道也。《说文》训"圣"和"中",皆有"通"之义,正可作为"中道"即"圣道"的训诂学佐证。

上文说过,孔子自言五十以学《易》,可以"无大过"。事实上,"大过"乃六十四卦之一,其《彖》辞曰:"刚过而中。"又其《象》辞曰:"泽灭木,大过。君子以独立不惧,遁世无闷。"可知"大过"有"过越之甚"的弊端,而"无大过"便是"君子时中"之境界。孔子"五十而知天命",应该与其研习《周易》有关。此又可见,中庸之道还与"易道"相通。如所周知,"易"有三义,曰:简易、变易、不易。故《易传》中言"变"言"通"者俯拾皆是。如《周易·系辞传上》说:

> 广大配天地,变通配四时,阴阳之义配日月,易简之善配至德。子曰:"易其至矣乎?夫易,圣人所以崇德而广业也。"

这里,"至德"也好,"其至矣乎"也罢,皆与孔子对"中庸"的赞美异曲同工。同篇又说:"天地设位,而易行乎其中矣。……乾坤成列,而易立乎其中矣。"这与《中庸》首章"致中和,天地位焉,万物育焉"何其相似乃尔!又《周易·系辞传下》称:"刚柔者,立本者也。变通者,趣时者也。"又说:"易,穷则变,变则通,通则久。""《易》之为书也不可远,为道也屡迁,变动不居,周流六虚,上下无常,刚柔相易,不可为典要,唯变所适。"孔颖达《正义》曰:"言刚柔相易之时,既无定准,唯随应变之时所之适也。"这里的"时所",实即今之所谓"时空"也。

不惟如此,《周易》卦爻辞中亦多有"得中""不失其中""中行无咎""以中道也""天位以正中""中正以通""未出中也""中以行正也""中行无咎"之类表述;又有"君子进德修业,欲及时也,故无咎","终日乾乾,与时偕行","亢龙有悔,与时偕极"(《乾·文言传》),"大明终始,六位时成"(《乾·彖传》),"坤道其顺乎?承天而时行!"(《坤·文言传》),"损益盈虚,与时偕行"(《损·彖传》),"时止则止,时行则行"(《艮卦·彖传》),"藏器于身,待时而动"(《系辞传下》)等格言;甚至《蒙卦·彖传》中还有"以亨行,时中也"的说法。

凡此种种,皆以"时中"为"正位"和"当位",反映了华夏文明对"时变"的精微认知和形上把握。

五 "中庸鲜能"与"从容中道"

在此基础上,再去思考孔子何以会发出"中庸之为德也,其至矣乎!民鲜久矣!"(《雍也》)的感叹,感觉会大不一样。

打开《中庸》,不难发现,前两章分别说"中和"与"中庸",紧接着第三章便感叹"中庸鲜能":

子曰:"中庸其至矣乎!民鲜能久矣。"

这与《论语》所载大同小异,唯多了一"能"字。联系孔子曾对子路说:"由,知德者鲜矣。"(《卫灵公》)则这里的"民鲜能",盖有二义:一是鲜能知,二是鲜能行。类似的感叹,《论语》中反复出现:

子曰:"道不行,乘桴浮于海。"(《公冶长》)
子曰:"谁能出不由户?何莫由斯道也。"(《雍也》)
子路曰:"……道之不行,已知之矣。"(《微子》)……

很显然,这里的"道"正是"中庸"之道。为什么"道不行"呢?且看《中庸》紧接着的两章:

子曰:"道之不行也,我知之矣:知者过之;愚者不及也。道之不明也,我知之矣:贤者过之;不肖者不及也。人莫不饮食也。鲜能知味也。"(第四章)
子曰:"道其不行矣夫。"(第五章)

对此,朱子解释说:"道者,天理之当然,中而已矣。知愚贤不肖之过不及,则生禀之异而失其中也。知者知之过,既以道为不足行;愚者不及知,又不知所以行,此道之所以常不行也。贤者行之过,既以道为不足知;不肖者不及行,又不求所以知,此道之所以常不明也。""由不明,故不行。"[20]

也就是说,"中庸"之所以"鲜能",正因人性有偏失,或"过"或"不及"。同时,还有"知行"不易的问题。颜回之所以能"得一善拳拳服膺而不失",就因为其"有不善,未尝不知,知之未尝复行"(《周易·系辞传下》),所以他才能"不迁怒,不贰过"(《雍也》)。此即所谓"择善而固执"——"择善"是"道之明","固执"是"道之行"。

《中庸》接下来的第六、七、八三章前文已引,分别从智、仁两方面谈"择乎中庸"的重要性。似乎给了我们一点希望,但第九章突然又说:

子曰:"天下国家可均也,爵禄可辞也,白刃可蹈也。中庸不可能也。"

均天下、辞爵禄、蹈白刃,三者皆世上极难之事,但只要有智、仁、勇三德,亦未尝不可办到,唯"中庸"之道,因为至高至善,几乎"不可能"也!由"中庸鲜能"到"中庸不可能",简直将进德入道的门径给堵死了!紧接着第十章论"强":

子路问强。子曰:"南方之强与?北方之强与?抑而强与?宽柔以教,不报无道,南方之强也,君子居之。衽金革,死而不厌,北方之强也,而强者居之。故君子和而不流,强哉矫!中立而不倚,强哉矫!国有道,不变塞焉,强哉矫!国无道,至死不变,强哉矫!"

子路好勇,所以"问强"。这里,孔子又对"强"做了南北之分,南方之强柔,北方之强刚,刚则"过",柔则"不及",唯有"和而不流""中立而不倚"之"强",才是合乎中道的君子之强。

如何才能做到不偏不倚、无过无不及呢?《中庸》第十一章给出了答案:

子曰:"素隐行怪,后世有述焉,吾弗为之矣。君子遵道而行,半途而废,吾弗能已矣。君子依乎中庸,遁世不见知而不悔,唯圣者能之。"

朱熹《中庸章句》注称:"素,按《汉书》当作索,盖字之误也。索隐行怪,言深求隐僻之理,而过为诡异之行也。然以其足以欺世而盗名,故后世或有称述之者。"[21]很显然,"索隐行怪",便是"过";"半途而废",则是"不及";孔子遵道而行,力避二者之失,便是"无过无不及"。君子"依乎中庸",一往无前,即便隐居避世而不为人知,也绝不后悔,这就是圣人的境界了!《周易·文言传》子曰"不易乎世,不成乎名,遁世无闷,不见是而无闷"云云,正与此妙合无间。

此又可知,"中庸"之道者,实即"圣人"之道,也即贯通天、地、神、人的"天人合一"之道也。

"中庸之道"为什么"鲜能"甚至"不可能"呢? 就因为其不仅是"人之道"(所谓"三达德""五达道"[22]),同时亦是"天之道"。很多人以为儒家只谈"人道",道家才谈"天道"。实则大谬不然。《易经·系辞下》就说:"《易》之为书也,广大悉备,有天道焉,有人道焉,有地道焉。"《中庸》第二十章也说:

诚者,天之道也;诚之者,人之道也。诚者不勉而中,不思而得,从容中道,圣人也。诚之者,择善而固执者也。

儒家不仅谈天道,而且赋予天道以极高的道德内涵。一个"诚"字,就打通了"天人之际"的阻隔,这显然比道家的"虚静""无为""蔽于天而不知人"[23]的自然主义天道观,更具人文价值和信仰境界。

在讲"诚敬之道"时,我们已经说过,"四书"中最具形上价值和宗教品位的《中庸》里,出现频率最高的不是"中庸"二字,而是一个"诚"字。从某种意义上说,《中庸》就是一部"诚之书"。因为"天道""人道"皆须"诚"字彻上彻下,一以贯之,故唯有"至诚"之圣人才能达到"不勉而中,不思而得,从容中道"的"天人合一"境界。《中庸》第二十一章说:

自诚明,谓之性。自明诚,谓之教。诚则明矣,明则诚矣。

这正好与首章"天命之谓性,率性之谓道,修道之谓教"相呼应。联系《周易·系辞上》"一阴一阳之谓道,继之者善也,成之者性也"的说法,可知"诚明之性"即人之"善性","率性之道"即人之"善道","明诚之教"即人之"善教"。如此一来,则中庸之道,实即诚善之道也。《中庸》第二十二、二十三、二十四三章,分别谈"至诚尽性""至诚能化""至诚如神",即所谓"至诚三境",前已有说,此不赘论。

我们再看《中庸》第二十五章:

诚者自成也，而道自道也。诚者物之终始，不诚无物。是故君子诚之为贵。诚者非自成己而已也，所以成物也。成己，仁也；成物，知也。性之德也，合内外之道也，故时措之宜也。

这里又提到"时措之宜"，正"时中"之谓也。和道家的"圣人不仁，以百姓为刍狗"（《老子》第五章）不一样，儒家的"圣人"不仅"至诚"，而且"无息"，不仅"成己"，还要"成物"。西哲苏格拉底说："认识你自己。"儒家圣贤则认为，仅仅"认识你自己"还不够，今生今世，人最大的使命是"成就你自己"！不仅要成就人类自身，还要通过"知人"以"知命"，"尽性"以"配天"；通过"成己"以"成人"，"成物"以"配地"！

《中庸》第二十六章云：

故至诚无息。不息则久，久则征，征则悠远，悠远则博厚，博厚则高明。博厚，所以载物也；高明，所以覆物也；悠久，所以成物也。博厚配地，高明配天，悠久无疆。如此者，不见而章，不动而变，无为而成。天地之道，可一言而尽也：其为物不贰，则其生物不测。天地之道：博也、厚也、高也、明也、悠也、久也。……《诗》云："维天之命，於穆不已！"盖曰天之所以为天也。"於乎不显！文王之德之纯！"盖曰文王之所以为文也，纯亦不已。

这是将"天地之道"与"圣人之道"结合在一起了，实则皆言"中庸"之道"至诚无息"、高明悠久、"纯亦不已"之效也。钱穆先生说："老庄言自然而主虚无，《中庸》言诚者自成而道自道，自成自道,即自然也。然已为'自然'安上一'诚'字,安上一'道'字,则诚与道即是自然,而非虚无之谓也。故庄老以虚无言天道言自然,而《中庸》易之以诚字,此为《中庸》在思想上之大贡献。"[24]

从这个意义上说,中庸之道,实天人相济之道也!非"自然"之道也,实"自为"之道也!

六 "博文约礼"与"止于至善"

既然"中庸"之道如此"鲜能"甚至"不可能","圣人之道"又非常人所能企及,是否其对于普通人就完全失去价值意义了呢?当然不是。我们在读经典时,要时时注意其表达方式的变化,比如经典讲到"君子"时,常以"小人"反衬,讲到"圣人""仁者"时,又常以"贤人""君子"相辅。正如"登高必自卑,行远必自迩",这分明便是古圣先贤循循善诱、接引我辈之"阶梯"。

比如,孔子说:"君子上达,小人下达。"(《宪问》)这似乎是一句不可捉摸的话,我们会问:怎么"上达"呢?果然孔子在另一处有了回答:"下学而上达。"(同上)如何"下学"呢?且看《论语·雍也》篇:

子曰:"君子博学于文,约之以礼,亦可以弗畔矣夫!"

"畔"者,"叛"也。意思是:君子应该广博地学习文献,并用礼来约束自己的行为，这样也就不至于离经叛道了！孔子分明告诉我们，"博文约礼"就是通往"上达"境界的"下学"之路！"文"和"礼"的博学贯通便是"上达"的阶梯！

上引《中庸》第二十六章最后一句"文王之所以为文也"，显然是强调"文"的重要性，紧接着第二十七章就谈到"礼"：

大哉圣人之道！洋洋乎！发育万物，峻极于天。优优大哉！礼仪三百，威仪三千。待其人而后行。故曰苟不至德，至道不凝焉。故君子尊德性而道问学，致广大而尽精微，极高明而道中庸。温故而知新，敦厚以崇礼。

此章由"人道"而体"天道"，由"至德"而弘"至道"，由"问学"而及"崇礼"，义理深湛，韵味悠长！尤其"尊德性而道问学，致广大而尽精微，极高明而道中庸"三句，真可谓黄钟大吕，振聋发聩！"温故而知新"是谈"学"，而"礼仪三百，威仪三千""敦厚以崇礼"则是谈"礼"。如果说，智、仁、勇这"三达德"乃"入道之门"[25]，那么，"博文约礼"便是"入道之路"！

进而言之，"博学于文"关乎"知"，"约之以礼"关乎"行"。《中庸》第二十章在"五达道""三达德"之后，继而谈"知行"：

或生而知之，或学而知之，或困而知之，及其知之一也；或安而行之，或利而行之，或勉强而行之，及其成功一也。子曰："好学近乎知，力行近乎仁，知耻近乎勇。"

这一章非常重要，后世"知行合一"之教于此呼之欲出！朱子注称："以其分而言：则所以知者知也，所以行者仁也，所以至于知之成功而一者勇也。以其等而言：则生知安行者知也，学知利行者仁也，困知勉行者勇也。盖人性虽无不善，而气禀有不同者，故闻道有蚤莫，行道有难易，然能自强不息，则其至一也。"[26]

在此基础上，就不难理解下面的内容了：

博学之，审问之，慎思之，明辨之，笃行之。有弗学，学之弗能弗措也；有弗问，问之弗知弗措也；有弗思，思之弗得弗措也；有弗辨，辨之弗明弗措也；有弗行，行之弗笃弗措也；人一能之己百之，人十能之己千之。果能此道矣，虽愚必明，虽柔必强。

学、问、思、辨、行，五者一线贯穿，精进不已，勇往直前，其愿力何其大也！《易传》所谓"天行健，君子以自强不息"，正可与此同参。

如果说，"博学于文"可以治"愚""柔""不肖"之病，那么，"约之以礼"则可以医"过""甚""不及"之疾。在《论语》中，孔子对人之"不学""无礼"所造成的弊端多有批评，如：

子曰："……好仁不好学，其蔽也愚；好知不好学，其蔽也荡；好信不好学，其蔽也贼；好直不好学，其蔽也绞；好勇不好学，其蔽也乱；好刚不好学，其蔽也狂。"(《阳货》)

子曰："恭而无礼则劳，慎而无礼则葸，勇而无礼则乱，直而无礼则绞。"(《泰伯》)

这些弊端或过或不及,正是前面所说的"畔",也即悖离中道的状态。《逸周书·武顺解》有云:"天道尚左,日月西移;地道尚右,水道东流;人道尚中,耳目役心。"又说:"天道曰祥,地道曰义,人道曰礼。"这里,"人道尚中"与"人道曰礼"对举,分明是把"中"和"礼"作为"人道"之本了。因此才有"中礼"之说。如《礼记·仲尼燕居》载:

仲尼燕居,子张子贡子游侍,纵言至于礼。子曰:"居!女(汝)三人者,吾语女礼,使女以礼周流,无不遍也。"子贡越席而对曰:"敢问何如?"子曰:"敬而不中礼,谓之野;恭而不中礼,谓之给;勇而不中礼,谓之逆。"子曰:"给夺慈仁。"子曰:"师,尔过;而商也,不及。子产犹众人之母也,能食之不能教也。"子贡越席而对曰:"敢问将何以为此中者也?"子曰:"礼乎礼!夫礼,所以制中也。"

孔子"礼以制中"的思想,可以说是"依乎中庸"的方便法门。荀子也说:"先王之道,人之隆也,比中而行之。曷谓中?曰:礼义是也。"(《荀子·儒效》)又《周礼·地官司徒》载:师氏"掌国中、失之事,以教国子弟。凡国之贵游子弟学焉"。郑玄注:"教之者,使识旧事也。中,中礼者也;失,失礼者也。"言下之意,"中礼"即"得中","失礼"即"失中",此盖"礼以制中"之义也。可见"礼"与"中"的关系是何等密切!

为什么"礼"能"制中"呢?盖因"礼"之制作,本来就是对人之情欲的合理节制，故曰"喜怒哀乐之未发谓之中，发而皆中节谓之和"。而"中""和"之间，仍有高下之分，体用之别，"中"是本体，"和"是末用。故有子说："礼之用，和为贵。"又说："知和而和，不以礼节之，亦不可行也。"说明"和"也有不"中"的情况，必须"以礼节之"，才能恰到好处。

这就把属于宇宙论的"天之道"下降到属于人类学和伦理学的"人之道"了。如此一来，"中庸"之道也就由"不可能"变为了"可能"。西方近代哲学有"物自体"和"绝对理念"之说，陈义虽高，却极易陷入天人二元对立甚至"不可知论"。而儒家哲学则一方面认识到天道之高明悠久，也即"中庸不可能"；另一方面，又坚信天道与人道是上下贯通的，人是可以通过不懈努力，"博文约礼"，"下学上达"，尽性知命，最后达到"赞天地之化育""与天地参"的圣人之境的。——这是多么活泼泼的生命元气和道德智慧！

如果我们把前面所讲的做一番梳理，就会发现，中庸之道实在是含蕴深广，包罗万象，但又百虑一致，殊途同归。正如朱子论《中庸》所说："其书始言一理，中散为万事，末复合为一理，'放之则弥六合，卷之则退藏于密'，其味无穷，皆实学也。"[27]

就其变通与权、与时偕行言，中庸之道与"易道""义权"诸道相通，所谓"从心所欲不逾矩"的"时中"境界，乃是言其"智"；

就其"和而不流""中立不倚""择善固执""拳拳服膺而不失"言，中庸之道又与"为学""修身"诸道相通，所谓"遁世不见知而不悔"，乃是言其"勇"；

就其"博文约礼""以礼制中""至诚尽性""至诚能化""至诚如神"言，中庸之道还与"仁爱""诚敬"诸道相通，关乎中华文明的礼乐精神与天道信仰，乃是言其"仁"。

所以，我们可一言以蔽之：中道者，即善道也！

我的家乡河南，地处中原，有"天之中"之谓，方言中必以"中"言"善"言"好"，正说明中道不唯指向生命智慧，更指向价值理想和审美境界！

职是之故，窃以为，《大学》开篇所谓"止于至善"，正是对"中庸"之道最高境界的完美表达。这四个字，满足了汉语所有的审美期待，凝聚了儒学所有的诠释能量，不仅有"语境"和"情境"，还有"意境"和"理境"，更指向"正在有意无意之间"的"道境"。

以音乐为例，孔子说《关雎》"乐而不淫，哀而不伤"（《八佾》），又说《韶》乐"尽美矣，又尽善也"，正是"依乎中庸"而言之。故所谓"尽善尽美"，其实就是"止于至善"。尤其是"止"字，不仅富含哲理，而且颇有诗意。让人想起苏轼"行于所当行，止于所不可不止"（《文说》）的隽永名言。《说文》释"止"说："止，下基也。象草木出有址，故以止为足。"又，孔颖达疏："在止于至善者，言大学之道，在止处于至善之行。"古有"止足"之道。如老子说："知足不辱，知止不殆，可以长久。"（《老子》第四十四章）《大学》也说："知止而后有定，定而后能静，静而后能安，安而后能虑，虑而后能得。知所先后，则近道矣。"

这里的"知止"极为微妙，它是对"至善"境界的一种坚定信念、切身体证和时时"回向"。这个"止"不是"静止"，也非

"停止",而是不断地接近和一刹那的"达止",因为时、空、人、事无往而不在永恒的变化之中,故"止于至善"就永远是一高悬而不可固执的理想境界,必须"知所先后",方能次第接近,"深造自得"。

这就是为什么《大学》传三章谈"大人之学"时,却从为人处世上立论,说:"为人君,止于仁;为人臣,止于敬;为人子,止于孝;为人父,止于慈;与国人交,止于信。"这里的"止于仁""止于敬""止于孝""止于慈""止于信",正是从"人之道"的角度,去体察"天之道"。因为"天道远,人道迩",故想要体贴"天道",就必须从"人道"开始。所谓"知所先后",其实正是先"近"后"远",先"人"后"天"。

"止于至善",描述的正是中庸"其至矣乎"的博厚、高明、悠久的"道境",至大无外,至小无内,无远弗届,百世不惑!

正是有了"止于至善"的"中庸"之道,才使"淡于宗教"的中华文明拥有了一种近乎"终极追问"的信仰境界和哲学高度,从而与西方文明、印度文明鼎足而三,共同完成了"轴心时代"的"哲学突破",得以数千年屹立于世界东方而不倒,虽历经千劫百难而终能化险为夷,一往无前,不绝如缕。

行文至此,不禁欲大声一呼:呜呼!善哉,中庸之为德也!美哉,中庸之为道也!

1. 瞿秋白《鲁迅杂感选集序言》:"旧势力的虚伪的中庸,说些鬼话来搀杂在科学里,调和一下,鬼混一下,这正是它的诡计。""他(鲁迅)的现实主义,他的打硬仗,他的反中庸的主张,都是用这种真实,这种反虚伪做基础。"
2. 此诸说皆出自鲁迅。见于《最艺术的国家》《我来说持中的真相》《由中国女人的脚,推定中国人之非中庸,又由此推定孔夫子有胃病》等杂文。其中,鲁迅在《华盖集通讯二》中的批评尤其猛烈,他说:"遇见强者,不敢反抗,便以'中庸'这些话来粉饰,聊以自慰。所以中国人倘有权利,看见别人奈何他不得,或者有'多数'作他护符的时候,多是凶残横恣,宛然一个暴君,做事并不中庸;待到满口'中庸'时,乃是势力已失,早非'中庸'不可的时候了。因此,所谓中庸,其实乃是卑怯。"参《鲁迅全集》第3卷,北京:人民文学出版社,1981年。
3. 《鲁迅全集》第5卷,第86页。
4. 鲁迅:《由中国女人的脚,推定中国人之非中庸,又由此推定孔夫子有胃病》,《鲁迅全集》第4卷,第507页。
5. [宋]朱熹:《四书章句集注》,第19页。
6. [清]王先谦:《荀子集解》,第50页。
7. [宋]朱熹:《四书章句集注》,第17页。
8. 杨伯峻:《论语译注》,北京:中华书局,2009年,第18页。

9 刘强:《论语新识》,第54页。

10 伏尔泰这样评价孔子:"我读孔子的许多书籍,并作笔记,我觉着他所说的只是极纯粹的道德,既不谈奇迹,也不涉及玄虚。"(《哲学辞典》)并写诗赞美孔子:"他谦虚地探索,让人不要迷失于世界,让精神被理性之光照亮,他只用智者的身份说话,而不是站在先知的角度,然而我们相信他,在他自己的国家也是这样的。"

11 《胡适来往书信选》上册,北京:中华书局,1979年,第356页。

12 [宋]王阳明:《月夜二首》其二。

13 [宋]朱熹:《四书章句集注》,第20页。

14 [宋]朱熹:《四书章句集注》,第357页。

15 [宋]朱熹:《四书章句集注》,第15页。

16 [宋]朱熹:《四书章句集注》,第18页。

17 [清]王夫之:《读四书大全说》,北京:中华书局,1975年,第61页。

18 [明]王阳明:《传习录上》,《三阳明全集》卷一,第19—20页。

19 钱穆:《论语新解》,第344—345页。

20 [宋]朱熹:《四书章句集注》,第19页。

21 [宋]朱熹:《四书章句集注》,第22页。

22 《中庸》第二十章:"天下之达道五,所以行之者三:曰君臣也,父子也,夫妇也,昆弟也,朋友之交也:五者天下之达道也。知、仁、勇三者,天下之达德也,所以行之者一也。"

23 如《老子》第七十七章:"天之道,损有余而补不足。人之道则不然,损不足以奉有余。孰能有余以奉天下,唯有道者。是以圣人为而不恃,功成而不处,其不欲见贤。"又《庄子·天道》:"天道运而无所积,故万物成;帝道运而无所积,故天下归;圣道运而无所积,故海内服。明于天,通于圣,六通四辟于帝王之德者,其自为也,昧然无不静者矣。圣人之静也,非曰静也善,故静也;万物无足以铙心者,故静也。水静则明烛须眉,平中准,大匠取法焉。水静犹明,而况精神!圣人之心静乎!天地之鉴也;万物之镜也。夫虚静恬淡寂漠无为者,天地之平而道德之至,故帝王圣人休焉。"荀子批评庄子"蔽于天而不知人"(《荀子·解蔽》),不为无因。

24 钱穆:《四书释义》,第292页。

25 朱熹:"盖此篇大旨,以智仁勇三达德为入道之门。故于篇首,即以大舜、颜渊、子路之事明之。舜,知也;颜渊,仁也;子路,勇也:三者废其一,则无以造道而成德业。"[宋]朱熹《四书章句集注》,第22页。

26 [宋]朱熹《四书章句集注》,第29页。

27 [宋]朱熹《四书章句集注》,第17页。

第十讲 治平之道（上）

孔子哲学的核心是仁学，其谈治国之道，也以仁德为基础，故首倡『德治』。

儒家的法治思想并不比法家为少，只不过它不是落实在『法』上，而是依托在『礼』上。

道家的『无为』是向外求，强调顺应自然规律，不要胆大妄为、胡作非为，有着『自然主义』的倾向。儒家的『无为』则是向内求，『恭己正南面』是说先要『修己以敬』，然后才能『修己以安百姓』，明显是『人文主义』的旨趣。

有人动辄以『民主』理念厚诬古人，说儒家虽然有『民本』思想，却与今天追求的『民主』无关，所以腐朽和落后。这种完全不顾历史与逻辑的谬论，就像要求刚学会放风筝的古人必须造出飞机一样可笑。

所谓"治平之道",其实就是《大学》所说的"治国平天下"之道,亦可称为"为政之道"。《庄子·天下》篇说:"是故内圣外王之道,暗而不明,郁而不发,天下之人,各为其所欲焉,以自为方。"其中"内圣外王"四字,虽出自道家,却与道家无涉,而成了对儒家所追求的理想境界的一种最佳概括。

如果说,我们前面所讲的为学、修身、孝悌、忠恕、仁爱、义权、诚敬、正直诸道,皆属于"内圣"的修养工夫,那么"治平"则是通向"外王"的治理之道。相比佛、道两家更多关注"治心"或"治身",给人以"出世"之感,儒家则强调"入世",不仅关注"治心"与"治身",还将其由内而外、由小及大、由近至远地不断推扩,从而与"治世"的现实抱负连成一片、融为一体。儒家的这种经世致用的理想,看似不如佛、道两家超脱高蹈,但平心而论,却也正是儒家最有价值担当、最让人感动的地方。

孔子不仅是伟大的思想家、教育家,还是杰出的政治家。他在五十一岁到五十五岁的几年间,先后担任鲁国的中都宰、司空和司寇,并且一度兼摄相事;在孔子的治理下,鲁国的内政外交皆有重大进步,颇有"中兴"之象。后因受到鲁国三桓之家的排挤,堕(同隳)三都不利,又加"齐人归女乐,季桓子受之,三日不朝"

(《微子》),孔子这才负气出走,踏上了长达十四年的周游列国之旅。孔子曾感叹:"如有用我者,吾其为东周乎?"(《阳货》)可见其一度有着复兴东周的伟大抱负,只可惜当时礼坏乐崩,天下无道,孔子未能得到充分施展政治才能的机会。

不过,作为一个具有淑世情怀和人类关怀的思想家,孔子一生都在思考和探索最为优良、高效、可大可久的治平之道。这些思考和探索,涉及东方古典政治哲学的方方面面,至今仍有着重要的理论价值和现实意义。

一 "为政以德"与"无为而治"

我们知道,孔子哲学的核心是仁学,其谈治国之道,也以仁德为基础,故首倡"德治"。所谓"德治",乃是自上而下的一种道德教化。《论语·为政》篇首章即载:

子曰:"为政以德,譬如北辰,居其所而众星共之。"

孔子说:"为政者用道德来治理国家,就像北极星一样,安居其位,而众星自然环绕拱卫着它。"这是孔子最为重要的施政纲领,也是今天"以德治国"说的滥觞。不过,今人将"以德治国"理解为要用道德治理百姓,甚至有人竟主张给老百姓建立"道德档案",完全无视其中包含的为政者先须有德之义,实在是莫大的误读。

我们在讲正直之道时已经强调过欲"正人"先"正己"、欲"治人"先"治己"的道理。说明端正己身不仅是修身之道，也是为政之道。只有为政者德在己身，率先垂范，才能领袖群伦，平治天下。尤可注意者，这里的"居其所而众星共之"，是一富有哲理和诗意的比喻，隐含着一种"无为而治"的思想。何晏《论语集解》引包咸注称："德者无为，犹北辰之不移而众星共之。"朱熹《集注》亦称："政之为言正也，所以正人之不正也。德之为言得也，得于心而不失也。……为政以德，则无为而天下归之，其象如此。"又引程语："为政以德，然后无为。"范祖禹也说："为政以德，则不动而化、不言而信、无为而成。"[1]皆为其证。

或以为"无为而治"出自黄老之学，其实不然。须知孔子乃道大德全的"圣之时者"，其思想涵摄儒道，兼综百家，无适无莫，圆融无碍。通常认为，孔子是儒家学派的创始人，殊不知，这样的"门户之见"也把孔子思想的博厚广大给人为遮蔽了。别的不说，"无为而治"四字最早就出自《论语》：

子曰："无为而治者，其舜也与！夫何为哉？恭己正南面而已矣。"（《卫灵公》）

这里的"无为而治"，正是"为政以德"的另一种表达，而"恭己正南面"，不就是"居其所而众星共之"吗？作为儒家"德治"的理想追求，"无为而治"与道家的"道常无为，而无不为"（《老子》第三十七章）不同。道家的"无为"是向外求，强调顺应自然规律，不要胆大妄为、胡作非为，好比今天所谓"不折腾",有着"自然主义"的倾向。儒家的"无为"则是向内求,"恭己正南面"是说先要"修己以敬",然后才能"修己以安百姓",明显是"人文主义"的旨趣。

进一步说,儒家的"无为而治"是强调"对人无为,对己有为",是要为政者在"为己之学"上痛下功夫,真正做到"有诸己而后求诸人,无诸己而后非诸人"(《大学》传九章),也即要严以律己,宽以待人。在孔子所敬仰的圣王序列中,尧、舜、禹都是"无为而治"的典范。《论语·泰伯》篇载:

> 子曰:"巍巍乎!舜、禹之有天下也,而不与焉。"

孔子称赞大舜和大禹盛德广大,虽然他们拥有天下,却从不参与享受天下。因为他们不把天下当作一己之私,能以"天下为公",所以才能实现"无为而治"。同篇孔子又赞美尧的丰功伟绩:

> 子曰:"大哉尧之为君也!巍巍乎!唯天为大,唯尧则之。荡荡乎!民无能名焉。巍巍乎其有成功也!焕乎其有文章!"

尧帝之所以伟大,正因其能则天法地,大公无私。"民无能名焉",是说百姓面对如此高天厚地之德,简直不知道该用什么名目来称扬其伟大。

由此可知,尧帝之德又在舜、禹之上,非唯"无与天下",甚且"则天齐天";非唯"无私",亦且"无我"!为什么原始儒家要赞美三代之治,称扬先王之道?归根结底是为了树立"无为而治"

的典范，规劝甚至鞭策当政者"为政以德"，不要争权夺利、祸国殃民。儒家的理想主义不是虚无缥缈的高头讲章，而是以解决现实的治理问题为出发点的。从这一角度去理解孔子"政者正也"的教言，则一切滞义无不豁然贯通：

季康子问政于孔子。子曰："政者，正也。子帅以正，孰敢不正？"（《颜渊》）

季康子患盗，问于孔子。孔子对曰："苟子之不欲，虽赏之不窃。"（《颜渊》）

子曰："苟正其身矣，于从政乎何有？不能正其身，如正人何！"（《子路》）

子曰："其身正，不令而行；其身不正，虽令不从。"（《子路》）

"其身正，不令而行"，不正是"为政以德""无为而治"的意思吗？可以说，孔子的"德治"是以澄明的理性为基础的，其含义有三：其一，承认社会的优良治理离不开一个为政者（即"君"或者"政府"），这就避免堕入颟顸无礼的"无君论"或"无政府主义"窠臼。其二，把为政者与普通百姓一视同仁，无论出身贵贱，地位高低，都是"为己之学"的主体，都有修身正己的义务。其三，为政者因为位高权重，更须立德修己，做好榜样，如此上行下效，方可使天下祥和，国泰民安。仔细品味，其中似乎蕴含着一种不易觉察的"平等"观念。

美国学者顾立雅（Herrlee Glessner Creel，1905—1994）就曾指出："孔子是不会同意《独立宣言》中'所有人生来平等'的主张的。但他会同意1789年《法国人权和公民权宣言》中的主张,即:人'在他们的权利方面是平等的'。"[2]孔子的权利观不是政治或法律意义上的,而是道德和伦理意义上的。换言之,孔子绝不认为,一个身居高位的人就可以拥有不"修身"的权利,在"修身"也即立德的方面,天子和庶人是"权利平等"的。

所以,"为政以德"四字,实蕴含着一种本末、先后、主次的内在关系——"德"为本,"政"为末;"治己"在先,"治人"在后。无论是谁,只要身处治国为政的位置上,就必须以德服人,而不是以权势压人,苛政虐人。《大学》所谓"自天子以至于庶人,壹是皆以修身为本,其本乱而末治者,否矣",正此意也!

如果要说"德治"有什么偏颇的话,或许在于其过分依赖为政者的德行,而疏于制度建设,容易带来"人存政举,人亡政息"的弊端。《中庸》第二十章孔子说:

> 文武之政,布在方策。其人存,则其政举;其人亡,则其政息。人道敏政,地道敏树。夫政也者,蒲卢也。故为政在人,取人以身,修身以道,修道以仁。……知所以修身,则知所以治人;知所以治人,则知所以治天下国家矣。

这种"为政在人"的"德治"思想很容易被现代人诟病为"人治"。不过,当我们批评古人时,首先应对其思想全貌有一总体了解,方可下结论。换言之,如果孔子只重道德教化,不重制度安排,那孔子就不足以言伟大。正如前辈学者萧公权先生所说:"孔子虽谓为政在人,非即谓为政不必有制……非以人治代替法治,

乃寓人治于法治之中，二者如辅车之相依，如心身之共运"。³

事实上，儒家的法治思想并不比法家为少，只不过它不是落实在"法"上，而是依托在"礼"上。儒家的治理之道固然是以"德治"为先，但诚如上文所说，如果仅有"德治"，则极易成为"人治"，所以，还必须辅之以更具制度效用的"礼治"与"刑政"。

二　"礼治"与"刑政"

"礼治"和"刑政"，也是孔子治道思想的重要组成部分。其核心理念有二：一是"礼让为国"，一是"德主刑辅"。《论语·里仁》篇载：

> 子曰："能以礼让为国乎？何有！不能以礼让为国，如礼何！"

"礼让为国"，也即"以礼治国"，其实就是"礼治"。孔子之学，首先是"仁"，其次是"礼"。所谓"礼"，大而言之，乃是中华文化之价值理想与典章制度的总和，是人禽之辨和宗教信仰的基础；小而言之，则是养成君子的修养工夫，也是化民成俗的制度设计。

一般而言，人类社会的特征是：求利必争，尊礼能让。孔子说："君子无所争。"（《八佾》）说的正是"礼让"。"礼让"不仅是君子修身之道，也是为政治国之道。人无礼让，肆无忌惮；国无礼让，必生祸乱。因为礼之本在仁，故"礼治"的内核仍是"德治"。相比之下，两者又有内外之别，"德治"内敛，用于"治己"；"礼治"外显，功在"治人"。不过，与"德治"一样，"礼治"也是自上而下的。孔子说："上好礼，则民易使也。"（《宪问》）正是"其身正，不令而行"的另一种表达。

我们知道，孔子精熟三代之礼，而于周礼尤为推重，盖因周公制礼作乐时，充分借鉴了夏、商二代之礼并有所损益，故能后来居上，使周王朝绵延八百余年。孔子说："周鉴于二代，郁郁乎文哉！吾从周。"（《八佾》）又说："殷因于夏礼，所损益可知也；周因于殷礼，所损益可知也；其或继周者，虽百世可知也。"（《为政》）这些说法，看似谈礼，其实也是论政。"百世可知"，看似夸张，实则立足历史，鉴往知来，最为深切著明。当然，这里的"礼治"，也包括"乐"，是整个礼乐文化的总称。《礼记·乐记》说："故礼以道其志，乐以和其声，政以一其行，刑以防其奸。礼乐刑政，其极一也，所以同民心而出治道也。"又说："治世之音安以乐，其政和。乱世之音怨以怒，其政乖。亡国之音哀以思，其民困。声音之道与政通矣！""是故审声以知音，审音以知乐，审乐以知政，而治道备矣！是故不知声者不可与言音，不知音者不可与言乐，知乐则几于礼矣！礼乐皆得谓之有德。德者，得也。"这就把"礼治""乐教"与"德治"一脉贯通、涵融无间了。

说到"礼治"与"刑政"孰轻孰重，孔子也有精彩发挥。《论语·为政》载：

子曰："道之以政，齐之以刑，民免而无耻；道之以德，齐之以礼，有耻且格。"

这里，孔子提出了"德""礼""政""刑"四个概念。其中"道之以德"即"德治"，"齐之以礼"即"礼治"，"刑"与"政"合在一起，差不多相当于"法治"。孔子认为，用政令和刑罚来治理国家，属于"治标不治本"，民众虽然因为畏惧刑罚而遵纪守法，可暂免于刑戮之灾，却毫无羞耻之心；用道德和礼义来教化引导，才能够"标本兼治"，让百姓"有耻且格"。简言之，刑、政虽有效，却属于外在的"他律"；通过德、礼的潜移默化，则可唤起人人本心自具的道德感，形成内在的"自觉"和"自律"。只有德与礼相辅相成，方可形成优良治理。正如《大戴礼记》所说："凡人之知，能见已然，不能见将然。礼者禁于将然之前，而法者禁于已然之后。"这正是古典政治学中儒家与法家的分野。

这一为政之道，亦为西方政治学者所认可。法国思想家孟德斯鸠（1689—1755）就说："人民有品德便可以简化刑罚……如果一个国家，刑罚并不能使人产生羞耻之心的话，那就是由于暴政的结果，暴政对恶棍和正直的人使用相同的刑罚。"[4]

孔子的德礼之治，一言以蔽之，就是"德主刑辅"。孔子说："圣人之治化也，必刑政相参焉。大（太）上，以德教民，而以礼齐之；其次，以政道民，而以刑禁之。化之弗变，道之弗从，伤义以败俗，于是乎用刑矣。"（《孔子家语·刑政》）也就是说，治国当以德礼并重的教化为主，不到万不得已，绝不动用刑罚。"没有消极的惩罚，只有积极的典范；没有让人民不去做什么的严厉规定，只有让他们应该去做什么的说服教育；没有用恐吓来统治的强权国家，只有一个协作性的共同富强的国家。在这样一个国度里，统治者与被统治者之间存在着相互理解和善良意志。在这一点上，孔子与最现代的民主理论是一致的。"[5]

在《论语·颜渊》篇中，孔子表达了他对理想治理的向往：

子曰："听讼，吾犹人也。必也使无讼乎！"

孔子说："审理官司诉讼，我与普通人或许差不多。一定要使天下没有诉讼官司才好啊！"孔子此言，显然不是站在法官的职业立场——法官恐怕是希望诉讼越多越好的——而是站在一个哲学家或者智者的立场立论。你可以说这样的想法太过天真和浪漫，但如果没有这种"知其不可而为之"的精神，孔子也就不是孔子了。

怎么才能使天下"无讼"呢？当然不是靠严刑峻法，而是要让百姓明伦知礼，"有耻且格"。且看《论语·子张》篇的一则故事：

孟氏使阳肤为士师，问于曾子。曾子曰："上失其道，民散久矣。如得其情，则哀矜而勿喜。"

鲁国的大夫孟孙氏让曾子的弟子阳肤作"士师"（相当于法官），阳肤在就任前向老师曾子请教。曾子说："当今之世，在上位者背离正道，老百姓离心离德已经很久了。你断案时如能查出犯人犯罪的实情，也应同情可怜他们，不要沾沾自喜。"深得孔子真传的曾子显然认为，百姓无德以至违法犯罪，根源在于统治者无道，没有"道之以德，齐之以礼"。如果百姓犯了罪，绝不是法官的光荣，你不仅不该高兴，反而应该难过哀矜，甚至引咎自责。

在儒家的政治思想中，与"无讼"的理想相应的，是先王秉承的一种"罪己"精神。《论语·尧曰》篇载，商汤求雨时就对天帝祷告说："朕躬有罪，无以万方；万方有罪，罪在朕躬。"英明神武的周武王也说过："百姓有过，在予一人。"想想看，这是上古圣王的一种何其伟大的盛德与担当！又，《尚书大传·周传》引孔子语："古之听民者，察贫穷，哀孤独矜寡，宥老幼不肖无告，有过必赦，小过勿增，大罪勿累，老弱不受刑，有过不受罚。故老而受刑谓之悖，弱而受刑谓之凌，不赦有过谓之贼，逆率过以小谓之枳。故与其杀不辜，宁失有罪；与其增以有罪，宁失过以有赦。""听讼虽得其指，必哀矜之。死者不可复生，断者不可复续也。《书》曰：'哀矜折狱。'"（《孔子集语》卷十）

这些论说只要稍加品味，应该不难体会其中的仁民爱物、悲天悯人之情。所以，古代每遇重大灾难，开明的帝王常常会下一道"罪己诏"，谴责自己无德无能，致使生灵涂炭，这种自反、自讼、自罪的精神，今日观之，尤为令人动容！当统治者只知道为自己歌功颂德时，常常也就与真正的"德治"相去甚远了！

众所周知，古代有"礼不下庶人，刑不上大夫"之说，常常成为今人攻击古代等级制度的口实。殊不知，此言不仅涉及礼与刑的边界问题，而且有着丰富的文化内涵和治道价值。《礼记·曲礼上》的原文是："国君抚式，大夫下之；大夫抚式，士人下之；礼不下庶人。刑不上大夫，刑人不在君侧。"意思是：国君坐车与大夫坐车相遇，国君扶式致意即可，大夫则须下车行礼。大夫坐车与士相遇，大夫扶式致意即可，士则须下车行礼。而庶人则不必拘于这种礼法。污辱性的刑罚不能用在大夫身上，行刑的人不宜在国君左右。

所谓"礼不下庶人"，据《孔子家语·五刑解》的解释，是"以庶人遽其事而不能充礼，故不责之以备礼也"。"刑不上大夫"，据郑玄注称："不与贤者犯法，其犯法，则在八议轻重，不在刑书。"言下之意，因礼制繁琐，大夫应当遵行，庶人则可从简随宜；而刑罚严峻，大夫若犯罪，可令其自裁，以存其颜面，免受刑罚之辱。这样因人而异的制度安排并非袒护大夫，歧视庶人，而是宽严相济，恩威并施，完全符合经权之道，有着很高的政治智慧。

孟德斯鸠在《论法的精神》中说："在君主国，仁慈比较必要，因为这种国家是用荣誉来治理的，而荣誉所要求的常常正是法律所禁止的。在这种国家里，羞辱就等于刑罚，甚至裁判的形式就是刑罚。……羞辱和财产、信用、习惯、享受的丧失——这种丧失常是想象的——对大人物们已经是很重的刑罚，所以对于他们，酷刑是不需要的。酷刑只能失去臣民对君主的爱戴，失去对职位应有的敬重。"[6]这与儒家"为人君，止于仁"以及"刑不上大夫"的思想是完全一致的。

正因为对于士大夫而言，"羞辱就等于刑罚"，所以，明朝发明的"廷杖"之刑，其实就是"刑必上大夫"，彻底践踏了士大夫的"荣誉"和"尊严"，因而成为古代极权政治最为酷恶残暴的缩影。所以，相比法家的刻薄寡恩，儒家的"德主刑辅"显然是更具人道情怀的政治思想和治理之道。

三 "民本"与"仁政"

除了把"德治"和"礼治"作为总体的治理原则,儒家的治平之道还必须回答"君"和"民"的关系问题。以往有一种比较流行的观点,认为孔子的政治思想是为统治者服务的,所以才会为历代帝王所利用。如鲁迅就说:"不错,孔夫子曾经计划过出色的治国的方法,但那都是为了治民众者,即权势者设想的方法,为民众本身的,却一点也没有。"(《在现代中国的孔夫子》)果真如此吗?且看下面这段话:

子曰:"道千乘之国,敬事而信,节用而爱人,使民以时。"(《学而》)

这段话显然是对"君"所言,但其出发点却是为了"民"。孔子让统治者要节制财用,爱护百姓,即便使用民力也要根据时令,以免贻误农时,劳民伤财,这不是为民众考虑是什么呢?想当年,有学者为赶"批孔"之潮流,处心积虑地在文字学上做文章,说这里的"人"和"民"各有所指:"人"是指"奴隶主贵族","民"是指"奴隶"。因此,孔子"对'人'(奴隶主)的态度是'爱',对于'民'(奴隶)的态度是'役使'。"[7]这种只给文字做神奇的"阶级分析",完全不顾古汉语修辞本有"错综"之法的思路,固然毫不费力地把孔子划到了奴隶主的帮凶一边,却也把好好的学问思想给讲歪了,把宅心仁厚的圣贤给抹黑了!在一些惯会"批判"

的学者心目中，似乎统治者天生代表邪恶，一上台就应该被推翻；既然孔子没有鼓动民众推翻他们，那他就活该被钉在"帮凶"的耻辱柱上永世不得翻身；孔子的思想既然被坏的统治者所利用，就说明他的思想一定很坏，完全不顾就算是坏人也需要好东西的事实！古语说："天无私覆，地无私载，日月无私照。"（《礼记·孔子闲居》）天地日月廓然大公，不会因你是好人而偏袒，也不会因你是坏人而舍弃。我们总不能因为阳光也照在坏人身上，或者阳光也被坏人所利用，就说太阳是坏的吧？这样颠颠无理、完全经不起推敲的思维和逻辑，竟然发生在不少学者身上，实在让人无话可说。

那么，孔子到底是怎样看待"君民"关系的呢？我们且看下面这个故事：

季康子问政于孔子曰："如杀无道，以就有道，何如？"孔子对曰："子为政，焉用杀？子欲善，而民善矣！君子之德，风；小人之德，草；草上之风，必偃。"（《颜渊》）

季康子是孔子晚年鲁国实际的执政者，其话语中流露出的权力的傲慢和刻薄一望可知。如果孔子是他的帮凶，随声附和即可，孔子却予以毫不留情的驳斥。"子为政，焉用杀"六字，真如当头棒喝，足以振聋发聩。这是孔子对暴政和苛政的严正控诉！"君子之德，风；小人之德，草；草上之风，必偃"，可与"譬如北辰，居其所而众星共之"并参，都是用生动的比喻描述"德治"所形成的示范效应。"风"与"草"、"北辰"与"众星"的关系，其实就是"君民"关系的缩影。这一关系虽然有上下、主从之别，但总体上是自然的，也是和谐的。《礼记·哀公问》的一则材料非常清楚地说明了这一点：

哀公问政。孔子曰："政者，正也。君为政，则百姓从政矣。君之所为，百姓之所从也。君所不为，百姓何从？"

根据"政者正也"的大前提，则这里的"君为政，百姓从政"，完全可以理解为"君为正，百姓从正"。换言之，君若为"不正"，则百姓必从而为"不正"矣！这就是俗话所说的"上梁不正下梁歪"!《论语》中多次说到良好的君民关系所带来的"榜样"力量与"归附"效应：

叶公问政，子曰："近者说，远者来。"(《子路》)
子曰："上好礼，则民莫敢不敬；上好义，则民莫敢不服；上好信，则民莫敢不用情。夫如是，则四方之民襁负其子而至矣。"(《子路》)
孔子曰："……远人不服，则修文德以来之。"(《季氏》)

我们知道，春秋时期，天下共主，诸侯各自为政，彼此之间的人口流动，并无严格的国籍和户籍限制，故一国得治，则周边百姓闻风归附，千里投奔，相当于今之所谓"用脚投票"。故一个好的君主，真的可以形成"众望所归"的局面，孟子对此有一个生动的比喻——"民望之，若大旱之望云霓也"(《梁惠王下》)。毫无疑问，孔子的治平之道完全是以"民心向背"为基础的，怎么能说与民众无关呢?

因为主张"德治"和"礼治",孔子才会坚决反对"暴政"和"苛政"。他不仅发出过"苛政猛于虎"[8]的呐喊,斥责过主张"使民战栗"的宰予[9],也提出过"尊五美,屏四恶"的执政方针:

子张问于孔子曰:"何如斯可以从政矣?"子曰:"尊五美,屏四恶,斯可以从政矣。"子张曰:"何谓五美?"子曰:"君子惠而不费,劳而不怨,欲而不贪,泰而不骄,威而不猛。"子张曰:"何谓惠而不费?"子曰:"因民之所利而利之,斯不亦惠而不费乎!择可劳而劳之,又谁怨?欲仁而得仁,又焉贪?君子无众寡,无小大,无敢慢,斯不亦泰而不骄乎!君子正其衣冠,尊其瞻视,俨然人望而畏之,斯不亦威而不猛乎!"子张曰:"何谓四恶?"子曰:"不教而杀谓之虐,不戒视成谓之暴,慢令致期谓之贼;犹之与人也,出纳之吝,谓之有司。"(《尧曰》)

其中,"因民之所利而利之"的主张,"不教而杀谓之虐,不戒视成谓之暴,慢令致期谓之贼"的告诫,无不是站在"民"的立场上对"君"提出的严正警告。只要我们不带偏见,设身处地去体贴经典,就不难从孔子的话中感受到他满满的爱民之情。

《尚书·夏书·五子之歌》有云:"民可近,不可下。民惟邦本,本固邦宁。"《荀子·大略》也说:"天之生民,非为君也。天之立君,以为民也。"又《榖梁传》:"民为君之本。"此皆儒家"民本"思想的真实反映。有人动辄以"民主"理念厚诬古人,说什么儒家虽然有"民本"思想,却与今天追求的"民主"无关,所以腐朽和落后。这种完全不顾历史与逻辑的谬论，就像要求刚学会放风筝的古人必须造出飞机一样可笑！有的人一方面假定社会是不断进步的，一方面又指责古人的落后，这种貌似"一分为二"的"双重标准"最是肤浅狂妄、自相矛盾！试问，难道在"民主"的时代，"民本"的思想就完全无效了吗？以"民主"否定"民本"，不啻以枝叶的繁茂去嘲笑大地和树根！其中的荒谬滑稽，一目了然，何劳辞费？

孔子"德治""民本"的思想深深影响了孟子，后者提出了著名的"民贵君轻"说：

民为贵，社稷次之，君为轻。是故得乎丘民而为天子，得乎天子为诸侯，得乎诸侯为大夫。诸侯危社稷，则变置。(《尽心下》)

孟子还主张"与民同乐"："乐民之乐者民亦乐其乐，忧民之忧者民亦忧其忧。乐以天下，忧以天下。"(《梁惠王下》)至此，孟子已将孔子对"君民关系"的未尽之意阐述完备。

孟子更进一步提出"仁政"学说，主张"王道"，反对"霸道"。他对梁惠王说："亦有仁义而已矣，何必曰利？"又说："王如施仁政于民，省刑罚，薄税敛，深耕易耨，壮者以暇日，修其孝悌忠信，入以事其父兄，出以事其长上，可使制梃以挞秦楚之坚甲利兵矣。""保民而王，莫之能御也。"(《梁惠王上》)孟子还说："三代之得天下也以仁，其失天下也以不仁。国之所以废兴存亡者亦然。天子不仁，不保四海；诸侯不仁，不保社稷；卿大夫不仁，不保宗庙；士庶人不仁，不保四体。今恶死亡而乐不仁，是犹恶醉而强酒。"(《离娄上》)"不仁而得国者,有之矣;不仁而得天下者,未之有也。"(《尽心下》)孟子的"仁政"理论,不仅对于"上下交征利"的战国时期具有警世作用,即使在今天也有着"放之四海而皆准"的普适意义。

萧公权先生说:"孔子的全部政治学说,从根本到枝节,都以'人'为其最高、最后和最直接的对象或目的。在他的学说当中,政治生活是人性的表现,是人性发展的过程,是人类活动的结果,是满足人类要求的努力。我们尽可套用美国故总统林肯的名言,把孔子的学说称作'人治、人享、人有'的政治观。因为孔子的理想托基于人的本身,所以他绝无追求玄虚理想而牺牲人类实际利益的错误。在今日狂热、冷酷、横暴、险诈风气流行的世界当中,许多人早已忘记了人的尊严,甘愿把成千上万的人用作少数仇恨者或野心家的工具。我们重温孔子人本政治的妙义,仿佛听见了清晓的钟声,发人深省。假如孔子生当今世,他一定有更恳切入时的主张,以与灭绝人性的暴政相抗。"[10]诚哉斯言也!

1 ［宋］朱熹:《四书章句集注》,第53页。

2 （美）顾立雅:《孔子与中国之道》,高专诚译,郑州:大象出版社,2014年,第158页。

3 萧公权:《中国政治思想史》,北京:商务印书馆,2011年,第78页。

4 （法）孟德斯鸠:《论法的精神》,张雁深译,北京:商务印书馆,2019年,第100、101页。

5 （美）顾立雅:《孔子与中国之道》,第151页。

6 （法）孟德斯鸠:《论法的精神》,第112—113页。

7 冯天瑜:《孔丘教育思想批判》,北京:人民出版社,1975年,第31页。赵纪彬《论语新探》中《释人、民》一文亦持此一观点。

8 《礼记·檀弓下》:"孔子过泰山侧,有妇人哭于墓者而哀。夫子式而听之,使子路问之,曰:'子之哭也,壹似重有忧者。'而曰:'然;昔者吾舅死于虎;吾夫又死焉;今吾子又死焉。'夫子曰:'何为不去也?'曰:'无苛政。'夫子曰:'小子识之;苛政猛于虎也!'"

9 《论语·八佾》:"哀公问社于宰我,宰我对曰:'夏后氏以松,殷人以柏,周人以栗。曰:使民战栗。'子闻之,曰:'成事不说,遂事不谏,既往不咎。'"

10 萧公权:《中国政治思想史》,第980页。

第十一讲 治平之道（下）

儒家视野中的『君民』关系建立在『民本』思想的基础上，故有『富民』『教民』与『信民』之主张。

因为关注『小人』的利益，孔子最反对统治者横征暴敛，鱼肉百姓。

孔子把『正名』放在治国之道的『重中之重』，有着基于天下和人类社会优良治理的更为深广的忧思。

虽然先秦儒家并未提出所谓『民治』或『民主』等概念，但其制度设计中蕴含着与现代政治文明相通的治理之道，应该是不争的事实。

『平治天下』指向的是整个人类文明共同体的多元与和谐、共生与共荣，这种超越时空限制的治道理想，恰恰是中华文明既『早熟』又『晚熟』的重要原因。

一 "富民""教民"与"信民"

前面说过,儒家视野中的"君民"关系是建立在"民本"思想基础上的。但"以民为本"作为一个主导思想,不能只停留在理论上,还必须付诸实践。具体而言,包括"富民""教民"与"信民"三个方面。

(一)"富民"

一般而言,儒家在涉及财利时,强调"义利之辨",主张"见利思义""富而好礼",大体上有一种"重义轻利""贱货贵德"甚至"以义为利"的倾向,以至于今人往往认为,儒家思想中缺乏经济智慧,故发育不出市场经济和商业社会。这种观点似是而非,实在经不起推敲,因为它只看到了"新教伦理"如何作用于近代以来西方资本主义的崛起,却完全无视在"儒教伦理"的影响下,中国民间社会同样不乏"商人精神",以及从汉、唐一直到明、清,中国的经济总量一直领先世界这一基本史实[1]。

要知道,无论是先秦儒家还是后世儒家,都不排斥经济和商贸。孔子的弟子子贡就因擅长"货殖","亿则屡中"(《先进》),终于成为第一代"儒商";荀子也撰有《富国》一文,专门讨论宏观经济问题；北宋变法的王安石就以精通经济著称，苏轼也在奏疏中多次论述如积欠、漕运、税制、水利、公费预算等经济问题。类似例子，不胜枚举。日本现代企业之父涩泽荣一也可谓"儒商"，他一生服膺孔子和《论语》，将儒道与商道结合得恰到好处，晚年撰写《论语与算盘》一书，深入阐发陶铸"士魂商才"的道理。他说："我认为，所有书籍，只有《论语》才是最能培养士魂底蕴的根本。……商才是以道德为本的。没有道德的商才，绝对称不上是商才。因此商才离不开道德，因而就只能靠论述道德的《论语》来提高自身修养了。……我一生都尊崇圣人孔子的教导，把《论语》当成一生的必修课。""在我看来，算盘因有了《论语》而打得更好；而《论语》加上算盘才能让读者悟出真正的致富之道，它们二者息息相通，缺一不可。"[2]似此，皆可证儒学与财经商业之内在关系。

我们在讲"义权之道"时，已经对"君子喻于义，小人喻于利"做过"现代性"的诠释，指出孔子的本义是说：在上位的君子因不缺财利，故应当晓于仁义以化民；在下位的小人因为财利易被剥夺，故应当通晓获利之道。换言之，"见利思义"是对"君子"阶层的道德要求，正如"礼不下庶人"一样，孔子从来没有剥夺"小人"或"民"追求财富的权利！

正因为关注"小人"的利益，孔子才最为反对统治者的横征暴敛，鱼肉百姓。《论语·先进》篇载：

季氏富于周公，而求也为之聚敛而附益之。子曰："非吾徒也，小子鸣鼓而攻之，可也！"

此事发生在孔子归鲁后不久,当时冉求任季氏宰,他为季氏大肆聚敛,致使季氏富比周公。孔子盛怒之下,竟要将冉求逐出师门!孟子后来引用了这个故事,说:"由此观之,君不行仁政而富之,皆弃于孔子者也。"(《离娄上》)为什么说"君不行仁政而富"是背离夫子之道呢?因为国家财用是有限的,"君"或"国"一旦"富"了,"民"势必会受"穷"!这里其实隐含着一种"藏富于民"的社会愿景。下面这个故事最能看出孔子的"富民"思想:

哀公问政于孔子。孔子对曰:"政之急者,莫大乎使民富且寿也。"公曰:"为之奈何?"孔子曰:"省力役,薄赋敛,则民富矣;敦礼教,远罪疾,则民寿矣。"公曰:"寡人欲行孔子之言,恐吾国贫矣。"孔子曰:"诗云:'恺悌君子,民之父母。'未有子富而父母贫者也。"(《孔子家语·贤君》)

为了让统治者爱惜民力,孔子引用《诗经》的名句,将"君民"关系与"父子"关系等量齐观。《大学》传十章也说:"《诗》云:'乐只君子,民之父母。'民之所好好之,民之所恶恶之,此之谓民之父母。"孟子更多次提到"民之父母"的说法。要知道,春秋时期尚无近代意义的民族国家观念,诸侯国的国君及大夫其实就是"世家"之"家长"。孔子把"君"比作"民"之"父母",并非是让"君"占"民"辈分上的便宜,而是为了唤起"君"的仁心善性,让他们能够"爱民如子",而非"与民争利"。

但作为统治者的"君",当时正受到"强臣"的胁迫,自顾尚

且不暇,哪里顾得上"富民"呢?《论语·颜渊》篇载:

哀公问于有若曰:"年饥,用不足,如之何?"有若对曰:"盍彻乎?"曰:"二,吾犹不足,如之何其彻也?"对曰:"百姓足,君孰与不足?百姓不足,君孰与足?"

这个与"税收"有关的故事大概发生在孔子去世之后。还是那个鲁哀公,在饥荒之年向孔子的弟子有若请教应对之策。有若认为应减轻赋税,收十分之一的税赋("彻"即"什一税")即可。哀公却不满足,欲收十分之二。有若说:"百姓富足,君哪里会不足?百姓若不富足,君又哪里称得上富足呢?"这与孔子"夫有子富而父母贫"的说法如出一辙,言下之意,君民本是一家,若不能"民富",又何谈"君富"?

具体到财产分配上,孔子还提出"不患寡而患不均,不患贫而患不安"(《季氏》)的主张。孟子更关心百姓的"私有财产":"民之为道也,有恒产者有恒心,无恒产者无恒心。苟无恒心,放辟邪侈,无不为已。"(《滕文公上》)"无恒产而有恒心者,惟士为能。"(《梁惠王上》)《大学》传十章也说:"德者本也,财者末也,外本内末,争民施夺。是故财聚则民散,财散则民聚。……生财有大道,生之者众,食之者寡,为之者疾,用之者舒,则财恒足矣。仁者以财发身,不仁者以身发财。未有上好仁而下不好义者也,未有好义其事不终者也,未有府库财非其财者也。"这些都是儒家特色的基于"仁政"基础上的"富民"思想。

有意思的是,儒家主张"富民",却不太认同"富国"。如前引《大学》传十章接着说："长国家而务财用者，必自小人矣。彼为善之，小人之使为国家，菑害并至，虽有善者，亦无如之何矣！此谓国不以利为利，以义为利也。"孟子也说："君不乡（向）道，不志于仁，而求富之，是富桀也。"（《告子下》）就连荀子的"富国"论也必以"节用裕民"为前提[3]。很显然，"国富民穷"的状态是不为儒家所认可的。

（二）"教民"

"富民"之后，随之而来的是"教民"与"化民"问题。《论语·子路》篇载：

子适卫，冉有仆。子曰："庶矣哉！"冉有曰："既庶矣，又何加焉？"曰："富之。"曰："既富矣，又何加焉？"曰："教之。"

这个故事可谓"治国三部曲"。其中"庶""富"正与上文所说"富民"之义相合，而"教之"则体现"教民"之义。正如《管子·牧民》所云："仓廪实则知礼节，衣食足则知荣辱。"之所以要"教民"，正是为了"智民"。

但是，"教民"并不容易，有时甚至是一件不可能完成的任务：

子曰："民可使由之，不可使知之。"（《泰伯》）

以往批评孔子主张"愚民"者，经常以此为口实。殊不知，孔子此言并非价值判断，而是事实判断。"由"字也可解作"行"，"之"字亦可解作"道"。整句意为："民可使行道，不可使知道。"

可使行道，盖指民性皆善，故可"道之以德，齐之以礼"，使其遵善道，行善事；不可使知道，盖因民智未开，故难以使其尽知义理之微、大道之妙。换言之，孔子兴办私学，广收门徒，正是为了"智民"，而非"愚民"。反倒是道家和法家，主张"愚民""弱民"和"壹民"。笔者对此已有详论，此不赘述。[4]

话又说回来，正如《中庸》第十二章所说："君子之道费而隐。夫妇之愚，可以与知焉，及其至也，虽圣人亦有所不知焉；夫妇之不肖，可以能行焉，及其至也，虽圣人亦有所不能焉。"虽然对于"民"而言，"知道"是一件十分困难的事，但并不妨碍"民"通过"学道"而"行道"。下面就有一个"小人学道"的故事：

子之武城，闻弦歌之声。夫子莞尔而笑曰："割鸡焉用牛刀？"子游对曰："昔者偃也闻诸夫子曰：'君子学道则爱人，小人学道则易使也。'"子曰："二三子！偃之言是也。前言戏之耳！"（《阳货》）

子游名言偃，是孔门四科"文学"科的高足，他任武城宰时，教百姓礼乐之道。孔子就说："杀鸡焉用牛刀？"仔细品味孔子的话，显然是含有"民可使由之，不可使知之"的意味的。子游随即用孔子的话来为自己辩护。孔子一听，当下称赞子游说得对，自己刚才不过是戏言罢了。请注意，"君子学道则爱人，小人学道则易使"，正是"道不远人"之义，说明无论君子还是小人，皆可通过"学道"而提升自己的境界。此又可见，尽管深知"民不可使知之"，但孔门师徒是一直在做着这种"知其不可而为之"的"教民"努力的。

我们知道，孔子一向慎战，甚至反战。《论语·卫灵公》篇载：

卫灵公尝问陈于孔子。孔子对曰："俎豆之事，则尝闻之矣；军旅之事，未之学也。"明日遂行。

孔子说"军旅之事，未之学也"，完全是托词，实则孔子不仅深通兵道，且与弟子有过传授。鲁哀公十一年（公元前484年），齐师伐鲁，季康子派冉求率军抵御，竟大获全胜。据冉有说，他的用兵之术"即学之孔子也"（《孔子家语·正论解》）。

有意味的是，孔子虽不愿以"军旅之事"教国君，却主张"教民"。他说："善人教民七年，亦可以即戎矣。"（《子路》）"即戎"即"作战"。"教民七年"方可"即戎"，此正孔子"慎战"之义也。孔子还说："以不教民战，是谓弃之。"朱熹注称："言用不教之民以战，必有败亡之祸，是弃其民也。"[5]盖战争杀伐，你死我活，分外残酷，未经训练之庶民，不习战事，好生畏死，荣誉感及团队精神难以形成，仓促应战，不仅不能勇敢杀敌，反而可能临阵怯场，四散逃命，伤亡会更加惨重。故孟子说："不教民而用之，谓之殃民。"（《告子下》）

这说明，"教民"并非仅为"使民"，实亦含"爱民"之义也。

（三）"信民"

所谓信民，即"使民信"，也即"取信于民"。《论语·颜渊》载：

子贡问政。子曰："足食，足兵，民信之矣。"子贡曰："必不得已而去，于斯三者何先？"曰："去兵。"子贡曰："必不得已而去，于斯二者何先？"曰："去食。自古皆有死，民无信不立。"

这个故事可谓"治国三要素"，即"足食""足兵""民信"。孔子认为，富国强兵固然重要，但真正衡量一个国家政治是否清明，关键在于是否"民信之"。这里的"信"，非信仰义，实信任义。信任谁呢？当然是"君"。"民无信不立"，实则是说，如果"君"（或者国）不能取信于"民"，国家就没有真正的"合法性"。这里的"信"，大致相当于今天的"政府公信力"。

如何才能"取信于民"呢？

首先，应该"言忠信"。孔子说："人而无信，不知其可也。大车无輗，小车无軏，其何以行之哉？"（《为政》）又说："言忠信，行笃敬，虽蛮貊之邦，行矣；言不忠信，行不笃敬，虽州里，行乎哉？"（《卫灵公》）皆强调"信"的重要性。

其次，还要"好信"。孔子说："上好信，则民莫敢不用情。"（《子路》）"用情"也即"诚信"。在上位者如果不好信，则百姓必然偷奸耍滑，不守信用。孔子还说："所重：民、食、丧、祭。宽则得众，信则民任焉，敏则有功，公则说。"（《尧曰》）其中，"信则民任"，也是"君有信则民善任"之义。

第三，"敬事而信"。这里的"敬事"其实就是"敬业"，也可谓之"勤政"：

子张问政。子曰："居之无倦，行之以忠。"（《颜渊》）
子路问政。子曰："先之，劳之。"请益，曰："无倦。"（《子路》）

这两章都是谈"勤政"。也就是说,作为执政者,必须身先士卒,吃苦在前,享受在后,才能获得百姓的信任。

如上所述,只有"富民""教民""信民"逐步实现,国家才能长治久安。

二 "选贤与能"与"循名责实"

在"君民"关系中,除了"富民""教民"和"信民",还有一个"服民"的问题。怎么"服民"呢?无外乎用人和立法两方面。用人涉及"选举",立法则关乎"正名"。"选举"的要义是"选贤与能","正名"的宗旨在"循名责实"。

(一)先说"选举"。通常以为,中国古代无选举。但是,这个说法就如说中华民族无宗教无信仰一样可笑。以西方"一神教"为圭臬看中国,则中国无宗教;以现代民主之"票选制"为标本看古代中国,则中国无选举。问题是,这种"西方中心论"的视角不仅武断,而且短视,很容易就把自己的视野和思路局限住了,以至"一叶障目,不见泰山"。

其实,在任何一种人类社会形态中,只要有政治实践,就必然涉及用人问题,而用人问题本质上就是选举问题,只不过是自下而上的"乡举里选",还是自上而下的"察举征辟"?是"钦定",还是"公投"?表现形式各有不同而已。在孔子的时代,国君最关心的是如何"服民"的问题。《论语·为政》篇载:

哀公问曰："何为则民服？"孔子对曰："举直错诸枉，则民服；举枉错诸直，则民不服。"

鲁哀公问："怎么做才能让老百姓服从呢？"孔子说：你把正直的人举拔出来，把他的位置放在不正直的人之上，百姓就会服从；反之，"则民不服"。这分明已经隐含着一个如何用人也即"选举"的问题。"举措"一词盖由此而来。类似表述还见于《论语·颜渊》篇：

樊迟问仁。子曰："爱人。"
问知。子曰："知人。"
樊迟未达。子曰："举直错诸枉，能使枉者直。"
樊迟退，见子夏，曰："乡（向）也吾见于孔子而问知，子曰：'举直错诸枉，能使枉者直'，何谓也？"
子夏曰："富哉言乎！舜有天下，选于众，举皋陶，不仁者远矣。汤有天下，选于众，举伊尹，不仁者远矣。"

这段对话其实涉及"仁智"之辩。孔子的回答非常精彩："举直错诸枉"是指"知人"之智，"能使枉者直"则是"爱人"之仁。子夏所说"选于众，举皋陶"，正是"选举"一词的出处。"不仁者远矣"，不就是"民服"吗？这个故事告诉我们，作为儒家的最高理想，《礼记·礼运》篇所描述的"大道之行也，天下为公，选贤与能，讲信修睦"的"大同"社会，至少在孔门师徒心目中不仅是存在过的，而且也是未来应该和能够实现的。

具体到如何"选贤与能"，孔子也有很好的"设计"：

仲弓为季氏宰，问政。子曰："先有司，赦小过，举贤才。"曰："焉知贤才而举之？"曰："举尔所知。尔所不知，人其舍诸？"（《子路》）

这个故事的主人公仲弓非常值得注意。仲弓名冉雍，小孔子二十九岁，虽出身微贱，却十分贤德。孔子曾赞美他说："雍也可使南面。"又说："犁牛之子骍且角，虽欲勿用，山川其舍诸？"（《雍也》）对他的执政才干非常欣赏。后来仲弓果然为季氏宰，成为孔门"德行"科四人中唯一一位出仕者。这说明，孔子对仲弓的培养卓有成效，对他的预判十分精准，同时也告诉我们，孔子对人才的判断是根据其才能，而不是"出身论"，更不是"任人唯亲"，其所谓"举直错诸枉"在当时并非一句空话，而是可以得到验证的。

因为仲弓属于"不拘一格降人才"的"寒门贵子"，他向孔子请教为政之道时，孔子就特别注意因材施教，告以"九字箴言"："先有司，赦小过，举贤才。""先有司"即"先之劳之"之义，言勤政；"赦小过"即赦免小过，言宽政；"举贤才"即知人善任、选贤与能，则是言仁政。有此三政，则可平治天下矣。针对仲弓"焉知贤才而举之？"的反问，孔子先说："举尔所知。"发挥你的聪明才智，先从你所认识的人中选拔贤才。又说："尔所不知，人其舍诸？"这里的"人其舍诸"与"山川其舍诸"何其相似乃尔！孔子也许是在提醒仲弓：你当年不也是这样脱颖而出的吗？是金子总会发光，你所不知道的贤才，难道别人就会舍弃他们吗？这种建立在对人的理性和良知充分信任基础上的选举政治，便是所谓"贤人政治"。

更为重要的是，孔子还提到言论与选举的关系：

子曰："君子不以言举人，不以人废言。"（《卫灵公》）

孔子说："君子不会只根据一个人说了一句善言而举荐他，也不会因为一个人品格或出身不好就否定他说的善言。""以人废言"的"人"，既可指德，也可指位。就德而言，不可以其无德而废其善言；就位而言，刍荛之议，必有可采，不可以其无位而废其忠言。这里，似乎隐含着某种与"言论自由"类似的权利意识。故孔子才会把"言"和"议"的宽容度作为衡量"邦"是否"有道"的关键指标：

子曰："邦有道，危言危行。邦无道，危行言孙。"（《宪问》）

国家有道，应该正言直行；国家无道，只能直行，不能直言，以免祸从口出。这对于我们判断言论空间与优良治理之间的关系，无疑是有着警示作用的。

（二）再说"正名"。作为儒家政治思想的重要纲领，"正名"出自《论语·子路》篇：

子路曰:"卫君待子而为政,子将奚先?"子曰:"必也正名乎!"子路曰:"有是哉,子之迂也!奚其正?"子曰:"野哉,由也!君子于其所不知,盖阙如也。名不正,则言不顺;言不顺,则事不成;事不成,则礼乐不兴;礼乐不兴,则刑罚不中;刑罚不中,则民无所措手足。故君子名之必可言也,言之必可行也。君子于其言,无所苟而已矣!"

有必要指出,孔子"正名"思想的提出,与卫国当时的政治危机有着密切关系。"卫君",即卫灵公的孙子、卫出公蒯辄。卫灵公曾逐其世子蒯聩,故灵公薨后,国人便立蒯聩之子蒯辄为君。当时孔子在卫,恰好碰上卫出公蒯辄与其父蒯聩争夺君位。子路问:如果卫君虚席以待,请您帮他治理国家,您最先着手的是什么?孔子乃揭出"正名"之义。"名不正则言不顺"以至"民无所措手足"一段,真如黄钟大吕,响彻千古。庄子说:"名者,实之宾也。"(《庄子·逍遥游》)孔子所谓的"名",本身即含有"实"之义,主要是指君臣、父子的名位及其由此规定的不同权责关系。在孔子看来,"名"与"实"是对等的,一旦"名不副实","德不配位",必然导致僭越非礼,甚至弑父弑君。孔子的"正名"思想,真可谓微言大义,子路憨直单纯,无从理解,故而出言不逊。其实就连我们,要理解其深刻性,又谈何容易!

这一思想早在孔子三十五岁初到齐国时就已有所阐明:

齐景公问政于孔子。孔子对曰:"君君,臣臣,父父,子子。"公曰:"善哉!信如君不君,臣不臣,父不父,子不子,虽有粟,

吾得而食诸？"（《颜渊》）

以往批判儒家君臣关系，常以此章为靶子。殊不知，这里孔子谈的正是"名实"关系，意思是：君在君位，当行君道；臣在臣位，当行臣道；父子一伦亦然。当时齐国陈田专政，景公不能禁止，宫中多内嬖，又不立太子，正是君臣、父子人伦关系悖伦失范之时。孔子的"君君臣臣父父子子"八字箴言，正是警告当政者既在君臣之位，就应该循名责实，各安其位。"推孔子之意，殆以为君臣父子苟能顾名思义，各以其在社会中之名位而尽其所应尽之事，用其所当用之物，则秩序井然，而后百废可举，万民相安。"[6]孔子所说的"名不正"，乃就卫国当时父子争夺君位，君臣、父子之义彻底错位和崩解的历史现实而言。孔子真正担心的，不是某一国君失去君位，而是整个天下礼坏乐崩，霸道横行。类似的表达还见于《论语·季氏》篇：

孔子曰："天下有道，则礼乐征伐自天子出；天下无道，则礼乐征伐自诸侯出。自诸侯出，盖十世希不失矣；自大夫出，五世希不失矣；陪臣执国命，三世希不失矣。天下有道，则政不在大夫；天下有道，则庶人不议。"

这里，"天子""诸侯""大夫""陪臣"亦皆是"名"，而"礼乐征伐"则属于"天子"才拥有的"实"。《中庸》第二十八章云："非天子，不议礼，不制度，不考文。……虽有其位，苟无其德，不敢作礼乐焉；虽有其德，苟无其位，亦不敢作礼乐焉。"此正孔子"不在其位，不谋其政"（《泰伯》）之义也。一旦礼乐征伐自诸侯、大夫出，便是"不在其位而谋其政"，自然就"名不正则言不顺"，等到"百姓无所措手足"之时，必然导致民怨沸腾，物议四起——这时就真是"天下无道"了。

可见，"名"之为物，实关乎"道"，"名不正"不仅"言不顺"，还将导致"道不存"！孔子说："唯器与名不可以假人，君之所司也。名以出信，信以守器，器以藏礼，礼以行义，义以生利，利以平民，政之大节也。若以假人，与人政也。政亡，则国家从之，弗可止也已。"（《左传·成公二年》）也就是说，"名"与"器"绝非虚物，而是带有政治合法性和神圣性的意识形态及礼法象征，后来的"名教"体系也便于此产生并逐渐完型。

孔子把"正名"放在治国之道的"重中之重"，绝非捍卫封建等级制度那么简单，而是有着基于天下和人类社会优良治理的更为深广的忧思。

三 "君臣之义"的现代诠释

儒家政治思想中的"君民"关系大致已如上述，而在"正名"一节，已经涉及"君臣"一伦关系，以下对此再做详论。

一般而言，在人类社会的政治生活中，"君臣"关系远比"君民"关系更具实践价值和制度意义。在我们惯常的思维中，因为"君"代表着可以世袭的尊位和强权，而"绝对权力必然导致绝对腐败"，故只要是有独立人格和思考判断能力的公民，一般都不可能对"君"产生天然的好感。

但理性和良知又告诉我们：人类社会要运行，对内就不能没有社会的分工，不能没有国家和政府，对外则不能没有一个代表国家的君主存在。所以，尽管政治思想史上不断出现"无君论"和"无政府主义"等学说，但时至今日，世界上任何一个主权国家都不能取消君主，不管这君主是叫总统或主席，还是称国王或天皇——这是我们在讨论中国古代的"君臣关系"时，不得不确立的一个基本共识。基于这种共识，再来审视这一政治现象的历史合理性及其治道价值，当然要比意气用事地叫嚣推翻君主来得更加理性和科学。

以往说到儒家的"君臣之道"，动辄以"三纲五常"为口实，说儒家的"纲常名教"就是"君叫臣死，臣不得不死；父教子亡，子不得不亡"，因此只能培养孝子贤孙或奴才臣妾，而不能养成独立人格。其实，"君叫臣死，臣不得不死"之说都是明清通俗小说中的市井之言，儒家经典里哪里见过这么杀气腾腾的话呢？

至于"三纲五常"，也是近代被污名化的一个词，其本来意义皆被篡改。"三纲"之说最早见于汉代纬书《礼·含文嘉》："君为臣纲，父为子纲，夫为妻纲。"班固《白虎通》解释说："三纲者，何谓也？谓君臣、父子、夫妇也。……纲者，张也。纪者，理也。大者为纲，小者为纪。所以张理上下，整齐人道也。人皆怀五常之性，有亲爱之心，是以纲纪为化，若罗网之有纪纲而万目张也。"[7]宋儒真德秀《大学衍义》说："故三纲正则六纪正，六纪正则万事皆正，犹举网者提其纲纪而众目毕张也。……即三纲而言之，君为臣纲，君正则臣亦正矣；父为子纲，父正则子亦正矣；夫为妻纲，夫正则妻亦正矣。故为人君者必正身以统其臣，为人父者必正身以律其子,为人夫者必正身以率其妻,如此,则三纲正矣。"[8]

据此可知,所谓"三纲",盖指君臣、父子、夫妇的相处之道,"纲"之本义为网之大绳,有引领和示范作用,"君为臣纲"云云,其实是说君当率先垂范,做臣的表率和榜样。如果我们一见"纲"字,就想到"钢铁"之"钢","刚强"之"刚",进而想到生杀予夺,当然不会对儒家产生什么好感,而事实上,这样冷酷的话常常是法家假儒家的名义说出的。

那么,儒家思想中的"君臣之义"到底是怎样的呢?我们可从以下几个方面去理解。

第一,儒家视域中的君臣关系首先是一种伦理关系,然后才是一种政治关系。作为"五伦"之一的君臣,是与"父子"一伦相对应的"人之大伦"。而在五伦关系中,父子、君臣二伦尤关乎人禽之辨[9]。人之所以为人,正因其摆脱了"无父无君"的"禽兽之域",进入了父慈子孝、君礼臣忠的礼乐社会。故取消二伦中的任何一伦,对于人类文明来说,都是可怕的灾难。既然"君臣"关系是一种"人伦"关系,那就必须遵循人与人相处的道德准则,并且承担人伦关系相应的责任和义务。《大学》所谓"为人君,止于仁;为人臣,止于敬",就是对君臣之间道德责任的伦理规范。用孔子的话说,就是"君礼臣忠":

定公问:"君使臣,臣事君,如之何?"孔子对曰:"君使臣以礼,臣事君以忠。"(《八佾》)

以往说到"忠",总是被狭隘地理解为"忠君",事实上,"忠"

作为一种道德，适用于所有人伦关系。"君使臣以礼，臣事君以忠"，并非简单的并列关系，而是含有一种条件关系。也即说，只有君"使臣以礼"，臣才会"事君以忠"；其中体现的是一种互相尊重的伦理关系。春秋末年，国君的地位经常受到权臣的挑战，君臣之礼大受质疑，故孔子才会发出"事君尽礼，人以为谄也"（《八佾》）的感叹。从某种程度上说，"儒家之尊君，意在矫臣强之失，非以尊君为政治之目的也"。[10]

第二，君臣关系也是一种相对的契约型关系。早期儒家认为，君臣乃是一互相对待的关系，好比某种不成文的契约关系，不像父子一伦具有绝对性。孔子甚至提出一种"在家为政"的观念：

或谓孔子曰："子奚不为政？"子曰："《书》云：'孝乎！惟孝，友于兄弟，施于有政。'是亦为政，奚其为为政？"

孔子认为，只要能行孝悌之道，在家也可以为政，哪里非要做官呢？可见，至少在先秦时代，君臣关系具有今人不易觉察的相对性或曰灵活性。孟子说："将大有为之君，必有所不召之臣。"（《公孙丑下》）"不召之臣"正是强调"臣"的主体性和自由度。所以才有"儒有上不臣天子，下不事诸侯"（《礼记·儒行》）、"天子不得臣，诸侯不得友"（《庄子·让王》）之类说法。《左传·昭公十三年》有"臣一主二"之说，杜预注云："言一臣必有二主，道不合，得去事他国。"也就是说，假如君没有履行对臣的义务，损害了臣的利益，臣可以解除君臣契约，与他人确立君臣关系。古代官员告老还乡，常说"乞骸骨"，其实相当于和君王解除"君臣关系"。

这也说明，君臣关系是有着时空限制的一种有限关系，不像父子关系那么伴随终生。郭店楚简《六德》篇说："为父绝君，不为君绝父。"而且，作为社会角色的君臣关系也是变动不居的。梁启超就说："君字不能专作王侯解。凡社会组织，总不能无长属关系。长即君，属即臣。例如学校，师长即君，生徒即臣。工厂经理即君，厂员即臣。师长对生徒，经理对厂员，宜止于仁。生徒对师长所授学业，厂员对经理所派职守，宜止于敬。不特此也。凡社会皆以一人兼君臣二役，师长对生徒为君，对学校为臣，乃至天子对天下为君，对天为臣。儒家所谓君臣，应作如是解。"[11]这对于我们理解原始儒家的君臣关系大有助益。

第三，君臣关系更是一种道义关系。父子以血缘合，君臣以道义合。孟子说："欲为君，尽君道；欲为臣，尽臣道。"(《离娄上》)"君子之事君也，务引其君以当道，志于仁而已。"(《告子下》)如果君无道，臣又该如何对待呢？董仲舒说得好："父不父则子不子，君不君则臣不臣。"(《春秋繁露·玉杯》)言下之意：君若行君道，臣自行臣道；君若不君，则臣必不臣矣。可见，君臣关系虽有尊卑、主从之别，但臣也并非没有主动性。

至于"臣不臣"的具体表现，可梳理归纳如下三种：

一曰谏君。子路曾问事君之道，孔子说："勿欺也，而犯之。"(《宪问》)这句话显然有其语境，或许子路所问正在"君有错，臣当如何"。"勿欺也"是说不要欺骗，"而犯之"则是说要敢于"犯颜直谏"。孔子还说："所谓大臣者：以道事君，不可则止。……弑父与君，亦不从也。"(《先进》)荀子后来更提出"从道不从君"

(《荀子·子道》)。郭店楚简《鲁穆公问于子思》载：鲁穆公问子思："何如而可谓忠臣？"子思答曰："恒称其君之恶者，可谓忠臣矣。"这是何等气概！又班固《白虎通·谏诤》云："人怀五常，故知谏有五：其一曰讽谏，二曰顺谏，三曰窥谏，四曰指谏，五曰陷谏。"古代甚至还有"文死谏，武死战"之说，皆可证明儒家君臣之义本来就含有监督劝谏机制，帝王权力再大，也不能胡作非为。

与此相应，佞臣巧宦也为主流清议所不齿。孔子说："放郑声，远佞人。郑声淫，佞人殆。"(《卫灵公》)孟子也说："长君之恶者其罪小，逢君之恶者其罪大。今之大夫皆逢君之恶，故曰今之大夫，今之诸侯之罪人也。"(《告子下》)

意大利哲学家马基雅维利（1469—1527）在《君主论》中专设"应该怎样避开谄媚者"一章，其中说道："一位君主如果不是本人明智的话，他就不可能很好地获得忠告"；"一切良好的忠言，不论来自任何人，必须产生于君主的贤明，而不是君主的贤明产生于良好的忠言。"[12]职是之故，自先秦以至唐宋，为监督、制衡帝王权力，皆有谏官、言官之设置，成为中国古代官制的一大特色。就此而言，孟德斯鸠将中国作为东方专制主义之典型，实在是强不知以为知，颠顶霸道得可以。难怪连伏尔泰都举出汉代的讽谏制度为例证，认为"这一重要事实推翻了《论法的精神》中对世界上这个最古老的国家提出的笼统含混的责难"。[13]

二曰去君。既然为臣者应秉承"从道不从君"之义，那么，当"君不君"时，臣就可以"去君"。去者，离也。这就把仕隐、出处、行藏、去就的问题摆在面前了。孔子一生多次"去君"，对为臣者如不能"得君行道"该如何自处，可以说既有理论，又有实践。他说:"邦有道则仕,邦无道则可卷而怀之。"(《卫灵公》)又说:"危邦不入,乱邦不居。天下有道则见,无道则隐。"(《泰伯》)"隐居以求其志,行义以达其道。"(《季氏》)又多次称赞隐士和逸民:"贤者辟世,其次辟地,其次辟色,其次辟言。"(《宪问》)

《论语·微子》一篇,专记仁人志士仕隐去就之道。其中"子路从而后"一章有"不仕无义"之论:

不仕无义。长幼之节,不可废也;君臣之义,如之何其废之?欲洁其身,而乱大伦。君子之仕也,行其义也。道之不行,已知之矣。

对于"不仕无义",今之学者多解作"不做官是不义的",实则不然。窃谓"不仕无义"乃"隐居废义"之义,关系儒家君臣关系的出处、去就、进退的"节义"原则。换言之,"君臣之义"的实现,绝不仅在出仕一途,有时候,面对"君不君"所采取的"去君",更能彰显儒家的"君臣之义"。其中体现的是一种个人功名之上的道德独立性和文化超越性,也即被历代士大夫秉持的"道尊于势"的"天下关怀"[14]。

孟子对"去君"之道也有精彩发挥,他说:

所就三,所去三。迎之致敬以礼,言将行其言也,则就之。礼貌未衰,言弗行也,则去之。其次,虽未行其言也,迎之致敬以有礼,则就之。礼貌衰,则去之。(《告子下》)

无罪而杀士,则大夫可以去;无罪而戮民,则士可以徙。(《离

娄下》）

君有过则谏，反覆之而不听，则去。(《万章下》)

这里的"可以去""可以徙"，不正是今天所说的"双向选择"和"迁徙自由"吗？似此，皆可见儒家"君臣之义"，乃是君臣间相互对待的一种道义原则，而非君主单方面求全责备于臣下的"霸王条款"。可以说，儒家君臣之道，既明义务，又彰权利，就之也忠，去之也厚，可行可藏，从容进退，正大光明，绝非某些论者所谓"做官冲动"[15]可比也。

三曰易君。一旦遇到"昏君"加"暴君"，反复谏之而不从，且暴戾无常、危及百姓，该怎么办？孟子的主张是："君有大过则谏；反覆之而不听，则易位。"（《万章下》）并警告齐宣王："君之视臣如手足，则臣视君如腹心；君之视臣如犬马，则臣视君如国人；君之视臣如土芥，则臣视君如寇仇。"（《离娄下》）孟子在孔子"不可则止"的基础上，更进一步赋予为臣者更多的权利，不仅"君可易位"，而且"一夫可诛"：

齐宣王问曰："汤放桀，武王伐纣，有诸？"
孟子对曰："于传有之。"
曰："臣弑其君，可乎？"
曰："贼仁者谓之'贼'，贼义者谓之'残'。残贼之人谓之'一夫'。闻诛一夫纣矣，未闻弑君也。"（《梁惠王下》）

孟子还赞美周文王、周武王"一怒而安天下之民"[16]，为后世确立了暴君"人人可得而诛之"的价值立场。孟子颇有些像是今之所谓"永远的反对派",完全没有秦汉以后"尊君卑臣"的犬儒心态,难怪明太祖朱元璋要把这些如芒刺在背的话悉数删去了。连一向与孟子相左的荀子也说:"臣或弑其君,下或杀其上,粥其城,倍其节,而不死其事者,无他故焉,人主自取之。"(《荀子·富国》)又说:"天下归之之谓王,天下去之之谓亡。故桀纣无天下而汤武不弑君。"(同书《正论》)

虽然先秦儒家并未提出所谓"民治"或"民主"等概念,但其制度设计中蕴含着与现代政治文明相通的治理之道,应该是不争的事实。

四 "家国"与"天下"

由于"君臣关系"的相对性与可变性,故在儒家的政治理想和制度设计中,与"君臣"相对应的"家国"概念当然也就不具备最高的价值意义。因为"家国"之上有"天下"。我们从《大学》"八目"中"修身、齐家、治国、平天下"的次序便可窥知其中消息。而所谓"外王之道",绝不在一家一国之治理,而在"天下"之"平治"。

这一份"天下关怀",毋宁说还是由孔子奠定的。因为生逢"天下之无道也久矣"的乱世,孔子一生"知其不可而为之"的所有努力,就是为了让"天下有道"!他虽然说"天下有道则见,无道则隐",却始终无法放弃这一份让"天下有道"的终极理想。

孔子的"天下有道"究竟何所指呢？窃以为，最重要的有两个方面：

一是守住"人禽之辨"。面对"天下滔滔皆是"的质疑，孔子说："鸟兽不可与同群，吾非斯人之徒与而谁与？天下有道，丘不与易也。"（《微子》）言下之意，正因天下无道，我才要如此栖栖惶惶，奔走劬劳。也就是说，孔子所要守护的"道"不是"禽兽之道"，而是"人之道"！守不住"人禽之辨"，则人类文明必然堕入弱肉强食的禽兽之域！

二是守住"夷夏大防"。如果说"人禽之辨"是要守住"人之道"，那么，"夷夏大防"则是要守住"文之道"。我们在讲"诚敬之道"时已经说过，孔子说"夷狄之有君，不如诸夏之亡也"，其中隐含一种不易觉察的"君道之辨"。意谓夷狄虽然"有君"却"无道"，不及中原"无君"而"有道"。孔子之所以对华夏文明有着坚定信念，绝不是因为其"有君"，而是因为其"有道"！这里分明隐含着一个"从道不从君"的价值判断。守不住"夷夏大防"，则华夏文明必然沦为无父无君的蛮貊之邦！

正因有此一种"天下有道"的关怀，由"君臣"关系所决定的"家国"，其价值就不能不在由礼乐文明所决定的"天下"之下！所以，我们看到，孔子虽然提倡"君礼臣忠"，却坚决反对"忠臣死节"。且看《论语·宪问》以下两章：

> 子路曰："桓公杀公子纠，召忽死之，管仲不死。曰：未仁乎？"子曰："桓公九合诸侯，不以兵车，管仲之力也。如其仁！如其仁！"

子贡曰："管仲非仁者与？桓公杀公子纠，不能死，又相之。"子曰："管仲相桓公，霸诸侯，一匡天下，民到于今受其赐。微管仲，吾其被发左衽矣！岂若匹夫匹妇之为谅也，自经于沟渎而莫之知也。"

齐桓公杀了公子纠，作为臣下的召忽为之殉节而死，而同样作为臣下的管仲却未曾殉节；不仅未殉节，反而投靠了齐桓公并做了齐国的宰相。子路、子贡皆认为管仲不仁不义，孔子却称赞管仲的仁德。原因是，管仲"尊王攘夷"，一匡天下，使中华礼乐文明得以延续，此可谓功在千秋之事业；而"九合诸侯，不以兵车"，使天下不至生灵涂炭，死伤无算，此又无人可及之仁德！由此可知，孔子对于"君臣之义"，绝不似后人那般固陋迂执，而有着更大的价值关怀，也就是"天下关怀"。

明末大儒吕留良《四书讲义》对"子贡曰"一章的解读尤其震撼人心：

> 君臣之义，域中第一事，人伦之至大。……看"微管仲"句，一部《春秋》大义，尤有大于君臣之伦为域中第一事者，故管仲可以不死耳。原是论节义之大小，不是重功名也。[17]

吕氏所谓"春秋大义"，实即董仲舒所谓"贬天子，退诸侯，讨大夫"[18]的"天下公义"。在论及《孟子》"君之视臣如手足，则臣视君如腹心"一章时，吕留良又说：

君臣以义合，合则为君臣，不合则可去，与朋友之伦同道，非父子兄弟比也。不合亦不必到嫌隙疾恶，但志不同，道不行，便可去，去即是君臣之礼，非君臣之变也。只为后世封建废为郡县，天下统于一君，遂但有进退而无去就。嬴秦无道，创为尊君卑臣之礼，上下相隔悬绝，并进退亦制于君而无所逃，而千古君臣之义为之一变，但以权法相制，而君臣行义之道几亡矣。[19]

吕留良站在正统儒家"天下为公"的价值立场，将"君臣行义之道几亡"的罪魁，指向嬴秦"封建废为郡县，天下统于一君"的皇权专制，可谓巨眼卓识！这是对两千年"秦制"的深刻批判，也是对孔孟儒学"道统"的发扬。盖秦汉以后，皇权高度集中，士权极度下坠，"千古君臣之义为之一变"，士人"但有进退而无去就"，甚至沦为被帝王"俳优畜之"[20]的弄臣玩偶而不自知。降及汉末魏晋，两次党锢之祸的摧折，正始年间残酷政争的迫害，士大夫的铮铮铁骨不复存在，以致王船山喟然兴叹："孔融死而士气灰，嵇康死而清议绝。"[21]东晋一朝，偏安江左，王导辈犹有"新亭对泣""克复神州"之志，然大多朝臣"只知有家，不知有国"[22]。至宋、明二朝，神州陆沉，天下板荡，夷夏之防失守，君臣大义乖舛；入清以后，文网严密，世多犬儒，又可谓"只知有家国，不知有天下"[23]，孔孟儒学之"斯文命脉"命悬一线，几于陵夷。

于是，明末大儒顾炎武乃愤而有"亡国亡天下"之辨：

有亡国，有亡天下。亡国与亡天下奚辨？曰：易姓改号，谓之亡国。仁义充塞，而至于率兽食人，人将相食，谓之亡天下。魏晋人之清谈，何以亡天下？是孟子所谓杨、墨之言，至于使天下无父无君，而入于禽兽者也。……是故知保天下，然后知保其国。保国者，其君其臣，肉食者谋之；保天下者，匹夫之贱与有责焉耳矣。[24]

以"遗民"自居的亭林先生，眼见家国沦亡，君臣义乖，乃在"君臣之义"中注入新精神，区分"天下"与"国家"为两事，又在"君臣保国"之外，标举"天下兴亡匹夫有责"，遂使"匹夫"也即"士庶阶层"脱离"君臣关系"之牢笼，获取相对独立的价值转圜空间。古语云："天下者非一人之天下也，乃天下人之天下也。"（《吕氏春秋·贵公》）顾氏标举"天下"高于"家国"之义，盖因家国权柄或可凭借武力篡夺，而天下万众之心、礼乐斯文之道，则不可凭借权谋与武力窃取也！此正荀子所谓"可以有窃国，不可以有窃天下也；……窃可以得国，而不可以得天下"（《荀子·正论》）之义也。

有此"天下关怀"与"道义担当"，则中国之士大夫，依旧可立于天地之间而无愧！

此一种"道尊于势"的"天下关怀"，亦为当时另一位大儒黄宗羲所秉持。黄氏所撰《明夷待访录》有《原君》《原道》二篇，正是对"君臣之义"的"义理释放"。《原臣》开篇道：

杀其身以事其君，可谓之臣乎？曰：否！……故我之出仕也，为天下，非为君也；为万民，非为一姓也。吾以天下万民起见，非其道，即君以形声强我，未之敢从也，况于无形无声乎！非其道，即立身于其朝，未之敢许也，况于杀其身乎！不然，而以君之一身一姓起见,君有无形无声之嗜欲,吾从而视之听之,此宦官、宫妾之心也;君为己死而为己亡,吾从而死之亡之,此其私昵者之事也。是乃臣不臣之辨也。……又岂知臣之与君,名异而实同耶?……君臣之名,从天下而有之者也。吾无天下之责,则吾在君为路人。出而仕于君也,不以天下为事,则君之仆妾也;以天下为事,则君之师友也。[25]

这里,"臣之与君,名异而实同","吾无天下之责,则吾在君为路人",不正与现代"公民社会"的人权、平等观念异曲同工吗?今之学者多以黄氏之说振聋发聩,谓为中国民主之先声,可与西方价值遥相呼应,殊不知,这不过是孔孟所标举的"天下"价值的隔代回响、"创造性转换"而已。

所以,尽管美国学者顾立雅极力为孔子哲学鼓吹,说"孔子是民主的先驱,他在旷野里大声疾呼,传布着大道",但他又认为"孔子并不仅仅是赞同协作性的国家,他还满腔热情地献身于这种国家的实现"[26],这样的论断还是不免局限了孔子思想的视野。汉学家对中国文化的研究之所以常常未达一间,一个重要的原因就是,当语言的转译完成之后,不同文化之间的"格义"仍然无法实现"无缝对接"。因此,孔子的"天下关怀"被当作致力于一个"协作性国家"的实现,诸如此类的误读也就在所难免了。

梁启超在论及中国文化的"反国家主义"或"超国家主义"倾向时说:

中国人则自有文化以来,始终未尝认国家为人类最高团体。

其政治论常以全人类为其对象，故目的在平天下，而国家不过与家族同为组成"天下"之一阶段。政治之为物，绝不认为专为全人类中某一区域某一部分人之利益而存在。其向外对抗之观念甚微薄，故向内之特别团结，亦不甚感其必要。[27]

就此而言，高于"家国"的"天下"，并非仅是一空间概念，同时还是一历史文化概念，而"天下有道"所蕴含的治道理想，也绝非狭隘的"民族主义"或"爱国主义"所能涵盖。毋宁说，"平治天下"指向的是整个人类文明共同体的多元与和谐、共生与共荣，这种超越时空限制的治道理想，恰恰是中华文明既"早熟"又"晚熟"的重要原因。梁漱溟先生曾指出，中国文化"理性早启，文化早熟"；"在中国未尝自由，亦未尝不自由；未尝民治，亦未尝无民治"；又说，"中国，乃病在高明，非失之愚笨"[28]。良有以也！

我们如此追溯和诠释中华传统文化尤其是儒家的治平之道，或许难免"过度阐释"之讥。正如有的论者所说，"历史上的儒家逐渐僵化成一种意识形态，使对传统的适度尊敬与文化教条主义之间的界线变得模糊不清。儒家不仅要人承认传统的权威，而且要人对传统表示你绝对的敬从"。尽管"《论语》所反映的孔子的哲学完全不是文化的教条，但当人们被动地领会它、不向它赋予自己的意义和价值、不把它人格化时，它就成了一种文化教条了。孔子的失败，也是那些对文化传统负有责任的人的失败。他们未能自由地支配自己的创造精神，未能很好地维持这些规范来反对统治者强加的专制主义"[29]。

这的确道出了一部分事实。但我以为，孔子并没有失败，失败的反倒是将其思想教条化的为政者。孔子不必代人受过而回答这样的问题:"既然传统的治理之道如此美好,又怎么解释历史和现实的种种乱象和困境呢?"这一问题,一百年以前就在敲打着新文化运动的前辈们。面对西方文化的强势冲击,只能做出"应激反应"的他们纷纷交出"反传统"的答卷。但反对的声浪过后,向西方"拿来"各种"主义"之后的今天,中国文化这艘巨轮,依然未能走出唐德刚先生所说的"历史三峡"。

既然如此,我们就更应该试着做一张陈寅恪先生所谓"了解之同情"的答卷。一方面"复盘"那些被"篡改"的经典阐释系统,一方面尝试"激活"传统文化中蕴藏的文明基因,"赋予"其新的意义和价值。孔子曾说:"道之将行也与?命也;道之将废也与?命也。"(《宪问》)又说:"人能弘道,非道弘人。"(《卫灵公》)个体的"命"固有长短定数,整体的"人"则可以"生生不息",故只要"人"在,"道"即使未能"行",也终究不会"亡"!

——对于现代人而言,如不能"知道""明道",又如何"行道""弘道"呢?

萧公权先生说:"我认识西洋文化的优点,却不鄙视中国的固有文化,以为毫无价值,必须悉与抛弃。'全盘西化'的主张者对于中西文化未能充分了解。他们的主张是错误的。我相信中国文化和西洋文化都有优点与缺点。我们要用虚心的态度同时去检讨中西文化。"[30]对于人类文明之融通,费孝通先生也提出"各美其美,美人之美,美美与共,天下大同"的十六字箴言。窃以为,这都是我们探讨传统文化现代性转换时应该秉承的立场和态度。

1 前一种观点，可参考马克斯·韦伯的《新教伦理与资本主义精神》，关于"儒教伦理"与工商业之关系的讨论，可参考余英时《儒家伦理与商人精神》(广西师范大学出版社2004年版)一书。

2 （日）涩泽荣一:《论语与算盘》第一章《处世与信条》，余贝译，北京：九州出版社，2012年。

3 《荀子·富国》称："足国之道，节用裕民而善臧其余。节用以礼，裕民以政。彼裕民，故多余。裕民则民富，民富则田肥以易，田肥以易则出实百倍。"又说："轻田野之税，平关市之征，省商贾之数，罕兴力役，无夺农时，如是，则国富矣。夫是之谓以政裕民。"

4 详参刘强《论语新识》，第225—229页。

5 ［宋］朱熹:《四书章句集注》，第148页。

6 萧公权:《中国政治思想史》，第64页。

7 ［清］陈立撰:《白虎通疏证》，吴则虞点校，北京：中华书局，1994年，第373—374页。

8 ［宋］真德秀:《大学衍义》，上海：华东师范大学出版社，2010年，第92—93页。

9 详参刘强《人禽之辨：中国传统文化之始基》，载郭齐勇主编《儒家文化研究》第11辑，长沙：岳麓书社，2020年。

10 萧公权:《中国政治思想史》，第225页。

11 梁启超:《先秦儒家政治哲学》，见氏著《儒家哲学》，上海：上海人民出版社，2009年，第255页。

12　（意）马基雅维里:《君主论》，北京：商务印书馆，1985年，第114—115页。

13　（法）伏尔泰:《风俗论》，北京：商务印书馆，1997年，第250页。

14　详参刘强《〈论语·微子〉篇"不仕无义"新诠——兼论儒学"君臣之义"的人学意涵与现代价值》，载《中山大学学报（社科版）》2018年第3期。

15　李零:《丧家狗：我读〈论语〉》，太原：山西人民出版社，2007年，第316页。

16　《孟子·梁惠王下》:"王曰：'大哉言矣！寡人有疾，寡人好勇。'对曰：'王请无好小勇。夫抚剑疾视曰，彼恶敢当我哉！此匹夫之勇，敌一人者也。王请大之！《诗》云：'王赫斯怒，爰整其旅，以遏徂莒，以笃周祜，以对于天下。'此文王之勇也。文王一怒而安天下之民。"

17　[清]吕留良撰，陈鏦编:《四书讲义》，俞国林点校，北京：中华书局，2017年，第387页。

18　[汉]司马迁《史记·太史公自序》:"太史公曰：'余闻董生曰：周道衰废，孔子为鲁司寇，诸侯害子，大夫雍之。孔子知言之不用，道之不行也，是非二百四十二年之中，以为天下仪表，贬天子，退诸侯，讨大夫，以达王事而已矣。'"

19　[清]吕留良撰，陈鏦编:《四书讲义》，俞国林点校，第803—804页。

20　[汉]司马迁《报任少卿书》:"近乎卜祝之间，固主上所戏弄，俳优畜之，流俗之所轻也。"

21　[清]王夫之:《读通鉴论》，北京:中华书局，1975年，第314页。

22　余嘉锡:《世说新语笺疏》(修订本)，上海:上海古籍出版社，1993年，第46页。

23　我尝总结"不读经典之十大流弊":"一，只知有我，不知有人；二，只知有己，不知有群；三，只知有人，不知有天；四，只知有物，不知有心；五，只知有学，不知有道；六，只知有贤，不知有圣；七，只知有利，不知有义；八，只知有用，不知有益；九，只知有家国，不知有天下；十，只知有生命，不知有慧命。"参刘强《经典教育与书院之使命——在首届中国民间书院高峰论坛上的发言》，见拙著《穿越古典》，上海:上海书店出版社，2018年，第188—203页。

24　[清]顾炎武:《日知录》卷十三"正始"条。

25　[清]黄宗羲撰，段志强译注:《明夷待访录》，北京:中华书局，2011年，第14—19页。

26　(美)顾立雅:《孔子与中国之道》，第291页。

27　梁启超:《先秦政治思想史》，北京:东方出版社，2012年，第4页。

28　梁漱溟:《中国文化要义》，第295、296页。

29　(美)郝大维、安乐哲著，蒋弋为、李志林译:《孔子哲学思微》，南京:江苏人民出版社，2012年，第232—233页。

30　萧公权:《问学谏往录》，台北:传记文学出版社，1972年，第70页。

第十二讲 齐家之道（上）

很多人看到了『家』及其背后的伦理秩序对个人自由的束缚，却没有看到如果没有这种基于『人伦』和『人道』的束缚，人，也就不成其为『人』了。

无论『家』的形式和功用如何变化，作为人类共同体的『人道』却是能够、也必须守恒的，这就是所谓『以不变应万变』。

对于一个没有绝对上帝或『一神教』信仰的文明而言，恐怕也只能用『人伦』和『纲纪』作为一种『抽象理想』或『道德理念』，才能使整个民族文化和价值信仰根深立定，从而维系整个文明大厦于不倒、道统斯文于不坠了。

『三纲六纪』是对『人伦』和『人道』的高度涵摄和精炼提纯，非常鲜明地彰显了『以人为本』而非『以神为本』的中华文化根本精神。

一 什么是"家"？

在中国人的心灵中，"家"是一个无比温暖的词汇。无论我们多么崇尚独立和追求个性，在生命之初甚至生命的全程，总离不开"家"的眷顾与呵护，憧憬与守望。不过，正如很多古老的概念一样，对于现代人而言，"家"的内涵和语义空间无疑也被大大缩小了。

文字学意义上的"家"，是一个会意字兼形声字。《说文》称："家，居也。从宀，豭省声。"又说："豭，牡豕也。"《尔雅》也说："牖户之间谓之扆，其内谓之家。"可见"家"作为人之居所，首先要有一处能够遮风挡雨的屋宇，屋宇之下不仅有人，还要有"豭"（jiā）。"豭"即公猪，"家"读作"豭"，或许与初民最早将捕获的野猪圈起来家养有关，至少在人类文明早期，猪所代表的"六畜"还是家庭必备的生产生活资料。

傅斯年当年批判传统家族文化时说："想知道中国家族的情形，只有画个猪圈。"[1]这话虽然狂妄，但在文字学上倒也不无道理。只不过，对"家"的认识和理解，仅凭文字学上的知识显然不够，还必须诉诸人类学和伦理学，也即我们反复强调的"人禽之辨"。因为谁都知道,"家"是人类的"家",家之所以为家,绝非因其有猪圈,而是因其有"人伦"!

人类学的研究表明,家庭是文化和历史演进的产物;溯源至人类文明的史前时代,其实并无所谓"家"。家庭是伴随着婚姻形式、血缘关系、亲族制度和增殖需要的日益自觉而产生的。"每日都在重新生产自己生命的人们开始生产另外一些人,即增殖。这就是夫妻之间的关系,父母和子女之间的关系,也就是家庭"。[2] 从"群婚制"到"个婚制",从"一妻多夫"到"一夫多妻",从"族内婚"到"族外婚",从"兄妹婚"到"乱伦禁忌",从"母权制"到"父权制",从"血缘亲族"到"部落氏族",再从"氏族"到"国家"……这一开辟鸿蒙的人类文明发展史可能长达几万年甚至几十万年!

无论现代或后现代的理论如何轻蔑婚姻、家庭和私有制等一系列看似保守和落后的文化传统,都无法否认一个事实,即当人类按照"线性进化论"的指引,有朝一日打破这些因袭传统的限制,终于消灭了婚姻、家庭、私有制甚至国家,变得"无以为家"或"无家可归"之时,结果恐怕只有一个,就是走向"文明的终结"——只能回到"丛林社会"而"与鸟兽同群"了!很多人只看到了"家"及其背后的伦理秩序对个人自由的束缚,却没有看到如果没有这种基于"人伦"和"人道"的束缚,人,也就不成其为"人"了。

所以,我们所说的"家",乃人居之所,而非鸟兽之穴,更非"猪圈";而古之所谓"齐家",是将"人伦"和"人道"整齐于"人家"——因为不"齐"就会"乱"——故远比一般意义上的"成家""养家""持家""传家"更具伦理价值和终极意义,当然,在实践上也就难得多!

二 作为共同体的"宗族"与"家庭"

有必要指出,在古典语境中,"家"的含义有大小、上下、尊卑之别。比如,孔子所谓"千室之邑,百乘之家"(《公冶长》)便是"大家",即贵族、大夫之家;而孟子所谓"八口之家"(《梁惠王上》)则是"小家",也即寻常百姓家。"小家"只需"养","大家"则需"齐"。故《大学》所谓"齐家"的"家",盖指周代封建制度下的各国诸侯或大夫之家,如鲁国的"三家"(即孟孙氏、叔孙氏和季孙氏)就是。这些大夫之"家",既有家庙、家臣,又有采邑、部民和军队,差不多相当于缩小的"国"。这种"王侯开国,子孙世袭"所形成的家,就是《史记》所谓"世家"。

说到"子孙世袭",就必然涉及古代的"宗法制"。我们知道,宗法制是从氏族社会的父系家长制演变而来。撇开狭隘的"性别政治"立场不谈,单纯从文化人类学的角度看,家族制和父权的确立不仅是必然的,而且也是应然的,代表了人类文明的一大进步。以父系作为联结血缘关系的纽带,不仅可以有效避免母系社会"知母不知父"的身份确认难题,同时也可规避血亲之间的"乱伦"关系。

恩格斯在其名著《家庭、私有制和国家的起源》中,详细征引19世纪中期以来的人类学著作,梳理了家庭(包括婚姻)、私有制和国家的起源,尽管他说"母权制底颠覆,乃是女性底具有全世界历史意义的失败",语气中不无惋惜,但也不得不承认:"自有了家长制的家庭,我们才进入成文历史底领域,……它在这里确实引起了很大的进步。"[3]

不仅"家庭"的产生是一大进步,中国传统意义上的"宗族"亦然。什么是"宗族"呢?班固的《白虎通义·宗族》篇解释说:"宗者,何谓也?宗者,尊也,为先祖主者,宗人之所尊也。……族者何也?族者,凑也,聚也,谓恩爱相流凑也。……生相亲爱,死相哀痛,有会聚之道,故谓之族。"[4]就此而言,"宗族"和"家庭"就是今天所谓"人类共同体",只不过有大小、先后之别罢了。

从这一角度再来看古代以"家国同构""亲疏有别""等级森严""子孙世袭""开枝散叶"为特征的宗法制,就不会仅仅站在现代人基于"阶级斗争"的立场对其做无情的批判,而不得不承认,对于从"部落氏族"向"国家制度"转型的远古社会而言,宗法制恐怕是一种在当时"最不坏的制度"了。因为其种种"顶层设计",既有"家国"权力绵延的"私心",也有兼顾"天下"秩序井然的"公义"。

尤其是,这一制度在建立世袭统治的同时,还对政权、族权、神权等做了一系列颇富人文价值和理性精神的擘划,使其不仅合情,而且合理,平心而论,真是谈何容易!以周代为例,周王是天子,为家族权力中之"大宗",嫡长子为其世袭继承人,其他诸子封为诸侯,是为"小宗"。诸侯在其封国内又为"大宗",嫡长子之外其他诸子位降一等,被封为卿大夫,相对于国君则又为"小宗"。以此类推,则名实权位,尊卑次第,按部就班,层层递嬗,而不至淆乱。在礼制所规定的宗庙祭祀中,也是上下有序,昭穆分明。《礼记·大传》称:"君有合族之道,族人不得以其戚戚君,位也。……别子为祖,继别为宗,继祢者为小宗。"郑玄注说:"君恩可以下施,而族人皆臣也,不得以父兄子弟之亲自戚于君位,谓齿列也。"

如果说家族内部强调的是"亲亲",那么宗族和邦国之中则势必提倡"尊尊"。正如有的论者所说:"宗法制的真正作用是弱化君的私人性,强化其公共性。……也就是说,宗法的目的与现代人理解的正好相反,它是要从政治领域中驱除血缘关系。……周人完成了从'亲亲'到'尊尊'的转化。尊尊就是宗宗,就是所有人把君只当成君对待,而不可当成兄长、叔叔。由此,周人找到了容纳血缘之外的陌生人的理性制度安排:通过契约的权利义务安排,任何人都可以与君建立君臣关系,成为共同体成员。"[5]法国哲学家卢梭(Jean-Jacques Rousseau,1712—1778)把家庭作为"政治社会的原始模型"[6],原因即在于此。

只有在此意义上理解"齐家",才能明白其在封建宗法时代的重要性和紧迫性。孔子说"有国有家者,不患寡而患不均,不患贫而患不安"(《季氏》),又说"在邦无怨,在家无怨"(《颜渊》),与其说是在谈"治国",不如说是在谈"齐家"。这里的"家",就不仅是血缘意义上的"家族",也是地缘意义上的"邦国",而所谓"有国有家者",盖指"一国中之贵族,具有左右国之政治之力量者"[7]。

进而言之,这些大夫之家因为与国君甚至天子有着血缘上的关系,如果他们的权力和野心一旦膨胀,或者经济上"富比周公",又或者"陪臣执国命",难免会对国君形成僭越、要挟和逼宫的局面,势必就会"乱家祸国",陷入恶性循环了。孔子批评"三家者以《雍》彻""八佾舞于庭""季氏旅于泰山",以及"季氏将伐颛臾"等僭越悖礼行为,正可作如是观。而孟子对梁惠王所谓"万乘之国,弑其君者,必千乘之家;千乘之国,弑其君者,必百乘之家"(《梁惠王上》),也是很好的佐证。

可以说,在宗法制的时代,"齐家"与"治国平天下"常常是"你中有我,我中有你"的关系。故《大学》传九章说:

> 所谓治国必先齐其家者,其家不可教而能教人者,无之。故君子不出家而成教于国。孝者,所以事君也;弟者,所以事长也;慈者,所以使众也。《康诰》曰:"如保赤子。"心诚求之,虽不中,不远矣。未有学养子而后嫁者也。一家仁,一国兴仁;一家让,一国兴让;一人贪戾,一国作乱,其机如此。此谓一言偾事,一人定国。尧、舜帅天下以仁,而民从之。桀、纣帅天下以暴,而民从之。其所令反其所好,而民不从。是故君子有诸己而后求诸人,无诸己而后非诸人。所藏乎身不恕,而能喻诸人者,未之有也。故治国在齐其家。

谭嗣同在《仁学》中深刻地指出:"宗法行而天下如一家。故必先齐其家,然后能治国平天下。自秦以来,封建久湮,宗法荡尽,国与家渺不相涉。家虽至齐,而国仍不治;家虽不齐,而国未尝不可治;而国之不治,反能牵制其家,使不得齐。"[8]今人很难理解"一家仁,一国兴仁;一家让,一国兴让"这样的话,更无法理解孟子会说"天下之本在国,国之本在家,家之本在身","夫人必自侮,然后人侮之;家必自毁,而后人毁之;国必自伐,而后人伐之"(《离娄上》),以为儒家思想大而无当,太过理想化——这正是因为我们把"家"想当然地当成了"八口之家",而非国君大夫之"邦家"。

不过,到秦始皇统一六国,中央高度集权,郡县取代邦国,如上所说的大夫之家便基本上不复存在了,取而代之的是"秦式核心小家庭",这种"国与家渺不相涉"的局面差不多延续至今[9]。正如余英时先生所说:"《大学》的修、齐、治、平固不失为一个动人的理想,但它所反映的似乎是先秦时期的政治状况,而且应该说是以国君为主体的,普通的人至少和治国平天下相去太远。《大学》又有'自天子以至于庶人,壹是皆以修身为本'之语,可见'庶人'与'天子'仅在'修身'这一项上是相同的,其余三项并不在内。"[10] 余氏更进一步指出,修身、齐家属于"私领域",治国、平天下属于"公领域",两者尽管有着紧密的互动,但在逻辑上,"私领域"的"内圣",并不必然推出"公领域"的"外王"。这些论述,可以作为我们理解"齐家"思想的理论前提。

三 "人伦"与"纲纪"

然则,对于我们今天的"原子型小家庭"而言,既然封建意义上的大夫之家早已不复存在,是不是"齐家"思想便毫无价值和意义了呢?当然不是。有道是"天不变,道亦不变",从更广远的意义上说,作为"政统"符号的"家国",在价值层级上要低于作为"道统"象征的"天下",故无论"家"的形式和功用如何变化,其作为人类共同体的"人道"却是能够、也必须守恒的,这就是所谓"以不变应万变"。

什么是不变的"人道"呢?在早期的儒家经典中,可以一言以蔽之,曰亲亲、尊尊、长长。如《礼记·丧服小记》就说:"亲亲,尊尊,长长,男女之有别,人道之大者也。"同书《大传》又说:"圣人南面而治天下,必自人道始矣。立权度量,考文章,改正朔,易服色,殊徽号,异器械,别衣服,此其所得与民变革者也。其不可得变革者则有矣:亲亲也,尊尊也,长长也,男女有别,此其不可得与民变革者也。"

也就是说,国家政权包括制度服色等可以变革与流转,而"亲亲、尊尊、长长"的伦常之理则亘古不变!这就是中华传统文化非常重要的"道尊于势"的理念和原则。《礼记·大传》还说:

> 人道亲亲也。亲亲故尊祖,尊祖故敬宗,敬宗故收族,收族故宗庙严,宗庙严故重社稷,重社稷故爱百姓,爱百姓故刑罚中,刑罚中故庶民安,庶民安故财用足,财用足故百志成,百志成故礼俗刑,礼俗刑然后乐。

这段话可与孔子的"名不正则言不顺"[11]诸语同参。连司马迁的父亲、对儒家颇有微词的司马谈在《论六家之要指》中都说:

> 儒者博而寡要,劳而少功,是以其事难尽从;然其序君臣、父

子之礼，列夫妇、长幼之别，不可易也。[12]

我们的祖先似乎早就看透了，所谓的"革命"不过就是"改姓易号"，改朝换代——这些怎么变没有关系，但人之所以为人的"常道"不能变也不该变。这个"常道"，毋宁说就是"人伦"与"纲纪"。

所谓"人伦"，即人与人之间的伦理关系。孟子概括为"五伦"：

使契为司徒，教以人伦：父子有亲，君臣有义，夫妇有别，长幼有序，朋友有信。(《滕文公上》)

这五伦关系，涵盖了世上所有的人际关系。《尚书·舜典》又有"五教"之说，即"父义、母慈、兄友、弟恭、子孝"。而《礼记·中庸》则谓之"五达道"：

天下之达道五，……曰君臣也、父子也、夫妇也、昆弟也、朋友之交也。

基本上与"五伦"同构。同书《礼运》还提出"十义"说：

何谓人义？父慈、子孝、兄良、弟弟、夫义、妇听、长惠、幼顺、君仁、臣忠，十者谓之人义。

"十义"显然是对"五伦"的细化,这种两两相对的人际关系,非常符合中华文化的"对称美学"[13],它把世间所有的复杂关系都化约到一个类似于阴、阳二爻的抽象体系中去了。

班固在《白虎通义》中进一步提出"三纲六纪"说:

> 三纲者何谓也?谓君臣、父子、夫妇也。六纪者,谓诸父、兄弟、族人、诸舅、师长、朋友也。故《含文嘉》曰:"君为臣纲,父为子纲,夫为妻纲。"又曰:"敬诸父兄,六纪道行,诸舅有义,族人有序,昆弟有亲,师长有尊,朋友有旧。"[14]

这里,除了君臣、师长、朋友三伦,其他各伦关系无不发生于家庭或宗族之间,堪称"齐家"的理论宗旨与基本守则。蔡元培先生说:"吾族之始建国也,以家族为模型。又以其一族之文明,同化异族,故一国犹一家也。一家之中,父兄更事多,常能以其所经验者指导子弟。一国之中,政府任事专,故亦能以其所经验者指导人民。父兄之责,在躬行道德以范子弟,而著其条目于家教,子弟有不师教者责之。政府之责,在躬行道德以范人民,而著其条目于礼,人民有不师教者罚之。故政府犹父兄也。"[15]此正"家教"通于"国政"之义也。

近代以来,西学东渐,进化论与现代性之思潮大张,"三纲"说受到严厉批判,即使是对其表示"了解之同情"的学者,也认为其乃"中国特有的最陈腐、最为世所诟病的旧礼教核心",只有通过"发现了与西洋正宗的高深的伦理思想和与西洋向前进展向外扩充的近代精神相符合的地方"[16],才能真正确认和证成"三纲说"的文化价值。

陈寅恪先生在《王观堂先生挽词序》中指出：

> 吾中国文化之定义，具于白虎通三纲六纪之说，其意义为抽象理想最高之境，犹希腊柏拉图所谓 Idea 者。[17]

这里的"抽象理想最高之境"，或即陈氏在另一处所谓"超越时间地域之理性"[18]，不妨说正是中国文化赖以自立自强和可大可久的"道"！尽管陈氏对于近代以来，随着"社会经济制度"之变迁，"纲纪之说，无所凭依，……亦终归于不可疗救之局"，有着相当清醒的认识，但其始终认为，"三纲六纪"作为一种"抽象理想"或"理性"价值，与读书人应该具有的"独立之精神，自由之思想"绝不矛盾[19]。这一种看似保守的观点，或许并不易为今人所理解，故陈氏才将其与柏拉图的道德"理念"等量齐观，试图以一种中西比较的思路来佐证中国文化之绝对价值和现代意义。

正如我们在治平之道中论及君臣之义时所说，所谓"三纲"，盖指君臣、父子、夫妇的相处之道，"纲"之本义为网之大绳，有引领和示范作用，"君为臣纲"云云，其实是说君当率先垂范，做臣的表率和榜样；父子、夫妇二伦亦然。《诗经·大雅·卷阿》所谓"颙颙卬卬，如圭如璋，令闻令望。岂弟君子，四方为纲"，就是最好的例子。关于"纲纪"之本义，《白虎通义·三纲六纪》说得最为清楚：

> 何谓纲纪？纲者，张也。纪者，理也。大者为纲，小者为纪。

所以张理上下，整齐人道也。人皆怀五常之性，有亲爱之心，是以纲纪为化，若罗网之有纪纲而万目张也。《诗》云："亹亹文王，纲纪四方。"[20]

可知所谓"纲纪"，其实就是阴阳合德、刚柔相配的"人道"与"伦理"。而"张理上下，整齐人道"的说法，不也正与"齐家"之道若合符节吗？前引《白虎通》接着说：

三纲法天、地、人，六纪法六合。君臣法天，取象日月屈信归功天也。父子法地，取象五行转相生也。夫妇法人，取象人合阴阳有施化端也。六纪者为三纲之纪者也。师长，君臣之纪也，以其皆成己也；诸父、兄弟，父子之纪也，以其有亲恩连也；诸舅、朋友，夫妇之纪也，以其皆有同志为纪助也。

很显然，这是一个"以人合天""道法自然"的生命共同体的多维、共生、全息互动图式，凝结着古老的哲学思考、社会实践和人学智慧。

我们绝不否认"三纲"说教条化之后所带来的种种弊端，但同样不可否认的是，古往今来，似乎还没有哪一种思想或体系是真正无懈可击、臻于完美的。对于一个没有绝对上帝或"一神教"信仰的文明而言，恐怕也只能用"人伦"和"纲纪"作为一种"抽象理想"或"道德理念"，才能使整个民族文化和价值信仰根深立定，从而维系整个文明大厦于不倒、道统斯文于不坠了。

费孝通先生在《乡土中国》中则以"体系"来涵盖陈寅恪所

谓"抽象理想",认为由于宗法血缘和政治地缘的关系,中国的社会结构和人际交往自然形成了一种"亲疏有别"的"差序格局","我们每个人都有这么一个以亲属关系布出去的网,但是没有一个网所罩住的人是相同的。……每一个网络有个'己'作为中心,各个网络的中心都不同"。[21]其实,这个"网络"的比喻正是"纲纪"说的形象化。尽管每个网络的中心都不同,但因为都遵循一个同样的"抽象理想"或者说"价值体系",故而整个社会又是相对自洽与和谐的。

就此而言,"三纲六纪"是对"人伦"和"人道"的高度涵摄和精炼提纯,非常鲜明地彰显了"以人为本"而非"以神为本"的中华文化根本精神。而其大部分内容,是以"齐家"为最高追求而设计的。

那么,对于普通家庭而言,究竟应该如何"齐家"呢?下一讲我们将就夫妇、父子、长幼这三伦关系稍作解说,以明其大概。

1 傅斯年:《万恶之源》,原载《新潮》第一卷第二号,1919年2月1日。参见丁守和主编《中国近代启蒙思潮》中卷,北京:社会科学文献出版社,1999年。

2 《马克思恩格斯全集》第3卷,北京:人民出版社,1960年,第32页。

3 (德)恩格斯:《家庭、私有制和国家的起源》,张仲实译,北京:人民出版社,1956年,第54、56页。

4 本文所引班固《白虎通义》,均参见[清]陈立撰《白虎通疏证》,第393—398页。

5 姚中秋:《重新发现儒家》,长沙:湖南人民出版社,2012年,第47页。

6 (法)卢梭:《社会契约论》,李平沤译,北京:商务印书馆,2011年,第5页。

7 顾颉刚:《顾颉刚读书笔记》,第十卷,台北:联经出版事业公司,1990年,第7798页。

8 谭嗣同:《仁学》第四十七,《谭嗣同全集》,蔡尚思、方行编,北京:中华书局,1981年,第367—368页。

9 当然,东晋时期由于士族权力高涨,出现了"王与马共天下"的门阀政治,但其毕竟是"中国古代皇权政治在特定条件下的变态",可置而不论。参见田余庆《东晋门阀政治》,北京大学出版社2005年版。

10 余英时:《现代儒学的回顾与展望》,第180页。

11 《论语·子路》:"子曰:'……名不正,则言不顺;言不顺,则事不成;

事不成，则礼乐不兴；礼乐不兴，则刑罚不中；刑罚不中，则民无所措手足。……'"

12　[汉]司马迁:《史记·太史公自序》。

13　程颢尝云："天地万物之理，无独必有对，皆自然而然，非有安排也。每中夜以思，不知手之舞之，足之蹈之也。""无独必有对"，盖与对称美学差可仿佛。

14　[清]陈立撰:《白虎通疏证》，第373—374页。

15　蔡元培:《中国伦理学史》，北京：东方出版社，1996年，第51页。

16　贺麟:《文化与人生》，北京：商务印书馆，1988年，60—61页。

17　《陈寅恪集·诗集》(附：唐篔诗存)，北京：生活·读书·新知三联书店，2001年，第12页。

18　陈寅恪:《王静安先生遗书序》，见《金明馆丛稿二编》，北京：生活·读书·新知三联书店，2001年，第248页。

19　陈寅恪在写于1929年的《书清华王观堂先生纪念碑》中称："先生以一死见其独立自由之意志，非所论于一人之恩怨，一姓之兴亡。"

20　[清]陈立撰:《白虎通疏证》，第374页。

21　详参费孝通《乡土中国》之《差序格局》，上海：上海人民出版社，2006年，第24—25页。

第十三讲 齐家之道（下）

在价值层级上，伦理意义的"夫妇"显然要高于自然意义的"男女"。

父子虽然以"亲"合，但亦有以"义"合的一面。在大是大非上，若父不义，则子不从，此即"从义不从父"。所谓"父为子纲"，绝不是父亲对子女拥有绝对宰制之权力，而是强调父亲在父子一伦中的纲纪和示范作用。

相比夫妇、父子二伦，兄弟关系显然更为复杂。一方面，兄弟有着血缘关系，所谓"手足情深""同气连枝""分形连气""血浓于水"；但另一方面，兄弟之间又往往最易发生冲突……

可以说，宗法制度的创制，根本上就是要解决兄弟之间可能发生的问题。因此，要说"齐家"难，难就难在如何妥善处理兄弟关系！

一　夫妇判合，宜其室家

家庭内部的人伦关系，最为基础的当然在夫妇一伦。

提及夫妇之道，还要从《诗经》说起。排在《周南》也即整个《诗经》开篇的《关雎》一诗，今人多以为是爱情诗，《毛诗序》却说：

> 《关雎》，后妃之德也，风之始也，所以风天下而正夫妇也。……故正得失，动天地，感鬼神，莫近于诗。先王以是经夫妇，成孝敬，厚人伦，美教化，移风俗。……是以《关雎》乐得淑女，以配君子，忧在进贤，不淫其色；哀窈窕，思贤才，而无伤善之心焉。[1]

很显然，这首被孔子誉为"乐而不淫，哀而不伤"（《八佾》）的诗，真正的指向不是"男女"之爱，而是"夫妇"之道。

无独有偶，《诗经·召南》的第一首《鹊巢》所描写的婚嫁场面，亦存教化之义。《毛诗序》说："《鹊巢》，夫人之德也。国君积行累功以致爵位，夫人起家而居有之，德如鸤鸠乃可以配焉。"显然，诗中所写"维鹊有巢，维鸠居之。之子于归，百两御之"，也不是指男女恋爱，而是强调诸侯大夫之家婚姻之礼的和衷共济与门当户对。我们不要以为这种重婚姻轻爱情的文化只是中国的"土特产"，古代西方也是如此。恩格斯就说，"在整个古代，婚姻的缔结都是由结婚者的父母包办，当事人则安心顺从。那古代所仅有的一点夫妇的情爱，并不是主观的爱好，而是客观的义务；不是婚姻的基础，而是婚姻的附加物。现代所说的恋爱关系，在古代仅在官方社会以外才有的"[2]。这里所说的"官方社会以外"，大概就是《诗经》中在"桑间濮上"所发生的民间爱情故事吧。

因为说到底，在价值层级上，伦理意义的"夫妇"显然要高于自然意义的"男女"。《周易·序卦传》说：

有天地然后有万物，有万物然后有男女，有男女然后有夫妇，有夫妇然后有父子，有父子然后有君臣，有君臣然后有上下，有上下然后礼义有所错。夫妇之道，不可以不久也，故受之以恒。

这里，"有男女然后有夫妇"一句，明白揭示出"男女"与"夫妇"之不同，"男女有别"是强调生理性征与"身心"力量之差异[3]，而"夫妇有别"则是强调职份权责之有别。《礼记·礼运》说："饮食男女，人之大欲存焉。"《白虎通义·嫁娶》亦称："人道所以有嫁娶何？以为情性之大，莫若男女。男女之交，人情之始，莫若夫妇。《易》曰：'天地氤氲，万物化淳。男女构精，万物化生。'人承天地施阴阳，故设嫁娶之礼者，重人伦、广继嗣也。"

大体而言，"男女"相当于"食色性也"的"色"，与"性爱"

有关;"夫妇"则不被当作"人之大欲"看待,非一般"儿女情长"所能涵摄,必须承担着"人伦"和"纲纪"的责任。故《中庸》第十二章说:"君子之道,造端乎夫妇;及其至也,察乎天地。"第十五章又云:

君子之道,辟如行远必自迩,辟如登高必自卑。《诗》曰:"妻子好合,如鼓瑟琴。兄弟既翕,和乐且耽。宜尔室家,乐尔妻帑。"子曰:"父母其顺矣乎!"

当"夫妇"成为"父母"之后,则父子、兄弟等伦理关系随之形成,"齐家"之说才能落到实处。可知在家庭的伦理结构中,作为基础的夫妇一伦,"妇"的作用绝不在"夫"之下。对于旧式大家庭而言,"择妇"甚至比"择夫"更其重要。怎样的女子才是最好的妻子呢?《周南·桃夭》唱道:

桃之夭夭,灼灼其华。之子于归,宜其室家。
桃之夭夭,有蕡其实。之子于归,宜其家室。
桃之夭夭,其叶蓁蓁。之子于归,宜其家人。

孔颖达疏:"《左传》曰:'女有家,男有室。'室家,谓夫妇也。"朱熹《诗集传》称:"室谓夫妇所居,家谓一门之内。"此诗差不多相当于对女子的"婚前教育",是通过对新嫁娘的赞美,来彰显为人妻者应当"宜其室家"的道理。故《大学》传九章接着说:

《诗》云:"桃之夭夭,其叶蓁蓁。之子于归,宜其家人。"宜其家人,而后可以教国人。《诗》云:"宜兄宜弟。"宜兄宜弟,而后可以教国人。《诗》云:"其仪不忒,正是四国。"其为父子兄弟足法,而后民法之也。此谓治国在齐其家。

这里三次引用《诗经》,旨在说明,如果夫妇、父子、兄弟三伦关系得正,则家可齐而国可治也。其中,夫妇一伦,不仅从时间顺序上先于父子、兄弟二伦,而且还兼有其他四伦关系之内涵。如《春秋公羊传·庄公二十四年》何休解称:

妻事夫有四义:鸡鸣继笄而朝,君臣之礼也;三年恻隐,父子之恩也;图安危可否,兄弟之义也;枢机之内,寝席之上,朋友之道也。不可纯以君臣之义责之。

尽管在古代社会的确存在着"男尊女卑""重男轻女"的现象,但在家庭之中,夫妇或者父母的地位还是大体对等的。《礼记·哀公问》载孔子之言曰:"昔三代明王之政,必敬其妻子也,有道。妻也者,亲之主也,敢不敬与!子也者,亲之后也,敢不敬与!"如果把家庭比作一间公司,夫妻就相当于"创始合伙人",权责和地位大体相当,"男主外,女主内",分工不同,同为一体,丈夫名义上是一家之主,实际上家政和内务大权则掌握在妻子手里——在现代意义的《婚姻法》制定之前,世间众多的"夫妻店",无不遵循着大体相似的原则、礼俗和义理。

关于夫妻之对偶关系，字源学的解释颇能说明问题。《白虎通义·嫁娶》云："妻者何谓？妻者，齐也。与夫齐体。""嫁娶者，何谓也？嫁者，家也，妇人外成，以出适人为家。娶者，取也。"又刘熙《释名·释亲属》："妻，齐也。夫贱不足以尊称，故齐等言也。"三国张揖《广雅·释亲》："妻，齐也。"这里的"齐体"或"齐等"，与今之"平等"略似。近人章炳麟在《谢君马夫人六十寿序》中说："余以为男女平等，其说亦久矣。古者称夫妇曰伉俪，又曰妻者齐也，是阴有其意，而不尽施于法制。"其说可参。

对"妻"的解释如此，"妇"亦同然。《白虎通义·嫁娶》释"夫妇"与"婚姻"曰：

夫者，扶也，扶以人道者也；妇者，服也，服于家事，事人者也。配疋（匹）者何？谓相与为偶也。婚姻者，何谓也？昏时行礼，故谓之婚也，妇人因夫而成，故曰姻。……所以昏时行礼何？示阳下阴也，婚亦阴阳交时也。

又同书《三纲六纪》称：

夫妇者，何谓也？夫者，扶也，以道扶接也；妇者，服也，以礼屈服。《昏礼》曰："夫亲脱妇之缨。"《传》曰："夫妇判合也。"

这里的"扶接""屈服"看似不甚平等，但"夫亲脱妇之缨"的动作就把一切都说明了——这不就是今天男士为女士开车门、挪椅子所彰显的"绅士风度"吗？"判合"，即配合，这里特指两性之结合，应该阴阳互补，相得益彰。《汉书·翟方进传》说"天地判合，乾坤序德"，《幼学琼林·夫妇》说"孤阴则不长，独阳则不生，故天地配以阴阳"，其揆一也。

《说文》则从另一角度解释："妇，服也，从女，持帚洒扫也。"《释名》亦云："妇，服也，服家事也。""夫妻者，匹敌之义也。"因为夫妇匹敌，故丈夫有错，妻子负有劝谏之责。《白虎通义·谏诤》说："妻得谏夫者，夫妇荣耻共之。《诗》云：'相鼠有体，人而无礼。人而无礼，胡不遄死？'此妻谏夫之诗也。谏不从不得去之者，本娶妻，非为谏正也，故一与齐，终身不改。此地无去天之义也。"

这些无不说明，夫妇一伦作为人伦之始，同为一体，荣辱与共，对于整个家庭成员有着伦理示范作用。而作为家庭核心成员的妻子或母亲，有着"相夫教子"的重要责任，如果是后妃，那就要"母仪天下"了。这一点，古今中外，概莫能外。法国思想家卢梭就曾说，"母亲的地位比父亲的地位更为稳固，她们的任务也更为艰巨"，他甚至还发表过"父不父，母不母，子不子，兄不兄，妹不妹"[4]这样颇具中国特色的高论。

不过，正如费孝通先生所分析的，传统中国的夫妇关系与现代西方家庭不同："在西洋家庭团体中，夫妇是主轴，夫妇共同经营生育事务，子女在这团体中是配角，他们长成了就离开团体。……我们的家既是个绵续性的事业社群，它的主轴是在父子之间，在婆媳之间，是纵的，不是横的。夫妇成了配轴。配轴虽则和主轴一样并不是临时性的，但是这两轴却都被事业的需要而排斥了普通的感情。"[5]这种不同，也使我们下面所讲的父子、长幼二伦有了更为广阔的施展空间。

二　君子远其子，父子不责善

关于父子一伦在家庭中的重要价值和人类学意义，我们在"孝悌之道"一讲中已有说明。这里仅就父子相处之道稍作阐发。

首先，我们须明白，父子之间不仅是亲子的血缘关系，同时也是一伦理的教化关系。《三字经》有"养不教，父之过"的说法，为什么不说"母之过"呢？因为既然"夫为妻纲"，丈夫主导，则父亲便是一家之长，孩子教育不好，父亲自然难辞其咎。《白虎通义》云："父子者何谓也？父者，矩也，以法度教子；子者，孳孳无已也。""孳"通"孜"，孳孳无已，犹言孜孜不倦，勤勉努力。这里，父子俨然成了一种隐秘的师生关系。尽管母亲也要"相夫教子"，承担"第一任老师"之责，但最终的责任人是父亲。今天很多父亲忙着挣钱养家，孩子的教育一概不管，农村甚至有不少"留守儿童"，实在是父道缺失之兆，令人忧心！

其次，既然父亲对子女承担着教化之责，则究竟该如何"教子"便成为一大问题。换言之，能够生育孩子距离成为合格之父母，其间还有很长的路要走。鲁迅在《我们现在怎样做父亲》一文中说："父子间没有什么恩"，"饮食的结果，养活了自己，对于自己没有恩；性交的结果，生出了子女，对于子女当然也算不了恩。"[6] 这是从"食色性也"的角度解释父子关系，抽空了父子一伦的"人伦"内涵，变成自然主义的生殖关系——既然否定了"恩"，自然也就取消了"责"，"父慈子孝"就更是谈不上了。这样的观点，看似深刻，实则釜底抽薪，颠顶无礼，不足为训。

不过，父子之间虽然有"恩"，也并非毫无原则，不留余地。我们且看孔子是怎么做的：

陈亢问于伯鱼曰："子亦有异闻乎？"对曰："未也。尝独立，鲤趋而过庭。曰：'学诗乎？'对曰：'未也。''不学诗，无以言。'鲤退而学诗。他日，又独立，鲤趋而过庭。曰：'学礼乎？'对曰：'未也。''不学礼，无以立。'鲤退而学礼。闻斯二者。"陈亢退而喜曰："问一得三。闻诗，闻礼，又闻君子之远其子也。"（《季氏》）

这个故事很有意味。作为孔门"旁听生"的陈亢向孔子的儿子孔鲤打听："子亦有异闻乎？"你父亲有没有给你"开小灶"呢？其中隐含着一个十分重要的问题，即对于一个既为师、又为父的人而言，父子与师生这两重关系，到底该如何处理？分寸感又该如何拿捏？孔鲤提供了父亲两次"庭训"的内容：一是"不学诗，无以言"；一是"不学礼，无以立"。陈亢听后，得意地说自己"问一得三"。应该说，"闻诗""闻礼"还属于教学内容，而"君子之远其子"，则直指教育的"方法论"了。

这里的"君子之远其子"，是说父子之间不能"亲密无间"，应该保持适当距离。到了孟子那里，甚至变成了"君子不教子"：

公孙丑曰："君子之不教子，何也？"孟子曰："势不行也。教者必以正；以正不行，继之以怒。继之以怒，则反夷矣。'孔子教我以正，孔子未出于正也。'则是父子相夷也。父子相夷，则恶矣。古者易子而教之，父子之间不责善。责善则离，离则不祥莫

大焉。"(《离娄上》)

孟子认为,父子之间也当遵循"正己而后正人"的原则,如果父亲不正,而以正要求儿子,势必造成"父子相夷"和"父子责善",而"责善则离","贼恩之大者"(《离娄下》)。

为避免这一弊端,孟子主张"易子而教",即交换孩子以教育,这样父子之间就可以尽量"不责善",亲子之情也就更容易保持在相对融洽的范围内。《白虎通义》则有"父不教子"之说:"父所以不自教子何?为渫渎也。又授之道,当极说阴阳、夫妇、变化之事,不可父子相教也。"这里的"渫渎",有轻慢之义,盖亲情泛滥,容易陷入"惑溺"。《颜氏家训·教子》说:"父母威严而有慈,则子女畏慎而生孝矣。""父子之严,不可以狎;骨肉之爱,不可以简。简则慈孝不接,狎则怠慢生焉。"父子之间若毫无距离,没大没小,也就很容易"狎"。《礼记·曲礼上》说"君子抱孙不抱子",正是对父子过于亲昵而无法"以法度教子"的一种防微杜渐。

进而言之,"父子不责善"是怕"伤感情","父子不相狎"是怕"损法度",所以,"易子而教"并非放弃教化责任,而是对"父子责善"和"相狎"的一种节制和规避。正如"父子相隐"并非互相包庇一样,"父子不责善"也并非对各自缺点听之任之,姑息纵容。如果说,"父子相隐"是对外(如"君"或"公权力")应遵循的原则,"父子不责善"则是在家庭内部应该把握的尺度。

对于人子而言,一方面要"事亲有隐而无犯"(《礼记·檀弓上》),保持对父亲的基本尊重;另一方面,"无犯"不等于"无谏",所谓"父有诤子,则身不陷于不义"(《孝经·谏诤》);只不过,劝谏也应注意态度和方法,此即孔子所谓"事父母几谏"之义也。荀子甚至提出"从义不从父"的主张:

> 入孝出弟,人之小行也;上顺下笃,人之中行也;从道不从君,从义不从父,人之大行也。若夫志以礼安,言以类使,则儒道毕矣。虽舜,不能加毫末于是矣。孝子所以不从命有三:从命则亲危,不从命则亲安,孝子不从命乃衷;从命则亲辱,不从命则亲荣,孝子不从命乃义;从命则禽兽,不从命则修饰,孝子不从命乃敬。故可以从而不从,是不子也;未可以从而从,是不衷也;明于从不从之义,而能致恭敬,忠信端悫,以慎行之,则可谓大孝矣。传曰:"从道不从君,从义不从父。"此之谓也。(《荀子·子道》)[7]

也就是说,父子虽然以"亲"合,但亦有以"义"合的一面。在大是大非上,若父不义,则子不从,此即所谓"从义不从父"。

由此可知,所谓"父为子纲",绝不是父亲对子女拥有绝对宰制之权力,而是强调父亲在父子一伦中的纲纪和示范作用。而作为示范者的父亲,也应受到子女的监督和劝谏,所以才会有"父不父,则子不子"的说法。最近坊间流传胡适写给儿子的一封信,其中有云:

> 我养育你,并非恩情,只是血缘使然的生物本能;所以,我既然无恩于你,你便无需报答我。反而,我要感谢你,因为有你的参与,我的生命才更完整。我只是碰巧成为了你的父亲,你只是碰巧

成为了我的女儿和儿子,我并不是你的前传,你也不是我的续篇。你是独立的个体,是与我不同的灵魂;你并不因我而来,你是因对生命的渴望而来。你是自由的,我是爱你的;但我绝不会"以爱之名",去掌控你的人生。

胡适以为父子关系纯属"碰巧",言虽有趣,而难免失之轻佻。唯其强调父子各自人格上的"独立"与"自由",不仅有着与时俱进的现代价值,也与传统文化中的父子伦理并不矛盾。但不幸的是,由于胡适太过趋新,对于孩子的管教难免松弛,旧的伦理纲纪一旦被扬弃,新的基于政治斗争的革命道德便乘虚而入。其幼子胡思杜不仅没有子承父业,后来反而成了批判胡适的急先锋,最终在严酷的政治斗争中精神崩溃,以至上吊自杀,死时年仅36岁。当父子之间的"恩义"被否定,"人伦"亦随之崩解,那时便有诸如此类的人间惨剧轮番上演——这恐怕是胡适始料未及的吧。

三 长幼有序,兄弟怡怡

在家庭的"五伦"关系中,除了夫妇、父子,还有一伦就是兄弟或长幼关系。兄弟适用于小家庭,而长幼则适用于家族、乡党乃至一切非血缘的人际关系。

我们在"孝悌之道"一讲中已经说过,孝悌也是"爱",父子之爱、兄弟之爱,都属于"亲亲"之爱,是"特别的爱给特别的你"。而对于家族、社群甚至整个社会而言,"亲亲"之爱就要被

"长长"之义所替代了。

所谓"长长",其实就是"长幼有序"的另一种说法。如果说"尊尊"是强调社会地位和政治权威,"长长"则是扩充情感空间和伦理世界。"长长"的需要,不仅是由血亲伦理和宗法制度所决定的,也是长期的社会生活和治理实践所选择的。正如费孝通先生所说:"家族在结构上包括家庭;最小的家族也可以等于家庭。"而且,"家族是以同性为主、异性为辅的单系组合。中国乡土社会里,以家族为基本社群,是同性原则较异性原则为重要的表示"。其实这里的"同性",可以理解为"父系"。"在父系原则下女婿和结了婚的女儿都是外家人。在父系方面却可以扩大得很远,五世同堂的家,可以包括五代之内所有父系方面的亲属。"[8]

所以,从情理上讲,兄弟一伦是最应该相亲相爱、荣辱与共、生死相依的。《诗经·小雅·常棣》云:

> 常棣之华,鄂不韡韡。凡今之人,莫如兄弟。
> 死丧之威,兄弟孔怀。原隰裒矣,兄弟求矣。
> 脊令在原,兄弟急难。每有良朋,况也永叹。
> 兄弟阋于墙,外御其务。每有良朋,烝也无戎。
> 丧乱既平,既安且宁。虽有兄弟,不如友生?
> 傧尔笾豆,饮酒之饫。兄弟既具,和乐且孺。
> 妻子好合,如鼓瑟琴。兄弟既翕,和乐且耽。
> 宜尔室家,乐尔妻帑。是究是图,亶其然乎?

这首诗以"兄弟"之情展现"齐家"之乐,其中"兄弟"二字凡八见,或与"良朋""友生"相对,或与"妻子""妻帑"并置,尤其以"常棣之华"比喻兄弟,极富象征意味与美感诗意,足见在家庭内部的人伦关系中,兄弟一伦何等重要。

相比夫妇、父子二伦,兄弟关系显然更为复杂。一方面,兄弟有着血缘关系,所谓"手足情深""同气连枝""分形连气"[9],"血浓于水";但另一方面,兄弟之间又往往最易发生冲突,幼年时因为不懂事理,可能会以大欺小,互不相让;各自成家后,新的夫妇、亲子关系介入,所谓"各妻其妻,各子其子"[10],或分家不均,或妯娌失和,又往往会发生情感龃龉和经济纠纷,这就是所谓"兄弟不睦"[11]。如果是帝王之家,为争权夺嫡,甚至兄弟相残,喋血宫门,亦司空见惯——曹植的"本是同根生,相煎何太急"之叹,言犹在耳,何其痛彻肺腑!

可以说,宗法制度的创制,根本上就是要解决兄弟之间可能发生的问题。因此,要说"齐家"难,难就难在如何妥善处理兄弟关系!

不过,中国文化的特点在于不绝对,可变通,能推扩。《论语·颜渊》篇载:

> 司马牛忧曰:"人皆有兄弟,我独亡。"子夏曰:"商闻之矣:死生有命,富贵在天。君子敬而无失,与人恭而有礼,四海之内皆兄弟也。君子何患乎无兄弟也?"

司马牛说"人皆有兄弟,我独亡",是站在血缘的立场上发言,而子夏的"四海之内皆兄弟",则将本属"血缘"的兄弟推扩到属于"地缘"的"四海之内",由"家"而及"天下",这是何等阔大的胸襟和气度!"敬而无失,与人恭而有礼",其实就是"长幼有序"的具体表现。陶渊明诗云,"落地为兄弟,何必骨肉亲"(《杂诗》),正此意也!

而孟子将这种由"亲亲"到"长长"的"移情"作用称作"推恩":

> 挟太山以超北海,语人曰:"我不能。"是诚不能也。为长者折枝,语人曰:"我不能。"是不为也,非不能也。故王之不王,非挟太山以超北海之类也;王之不王,是折枝之类也。老吾老,以及人之老,幼吾幼,以及人之幼,天下可运于掌。《诗》云:"刑于寡妻,至于兄弟,以御于家邦。"言举斯心加诸彼而已。故推恩足以保四海,不推恩无以保妻子。……(《梁惠王上》)

由此可知,长幼之序不仅适用于家族乡党,简直可以放之四海而皆准。"在我们客套中互问年龄并不是偶然的,这礼貌正反映出我们这个社会里相互对待的态度是根据长幼之序。长幼之序也点出了教化权力所发生的效力。"[12]尊重长幼之序看似是一种对少小者的贬抑,其实是将非人力可决定的东西付诸"天命"。是"天命"决定了我们的"先来后到",故而也就谈不上绝对的宰制关系,毕竟年辈的长幼是如生命一样流转不居的,"朝为美少年,夕暮成丑老"(阮籍《咏怀其六》),时光又能饶过谁?尊重今日之长者,何尝不是尊重未来的自己呢?

所以,中国人的称呼完全符合广义的"长幼之序"。《白虎通义》解释亲戚之"别称"说:"谓之舅姑者何?舅者,旧也;姑者,故也。旧、故之者,老人之称也。谓之姊妹何?姊者,咨也;妹者,末也。谓之兄弟何?兄者,况也,况父法也;弟者,悌也,心顺行笃也。称夫之父母谓之舅姑何?尊如父而非父者,舅也;亲如母而非母者,姑也。故称夫之父母为舅姑也。"今天所谓"公婆",古之所谓"舅姑",身份虽同,亲切感则不同也。

因为中华文化是一种"情本体"的文化,而情是可以如涟漪般不断扩散传递的,故才有"天下一家,中国一人"之说。这就把每一个体的人与整个家国天下融为一体了。《礼记·祭义》说:

先王之所以治天下者五:贵有德,贵贵,贵老,敬长,慈幼。此五者先王之所以定天下也。贵有德,何为也?为其近于道也。贵贵,为其近于君也;贵老,为其近于亲也;敬长,为其近于兄也;慈幼,为其近于子也。是故至孝近乎王,至弟近乎霸。至孝近乎王,虽天子必有父。至弟近乎霸,虽诸侯必有兄。先王之教因而弗改,所以领天下国家也。

这里的"五贵",既有道德和地位层面的,也有年辈层面的,其中"慈幼"一说,尤可见出其推恩之广,泽被之众。同书《礼运》也说:

四体既正,肤革充盈,人之肥也。父子笃,兄弟睦,夫妇和,家之肥也。大臣法,小臣廉,官职相序,君臣相正,国之肥也。天子以德为车,以乐为御,诸侯以礼相与,大夫以法相序,士以信相考，百姓以睦相守，天下之肥也。

从"人之肥"到"家之肥"，从"国之肥"到"天下之肥"，同样是一种基于"人类命运共同体"的致思理路。

正是在此意义上，孔子才会说："孝乎惟孝，友于兄弟，施于有政。是亦为政，奚其为为政？"（《为政》）孟子才会说："天下之本在国，国之本在家，家之本在身。""人人亲其亲，长其长，而天下平。"（《离娄上》）你固然可以像司马迁那样说孔子和孟子"迂远而阔于事情"，但转念一想，孔子、孟子又有什么错呢？他们的治道理想或许会在实践上遭受挫败，但在逻辑上和情理上依旧是自洽的，甚至是令人感动的。

进一步说，天下之所以无道，不过是因为拥有天下者不能"行道"甚至不能"容道"罢了。正如颜回所说："不容何病？不容然后见君子！"[13]孔子、孟子何以会成为后人心目中的圣贤？无他，不过是因为他们能永葆一颗不随乱世而改变的"赤子之心"罢了！为什么我们不能理解圣贤？无他，不过是因为我们的良知常被知识、名相所遮蔽，被残酷的现实所绑架或摧毁，再也找不回那颗"赤子之心"罢了！

近代以来，对于"齐家"的思想，批判的声音一向占据优势，如李大钊认为："中国现在的社会，万恶之源，都在家族制度。"傅斯年也说："更有那些该死的伦理家，偏讲那些治家格言，齐家要旨。请问成天齐家去，还能做什么事？况且家是齐得来的吗？又有人说，这是名教，不可侵犯。还有人说，什么'名教罪人''名教罪人'，不可不小心的。其实名教本是罪人，哪有不名教的罪人，

名教本是杀人的,那有不杀人的名教。"[14]就连现代新儒家的代表熊十力,也在1951年写给梁漱溟的信中说:

> 其实,家庭为万恶之源、衰微之本,此事稍有头脑者皆能知之,能言之,而且无量言说也说不尽。无国家观念、无民族观念、无公共观念,皆由此。甚至无一切学术思想亦由此……有私而无公,见近而不知远,一切恶德说不尽。百忍以为家,养成大家麻木、养成掩饰,无量罪恶由此起。[15]

诸位前贤论说时,或许是出于朱熹所谓"义理之怒"[16],但落实在各自的行为中,又常常方枘圆凿,不相匹配。余英时在论及"中国现代价值观念的变迁"时,就曾引用胡适的话来揭示新派人物的矛盾。比如《胡适的日记》(台北:远流出版社1990年)第八册1929年4月27日写道:

> 傅孟真说:孙中山有许多很腐败的思想,比我们陈旧多了,但他在安身立命处却完全没有中国传统的坏习气,完全是一个新人物。我们的思想新,信仰新;我们在思想方面完全是西洋化了;但在安身立命处,我们仍旧是传统的中国人。……孟真此论深中肯。

如果一种"新"的思想和信仰竟然使人无法落实在"安身立命处",我们至少可以对其自洽性表示怀疑。难怪1962年2月胡适心脏病猝发去世,蒋介石亲书挽联一副:"新文化中旧道德的楷模,旧伦理中新思想的师表。"我是非常敬仰胡适先生的,但正如他的弟子唐德刚的看法一样,胡先生对于传统文化的理解,实在颇有值得商榷之处——他恐怕是"体认"有余,而"体贴"不足的。

相比之下,萧公权先生的论说更具"了解之同情",他说:

> 五四运动的健将曾经对中国旧式家庭极力攻击,不留余地。传统家庭诚然有缺点。但我幸运得很,生长在一个比较健全的旧式家庭里面。其中虽有不能令人满意的地方,父母双亡的我却得着"择善而从"的机会。因此我觉得"新文化"攻击旧家庭有点过于偏激。人类的社会组织本来没有一个是至善尽美的,或者也没有一个是至丑极恶的。"新家庭"不尽是天堂,旧家庭也不纯是地狱。[17]

萧先生对于"新文化"与"旧家庭"的理解,平情厚道,不偏不倚,值得我们稽首三复,从善如流。

1 ［汉］毛亨传，郑玄笺，［唐］孔颖达疏:《毛诗正义》，北京：北京大学出版社，2000年，第5页。

2 （德）恩格斯:《家庭、私有制和国家的起源》，张仲实译，北京：人民出版社，1956年，第72—73页。

3 梁漱溟对男女"身心之间关系"有精彩论述，认为"男子力量以发之自心者为其第一根本流，女子以本乎其身者为第一根本流"，故两性之身心距离互有长短，其创造力亦各有偏重，"教育应是让生性不同的力量各自得到培养成长，工作则应是让不同的力量各得发挥以尽其天职"，不可"强求其同"。详参氏著《人心与人生》，第116—122页。

4 （法）卢梭:《爱弥儿》，李平沤译，北京：商务印书馆，2016年，第7、23页。

5 费孝通:《乡土中国》之《家族》，第34页。

6 《新青年》月刊第六卷第六号，1919年11月，署名唐俟。

7 ［清］王先谦:《荀子集解》，第511页。

8 费孝通:《乡土中国》，第39、33页。

9 《颜氏家训·兄弟第三》:"兄弟者，分形连气之人也，方其幼也，父母左提右挈，前襟后裾，食则同案，衣则传服，学则连业，游则共方，虽有悖乱之人，不能不相爱也。"

10 《颜氏家训·兄弟第三》:"及其壮也，各妻其妻，各子其子，虽有笃厚之人，不能不少衰也。……二亲既殁，兄弟相顾，当如形之与影，声之与响;爱先人之遗体,惜己身之分气,非兄弟何念哉?兄弟之际,异于他人,望深则易怨,地亲则易弭。譬犹居室,一穴则塞之,一隙则涂之,则无颓毁之虑;如雀鼠之无恤,风雨之不防,壁陷楹沦,无可救矣。仆妾之为雀鼠,妻子之为风雨,甚哉!"

11 《颜氏家训·兄弟第三》:"兄弟不睦,则子侄不爱;子侄不爱,则群从疏薄;群从疏薄,则童仆为仇敌矣。如此,则行路皆踏其面而蹈其心,谁救之哉?"参王利器《颜氏家训集解》,中华书局1993年版。

12 费孝通:《乡土中国》,第55页。

13 《史记·孔子世家》载:"子贡出,颜回入见。孔子曰:'回,《诗》云"匪兕匪虎,率彼旷野。"吾道非邪?吾何为于此?'颜回曰:'夫子之道至大,故天下莫能容。虽然,夫子推而行之,不容何病?不容然后见君子!夫道之不修也,是吾丑也。夫道既已大修而不用,是有国者之丑也。不容何病?不容然后见君子!'孔子欣然而笑曰:'有是哉颜氏之子!使尔多财,吾为尔宰。'"

14 《傅孟真先生集》,台湾大学发行,1952年,第一册,上编,丙:"社会问题",第5页。转引自余英时《中国现代价值观念的变迁》,载《现代儒学的回顾与展望》,第110页。

15 转引自余英时《中国现代价值观念的变迁》,见前揭书,第111页。

16 朱熹《朱子语类》卷十三尝谓:"血气之怒不可有,义理之怒不可无。"

17 萧公权:《问学谏往录》,第13页。转引自余英时《中国现代价值观念的变迁》。

第十四讲 教育之道

- 教育之道也即为师之道。为师必先为学，故教育之道自然以为学之道为始基。
- 作为教育的一种底线原则，孔子的「有教无类」，就是试图在出身低贱的「小人」阶层中，培养出德才兼备的「新型君子」。
- 孔子发现，君子和小人之阶层定位，血统和政治固然是其先决条件，但也并非不可通过后天努力而改变。
- 如果「小人」也能「不器」，通过进德修业的不懈努力，就完全有可能打破原本固化的阶层壁垒，以贤德和才能为社会所用，成为志学立道的「新型君子」。
- 「君子不器」如同一把钥匙，打开了一场划时代的教育改革的大门。

教育之道也即为师之道。为师必先为学,故教育之道自然以为学之道为始基。换言之,师者必从学者来,一个好老师首先一定是好学生。

　　美国犹太裔哲学家列奥·施特劳斯(Leo Strauss,1899—1973)在《什么是自由教育》中说:"老师自己是学生且必须是学生。但这种返回不能无限进行下去:最终必须有一些不再作为学生的老师。那些不再是学生的老师是伟大的心灵,或者为了避免在如此重要的事情上的含糊其词,可以说是最伟大的心灵。这些人实乃凤毛麟角。我们不可能在课堂上遇到他们任何一位。我们也不可能在其他地方遇到他们任何一位。一个时代有一位这样的人活着,就已经是一种幸运了。"[1]

　　按照这个标准,在中国历史上,大概只有孔、孟、程、朱、陆、王这样的圣贤人物,才能算得上是"不再是学生的老师",称得上是"最伟大的心灵"吧。

　　那么,究竟什么样的人才配称作"师者",儒家的教育之道又是怎样的呢?这个话题似小实大,下面我们结合经典文本,择要做一介绍。

一 "为师"与"为政"

在儒家设定的"五伦"(父子、君臣、夫妇、长幼、朋友)关系中,虽然并无"师"之名目,却隐含着"师"的角色与内涵。大体而言,"师弟子"(即师徒)的关系是兼容于父子、君臣和朋友三伦关系之中的。班固《白虎通义·辟雍》篇说:

> 师弟子之道有三:《论语》"有朋自远方来",朋友之道也。又曰"回也,视予犹父也",父子之道也。以君臣之义教之,君臣之道也。

一伦而含三道,这在所有的人伦关系中恐怕绝无仅有。

古有"礼之三本"说,如《荀子·礼论》篇说:"天地者,生之本也;先祖者,类之本也;君师者,治之本也。无天地恶生?无先祖恶出?无君师恶治?三者偏亡,则无安人。故礼,上事天,下事地,尊先祖而隆君师,是礼之三本也。"《大戴礼记·礼三本》也说:"礼,上事天,下事地,而宠君师,是礼之三本也。"这里"君师"并称,同为"治之本",足见师者地位之重要。古时耕读之家,中堂常设有"天地君亲师"的牌位,就是上承"礼之三本"说而来。

当然,要了解"师"的更多内涵和职能,还是必须诉诸字源学的考辨。

"师"之为字,含义较为丰富。最初造其字,大概与城堡建构和军事编制有关。《说文》释"師"字云:"二千五百人为师。从帀,从𠂤。𠂤四帀,众意也。"𠂤,音义皆同堆,帀同匝,"师"盖指在土堆四围筑城以防御。其义有二:一是众,京师者,大众之称也,引申为军队;一是长,师之变形即为帅,故又有师长之称。

可知"师"在"帅众"的意义上,和"君者群也"的"君"性质上有交集,"它是一个生活集体,也是一个政治集体、军事集体,同时也是一个教育集体"[2],尽管在等级上仍处于"臣"位。《周礼·地官》有"师氏"一职:"师氏掌以媺诏王,以三德教国子:一曰至德,以为道本;二曰敏德,以为行本;三曰孝德,以知逆恶。教三行:一曰孝行,以亲父母;二曰友行,以尊贤良;三曰顺行,以事师长。居虎门之左,司王朝,掌国中失之事,以教国子弟,凡国之贵游子弟学焉。"郑玄注称:"师,教人以道者之称也。"

与"师氏"职责相近的还有"保氏":"保氏掌谏王恶,而养国子以道。乃教之六艺:一曰五礼,二曰六乐,三曰五射,四曰五驭,五曰六书,六曰九数。乃教之六仪,一曰祭祀之容,二曰宾客之容,三曰朝廷之容,四曰丧纪之容,五曰军旅之容,六曰车马之容。"(《周礼·地官》)师氏与保氏,一教三德三行,一教六艺六仪,还兼有规谏之责,的确不负"君师治之本"的美誉。这就把"为师"与"为政"结合在一起了。

又《礼记·文王世子》称:"立大傅、少傅以养之,欲其知父子、君臣之道也。大傅审父子、君臣之道以示之;少傅奉世子,以观大傅之德行而审喻之。大傅在前,少傅在后;入则有保,出则有师,是以教喻而德成也。师也者,教之以事而喻诸德者也;保也者,慎其身以辅翼之而归诸道者也。"可知帝王为世子时,亦必向师傅学习为人处世之道。

《孟子·梁惠王下》引《尚书·泰誓》云:"天降下民,作之君,作之师。"这里君、师并言,所指也即政、教二端。孟子还说:"仁言不如仁声之入人深也,善政之不如善教之得民也。善政民畏之,善教民爱之。善政得民财,善教得民心。"(《尽心上》)孟子说"善政不如善教",其实就是抬高"师道",以与"君道"相抗衡之义。又《礼记·学记》:"善歌者,使人继其声;善教者,使人继其志。其言也,约而达,微而臧,罕譬而喻,可谓继志矣。君子知至学之难易,而知其美恶,然后能博喻,能博喻然后能为师,能为师然后能为长,能为长然后能为君。故师也者,所以学为君也,是故择师不可不慎也。"

所以,儒家的为政之道虽非"政教合一",却有着"以教代政"的特点。只不过这里的"教",非宗教之"教",而是教化与教育之"教"。"善教"之所以"入人深",乃因其比"善政"更具人文性,更有人情味儿。《周易·贲·彖辞》云:"刚柔交错,天文也;文明以止,人文也。观乎天文,以察时变;观乎人文,以化成天下。"这是最具中国特色的"文化"观念,"人文化成"强调了"文化"的动词性意义,"教化"也是如此。

毋宁说,中国文化的"教",本质上是一种"人文教",犹如春风化雨,润物无声,因其应天顺人,故能深入人心。而这一切,都须由师者来担当。

二　温故知新，教学相长

古语云："经师易遇，人师难遭。"[3]分明是将师者分为"经师"和"人师"两种境界。

究竟该如何区分"经师"和"人师"呢？我们可从《论语》中找答案：

> 子曰："温故而知新，可以为师矣。"（《为政》）

这是孔子对"师"之标准的经典表述。"温故"与"知新"并非简单并列关系，而是一递进关系，两者中间的"而"，既可作连词，表递进，也可作助动词，训为"能"。朱熹注称："言学能时习旧闻，而每有新得，则所学在我，而其应不穷，故可以为人师。"[4]显然是把"温故而知新"当作"人师"的必备素养的。子夏也说："日知其所亡，月无忘其所能，可谓好学也已矣。"（《子张》）这里，"日知其所亡"相当于"知新"，"月无忘其所能"则是"温故"，子夏有此良知良能，故后来终成儒门一代宗师。

《礼记·学记》是古代最早的一篇教育学文献，其中多次提到"人师"。如说："记问之学，不足以为人师。"显然，"记问之学"是指只能"温故"而不能"知新"的死记硬背。"君子既知教之所由兴，又知教之所由废，然后可以为人师矣。"一个好的老师，必须知道在何种情况下教育比较有效，何种情况下教育已经失效——这就涉及教育学的深层原理了。前引"能博喻然后能为师"

的"博喻",孔颖达解作"广晓"。一个好老师,要善于打通知识与知识之间的界限,触类旁通,左右逢源,也即孔子所谓"温故知新""告往知来""举一反三""闻一知十",否则,就只能做"经师",而不能做"人师"[5]。

"经师",大概相当于所谓"专家",而"人师"则应该是"通人"。"经师"只面向文本和知识,可以著书立说,授业解惑;而"人师"却能通过"教书"以"传道",通过"传道"而"育人"。就此而言,汉代许多五经博士充其量只能算是"经师",而历代兴学传道、泽被后世的圣贤人物才是真正的"人师"。同理,西方那些著作等身的哲学家,除了苏格拉底、柏拉图、康德等少数人外,恐怕大多也只能算是"经师"了。所以,黑格尔讽刺孔子"只是一个求实惠的世间智者",《论语》"里面所讲的是一种常识道德"[6],不过是"经师"对"人师"的基于误解的"酷评"罢了,钱锺书先生谓其"无知而掉以轻心"[7],真是一语中的!

好的老师必须好学与善学。孔子所谓"学如不及,犹恐失之"(《泰伯》),便是好学之境;"见贤思齐,见不贤而内自省也"(《里仁》),则是善学之境。善学不是指对既有知识的学习和掌握,而是指要善于从纷繁复杂的生活中发现可以"师法"的人和事。

> 子曰:"三人行,必有我师焉。择其善者而从之,其不善者而改之。"(《述而》)

这句耳熟能详的经典格言其实大有深意在焉。它是对"师"之内涵的"下沉式释放",言下之意,虽然"人师"难求,但师者却无处不在，每个人皆有长处可供"师法"。发现别人的长处，同时也意味着认识自己的短处，这样的人反而更容易进步。《淮南子·人间训》讲了一个很好的故事：

> 人或问孔子曰："颜回何如人也？"曰："仁人也，丘弗如也。""子贡何如人也？"曰："辩人也，丘弗如也。""子路何如人也？"曰："勇人也，丘弗如也。"宾曰："三人皆贤孔子，而为孔子役，何也？"孔子曰："丘能仁且忍，辩且讷，勇且却。以三子之能，易丘一道，丘弗为也。"孔子知所施之也。

颜回之"仁"，子贡之"辩"，子路之"勇"，孔子皆自叹不如，而三人却都以孔子为师，追随终生，原因就在于三人有"能"，而孔子有"道"。根据孔子"丘能仁且忍，辩且讷，勇且却"的自陈，可知此道正是"中道"。"中道"虽然是一种"致广大而尽精微"的智慧，但具体到"师道"，便是孔子所谓"择其善者而从之，其不善者而改之"。《礼记·学记》有"择师不可不慎"的告诫，实则也等于说，"择师"如"择善"，能够"择善"，便是能够"择师"。

因为"善"无处不在，故"师"亦无处不在。能够"择善而从"，则"不善"亦有"善"处。老子说："善人者不善人之师，不善人者善人之资。"（《老子》第二十七章）"师资"一词盖由此而来。又《尚书·商书》称："德无常师，主善为师。"《论语·子张》子贡说："孔子焉不学？而亦何常师之有？"杜甫诗云："别裁伪体亲风雅，转益多师是汝师。"（《戏为六绝句》）韩愈也说："圣人无常师。孔子师郯子、苌弘、师襄、老聃。郯子之徒,其贤不及孔子。……是故弟子不必不如师,师不必贤于弟子,闻道有先后,术业有专攻,如是而已。"(《师说》)似此,都是强调为学者应取长补短,转益多师。

因为"学无常师",故能"教学相长"。《礼记·学记》说:

> 虽有嘉肴,弗食,不知其旨也;虽有至道,弗学,不知其善也。是故学然后知不足,教然后知困。知不足,然后能自反也,知困,然后能自强也。故曰:教学相长也。

这段话阐发"学"与"教"相辅相成之关系最为深切著明,每一讽诵,必能感发志意,让人欲罢不能。陆德明《经典释文》引郑玄注:"《学记》者,以其记人学教之义。"可见,"教"与"学"密不可分,故"学记"者,实亦可谓"教记"也。

所以能"教学相长","自反""自强"固然是一方面,但就教学而言,又与师生间的问答互动有关。盖有学必有疑,有疑必有问,有问必有答。前引"记问之学,不足以为人师"一句,其原来的语境如下:

> 善待问者如撞钟:叩之以小者则小鸣,叩之以大者则大鸣,待其从容,然后尽其声。不善答问者反此。此皆进学之道也。记问之学,不足以为人师,必也其听语乎!力不能问,然后语之,语之而不知,虽舍之可也。(《礼记·学记》)

细审文义，不难发现，"善待问"其实就是"善答问"，"记问之学"相当于"不善答问"；而"必也其听语乎"，则是"善答问"的另一种表达。师者，必须要善于"听语"，然后才能"叩其两端而竭焉"，小叩小鸣，大叩大鸣，不叩不鸣——此亦可谓"耳顺"之境也。

类似的说法亦见于《易·系辞》："君子将有为也，将有行也，问焉而以言，其受命也如响。"《荀子·劝学》也说："故不问而告谓之傲，问一而告二谓之囋。傲，非也；囋，非也。君子如向（响）也。"由此可知，能"听语"和"善待问"，其实就是"君子如响"；作为老师，就是要能应机设教，应声答问，如钟之待撞，鼓之待捶也。

话又说回来，"教学相长"是相互的，老师的"善待问"，必须以学生的"善问"为前提，此即所谓"小叩小鸣，大叩大鸣，不叩不鸣"。如果把老师比作钟，学生就是"撞钟"人。孔门弟子中，如子贡、子路、子张、樊迟、宰我等，都是很好的撞钟人。偏偏孔子最欣赏的颜回，曾引起孔子的感叹："吾与回言终日，不违如愚，退而省其私，亦足以发，回也不愚。"（《为政》）又说："回也，非助我者也，于吾言无所不说。"（《先进》）不过，把这两章连起来看，则颜回的"不违"看似"不叩"，但其"无所不说"和"亦足以发"，恰恰说明他对老师所说的道理，无不默识心通，心悦诚服。这种"默而识之，学而不厌"的境界，反倒是一种更高境界的"君子如响"！

三 有教无类，因材施教

作为中国历史上最伟大的"人师"，孔子以一人之力，兴办私学，广收门徒，其门下弟子三千，贤者七十余人，形成了春秋末年最大的"学术与教育共同体"，孔子的教育理念、教育方法及教育成就首屈一指，古今中外罕有其匹。

子曰："有教无类。"（《卫灵公》）

此四字，可谓孔子教育之宗旨。大意是：人人都享有受教育的权利，没有尊卑、高下、贤愚的等类差别。何晏《论语集解》引马融注称："言人所在见教，无有种类。"朱熹称："人性皆善，而其类有善恶之殊者，气习之染也。故君子有教，则人皆可以复于善，而不当复论其类之恶矣。"[8] 盖"人之根性虽近而有等差，加之习性相乖，出身不同，故有上下、智愚、贤不肖之别，'实质平等'非不欲也，实不能也。故其兴办私学，有教无类，盖欲通过机会、起点之平等，弭合出身、根性之不同，此真大悲心、大愿力也"。[9] 广义地说，整部《论语》几乎可谓孔子的教育实录。举凡邦君、大夫、士人、乡人、朋友、儿子、弟子甚至是"鄙夫"，皆孔子教育启发之对象。

毋宁说，孔子所倡导的正是一种"全民教育"或曰"平民教育"。

在此基础上，再去理解"民可使由之，不可使知之"（《泰伯》），感觉会大不一样。既然是"有教无类"，则教的范围一定包括"民"，故"由之"本来就含有"教之"之意，而"不可使知之"则是说，通过"教之"，虽然不可使"知之"，至少可以使"由之"（也即"行之"或"用之"）。就此而言，"民可使由之，不可使知之"，其实是客观表达"教民"之结果。孔子说"有教无类"，与他说"十室之邑必有忠信如丘者焉，不如丘之好学也"（《公冶长》），"性相近也，习相远也"（《阳货》），皆是出于对"民性善"的基本信任。《白虎通义·辟雍》篇所谓"顽钝之民亦足以别于禽兽，而知人伦，故无不教之民"，正此意也。

子曰："自行束脩以上，吾未尝无诲焉！"（《述而》）

以往对于此章的解读，多停留在对"束脩"的辨析上。有以束脩乃贽礼之物，即十条干肉之薄礼者；也有以束脩指年十五以上，能行"束带修饰"之礼者。正如《礼记·曲礼上》有"礼闻来学，不闻往教"之训，《易·蒙》有"童蒙求我，匪我求童蒙"之言，皆为强调尊师重教之礼。故朱熹说："不知来学，则无往教之礼，故苟以礼来，则无不有以教之也。"连老子都说："不贵其师，不爱其资，虽智大迷。"（《老子》第二十七章）

以上理解当然没有问题。不过，我以为，这句话的重心不在前而在后，孔子所要强调的绝非"行束脩"之礼，而是"有教无类"！

"吾未尝无诲焉"，实则等于宣布：我的私立学校不设"门槛"，不论"出身"，只要有向学之心，明尊师之礼，均表欢迎！试想，这在教育被上层贵族垄断的春秋时代,是一件多么伟大的创举!美国学者顾立雅在评价孔子的教育理念时说:"他的确在倡导所有的人都应该接受一定的教育,使他们真正成为协作社会的成员。他还提议,那些德才兼备的人应该受到进一步的教育,并让他们得到政府机构的位置。做到了这一步,他情愿允许他们根据自己的最佳判断治理国家。他还相信,全体人民最终会有能力对善恶之官员做出区分的。"[10]

可以说,"有教无类"的目的就是开发民智,促进阶层的上下流通,打破等级制度带来的资源垄断和身份壁垒。

孔子之所以提倡"有教无类",恐怕与其个人的成长史大有关系。孔子虽系殷商王族之后[11],但至其父叔梁纥时已家道中落,孔子又系庶出,加上三岁丧父,十七岁丧母,贫寒孤苦,确实是一介"布衣"[12]。《史记·孔子世家》称:"孔子贫且贱。及长,尝为季氏史,料量平;尝为司职吏而畜蕃息。"又记孔子丧母守孝期间,穿着丧服去赴季氏的宴会:"季氏飨士,孔子与往,阳虎绌曰:'季氏飨士,非敢飨子。'孔子由是退。"在阳虎眼里,孔子甚至连"士"都算不上。司马迁笔下的孔子形象,疑点多多,未可尽信,这里姑置不论。但孔子的确也自称"吾少也贱,故多能鄙事,君子多乎哉?不多也"(《子罕》)。可见孔子在社会阶层上,颇以"贱民"自居,未尝以"君子"自任。

须知"君子"一词,本指"君王之子",即在位有爵之人。严格说来,孔子及其门下众多寒门弟子在社会地位上皆属"小人"阶层。但孔子通过自己的努力,发现了一个道理,就是"性相近,习相远"——无论出身于"君子"还是"小人"阶层,作为人的本性也即"忠信之质"是彼此相近的，都可以通过"好学"达到更高的境界。

孔子对中华文化的一大贡献就是，打破了"君子"与"小人"的地位等级壁垒，赋予"君子"以更为深刻的道德内涵，使"君子"成为一高于世俗爵位的理想人格。当他说"人不知而不愠，不亦君子乎"时，等于在宣告："贵族君子，宁有种乎！"可以说，孔子主张教育的权利平等，不是受到任何理论和主义的蛊惑，而是基于对人性和自性的一种大确信！

不过，作为智者，孔子对于人性觉知能力的确信是整体性的，具体到每一个个体，当然存在着先天或后天造成的种种差异。故"性相近"绝不等于"性相同"，"有教无类"也并非"有教无别"。也就是说，"有教无类"是强调"机会平等"，却不能承诺"效果平等"。因此，一方面要贯彻"有教无类"的教育宗旨，追求"普及"，避免"垄断"；另一方面，也要遵循"因材施教"的教育原则，追求"个性"，防止"一刀切"或"格式化"。"因材施教"一词，虽出自近人郑观应（1842—1922）的《盛世危言》，其真正的源头却在孔子。这里的"材"，其实也即"人"。

我以为，"因材施教"大概包括两层意思：一是"因人施教"，一是"因时施教"。

所谓"因人施教"，是就人的差异而言的。孔子对于人性有非常深刻的洞察，认为人性虽然相近，资质、根性或者说天分却有高下之分。他说："生而知之者，上也；学而知之者，次也；困而学之，又其次也；困而不学，民斯为下矣。"（《季氏》）又说："中人以上，可以语上也；中人以下，不可以语上也。"（《雍也》）意思是：中等资质以上的人，可以和他谈论形而上的高深道理；中等资质以下的人，不可以和他谈论形而上的高深道理——"非不为也，实不能也"。这显然是把人分作上、中、下三等，也即所谓"三品论人"说。

孔子还说："我非生而知之者，好古，敏以求之者也。"(《述而》)可见孔子是以"中人"自居的。但他又说，"唯上智与下愚不移"，"下学而上达"，"君子上达，小人下达"。言下之意，只要拥有"中人"的资质，便能够"下学上达"，"上达"则为君子，"下达"则为小人。

这还是大体的分类，具体到每个人，还要根据其不同特点予以针对性的点拨。比如，不同弟子问同样的问题，如孟懿子、孟武伯、子游、子夏皆曾"问孝"，子贡、子路、司马牛皆曾"问君子"，颜回、仲弓、司马牛皆曾"问仁"，子路、子张、季康子皆曾"问政"，孔子的回答却大不一样，这便是"应机设教"，"问同答异"。再比如：

子路问："闻斯行诸？"子曰："有父兄在，如之何其闻斯行之！"冉有问："闻斯行诸？"子曰："闻斯行之。"公西华曰："由也问闻斯行诸，子曰'有父兄在'；求也问闻斯行诸，子曰'闻斯行之'。赤也惑，敢问。"子曰："求也退，故进之；由也兼人，故退之。"(《先进》)

子路和冉有同为孔门"政事科"之选，皆问"闻斯行诸"，孔子的回答却恰好相反。公西华得不到"标准答案"，十分困惑。而孔子的解释是：冉有懦退而不及，故勉之而使进；子路勇进而常过，故抑之而使退。可见，孔子对弟子了如指掌，故而才能对症下药。

所谓"因时施教"，是就学生的年龄及学习程度而言。《礼记·学记》说："幼者听而弗问，学不躐等也。""躐等"犹言"越级"，也即《论语》所谓"非求益者也，欲速成者也"[13]。学习当循序渐进，不可急于求成。我们由"学不躐等"，自然可以推出"教不躐等"。同样一个学生，在受教的过程中，也有先后次第、难易深浅之不同，故必须根据其不同的时段予以不同的教诲。

比如，孔门弟子中，樊迟的天资不是很高，却喜欢发问，而且一问多发。他曾三次问仁，孔子的回答竟然都不同。依次如下：

樊迟问仁。子曰："仁者先难而后获，可谓仁矣。"（《雍也》）
樊迟问仁。子曰："爱人。"问知。子曰："知人。"（《颜渊》）
樊迟问仁。子曰："居处恭，执事敬，与人忠，虽之夷狄，不可弃也。"（《子路》）

樊迟第一次问仁，孔子答以"仁者先难而后获"，颇有"只问耕耘，不问收获"之意；再问，告以"爱人"之道；三问，则以恭、敬、忠三义答之。因为樊迟长于行动而悟性稍逊，故孔子乃从最切实可行处启发之，盖教其从"事上磨炼"，真可谓循循善诱的"方便法门"。前引列奥·施特劳斯说："我们必须得出我们不能成为哲人的结论，我们也无法获得这种最高形式的教育。"[14]

就此而言，孔子的学校，因为培养了一大批当时的一流人才，可谓春秋末年的"世界一流大学"；而孔子的教育，也的确堪称

"最高形式的教育"。

四 君子不器的"学习革命"

如前所述,孔子的教育,不是照本宣科、标准答案式的应试教育,而是应机设教、因材施教、因人而异、因时因地制宜的生命教育和人格教育。作为教育的一种底线原则,孔子的"有教无类",就是试图在出身低贱的"小人"阶层中,培养出德才兼备的"新型君子"。

孔子曾告诫子夏:"女(汝)为君子儒,无为小人儒。"(《雍也》)这里的"君子儒",就是我们所说的"新型君子",他们未必拥有君子之名位,却能通过学习修养拥有君子应有之德能,"君子儒",正是孔子要培养的理想学生。既然要培养"君子",就必须革去"小人"的习性和劣根。孔子的教育实践,用今天的话说,真不啻发起了一场"学习的革命"。

事实证明,孔子发起的这场"学习革命"卓有成效,成为中外教育史上首屈一指的教育奇迹。而指导这场革命的总方针便是——"君子不器"(《为政》)。

要明白什么是"君子不器",先要了解什么是"器"。《说文》释"器":"皿也。象器之口,犬所以守之。""器"者,器皿、工具也,与"道"相对。《周易·系辞》云:"形而上者谓之道,形而下者谓之器。"《礼记·学记》亦云:"大道不器。"由此可知,"君子不器",盖指君子不应该像一件器具那样,仅具有形而下的特定功用。如果一个人仅仅拥有某种技能，并且以此作为谋生手段，舍"道"而就"器"，则不足以言君子矣。下面这个故事最能说明问题：

> 樊迟请学稼。子曰："吾不如老农。"请学为圃。曰："吾不如老圃。"樊迟出。子曰："小人哉，樊须也！上好礼，则民莫敢不敬；上好义，则民莫敢不服；上好信，则民莫敢不用情。夫如是，则四方之民襁负其子而至矣，焉用稼？"（《子路》）

这大概是樊迟初入孔门，尚未开窍，故其所问，乃偏于形而下之器用和技艺。他向孔子请教如何种庄稼，孔子说："我不如老农。"樊迟果然迟钝，不知老师话里有话，又请求学种菜，孔子又说："我不如菜农。"这分明便是"不屑之教"（详下）了。樊迟退出后，孔子毫不客气地说："小人哉，樊须也！"并借机阐发了关于"礼""义""信"之于优良治理的一番道理。

请注意，这段话是孔子对其他学生说的，却用了"上好礼，则民莫敢不敬"的表述，这显然是有些"身份错位"的——"上"即"君子"，"民"即"小人"——对"民"而言"上"，对"小人"而言"君子"，作为师者的孔子到底想要表达什么呢？

我以为，这段话埋藏着一个关于"人类命运共同体"进步与发展的重大"秘密"。孔子发现，君子和小人之阶层定位，血统和政治固然是其先决条件，但也并非不可通过后天努力而改变。君子所以为君子，源于其拥有了"君子不器"的"身份特权"；小人所以为小人，则取决于不得不接受"谋食求器"的"社会分工"。但是，如果"小人"也能"不器"，通过进德修业的不懈努力，就完全有可能打破原本固化的阶层壁垒，以贤德和才能为社会所用，成为志学立道的"新型君子"。

与其说这是一个"秘密"，不如说是一个"梦想"——孔子的"十五志学"就是开始追求这个梦想，经过十五年的努力，他终于在三十岁时实现了这一梦想，做到了"三十而立"！

诚所谓"有诸己而后求诸人"，孔子是从"自信"转而有了"他信"，他之所以兴教办学，就是要让每一个人都能通过学习获得与自己同样的"自信"。就此而言，"君子不器"不仅是"下学上达"的改变命运的秘密，也是孔子"知其不可而为之"（《宪问》）的教育理想。时代交给孔子的使命就是，揭示这一"秘密"并公之于众，使仅为少数人了解的"共有知识"转变为尽量为大众所掌握的"公共知识"[15]。

作为一个理性具足的智者，孔子认同人类文明的既有秩序，深知礼义忠信之"道"对于维系天下安定和百姓福祉的重要性和必要性，但他同时也深感由出身和血统决定一个人的命运，对于"小人"阶层是一种极大的不公和剥夺。

该怎样改善这一历史形成的社会不公呢？是通过一个阶级推翻另一个阶级的"暴力革命"？还是通过教育普及、阶层对流，让"小人"通过学习都有机会成为"君子"的"学习革命"？这是孔子必须回答的一个"大哉问"！

孔子最终选择了后者，也即"知识改变命运"的"学习革命"。"君子不器"如同一把钥匙，打开了一场划时代的教育改革的大门。

孔子对樊迟的"当头棒喝",一度被认为是"轻视体力劳动",实在荒谬可笑之极。换位思考一下,如果我们把孩子送到学校,老师什么都不教,就是让他"学稼""学圃",作为家长我们会同意吗?站在孔子的立场上看,他兴办私学,"有教无类",已经提供了不设"身份门槛"的特殊优惠,难道非要让他也不设"价值门槛",彻底放弃"教育理想"吗?我想,如果孔子的大学必须有一个校名,最好的校名就是——"君子大学"。唯其如此,孔子才会把只想"学稼""学圃"的樊迟斥为"小人",仿佛在说:樊迟啊!你是走错门了吧?

大概为了避免类似的情况再次出现,孔子还特意对"学"与"耕"做了区分:

> 子曰:"君子谋道不谋食。耕也,馁在其中矣;学也,禄在其中矣。君子忧道不忧贫。"(《卫灵公》)

这段话亦关乎"君子小人之辨"。说"君子谋道不谋食",其实是"君子不器"的通俗化表达,潜台词即"小人谋食不谋道"。同理,"君子忧道不忧贫",等于隐含了"小人忧贫不忧道"之义。我们曾说过,《论语》中只要涉及"义利之辨","君子"和"小人"之谓便多指地位差别,而非道德评判。如"君子喻于义,小人喻于利","君子怀德,小人怀土;君子怀刑,小人怀惠",等等,皆可作如是观。所以,孔子说"耕也,馁在其中矣;学也,禄在其中矣",只是陈述一事实,并非赞美君子,贬低小人。

相反,孔子是想用"耕馁学禄"这样反差极大的社会现实,告诉那些出身贫寒的弟子：与其靠"耕"谋得温饱，不如靠"学"改变命运！与其靠天地，不如靠自己！

俗话说："道心之中有衣食，衣食之中无道心。"其实，孔子说来说去，大意也不过两个字——"劝学"；学什么？也是两个字——"学道"。"君子学道则爱人，小人学道则易使"（《阳货》），这还只是孔子教育的最低目标，其更大的理想是——"小人学道成君子"！

如何才能做到"君子不器"呢？《论语·述而》篇给出了答案：

> 子曰："志于道，据于德，依于仁，游于艺。"

如果说"君子不器"是孔子的教育大纲，那么"志道""据德""依仁""游艺"则可谓"四条目"。李炳南先生说："志、据、依、游是孔子教人求学之方法。道、德、仁、艺是孔子教人所求之实学。道是体，德是相，皆是内在。仁艺是用，皆是外在。仁是用之总，喻如总根，半内半外。艺是用之别，喻如枝干，纯属于外。孔子学说以仁为本，由仁发艺，以艺护仁，仁艺相得，喻如根干互滋。仁原于德，德原于道。道德非中人以下可解，然行仁艺，道德即在其中。如此由体达用，用不离体，中国文化之精神即在是焉。"（《论语讲要》）此论颇为细密而精彩，足资参考和借鉴。

孔子具体教学生哪些东西呢？且看弟子的记录：

> 子以四教：文、行、忠、信。（《述而》）

文、行、忠、信，盖指文献、德行、忠实、诚信，可谓"夫子四教"。而在《先进》篇中，又有"孔门四科"之说，即德行、言语、政事、文学。北宋学者刘敞说："文，所谓文学也。行，所谓德行也。政事主忠，言语主信。"（《公是先生弟子记》）此说将"四科"与"四教"巧妙绾合，诚为高论。而孔子又说"行有余力，则以学文"（《学而》），可知文、行、忠、信四教，虽有次第而实是一体，不可以先后论轻重也。

子曰："兴于诗，立于礼，成于乐。"（《泰伯》）

此章可谓君子成学之"三部曲"。《论语集解》包咸注称："兴，起也，言修身当先学《诗》也。礼者，所以立身也。乐，所以成性。"盖《诗》主情，故能兴；礼主敬，故能立；乐主和，故能成。朱子也说："非是初学有许多次第，乃是到后来方能如此；不是说用工夫次第，乃是得效次第如此。"（《朱子语类》卷第三十五）

此章又可与《雍也》篇"知之者不如好之者，好之者不如乐之者"章合观。"兴于诗"便是"知之者"，"立于礼"便是"好之者"，"成于乐"方是"乐之者"。亦可与前面"志于道，据于德，依于仁，游于艺"章并参，盖兴诗、立礼、成乐三者，皆"游于艺"也，非"游于艺"，则不能依仁、据德、志道也。[16]

《礼记·学记》说："大学之教也，时教必有正业，退息必有居学。不学操缦，不能安弦；不学博依，不能安诗；不学杂服，不能安礼。不兴其艺，不能乐学。故君子之于学也，藏焉修焉，息焉游焉。夫然，故安其学而亲其师，乐其友而信其道，是以虽离师辅而不反也。"此亦可作为以上诸章之注脚。

当然,"君子不器"只是君子之学的第一步,后续还有更多的"高阶"课程。孔子说"文质彬彬,然后君子",又说"文,莫吾犹人也;躬行君子,则吾未之有得"(《述而》),正是强调君子之道,关键在"躬行"。行什么呢?当然是"行仁"。故孔子说:"君子去仁,恶乎成名?君子无终食之间违仁,造次必于是,颠沛必于是"(《里仁》);"君子义以为质,礼以行之,孙(逊)以出之,信以成之"(《卫灵公》);"君子而不仁者有矣夫,未有小人而仁者也"(《宪问》)。而且,"为仁由己,而由人乎哉?"(《颜渊》)行仁成仁是自己的事,不假外求,责无旁贷,所谓"君子求诸己,小人求诸人"(《卫灵公》)。

君子成德的过程是漫长的,也是艰难的,甚至终其一生,也未必能达到。连孔子都说:"君子道者三,我无能焉:仁者不忧,知者不惑,勇者不惧。"(《宪问》)可以说,我们前面讲过的为学、修身、孝悌、忠恕、仁爱、义权、诚敬、正直、中庸、治平、齐家诸道,无不是君子之学的题中应有之义,要想逐次"达标",顺利"毕业",功德圆满,修成正果,真是任重道远,不易得也!

要言之,孔子发起的"学习革命",以"君子不器"为总纲,"道德仁艺"为"四目","文行忠信"为"四教",又以"兴诗""立礼""成乐"为"三阶",共同构成了君子之学的全体大用,可谓纲举目张,颠扑不破,不仅泽被百代,而且惠及整个人类。正如司马迁在《史记·孔子世家》末尾所说:"天下君王至于贤人众矣,当时则荣,没则已焉。孔子布衣,传十余世,学者宗之。自天子王侯,中国言六艺者折中于夫子,可谓至圣矣!"

孔子的"学习革命"完全符合现代教育之理念，至今仍未过时。现代教育家蔡元培就曾指出："教育是帮助被教育的人，给他能发展自己的能力，完成他的人格，于人类文化上能尽一分子的责任；不是把被教育的人，造成一种特别器具，给抱有他种目的的人去应用的，所以，教育事业当完全交与教育家，保有独立的资格，毫不受各派政党或各派教会的影响。"[17]蔡氏的教育理念，既秉承了孔子"君子不器"的传统价值，又对西方现代大学的制度精神有所借鉴，如他所言，这正是一种"超然的""远效的"教育观。遗憾的是，近百年过去了，所谓"教育独立"仍然只是一种高悬空中的浪漫理想，终究未能广施普及，踏实落地！

五　愤启悱发，教亦多术

如果说，孔子的"有教无类""因材施教"是其教育理念，"君子不器"是其教育理想，最为切实可行的教育方法又有哪些呢？

首先，孔子最为人所称道的便是"启发式"教育：

> 子曰："不愤不启，不悱不发；举一隅不以三隅反，则不复也。"（《述而》）

孔子说："不到他心欲通而未得时，就不去开导他；不到他口欲言而未能时，就不去启发他；你告诉他一个角，他却不能推知其余三个角，我便不会再说了。"这里的"不愤不启，不悱不发"，可简称为"愤启悱发",说的是教学的时机及方法;"举一隅不以三隅反,则不复也",即所谓"举一反三",犹言"中人以下,不可以语上也"(《雍也》),说的是教学的态度及分寸。这便是"因材施教"的具体体现和生动写照!

更可注意者,其中还涉及教育过程中的"师生互动"。"愤悱"之后再"启发","举一反三"之后再"复告",正是充分尊重学生的主体性与能动性,不仅是教学之方法,更是教育之智慧。孟子说:"君子深造之以道,欲其自得之也;自得之,则居之安;居之安,则资之深;资之深,则取之左右逢其原。"(《离娄下》)由此可知,"愤悱""反三",皆学生"深造自得"之表现。孔子的"不启""不发""不复",与"诲人不倦"并不矛盾。"诲人不倦"是指专注教育、孜孜不倦,而非"填鸭式"强制灌输,更非不分对象、喋喋不休地"打疲劳战"。孟子说:"君子引而不发,跃如也。"(《尽心下》)这是以射箭为喻,好老师就好比一个善于教射箭的人,只作跃跃欲射的姿态,以便学的人观摩领会,正是善于启发引导之义。《礼记·学记》也说:"力不能问,然后语之;语之而不知,虽舍之可也。"皆可与孔子之言相发明。

古希腊哲学家苏格拉底也是"应机设教"的大师,每每通过对话和辩论,诱使对方说出他要其说出之观点。他说:"我不是给人知识,而是使知识自己产生的产婆。"这与孔子的"启发式"教育不谋而合。其实,只要我们不带偏见地仔细阅读《论语》,就会发现,无论从理念、态度还是方法,孔子的教育都是非常符合现代"自由教育"原则的。

英国哲学家洛克(John Locke,1632—1704)说:"世上具有高深学识、在任何科学方面享有大名的人，没有一个是在教师的管束下得来的。"[18] 坊间相传德国哲学家雅斯贝尔斯（Karl Theodor Jaspers, 1883—1969）的一句名言说："教育本质上意味着一棵树摇动另一棵树，一朵云推动另一朵云，一个灵魂唤醒另一个灵魂。"教育是一门关乎智慧觉醒与人格塑造的伟大艺术，的确应该如孟子所说，"天之生此民也，使先知觉后知，使先觉觉后觉也"（《万章上》）。如果做教育的人没有对他人灵明觉知的基本尊重，在教育的过程中高高在上，颐指气使，不行恕道，"己所不欲，硬施于人"，以己之昏昏而欲使人之昭昭，则无异于缘木求鱼，又岂可得乎！

其次，与"启发式"教学相似的，还有一种"不屑之教"：

> 孟子曰："教亦多术矣，予不屑之教诲也者，是亦教诲之而已矣。"（《告子下》）

意思是："教育的方法多种多样，即使我不屑于对一个人教诲，这本身也是一种教诲啊！"孟子还引孔子语："过我门而不入我室，我不憾焉者，其惟乡原乎！乡原，德之贼也。"（《尽心下》）对于"乡原"之流，孔子是"不屑"教之的——因为"不屑"，所以"不憾"。

说到"不屑之教"，孔子还有一个故事堪为好例：

> 孺悲欲见孔子，孔子辞以疾。将命者出户，取瑟而歌，使之闻之。（《阳货》）

有个叫孺悲的人想来求见孔子，孔子以身体不适推辞了。可传话的人刚出了门，孔子便鼓瑟而歌，故意使孺悲听到。为什么呢?《仪礼·士相见礼疏》说："孺悲欲见孔子，不由介绍，孔子辞以疾。"认为孔子不见孺悲，乃因其"不由介绍"，有失礼数。此事发生在鲁哀公十三年（公元前482年），"哀公不再亲自问政，而是派遣孺悲问士丧礼，不是把孔子当政治家，而是礼仪专家对待；不是亲自请问，而是派使者请问。因此，孔子以取瑟而歌的方式奚落孺悲，作弄孺悲，实则对哀公以示不满"[19]。俗话说，教无定法，孔子的做法其实是深合"不屑之教"之旨的，这也正是苏轼所说的"孔子以不屑教诲为教诲也"[20]。

第三，就是相对于"言教"的"不言之教"。老子有云："圣人处无为之事，行不言之教。"（《老子》第二章）所谓不言之教，其实就是"身教"和"行教"。孔子的教育就多行"不言之教"。我们多次引述过，子贡问君子，孔子说："先行其言，而后从之。"（《为政》）子贡口才好，擅长辞令，孔子让其"行在言先"，正是对症下药。《论语·阳货》篇载：

子曰："予欲无言！"子贡曰："子如不言，则小子何述焉？"子曰："天何言哉？四时行焉，百物生焉，天何言哉？"

这里又将"言"与"行"对比，以彰显"行"的重要。还有一次，孔子对弟子们说："二三子以我为隐乎？吾无隐乎尔！吾无行而不与二三子者，是丘也！"（《述而》）言下之意，你们不要只关注我的"言"，还要仔细观察我的"行"啊！什么叫"言传身教"？这就是了。

第四，循循善诱，诲人不倦。因为注重言传身教，故孔子的教育无处不在，弟子们可充分享受"从游之乐"，常常于不经意间得到启迪。用颜回的话说就是："仰之弥高，钻之弥坚，瞻之在前，忽焉在后！夫子循循然善诱人，博我以文，约我以礼。欲罢不能。"（《子罕》）我们读《先进篇》"侍坐"章，就能真切感受到孔子的教育是多么亲切、生动、风趣而又不失温暖，真给人以如坐春风之感！当有人赞美他时，孔子说："若圣与仁，则吾岂敢？抑为之不厌，诲人不倦，则可谓云尔已矣！"公西华曰："正唯弟子不能学也！"（《述而》）孔子"学不厌，诲不倦"的例子有很多，这里不再赘举。

第五，推长违短，虑以下人。孔子的教育是一种基于人格平等的教育，故非常重视情感的传递，既尊重学生的隐私，也呵护学生的自尊，甚至连学生的缺点都能予以关照。《孔子家语·致思》记载了这么一个故事：

孔子将出而雨，门人曰："商有盖，请假焉。"子曰："商为人短于财，吾闻与人交者，推长而违短，故久；吾非不知商有盖，恐不借而彰其过也。"

商，即卜商，字子夏。他"为人短于财"（犹言"小气"），故孔子出门遇雨，却不向子夏借伞，以免让他为难。请注意，孔子说"与人交者，推长而违短"，显然是把师生关系也当作一般人际关系，并没有以师者自居，而是遵循着一种"扬长避短"的"平等交

往原则",非常难能可贵。《礼记·学记》说:

> 学者有四失,教者必知之。人之学也,或失则多,或失则寡,或失则易,或失则止。此四者,心之莫同也。知其心然后能救其失也。教也者,长善而救其失者也。

孔子之教,正可谓"知心""长善""救失"之教也!再看《论语·公冶长》:

> 子谓子贡曰:"女与回也孰愈?"对曰:"赐也何敢望回?回也闻一以知十,赐也闻一以知二。"子曰:"弗如也!吾与女弗如也。"

孔子问子贡:"你自觉和颜回相比,哪一个更强些?"孔子这么问,恐怕因为子贡才高意广,易生骄慢之心,故举颜回以抑之。没想到子贡却十分谦虚地说:"我哪里敢与颜回相比?他听到一,就能推知十;我听到一,仅能推知二。"孔子说:"你是不如他——我和你一样,都不如他啊!"有人以为"吾与女"的"与",乃赞同之意,意谓"我同意你,你就是不如他",这种理解恕我不敢苟同。岂有弟子已知谦退,师者复以贬词抑之之理?这不是在人"伤口上再抹把盐"吗?孔子曾说过"夫达也者,质直而好义,察言而观色,虑以下人"(《颜渊》),这正是"虑以下人"的最佳例证。

孟子也以教育弟子为乐事,尝说:

> 君子有三乐,而王天下不与存焉:父母俱存,兄弟无故,一乐

也；仰不愧于天，俯不怍于人，二乐也；得天下英才而教育之，三乐也。(《尽心上》)

孟子将教育英才之乐置于"王天下"之上，其实就是把"道"置于"势"之上。但孟子又说："人之患在好为人师。"(《离娄上》)一"乐"一"患"，看似矛盾，实则统一。"乐为人师"是立己达人的境界，"好为人师"是自以为是的虚荣——扬长避短，方可为良师。

孟子曰："君子之所以教者五：有如时雨化之者，有成德者，有达财者，有答问者，有私淑艾者。"(《尽心上》)

孟子总结了君子教育的五种方式：像及时雨滋润禾苗者有之，成全德行者有之，培养才能者有之，解答疑问者有之，取前人之善以私淑自学者有之。窃以为，这五种教育方法大概对应了《礼记·学记》从"小成"至"大成"的五个阶段："一年视离经辨志，三年视敬业乐群，五年视博习亲师，七年视论学取友，谓之小成；九年知类通达，强立而不反，谓之大成。"特别是"私淑艾者"，相当于"深造自得"的"出师"境界，叶圣陶先生所谓"教是为了不教"，正此意也。

六 "学缘"与"师道"

人生在世,不能无亲,亦不能无师。生我者父母,教我者师长。人生最大的缘分有二:一曰血缘,无血缘则无此生命;一曰学缘,无学缘则无此慧命。故"学缘"者,犹"师法"也。荀子尝论"师法"云:

> 故人无师无法而知,则必为盗,勇则必为贼,云能则必为乱,察则必为怪,辩则必为诞;人有师有法而知,则速通,勇则速畏,云能则速成,察则速尽,辩则速论。故有师法者,人之大宝也;无师法者,人之大殃也。(《荀子·儒效》)

就此而言,我们生而为人,能有"师法"可以遵循效仿,真是三生有幸!又,韩愈《师说》云:

> 古之学者必有师。师者,所以传道、受业、解惑也。人非生而知之者,孰能无惑?惑而不从师,其为惑也,终不解矣。生乎吾前,其闻道也固先乎吾,吾从而师之;生乎吾后,其闻道也亦先乎吾,吾从而师之。吾师道也,夫庸知其年之先后生于吾乎?是故无贵无贱,无长无少,道之所存,师之所存也。

此又可知,所谓"道统"者,唯赖"师道"以传也。宋代学者俞文豹所撰《吹剑三录》说:"韩文公作《师说》,盖以师道自任，然其说不过曰：师者所以传道、受业、解惑也。愚以为未也。《记》曰：天生时，地生财，人其父生而师教之，君以正而用之。是师者固与天、地、君、亲并立而为五。夫与天、地、君、亲并立而为五，则其为职必非止于传道、受业、解惑也。"俞氏又将师者之效用推而广之，与天、地、君、亲并立为五，是可见"师道"之可大可久。

我们所谓"学缘"，顾名思义，乃"学习的缘分"，包括"师生缘""同学缘"与"朋友缘"，这里我们专讲"师生缘"。前面所说的多是"为师之道"，而就学生一方，其实还有一个"事师之道"的问题。怎么"事师"呢？大概不外乎以下三端：

一曰"尊师"。《礼记·学记》说：

凡学之道：严师为难。师严然后道尊，道尊然后民知敬学。

"严师"即"尊师"。一般人只知"尊君"，不知"尊师"，也不知"敬学"，当然也就更不知"尊道"。

是故君之所以不臣于其臣者二：当其为尸，则弗臣也；当其为师，则弗臣也。大学之礼，虽诏于天子无北面，所以尊师也。

古代君王之所以必须尊师，就是因为"师"不仅是一名位，同时还是"道"的象征。通常所谓的道统与学统，正是建立在"师道尊严"之基础上，始可得以存续和光大。

今之学校教育，师者地位严重下坠，仅沦为一种职业，师生关系变成甲方、乙方之关系，家长学生动辄投诉举报老师，看似彰显了某种权利，本质上则是"民不知敬学"，"师道"陵夷，斯文扫地，莫此为甚！殊不知，不重"学缘"和"师道"，就其小者而言之，最终受害的是学生自己；就其大者而言之，则会造成整个民族和社会的文化贬值、道德滑坡和信仰失落！

二曰"亲师"。《礼记·学记》说"五年视博习亲师"，足见事师之道，兼有"亲亲尊尊"二义，也即与事亲、事君差可仿佛。俗话说"师徒如父子"，也是强调"学缘不亚血缘亲"[21]。我曾撰文论述颜回之死与孔门师道之确立，认为无论生前还是死后，颜回都是践行孔子理想中师徒关系的不二人选。透过孔子对颜回丧事的态度和处理方式，最可见出孔子对师弟子这一关系的情感定位与伦理设计[22]。孔子对颜回，赏爱有加，不吝赞美，曾说："有颜回者好学，不迁怒，不贰过。不幸短命死矣，今也则亡。"(《雍也》)明人张岱评曰："孔子赞颜回，如父之赞子，俱以不足之词，寓无穷之爱。"[23]故颜回死，孔子乃有"天丧予"之叹，又"哭之恸"；弟子欲厚葬颜回，孔子则曰："回也视予犹父也，予不得视犹子也！"

盖在孔子看来，师徒之情，绝有不亚于父子之亲者在焉。父子者，血脉之延续也；师徒者，精神之承传也。孔子甚至对自己怎么死都有审慎的考虑：

且予与其死于臣之手也，无宁死于二三子之手乎？且予纵不得大葬，予死于道路乎？(《子罕》)

也就是说，孔子坚信，自己离开这个世界时，最大的荣誉和安慰不是来自体制和官方,而是来自门生弟子,学脉传人!钱穆先生说:"夫子之道之尊,在其有门人弟子,岂在其能有家臣?孔子心之所重,亦重在其有诸弟子,岂重在其能有家臣?……至于孔子之可尊,其所以为百世之圣者,在其创师道,不在其曾为大夫。"[24]

换言之,孔子的"终极关怀"无他,就是希望"学缘"能超越"血缘",成为人世间最可留恋、天地间最当不朽的生命依据和价值信靠!这是多么伟大而温暖的圣人情怀和师者仁心!

据《孔子家语·终记解》载,孔子殁后,众弟子庐墓守孝,心丧三年,"二三子三年丧毕,或留或去,惟子贡庐于墓六年。自后群弟子及鲁人处墓如家者,百有余家,因名其居曰孔里"。此真可谓"死于二三子之手"了。孔子泉下有知,亦当含笑矣!

三曰"让师"。《礼记·檀弓上》说:"事亲有隐而无犯,……事君有犯而无隐,……事师无犯无隐。"可见,事师之道以"无犯无隐"为上,正是"尊之亲之"之义。

盖师徒有"学缘"之亲,所以"无犯";又有"师道"之尊,所以"无隐"。这种"无犯无隐"的分寸感最难把握,如果老师有过错,作为学生弟子,既不能像父子间之"隐恶",也不能像君臣间之"犯谏"——这种十分微妙的状态,我们姑且称之为"让"。"让师"并不是一味盲从,故也有"不让"的情况。什么情况呢?

子曰:"当仁,不让于师。"(《卫灵公》)

当者,临也。只有当仁,才可以不让。言下之意,面对践行仁德之事,弟子当勇往直前,就是对老师也不必谦让。所以"让"

者,礼也;所以"不让"者,仁也。《集解》孔安国注:"当行之事,不复让于师,行仁急也。"朱熹《集注》说:"当仁,以仁为己任也。虽师亦无所逊,言当勇往而必为也。盖仁者,人所自有而自为之,非有争也,何逊之有?"[25]此正孔子所谓"为仁由己,而由人乎哉"之义也!

孔子此语,乍一看,颇类似于亚里士多德的"吾爱吾师,吾更爱真理"。但仔细品味,二者实有境界高下之分。亚氏将"吾师"与"真理"并置,表明学生之求知欲一往无前,一旦掌握真理便可凌越"吾师"之上,充其量不过荀子所谓"青出于蓝而胜于蓝"(《荀子·劝学》)之义。孔子的"当仁不让于师",则是将自己和"吾师"并列于仁道之前,意谓当行仁之时,弟子可挺身而出,一往无前,即便老师在旁,亦不必谦让——这显然是比"求知"更高一层的"行仁""弘道"境界。

"当仁不让于师",不是学识修养超过老师之谓,而是面对行仁之事,自当争先恐后,切莫因老师在前而逊让。这恰可从一个侧面证明老师平日教育之成效。[26]

《荀子·大略》云:"国将兴,必贵师而重傅,贵师而重傅,则法度存。"反观当今之现实,恐怕只能说,这样一个"贵师而重傅"的时代,仍然没有到来,尚须每一个珍惜"学缘"、尊重"师道"的人共同努力,才有可能在不久的将来真正实现。

1 （美）列奥·施特劳斯：《什么是自由教育》，一行译，刘小枫、陈少明主编：《经典与解释5：古典传统与自由教育》，北京：华夏出版社，2005年，第2页。

2 张文江：《古典学术讲要》，上海：上海古籍出版社，2010年，第122页。

3 ［晋］袁宏：《后汉纪·灵帝纪上》。

4 ［宋］朱熹：《四书章句集注》，第57页。

5 《颜氏家训·勉学》云："虽百世小人，知读《论语》《孝经》者，尚为人师；虽千载冠冕，不晓书记者，莫不耕田养马。"此文主旨在"勉学"，其意甚佳，却不免将"人师"的标准降低了。

6 （德）黑格尔：《哲学史讲演录》第一卷。

7 钱锺书：《管锥编》第一册，北京：中华书局，1979年，第2页。

8 ［宋］朱熹：《四书章句集注》，第168页。

9 刘强：《论语新识》，第457页。

10 （美）顾立雅：《孔子与中国之道》，第292页。

11 《史记·孔子世家》："孔子年十七，鲁大夫孟釐子病且死，诫其嗣懿子曰：'孔丘，圣人之后，灭于宋。其祖弗父何始有宋而嗣让厉公。及正考父佐戴、武、宣公，三命兹益恭，故鼎铭云："一命而偻，再命而伛，三命而俯，循墙而走，亦莫敢余侮。饘于是，粥于是，以糊余口。"其恭如是。吾闻圣人之后，虽不当世，必有达者。今孔丘年少好礼，其达者欤？吾即没，若必师之。'及釐子卒，懿子与鲁人南宫敬叔往学礼焉。"

12 "布衣"之说,盖出于司马迁。《史记·孔子世家》末云:"天下君王至于贤人众矣,当时则荣,没则已焉。孔子布衣,传十余世,学者宗之。自天子王侯,中国言六艺者折中于夫子,可谓至圣矣!"

13 《论语·宪问》:"阙党童子将命。或问之曰:'益者与?'子曰:'吾见其居于位也,见其与先生并行也。非求益者也,欲速成者也。'"

14 (美)列奥·施特劳斯:《什么是自由教育》,前揭书,第6页。

15 "共有知识"和"公共知识"是博弈论的两个概念。"共有知识"是众所周知的知识,但每个人都不知道别人是否也知道。"公共知识"则是每个人都知道,并且确定他人也知道的"共同知识"。最显著的例子就是安徒生童话《皇帝的新装》,所有人都看出"皇帝没有穿衣服",但不知道别人是否和自己所见相同,这就是"共有知识";当小孩子说出"他什么都没穿呀"之后,"皇帝没有穿衣服"便成了"公共知识",也即"共识"。而"君子不器"在当时,甚至都还不能称之为"共有知识",因为知之者实在太少了。

16 详参刘强《论语新识》,第225页。

17 蔡元培:《教育独立议》,原载《新教育》第4卷第3期,1922年3月版。

18 (英)约翰·洛克:《教育漫话》,傅任敢译,北京:人民教育出版社,1985年,第78页。

19 杨义:《论语还原》,北京:中华书局,2015年,第238页。

20 ［宋］苏轼：《文与可字说》，《苏轼文集》，孔凡礼点校，北京：中华书局，1986年，第334页。
21 此句出余所作《送子》诗："学缘不亚血缘亲，天下一家国一人。悟得文章千古事，盈科后进日更新。"
22 详参刘强《书院精神与师道之复兴》，载《斯文在兹：两届中国书院高峰论坛论文集》，郭齐勇、刘强主编，武汉：崇文书局，2018年，第72—87页。
23 ［明］张岱：《四书遇》，朱宏达点校，杭州：浙江古籍出版社，1985年，第88页。
24 钱穆：《论语新解》，第233页。
25 ［宋］朱熹：《四书章句集注》，第168页。
26 详参刘强《论语新识》，第455—456页。

第十五讲 交友之道

「师道」和「友道」，同属「学缘」，皆以道义合，二道本同而末异，殊途而同归。

「同门曰朋，同志曰友」。「友」比「朋」在价值层级和情感色彩上更高一筹。「朋」是时间空间上的相近，「友」则是情感志趣上的相通。

「朋友」一伦，其实包含了师生、朋友这两伦关系，「师」可兼「友」，「友」亦可「师」事，二者彼此关涉，如影随形。

在中国人的情感生活中，朋友成为兄弟，靠的当然不是血缘，而是学缘和道义；只有同心同德，志同道合，才称得上是真朋友。

人类文明的疆域往往不是通过「血缘」来维系，而是通过「学缘」的扩充而更增其广袤与丰富！

如果把教育之道概括为"师道",那么这一讲所谈的交友之道,就可简称为"友道"。"师道"和"友道",同属"学缘",皆以道义合,二道本同而末异,殊途而同归。至于"友道"的妙处,差不多是对一个人能否"行其所学"的最好检验,故交友即为学,为学如交友也。这就与我们开篇所讲的为学之道结合在一起了。

一 何谓"朋友"?

说起"朋友",我们或许会想起《论语》开篇的那句话:

子曰:"……有朋自远方来,不亦乐乎?"(《学而》)

这里的"有朋",古本也有作"朋友""友朋"的,皆可通。《论语·学而》首章的三句话,分别涉及为学、交友及修身三个方面,而"友道"居其中,足见其对于养成君子至关重要。

从文字学上说,"朋"与"友"皆为会意字,而含义不同。《说文》未收"朋"字,认为其乃"倗"之假借:"倗,辅也。从人朋

声。"段玉裁注:"凤飞,群鸟从以万数,故以为朋党字正作倗,而朋其假借字。"据此可知,"朋"的含义很丰富:

其一,与"鹏"字相通,"凤飞"也好,《山海经·北山经》"群居而朋飞"也罢,皆指鸟成群结队展翅高飞。

其二,"朋"又与"党"连读,《易·损》说:"或益之十朋之龟。"旧注以"朋"为"党也";又如《广雅》:"朋,比也,类也。"

其三,"朋"字还可作为货币单位,相传上古以贝壳为货币,五贝为一朋;一说五贝为一系,两系为一朋,故有"朋贝"之说。《诗·小雅·菁菁者莪》"既见君子,锡我百朋"句,朱熹《诗集传》称:"锡我百朋者,见之而喜,如得重货之多也。"王国维《说珏朋》云:"古制贝玉皆五枚为一系,二系一朋。"

不过,"朋"指货币,一般作量词用,如前引"十朋""百朋"即是;一旦与"友"字连用,便与货币金钱无关了。"有朋自远方来",与《诗·小雅·常棣》"每有良朋"相类,有人竟以"朋贝"解之,说什么"远方的学子前来求学,不仅带来了钱,更表示你的价值得到了社会的承认,因此令人特别高兴"[1],这就真是有点郢书燕说了。

再看"友"字。相比之下,"友"比"朋"在价值层级和情感色彩上更高一筹。《周易·兑卦》说:"君子以朋友讲习。"孔颖达疏:"同门曰朋,同志曰友,朋友聚居,讲习道义。"又,《说文》释"友":"同志为友。从二又,相交友也。"段玉裁注:"《周礼》注曰:'同师曰朋,同志曰友。'……二又,二人也。善兄弟曰友。亦取二人而如左右手也。"这些都说明,"友"更胜于"朋","朋"是时间空间上的相近,而"友"则是情感志趣上的相通。

换句话说，"朋"未必是"友"，但"友"一定是"朋"。故"友道""友情"之谓，若换成"朋道""朋情"，则绝不成语。

然则，"朋"与"友"究竟该怎样辨别呢？很简单，但看一个"知"字！孔子说："人不知而不愠，不亦君子乎？"又说："不患人之不己知，患不知人也。"（《学而》）"知"与"不知"，一字之差，立竿见影！真正的君子，不必追求外在的"被知"，而应反求诸己，追求内在的"知人"，甚至是"相知"。

班固《白虎通义·三纲五常》云："朋友者，何谓也？朋者，党也；友者，有也。"所谓"友者有也"，也即"相通""相知"之义，当然比"朋者党也"更进一层。汉代邹阳在《狱中上书自明》中说："语曰：'白头如新，倾盖如故。'何则？知与不知也。""白头如新"是说有的人虽然朝夕相处，但直到白头，依然互不了解，所谓"同学""同事"，很多便是如此；而有的人虽然初次见面，却能一见如故，相见恨晚，引以为"同道"和"知音"，这便是"倾盖如故"了。《世说新语·德行》篇"管宁割席"的故事说：

管宁、华歆共园中锄菜，见地有片金，管挥锄与瓦石不异，华捉而掷去之。又尝同席读书，有乘轩冕过门者，宁读如故，歆废书出看。宁割席分坐，曰："子非吾友也。"

这个著名的绝交故事大有深意在焉。文中的"共""同"二字所指乃时空上的"相近"，正是"朋"的状态；而"分坐"的"分"，则是心灵和精神上的"断裂"，意味着"友"的不可能！管宁说"子非吾友也"，用语极为精准。言下之意，你我虽然"同席为朋",却貌合神离,实不能"同道为友",还是分道扬镳吧!管宁割席之举,恰恰是对"同门曰朋,同志曰友"的最佳诠释和践履。而《庄子·大宗师》所谓"四人相视而笑,莫逆于心,遂相与为友",也可视为对"友道"的精彩注释。

再看王安石笔下的两个朋友:

> 江之南有贤人焉,字子固,非今所谓贤人者,予慕而友之。淮之南有贤人焉,字正之,非今所谓贤人者,予慕而友之。二贤人者,足未尝相过也,口未尝相语也,辞币未尝相接也。其师若友,岂尽同哉?予考其言行,其不相似者,何其少也!曰:"学圣人而已矣。"学圣人,则其师若友,必学圣人者。圣人之言行,岂有二哉?其相似也适然。予在淮南,为正之道子固,正之不予疑也。还江南,为子固道正之,子固亦以为然。予又知所谓贤人者,既相似,又相信不疑也。(《同学一首别子固》)

子固,即同为"唐宋八大家"之一的曾巩,正之即孙侔。子固和正之起初并不相识,也未尝有"同学"之谊,但在王安石眼里,两人的言行志尚却极为"相似",归根结底,不过是"学圣人"的必然结果。故他们虽非"同学",却是"同道"。《礼记·学记》说:"独学而无友,则孤陋而寡闻。"学友之间的交游和互动,关乎知识和智慧的增益,因而可以唤起更大的精神愉悦。

但仅有游学之乐,对于生命的全幅成长还是不够,正如孔子所说:"可与共学,未可与适道;可与适道,未可与立;可与立,未可与权。"(《子罕》)所以,"学友"之外,我们更需要"道友",

找到"同声相应，同气相求"的"道友"，哪怕一个，人生便足以安顿。俗话说"朋友是另一个自己"，"人生得一知己足矣"。人生在世，多几个"知己"或"自己"，也算是不虚此生了。

二 "朋友之义"

以上对"朋友"二字做了分辨，接下来说一说"朋友之义"。大略而言，盖有三端：

一曰"义兼师友"。以弟子生徒为友，大概源自孔子。《孔丛子·论书》记孔子说："吾有四友焉。自吾得回也，门人加亲，是非胥附乎？自吾得赐也，远方之士日至，是非奔辏乎？自吾得师也，前有光，后有辉，是非先后乎？自吾得仲由也，恶言不至于门，是非御侮乎？"[2]这分明是把颜回、子贡、子张、子路四位弟子当作自己的朋友了。清人袁枚认为这是"师称友生之滥觞"（《随园随笔·师称友生》）。

"师友"并称，则起于《荀子·修身》篇："庸众驽散，则刦之以师友。"杨倞注云："言以师友去其旧性也。"意思是，一般凡夫庸众资质驽钝，习性涣散，需要师友之道鞭策引导，才能使其克服旧性恶习，洗心革面，进取有为。"刦"字通"劫"，在这里并非劫掠之义，而是禁持、砥砺之义。孔子说："工欲善其事，必先利其器。"（《卫灵公》）如果把每人都比作一把刀，"良师益友"就好比"磨刀石"，可以磨去我们身上的斑斑锈迹，每一次的切磋琢磨，都可让我们如"新发于硎"（《庄子·养生主》），势如破竹，无往而不利!

所以,与父子、兄弟二伦并列的"朋友"一伦,其实包含了师生、朋友这两伦关系,"师"可兼"友","友"亦可"师"事,二者彼此关涉,如影随形。李商隐《哭刘蕡》诗云:"平生风义兼师友。"真正的"良师益友"就是我们生命中的"贵人",可以给我们以精神上的再造和提升,丰富甚至拯救我们的精神生命。《礼记·学记》云:"七年视论学取友,谓之小成。"一个人若"独学而无友",恐怕是难以"小成"的。人生难免会有很多遗憾,但从精神层面说,大概没有比"人有朋友,我独无"更大的遗憾了。

二曰"义兼兄弟"。古代有"孝友"之说,盖出自《尚书·君陈》篇"惟孝友于兄弟",《论语》孔子引作"孝乎惟孝,友于兄弟","友于"本指兄弟之间相互友爱。后用作兄弟的代称。可见"悌道"与"友道"非常相似。《诗·小雅·常棣》说:"虽有兄弟,不如友生。"说明真正的朋友,甚至胜过"兄弟"!孔子说:"入则孝,出则悌。"(《学而》)这是比较庄重的表达,如换成江湖味道的俗话,不就是"在家靠父母,出门靠朋友"吗?从这个角度再去理解"四海之内皆兄弟"(《颜渊》),分明便是"朋友遍天下"的意思了。陶渊明《杂诗》有云:"人生无根蒂,飘如陌上尘。分散逐风转,此已非常身。落地为兄弟,何必骨肉亲?"正是此意。所以,历史上不仅有"义结金兰"的朋友,还有磕头结拜的"异姓兄弟",彼此互为义兄义弟,如"桃园结义""梁山聚义",都是把朋友关系兄弟化的佳话。

不过,朋友与兄弟终究还是有区别的。《论语·子路》篇载:

子路问曰:"何如斯可谓之士矣?"子曰:"切切偲偲、怡怡如也,可谓士矣。朋友切切偲偲,兄弟怡怡。"

子路问:怎么样才算得上一个"士"呢?孔子的回答很巧妙,他不是从逻辑出发,给"士"下一个学理的定义,而是从人伦出发,给"士"定一个伦理的尺度。"朋友切切偲偲,兄弟怡怡",是说朋友之间应切磋琢磨,互相督促勉励,而兄弟之间相处,应该和和气气,互相关爱。这是把"悌道"和"友道"的基本原则做了非常精到深刻的区分。遵守了这个原则,则"血缘"和"学缘"可转换裕如,"友道"与"悌道"可相得益彰,不致发生不必要的龃龉和芥蒂。前引《白虎通义·三纲五常》云:

朋友之交,近则谤其言,远则不相讪。一人有善,其心好之;一人有恶,其心痛之。货则通而不计,共忧患而相救。生不属,死不托。故《论语》曰:"子路云:愿车马衣轻裘,与朋友共敝之。"又曰:"朋友无所归,生于我乎馆,死于我乎殡。"朋友之道,亲存不得行者二:不得许友以其身,不得专通财之恩。友饥则白之于父兄,父兄许之,乃称父兄与之,不听则止。故曰:友饥为之减餐,大寒为之不重裘。故《论语》曰:"有父兄在,如之何其闻斯行之也!"

这是说,朋友之交也当把握一个"度",可以互相帮助,但相比父子、兄弟,毕竟还有亲疏、远近之别。

美国思想家本杰明·富兰克林(1706—1790)有句名言:"兄

弟不一定是朋友,但朋友一定是兄弟!"在中国人的情感生活中,朋友成为兄弟,靠的当然不是血缘,而是学缘和道义;只有同心同德,志同道合才称得上是真朋友。故《周易·系辞上》说:"二人同心,其利断金;同心之言,其臭如兰。""金兰"这一美好的意象,就成了友情的最佳代名词了。翻翻人类的情感辞典,你会发现,赞美朋友的词汇反倒远远多于赞美兄弟的。人类文明的疆域往往不是通过"血缘"来维系,而是通过"学缘"的扩充而更增其广袤与丰富!

中国历史上,以兄弟之缘而兼师友之谊,将"悌道"和"友道"发挥到极致的莫过于苏轼、苏辙兄弟了。二人手足情深,生死与共,学兼师友,道同知音。苏辙说苏轼"抚我则兄,诲我则师"(《亡兄子瞻端明墓志铭》);苏轼说苏辙"岂是吾兄弟,更是贤友生";"辙与兄进退出处,无不相同,患难之中,友爱弥笃,无少怨尤,近古罕见"(《宋史·苏辙传》)。其所缔造的不仅是文坛佳话,更是人间奇迹!

三曰"义兼君臣"。所谓"义兼君臣",不是强调朋友之间的尊卑从属关系,而是强调朋友与君臣皆无血缘亲属关系,事君与交友似异实同,皆以道义合也。如《郭店楚简·语丛三》就说:"友,君臣之道也。"《语丛一》又说:"君臣、朋友,其择者也。"言下之意,君臣、朋友不像父子、兄弟是绝对的,不可改变的关系,而是相对的,可以选择的,甚至是随时可以断绝的关系。因为不像父子、兄弟拥有血缘之亲,所以就必须建立基于道义的情感纽带。"父子有亲,君臣有义,夫妇有别,长幼有序,朋友有信",这五伦关系中,大概只有君臣与朋友之间的伦理原则是"互文见义"

的，故讲求"信义"，是君臣、朋友共同的道德基础和交往原则。

换言之，父子、兄弟不讲信义，依旧无法改变其为父子、兄弟之事实，而君臣、朋友若无信义，则双方关系立刻灰飞烟灭，再也不复从前！朋友关系中虽然有特别温馨的情感在，同时也埋藏着至为尖锐的冲突的引线，"信义"因而变得尤为重要！

在《论语》中，"信"是一个最基本的底线价值，"人而无信，不知其可"，"言忠信，行笃敬"，皆孔子反复叮咛的为人处世之道；"朋友信之"，甚至和"老者安之""少者怀之"并列，成为孔子念兹在兹的人生志向和大同理想。一般人尚且讲信，何况朋友呢？所以，子夏说"与朋友交，言而有信"，曾子三省吾身，其中就有"与朋友交，而不信乎？"

关于"朋友之义"，宋代学者洪迈有一段精彩的论述：

> 朋友之义甚重，天下之达道五：君臣、父子、兄弟、夫妇而至朋友之交。故天子至于庶人，未有不须友以成者。"天下俗薄，而朋友道绝"，见于《诗》；"不信乎朋友，弗获乎上"，见于《中庸》《孟子》。"朋友信之"，孔子之志也；"车马衣裘，与朋友共"，子路之志也；"与朋友交而信"，曾子之志也。《周礼》六行五曰："任谓信于友也。"（《容斋随笔》卷九）

可以说，"朋友之义"最关键的便是一个"信"字！谭嗣同极为推重朋友的价值，认为是五伦中最高的一伦。他说："五伦中于人生最无弊而有益，无纤毫之苦，有淡水之乐，其惟朋友乎？顾择交何如耳。所以者何？一曰平等；二曰自由；三曰节宣惟意。总括其义,曰不失自主之权而已矣。"又将朋友与其他四伦巧妙"嫁接",说:"其在耶教,明标其旨曰:'视敌如友。'故民主者,天国之义也,君臣朋友也;父子异宫异财,父子朋友也;夫妇择偶判妻,皆由两情自愿,而成婚于教堂,夫妇朋友也;至于兄弟,更无论矣。"[3]这样一来,几乎每一伦关系都被置于"朋友之义"的涵摄之下了。

不过,谭嗣同认为朋友"最无弊而有益",未免太过夸张和浪漫。事实上,朋友既然是人,自然有好坏之分、损益之别。

子曰:"益者三友,损者三友:友直,友谅,友多闻,益矣;友便辟,友善柔,友便佞,损矣。"(《季氏》)

孔子把朋友分出"益友""损友"两类:如朋友正直、诚信、博学多闻,则为益友;反之,歪门邪道、阿谀怯懦、巧言令色之辈,则为损友。接下来,孔子又说:

益者三乐,损者三乐:乐节礼乐,乐道人之善,乐多贤友,益矣;乐骄乐,乐佚游,乐宴乐,损矣。

快乐也有"损""益"之别,于人有益的快乐也有三种,其中,"乐多贤友"才是最值得骄傲的。怎样的朋友才是"贤友"呢?当然是奉行"君子之道"的朋友了。

子曰:"君子周而不比,小人比而不周。"(《为政》)

周，普遍、忠公之谓；比，阿党、偏私之谓。君子秉持公心，一视同仁，能团结众人，却绝不拉帮结派，徇私护短；小人则为了私利互相勾结，关键时刻却不能真正团结，甚至会彼此攻击，损人利己。再看下面一章：

子曰："君子易事而难说也：说之不以道，不说也；及其使人也，器之。小人难事而易说也：说之虽不以道，说也；及其使人也，求备焉。"（《子路》）

君子之心包容而公正，故易事而难悦，此即"周而不比"；小人之心自私而刻薄，故难事而易悦，此即"比而不周"。《礼记·表记》云："君子之接如水，小人之接如醴；君子淡以成，小人甘以坏。"俗语云"宁得罪君子，不得罪小人"，也是此意。

朋友不仅分好坏损益，还须辨别真假。《说苑·杂言》引孔子曰："不知其子，视其所友。不知其君，视其所使。"我们想要了解一个人，只要看他都和什么人做朋友便可以了。欧阳修在其名作《朋党论》中就提出"真朋"与"伪朋"说：

臣闻朋党之说，自古有之，惟幸人君辨其君子小人而已。大凡君子与君子以同道为朋，小人与小人以同利为朋，此自然之理也。然臣谓小人无朋，惟君子则有之。其故何哉？小人所好者禄利也，所贪者财货也。当其同利之时，暂相党引以为朋者，伪也；及其见利而争先，或利尽而交疏，则反相贼害，虽其兄弟亲戚，不能自保。故臣谓小人无朋，其暂为朋者，伪也。君子则不然。所守者道义，所行者忠信，所惜者名节。以之修身，则同道而相益；以之事国，则同心而共济；终始如一，此君子之朋也。故为人君者，但当退小人之伪朋，用君子之真朋，则天下治矣。

一句话，君子虽然"不党"，却有"真朋"，小人交以势利，到头来一个朋友也没有！

三 君子之交淡如水

所谓"君子之交"，到底该如何贯彻落实呢？除了前面所讲的损益比周之异外，还可从以下三点来把握。

一是"事贤友仁"。《论语·卫灵公》载：

子贡问为仁。子曰："工欲善其事，必先利其器。居是邦也，事其大夫之贤者，友其士之仁者。"

"事贤友仁"，毋宁说就是最好的交友之道。只不过，仁者和贤者往往不易判断，故"事贤友仁"真是"说时容易做时难"。

对此，孔子提出了一个简便易行的方法，那就是"无友不如己者"（《学而》）。这句话常常引起歧义，质疑者至今不绝。俗话说："如果你想要没有缺点的朋友，那你就永远没有朋友。"如果我们都不和"不如己者"交朋友，那比我们贤德的人又怎会和我们交朋友呢？

其实，孔子此言不过阐明交友的一个基本原则，意谓当与仁者贤者为友，如此则于己有益而无损，学问德行自可有进而无退。孔子其实是告诫弟子，交友是为了进德辅仁，一方面择友如择师，要与贤者为友，"见贤思齐"；一方面又须知"三人行，必有我师"，要善于发现别人的长处，"择其善者而从之"。

换言之，尺有所短，寸有所长，善学者一定能博采众长，取长补短。如果光盯着别人的缺点，深闭固拒，绝不是交友的正确态度。钱穆先生释此句说："孔子之教，多直指人心。苟我心常能见人之胜己而友之，即易得友，又能获友道之益。人有喜与不如己者为友之心，此则大可戒。"[4]这样一来，交友之道又和我们前面讲的为学、修身之道接榫无间了。

孔门后学很好地继承了这一点。曾子说："君子以文会友，以友辅仁。"（《颜渊》）正是对孔子"事贤友仁"说的进一步发挥。关于交友，子夏和子张也有一番精彩的争论：

子夏之门人问交于子张。子张曰："子夏云何？"对曰："子夏曰'可者与之，其不可者拒之。'"子张曰："异于吾所闻：君子尊贤而容众，嘉善而矜不能。我之大贤与，于人何所不容？我之不贤与，人将拒我，如之何拒人也？"（《子张》）

故事发生在孔子去世之后，当时子夏已经继承孔子志业，开馆授徒。有一次，子夏的弟子向子张请教交友之道。子张与子夏齐名，就反问："子夏是怎么说的呢？"弟子答："子夏说：'可交的就与他交往，不可交的就拒绝他。'"子张说："我听到的可不是这样：君子应当尊重贤者且能包容众人，赞许善者并且同情不能的人。如果我是大贤之人，那对人有什么不能包容的呢？如果我不是大贤之人，人家将会拒绝我，我哪还有资格去拒绝别人呢？"

应该说，二人所谈各有道理，又各有所偏，宜乎孔子"过犹不及"之评也。朱熹《集注》解释说："子夏之言迫狭，子张讥之是也。但其所言亦有过高之病。盖大贤虽无所不容，然大故亦所当绝；不贤固不可以拒人，然损友亦所当远。学者不可不察。"朱子所言，确为持平之论。

一个人喜欢交什么样的朋友，其实也与其性格有关，而"性格决定命运"，故孔子对学生未来发展的预判，也把其交友考虑在内。《说苑·杂言》记孔子说："丘死之后，商也日益，赐也日损。商也好与贤己者处，赐也还说（悦）不如己者。"子夏"好与贤己者处"，其实就是"无友不如己者"，也即"可者与之，不可者拒之"，故其后来的成就也就远超侪辈，成为孔门学统的真正传人。子贡才高气盛，喜欢与"不如己者"打交道，尽管其后来也能盈科后进，但在学问上比子夏逊色不少，也是不争的事实。

二是"忠告善道"。朋友如有过失，理当劝谏敦促，使其迁善改过。故孔子说：

良药苦口利于病，忠言逆耳利于行。汤武以谔谔而昌，桀纣以唯唯而亡。君无争臣，父无争子，兄无争弟，士无争友，无其过者，未之有也。故曰：君失之，臣得之；父失之，子得之；兄失之，弟得之；己失之，友得之。是以国无危亡之兆，家无悖乱之恶，父

子兄弟无失，而交友无绝也。(《孔子家语·六本》)

这说明，君臣、父子、兄弟、朋友四伦，皆有切磋砥砺、劝勉匡正之责。不过，劝谏也当有节度，切不可居高临下，喋喋不休地指责：

子游曰："事君数，斯辱矣；朋友数，斯疏矣。"(《里仁》)

"数"，即烦琐义。君臣、朋友，皆以道义合，故须以礼节之，不宜烦琐刻薄；否则，君主会羞辱你，朋友会疏远你。其实，子游的交友心得也是来自孔子：

子贡问友。子曰："忠告而善道之，不可则止，毋自辱焉。"(《颜渊》)

这里，孔子说得更直白，事友如事君，当以敬为先，朋友有过，可以忠言相告，善加开导，但要适可而止，否则不仅会被朋友疏远，甚至有可能自取其辱。清儒刘宝楠说："责善，朋友之道也。然不可则宜止，不复言，所以全交，亦所以养其羞恶之心，使之自悟也。"[5] 此言可谓切中肯綮。再看下面一章：

子曰："晏平仲善与人交，久而敬之。"(《公冶长》)

晏平仲即齐国贤相晏婴，孔子说他善于与人交友，哪怕相处很久,依然能够保持对朋友的敬意。由此可见,"朋友数,斯疏矣"的"数",看似烦琐刻薄,实则便是不敬,不敬则狎,狎则疏。又《郭店楚简·五行》说:"不远不敬,不敬不严,不严不尊,不尊不恭,不恭亡礼。"这里的"不远不敬"很值得注意,说明朋友之间,应保持适当的"交往距离",既不能太远,也不能太近。否则,"近之则不逊,远之则怨",势必沦为"小人之交"。《白虎通义·谏诤》说:

朋友相为隐者,人本接朋结友,为欲立身扬名也。朋友之道有四焉,通财不在其中:近则正之,远则称之,乐则思之,患则死之。

"近则正之,远则称之",说的也是"交往距离"。德国哲学家叔本华说过:"人就像寒冬里的刺猬,互相靠得太近,会觉得刺痛;彼此离得太远,却又会感觉寒冷;人是必须保持适当的距离过活。"这真是"东海西海,心理攸同"了。

三是"相下为益"。朋友交往,牵涉学问义理的讨论,难免会有切磋争论,一方面可以据理力争,另一方面也须平心静气,留有余地。王阳明《书中天阁勉诸生》说:

大抵朋友之交,以相下为益。或议论未合,要在从容涵育,相感以诚,不得动气求胜,长傲遂非。务在默而成之,不言而信。其或矜己之长,攻人之短,粗心浮气,矫以沽名,讦以为直,扶胜心而行愤嫉,以圮族败群为志,则虽日讲时习于此,亦无益矣。诸

君念之念之!(《王文成公全书》卷八)

今见有人号称儒者,以卫道护法自居而不能尊贤容众,平情讨论,动辄挟儒自重,党同伐异,一言不合即出口伤人。如此交友,恐怕只会让朋友望而生畏,"割席断交"恐怕也就在所难免了。

四 "尚友"与"私淑"

不过,有一种情况可以不必考虑"交往距离",那就是孟子所提倡的"尚友古人":

孟子曰:"一乡之善士,斯友一乡之善士;一国之善士,斯友一国之善士;天下之善士,斯友天下之善士。以友天下之善士为未足,又尚论古之人。颂其诗,读其书,不知其人,可乎?是以论其世也。是尚友也。"(《万章下》)

孟子说理时,最擅长比类推理,常常打破时空界限,将道理阐发得淋漓尽致,无远弗届。这里的从"一乡"到"一国",从"一国"到"天下",还属于空间上的推理;紧接着说"友天下之善士为未足,又尚论古之人"时,则是把空间转化为时间了。言下之意,如果当今天下之"善士"还不够,那么我们还可以穿越时空,上溯到古代,和那些古圣先贤交朋友。而且,完全不必考虑空间上的远近,时间上的古今,情感上的亲疏,当我们真正"知其人,论其世"之后，就可达到与他们莫逆于心的境界，还有什么比这更好的交友之道呢？

或许有人会问：天下之大，人海茫茫，身边的人我们尚且不能相知为友，又怎么做到"尚友古人"呢？其实很简单，只需做到"颂其诗，读其书"则可矣。林语堂先生的《苏东坡传》里有一段话极有意趣，他说：

> 要了解一个已经死去一千年的人，并不困难。……评论与我们自己同时代的人是一件难事。论一个已然去世的诗人如苏东坡，情形便不同了。我读过他的札记、他的七百首诗，还有他的八百通私人书简。所以知道一个人，或是不知道一个人，与他是否为同代人没有关系。主要的倒是是否对他有同情的了解。归根到底，我们只能知道自己真正了解的人，我们只能完全了解我们真正喜爱的人。我认为我完全知道苏东坡，因为我了解他；我了解他，是因为我喜爱他。[6]

这段话很好地说明了"学缘"的神奇和广大，生活中与你"低头不见抬头见"的，大多都是"熟悉的陌生人"，而你从来未尝见过的古人，因为你读了他的书，了解他的情感和思想，反倒成了你精神上最亲近、最熟悉的"师友"。孔子晚年曾感叹说：

甚矣，吾衰也！久矣吾不复梦见周公！（《述而》）

这不就是孔子在"尚友周公"吗？孔子不仅常"梦周公"，还

以文王为偶像。孔门师徒在周游列国时,曾在匡地遭遇围困,生死未卜之际,孔子临危不惧,竟然说:

> 文王既没,文不在兹乎?天之将丧斯文也,后死者不得与于斯文也。天之未丧斯文也,匡人其如予何?(《子罕》)

"斯文"一词,盖出于此。我曾对此章做过如下解读:

> 细玩此章语义,夫子所言有两点可注意:首先,"后死者"三字虽一时兴到之语,却大有深意,它与"既没"一起,指示了一纵向的时间维度,遂将文王与自己连为一个统一而又内在的文化生命体。言下之意,作为肉体的文王虽然已不存于此世,但其礼乐文章之生命依然存在,"在兹"既可以理解为"斯文在此",也可以理解为"斯文在我"。此夫子以传递文王之道统自任也。其次,"天"的出现,又指示了一横向之空间维度,也即所谓"天人关系","天之将丧"与"天之未丧",构成了一个或然和实然的推理关系,从而得出"匡人其如予何"的结论。此夫子在"斯文在我"之前提下产生的一种"天命在我"之自信。[7]

就此而言,文化上的传承,本质上就是"后死者"对前人的"尚友",就是将文化生命古今联通,守先待后,继往开来。仔细想想,周公、文王又何尝知道有孔子其人呢?但这丝毫不妨碍孔子经常"梦周公",并立志"传斯文"!"道",不就是这样前仆后继、薪尽火传才得以延续至今的吗?

除了"尚友古人",孟子还提出了著名的"私淑诸人"说:

孟子曰:"予未得为孔子徒也,予私淑诸人也。"(《离娄下》)

所谓"私淑",盖指未得亲炙受业而私下宗仰其学,并以之为榜样,其实也是"尚友古人",以为师友之意。孟子最大的遗憾,就是未能得到孔子的"亲炙",也即"为孔子徒",但他能够拜在子思的门下,得以"私淑诸人"——这里的"诸人",显然包括颜回、曾子、子思之徒——这已经是莫大的幸运!

事实上,我们的一生中能够"亲炙"的师友少之又少,若不能"私淑诸人"和"尚友古人",终究难以延展自己的精神生命和文化慧命。"友道"的无远弗届,实在具有打破时空界限的形而上品格与直指"道统"传递的终极意义。

"尚友古人"也好,"私淑诸人"也罢,无不是一种类似于"量子纠缠"式的文化大生命的相互吸引和感召。这是一种可"放诸四海而皆准,俟诸百世而不惑"的"文化相思"。一个人,若有幸拥有了这样一种能够随时随地延展慧命的"文化相思"能力,便可立于天地之间,通过"行其所学"而"安身立命"了。

1 沈善增:《孔子原来这么说》,上海:上海人民出版社,2008年,第7页。
2 傅亚庶撰:《孔丛子校释》,北京:中华书局,2011年,第20—21页。
3 谭嗣同:《仁学·三十七》,《谭嗣同全集》下册,第350—351页。
4 钱穆:《论语新解》,第13页。
5 [清]刘宝楠:《论语正义》,北京:中华书局,1990年,第513页。
6 林语堂:《苏东坡传》,张振玉译,长沙:湖南文艺出版社,2018年,第2—3页。
7 刘强:《论语新识》,第242—243页。

尾声：道脉永传

一

在本书的"尾声"部分，我想顺带讲一讲"道脉"如何传递的问题。

《大学》开篇有云："物有本末，事有终始，知所先后，则近道矣。"照此逻辑，本书《自序》既然提到了"道"的"窄门"，在《尾声》中也就应该对"道"的"出口"有一个交待。抑或说，既然我们把"四书"看作了一个整体，起首又是从《论语》"学而篇"首章开始讲起，那么，整个"四书"的最后一章当然不该轻易放过——这样，才算"慎终如始"和"善始善终"。

翻到"四书"最后一页，赫然便是下面一章：

孟子曰："由尧、舜至于汤，五百有余岁，若禹、皋陶，则见而知之；若汤，则闻而知之。由汤至于文王，五百有余岁，若伊尹、莱朱，则见而知之；若文王，则闻而知之。由文王至于孔子，五百有余岁，若太公望、散宜生，则见而知之；若孔子，则闻而知之。由孔子而来，至于今，百有余岁，去圣人之世，若此其未远也；近圣人之居，若此其甚也。然而无有乎尔，则亦无有乎尔！"（《尽心下》）

　　这段话不仅是《孟子》一书的尾声，也是整个"四书"的终章，曲终奏雅，余音袅袅，给人留下无尽的回味。仔细揣摩，孟子的这一段议论，不仅大有以道自任、"舍我其谁"之概，同时也回应了他的"五百年必有王者兴"的著名预言：

　　孟子去齐，充虞路问曰："夫子若有不豫色然。前日虞闻诸夫子曰：'君子不怨天，不尤人。'"曰："彼一时，此一时也。五百年必有王者兴，其间必有名世者。由周而来，七百有余岁矣；以其数则过矣，以其时考之则可矣。夫天，未欲平治天下也，如欲平治天下，当今之世，舍我其谁也？吾何为不豫哉？"（《公孙丑下》）

　　上引两章文字皆有一个对于"时间"的期许，那就是"五百年"！两相对比，不难发现，"以道自任"的孟子在全书的终卷处，还是对自己"舍我其谁"的雄心壮志稍作裁剪，略有收敛。从文章学的谋篇布局来看，"然而无有乎尔，则亦无有乎尔"，这么一种缠绵蕴藉甚至有点妩媚的表达，也的确最适合作为一本书的结尾。朱熹对前引"孟子去齐"章的注释说：

　　自尧舜至汤，自汤至文、武，皆五百余年而圣人出。名世，谓其人德业闻望，可名于一世者，为之辅佐。若皋陶、稷、契、伊尹、莱朱、太公望、散宜生之属。[1]

不用说，朱子是把这一章与《孟子》最后一章互为参照的，其中同出互见的两组人物，一是"圣王"系列，一是"名世者"系列——"圣王"确立法度，"名世者"执行法度——彼此之间，形成了一个名为"君臣"而实则"师徒"的"递相授受"的传承机制和"见闻"系统。

我认为，正是在这里，埋藏着一把打开"道"之"窄门"的隐形钥匙！

那么，圣王之间到底传授了什么呢?《论语》最后一篇《尧曰》的开头给出了答案：

尧曰："咨！尔舜！天之历数在尔躬。允执其中。四海困穷，天禄永终。"舜亦以命禹。

请注意，这段话是尧对舜所言，而舜又以此"命禹"——命者，令也，授也，传也——其中的承传方式及人物线索清晰可见！而"允执其中"四字，在《尚书·大禹谟》中则作"允执厥中"，全句为："人心惟危，道心惟微，惟精惟一，允执厥中。"这就是著名的"十六字心传"[2]，实乃圣王治道之要诀，允称博厚高明，千古不刊！

更有意味的是，此章紧接着尧、舜、禹三圣传道之后，又有商汤、武王、孔子之言，其中显露的，正是一条"道统"授受、

"道脉"流传的辗转接力之路线!柳宗元论此章说:"《论语》之大,莫大乎是也。……此圣人之大志也,无容问对于其间。弟子或知之,或疑之不能明,相与传之。故于其为书也,卒篇之首,严而立之。"(《论语辨》)柳氏盖以孔门弟子推尊孔子,以为祖述尧舜,宪章文武,故缀之于先王之后,大有以王者拟之之意。钱穆先生论此章与全书之关系云:"盖此章非孔子之言,又非其门弟子之语,而自尧、舜、禹、汤而至武王,终以孔子,其次序有条不紊,其为全书后序而出于编订者某一人或某几人之手,殆无可疑。"(《论语新解》)

然而,以上诸说均未能全部揭示出《孟子》、也即"四书"末章更深层的"话外音"。

二

孟子到底想说什么呢?以我个人愚见,盖有以下两点:

其一是"道"的下移,乃大势所趋。

在孔子以前,"道"的传递是由"圣王"递相授受的,正如古史传说中的"绝地天通"之前,"天命"本来只能由"天子"或帝王感知与传递——后有所谓"汤武革命",也不过是"革(改)其天命"——故王朝更替也好,道统传递也罢,皆与一般"政治素人"或平民无关。孔子的出现,打破了这一"道统"传递的上位垄断格局。《论语·尧曰》篇也好,《孟子》末章也罢,都做了一个将孔子"植入"圣王传道系统的工作,此一工作的重大意义在于,将本来高高在上的"天命"和"道统",经由孔子这样一位平民圣哲,下移到了广土众民之中。孔子说:"仁远乎哉?我欲仁,斯仁至矣。"(《述而》)"不怨天,不尤人。下学而上达,知我者,其天乎!"(《宪问》)孟子也说:"夫君子,所过者化,所存者神,上下与天地同流。"(《尽心上》)孔孟原始儒学的这种对"我"与"君子"仁心善性延展之无限可能性的确信,打破了商周以来宗教神学和政治神学笼罩下"天人之际"的现实壁垒,在中华文化史上,的确可谓是一次哲学上的"轴心突破"[3]。

在孟子看来,孔子一介布衣,对于尧、舜、禹、汤、文王前后承传之道,虽然未能"见而知之",却终能"闻而知之",并达到"集大成"[4]之境界,这一"圣道"由"王"而下移至"士"的文化事件,对于"道统"的确立及传递,意义重大,非同小可。正是孔子以一人之力,在"王道"缺失、"霸道"横行、"圣王不作"的春秋乱世,担荷起了本应由"圣王"履行的弘化使命和传道责任。——孔子之所以被后世尊为"素王",原因恐怕正在于此。

就此而言,《孟子》末章等于提出了一个"天问"——即如果真的"君子之泽五世而斩"(《离娄下》),那么"由孔子而来,至于今",已经"百有余岁",值此君子之泽"将斩未斩"之际,究竟该由谁来肩负这一弘道、传道之责任呢?孟子的回答是:"夫天,未欲平治天下也,如欲平治天下,当今之世,舍我其谁也?"孟子毫不讳言地以"道统传人"自命,这在当时或许无人理解和认可,甚至后世亦有指其为"晦圣学,祸人道"[5]者,但事实证明,孟子不仅真的担起了这一"天降大任",而且的确"心想事成"了!

其二是"道"由"人"传,人在道就在。

孟子敢于"以道自任",是因为他发现了"道脉流传"的历史信息和生命真相。盖"道"之传递,正赖师徒之间的"口传心授"——"学缘师法"之外,还有"心法心印"。用孟子的话说,"见而知之"就是嫡传亲炙,"闻而知之"则是"私淑尚友"——从孔子到曾子,曾子到子思,子思再到孟子,其间流贯的正是一条未曾中断的"现身说法""口传心授"的伟大"道脉"!因为"目击道存",故能"心心相印",并最终确保了"道"的传递真实无妄,浑然天成!

也就是说,"道"虽然需要"经"和"文"来承载,但对于"道"之微言大义的把握和传递,则必须要超越"文字"和"名相",才能"体贴""遥契""觉悟"和"印证"!这也正是为什么孔子会说"书不尽言,言不尽意"(《周易·系辞上》),老子会说"道可道,非常道;名可名,非常名"(《老子》首章),庄子会说"君之所读者,古人之糟粕"(《庄子·天道》),三国时玄学家荀粲会说"六籍乃圣人之糠秕"[6]的深层原因!换言之,孔子之所以反复提醒弟子们,在言行之间要更重视"行",原因正在于"言"无从"尽意",而包含着出处行止、待人接物、音容笑貌的"行",却可以于无声处彰显"道"的博大、高明和精微!

要将此点说明,还须回到班固《汉书·艺文志》中的一段话:

> 昔仲尼没而微言绝,七十子丧而大义乖。……

为什么人一死丧,微言大义就会绝灭舛错呢?班固没有直说。但在介绍《论语》成书时,他的下面这句话大可注意:

《论语》者，孔子应答弟子时人及弟子相与言而接闻于夫子之语也。

以往对班固此言，不过转引复述，未曾深思，现在带着问题再来看，感觉大不相同！我发现，这里的"孔子应答"与"弟子相与言而接闻于夫子之语"，正是对孔门师徒"口耳相传""默识心通"的"传道"过程的精准描述！这也恰好印证了孔子反复阐明的一个道理，那就是——"人能弘道，非道弘人"！《中庸》所谓"道不远人，人之为道而远人，不可以为道"（第十三章），盖亦此意。

也就是说，因为"天道远，人道迩"，故要想上达"天道"，就必须下学"人道"！既然是"人道"，当然只能由"人传"！一句话，人在，道就在；人亡，道就可能衰！

程子在论及孟子为何"以道自任"时，非常敏锐地提到了"识时"的问题：

学者全要识时。若不识时，不足以言学。颜子陋巷自乐，以有孔子在焉。若孟子之时，世既无人，安可不以道自任？⁷

其实，这里的"识时"，也可以理解为"识人"——颜子所以能安贫乐道，正因为他沐浴在"夫子之道"的阳光中——孔子是生逢其时，颜子是幸逢其人！当然，这里的"人"，不是一般人，而只能是像孟子那样"以道自任"的"传道人"。

那么，"道"究竟靠什么传递呢？

第一，要靠耳闻目见，所谓"相与言而接闻"也。只有这种面对面的口传心授，才能确保信息不会散失和篡改，"道体"才能完好无损。所以，对于不能得聆圣王及孔子亲炙的后世学者而言，就只能如孟子所说的，通过"颂其诗，读其书"，"知人论世"，"以意逆志"了。更重要的是，还要能在"尚友古人"和"私淑诸人"的过程中，摆脱名相，破掉执着，以自己的生命热力和慧命活力，去"联想"圣贤传道之"场境""语境"和"情境"，进而契入其"心境""意境"和"道境"，并最终"还原"其"道场"，"激活"其"道体"，"疏通"其"道气"，"承传"其"道脉"！佛家所谓"言语道断，心行处灭"，禅宗所谓"但参活句，莫参死句"，说的正是此意。

王阳明的"悟道"经历非常雄辩地证明了这一点。其所撰《五经臆说》序云：

> 得鱼而忘筌，醪尽而糟粕弃之；鱼醪之未得，而曰是筌与糟粕也，鱼与醪终不可得矣。五经，圣人之学具焉，然自其已闻者而言之，其于道也，亦筌与糟粕耳。窃尝怪夫世之儒者求鱼于筌，而谓糟粕之为醪也。夫谓糟粕之为醪，犹近也，糟粕之中而醪存；求鱼于筌，则筌与鱼远矣。龙场居南夷万山中，书卷不可携，日坐石穴，默记旧所读书而录之。意有所得，辄为之训释。[8]

王阳明认为，五经之于"道"，也不过是"筌与糟粕"，是"载道"之工具，而非"道体"之本身。正因当时"居夷处困"，"书卷不可携"，阳明才能"得鱼而忘筌"，"默记旧所读书而录之"，写其胸臆之见。这是非常富有"仪式感"和象征性的一个画面，阳

明从此得以摆脱经典之"书卷"和"文章",由"理境"而跃入"道境",完成了求道之旅的一次华丽"蝶变"。⁹

第二,要靠"以心传心",实现"心体"与"道体"的一线贯通。孟子说:"学问之道无他,求其放心而已矣。"(《告子上》)"放"者,"失"也。又说:"大人者,不失其赤子之心者也。"(《离娄下》)到哪里去找那颗已经"放失"已久的"心"呢?孟子说:"圣人先得我心之所同然耳。"(《告子上》)

原来,我们"放失"掉的"赤子之心",在圣人那里早已"先得"着了,无时无刻不在等着我们去"求"!圣心与我心,原本无二,千古一体,此即"心之所同然"者也!故王阳明说:"夫圣人之学,心学也。学以求尽其心也。"¹⁰

一句话,没有"心"的神交冥会,所谓"传道",恐怕也只是镜花水月。

——以上两点,正是我们所说的打开道之"窄门"的那把金钥匙。

三

然而,吊诡的是,这把本来由孟子发现的"金钥匙",竟在孟子手里失落了!最先发现这一问题的是韩愈。在《原道》一文中,他写了一段意味深长的话:

> 斯吾所谓道也,非向所谓老与佛之道也。尧以是传之舜,舜

以是传之禹,禹以是传之汤,汤以是传之文、武、周公,文、武、周公传之孔子,孔子传之孟轲,轲之死,不得其传焉。荀与扬也,择焉而不精,语焉而不详。……[11]

显然,韩愈是接着《孟子》最后一章往下说的。他发现,孟子之后,"道"的传递便出现了"择焉而不精,语焉而不详"的"传译"困境,以至于造成了"好事者各以其说干时君,纷纷藉藉相乱,六经与百家之说错杂"(韩愈《读荀子》)的混乱局面,佛、老二氏于是乎乘虚而入,后来居上。

其实,不是孟子丢失了"道",而不过是在他之后,"道"因为不得其人而不幸"失传"罢了。因为失传,反倒更显孟子之可贵!在《读荀子》一文中,韩愈对孟子大加赞叹:

始吾读孟轲书,然后知孔子之道尊,圣人之道易行,王易王,霸易霸也。以为孔子之徒没,尊圣人者,孟氏而已。晚得扬雄书,益尊信孟氏。因雄书而孟氏益尊,则雄者亦圣人之徒欤。……孟氏,醇乎醇者也;荀与扬,大醇而小疵。[12]

可以说,韩愈已经隐然看见孟子手里那把闪闪发光的钥匙了!就捍卫孔子之道而言,孟子最大的贡献就是"距杨、墨"。孟子说:"予岂好辩哉?予不得已也。""能言距杨、墨者,圣人之徒也。"(《滕文公下》)汉代儒者扬雄敏锐地看到了这一点,他说:"古者杨、墨塞路,孟子辞而辟之,廓如也。后之塞路者有矣,窃自比于孟子。"(《法言·吾子》)

这里的"塞路",正与我们所谓"窄门"若合符节。因为"塞路者有矣",故"入道之门"越发"窄小"——"初极狭,才通人"。扬雄窃比于孟子,正因其能斥百家、崇儒道,故而敢以"圣人之徒"自期。

对于韩愈来说,当时的"塞路者"便是佛、老二氏之学。所以,他才要学孟子辟杨、墨,做一番艰苦卓绝的"清道夫"的工作,以廓清通向"道之窄门"的"塞路"之物。从"大醇而小疵"的扬雄与荀子,上溯至"醇乎醇者也"的孟子,再追溯至"集大成"的孔子——这不正是韩愈"处处志之"的一个个"道"之路标吗?从这个角度上说,韩愈简直是嘘枯吹生的"道"的守夜人!陈寅恪先生谓其"发起光大唐代古文运动,卒开后来赵宋新儒学新古文之文化运动",诚为"唐代文化学术史上承先启后转旧为新关捩点之人物"[13],良有以也!

宋代文豪苏轼曾这样盛赞韩愈:

匹夫而为百世师,一言而为天下法。是皆有以参天地之化,关盛衰之运。……自东汉以来,道丧文弊,异端并起,历唐贞观、开元之盛,辅以房、杜、姚、宋而不能救。独韩文公起布衣,……文起八代之衰,而道济天下之溺……岂非参天地,关盛衰,浩然而独存者乎![14]

东坡此论,以"文统"论"道统",真可谓洞幽烛微、巨眼卓识!至此,"道"之"窄门"终于被打开,"道"之境界为之一变!正如陶渊明所写:"复行数十步,豁然开朗。土地平旷,屋舍俨然,

有良田美池桑竹之属。阡陌交通，鸡犬相闻。……"（《桃花源记》）

韩愈死后三百年，宋儒沿着其大刀阔斧开出的"道统"之路，终于走出了一片崭新的天地！"北宋五子"之首的周敦颐，提出"文以载道"[15]说，使中断千年的"道脉"得以"疏通"，以孔孟为旨归的原始儒学借助理学的转型，终于冲破佛、老二氏的义理纠缠而得以破茧而出，大放光明。程颐在为其兄程颢所撰的"墓表"中说：

> 周公殁，圣人之道不行；孟轲死，圣人之学不传。道不行，百世无善治；学不传，千载无真儒。无善治，士犹得以明夫善治之道，以淑诸人，以传诸后；无真儒，则天下贸贸焉莫知所之，人欲肆而天理灭矣。先生生千四百之后，得不传之学于遗经，以兴起斯文为己任。辨异端，辟邪说，使圣人之道焕焕然复明于世。盖自孟子之后，一人而已。……[16]

这段话依旧是在孟子、韩愈的基础上立论，只不过他撇开韩愈，直接把孟子之后的传道者算在其兄程颢身上。值得注意的是，和孔、曾、思、孟这"四子"前后接力一样，"北宋五子"，生当同时，互有交游，可谓"见而知之"；而生于南宋的朱子，又系程子后学，其于"五子"，又可谓"闻而知之"——这一条理学之"道脉"也是线索宛然，有迹可循。

程颐在总结《论语》《孟子》的"读法"时说：

> 学者须将《论语》中诸弟子问处便作自己问，圣人答处便

作今日耳闻,自然有得。虽孔、孟复生,不过以此教人。若能于《语》《孟》中深求玩味,将来涵养成甚生气质!

这里,"诸弟子问处便作自己问,圣人答处便作今日耳闻",真可谓"当机立断"的"求道"之"不二法门"!后世学者若能得其三昧,又何愁"道之不传"焉?事实上,中华传统文化中,儒、释、道三教、三家、三学之传承,无不赖此师徒授受之"心传"而得以实现,此即韩愈所谓"道之所存,师之所存也"(《师说》)之义也。

此又可知,后人得不到圣贤亲自传授"心法",固然是一大遗憾;然道之不传,更大的原因不在不能"接闻"或"亲炙",而在后人常常蔽于私心和成见,不愿"尚友古人",甚至根本不信有"道"之存在,更不信"道"之可知可传,即使他们阅读经典,亦不过纠缠于章句名相、义理逻辑,而未能"以心印心","以法证法",故大道虽无处不在,无时不有,而一般凡夫俗子甚至文人学者,终不能"闻而知之"与"见而知之"也。

四

以上,我们对"道脉"传递之内在理路与历史进程做了大致梳理,其要点大致可归纳如下:

首先,"道"之为物,虽有形上精微之特点,也并非不可"见而知之"和"闻而知之",故我们绝不认同"道"的不可知论,也不赞同关于"道"之解说的神秘主义倾向。

其次,因为"道"是可以"闻见与知"的,那么,就一定可以通过"人"来"传"。尽管在历史发展的不同阶段,"道脉"偶或一时中衰,但绝不至断绝消亡,一旦逢其时,得其人,必有"一阳来复"的一天!故所谓"道之不传",无论在理论层面还是实践层面,都不是"无解"的难题。

第三,也是本书最想证明的一点,就是道不仅可得而"传",而且可得而"行"!

今之传播中华传统文化者,时常要面临来自新文化运动的一个严峻质问,即儒家所标举的道德理想主义,不过是高悬于天上的乌托邦梦想,诸如"大道之行,天下为公"等美好憧憬,永远不可能实现!而且,他们还会搬出儒家内部的声音来为此说张目,如作为程颐四传弟子的朱熹就曾不无悲观地说:

(唐)太宗之心则吾恐其无一念不出于人欲也。直以其能假仁假义以行其私,而当时与之争者才能知术既出其下,又不知有仁义之可借,是以彼善于此而得以成其功耳。若以其能建立国家,传世久远,便谓其得天理之正,此正是以成败论是非,但取其获禽之多而不羞其诡遇之不出于正也。千五百年之间,正坐为此,所以只是架漏牵补过了时日。其间虽或不无小康,而尧、舜、三王、周公、孔子所传之道,未尝一日得行于天地之间也。(《答陈同甫》)

此一段议论对于我们了解中华"道统"之存续大有裨益。这里,朱子非常深刻地揭示了,连唐太宗这样的明君,也不过是"假借仁义"以"行其私",这正是历代圣人所传之道"未尝一日得行于天地之间"的深层原因!当后世得天下的帝王标举孔子仁义之道时,其所行者早已不是"王道"而是"霸道"——正是在这里,"道统"与"势统"(或曰"政统")开始各行其是,分道扬镳了。朱子的意思是,千万不要以成败和结果来论道统,假借仁义而行的"霸道",其实与尧、舜、禹、汤诸圣王践行的"王道",根本是风马牛不相及的两个道!

换言之,"王道"之不行,并不意味着"人道"之沦丧。孟子说:

> 世道衰微,邪说暴行有作,臣弑君者而有之,子弑其父者有之。孔子惧,作《春秋》。(《滕文公上》)

就此而言,孔子作《春秋》,既是规范"王道",也是存续"人道"。关于孔子作《春秋》之义,司马迁在《史记·太史公自序》中说得明白:

> 上大夫壶遂曰:"昔孔子何为而作《春秋》哉?"太史公曰:"余闻董生曰:'周道衰废,孔子为鲁司寇,诸侯害之,大夫雍之。孔子知言之不用,道之不行也,是非二百四十二年之中,以为天下仪表,贬天子,退诸侯,讨大夫,以达王事而已矣。'"

孔子为何竟要"贬天子,退诸侯,讨大夫"?无他,盖因"道之不行"也。当在位者皆私心自用、不行正道之时,孔子乃以一人之力，冒天下之大不韪，欲以《春秋》之义为天下立道、为后世立法！

从某种意义上说，这是以布衣身行王者事，从此，孔子开创的"道统"与"学统"，便与君主代表的"势统"或"政统"，分庭抗礼，鼎足而三，并最终形成了"道尊于势"的价值理念。只不过，对于以道自任的士大夫而言，到底是"得君行道"，抑或是"觉民行道"[17]，常常会因应时代之大势而有所取舍损益，如此而已。

所以，当我们读到朱子"道之不行"的感叹时，大可不必灰心丧气。要知道，"行道"与"传道"究竟并非一事，"道之不行"绝不意味着"道之不传"[18]。譬如，孔子也多次说过"道不行，乘桴浮于海"（《公冶长》），"道之不行，我知之矣"（《微子》），但孔子同样坚信，"人能弘道"，"道不远人"，故其在困厄危难之时，常能守死善道，用行舍藏，矢志不渝。

一句话，就算"道"永远无法在现实中得"行"，也绝不减损"道"的价值！为了彰显"道"的这一近乎西方宗教之神的绝对价值，朱子才要用"天理"为说，以便"激活"原始儒学中本来就蕴藏着的终极关怀和信仰精神。当朱子说出"道之不行"之时，正说明他已从前人手中接过了"道"的火炬。当他终于把《论语》《大学》《中庸》《孟子》这"四子书"，合为一编，撰成《四书章句集注》之时，正是"道脉"得以"归正"并重放光明之日！

表面看来，这不过是一次"经典再造"的世俗传奇，但仔细寻绎和还原其生命肌理与精神轨迹，我们会发现，这样的文化创造，归根结底，不仅是其"私淑诸人""尚友古人"的伟大结晶，更是一个有着悠久历史和宗教心灵的古老民族，在人文价值和理性精神上的义理释放和哲学突破。

一个人，若不能将"师道""友道"之效用，从有限的个体生命时空中奋力扩充，无限延展，上追古圣先贤，中交仁人义士，下俟后人来者，是绝不可能创造出文化生命与道德生命的奇迹来的！"四书"正是在此一意义上，才堪称中国文化之"圣经"与"道书"。

本书所梳理的十三个道，皆从"四书"之教义中提炼出来，无不是可知、可传、可行的日用常行之"人道"。只要"人道"不失，"天道"便会常伴常行，"王道"即使终不可期，亦可作为一终极理想和绝对信念，如日月高悬，照亮尘世间阡陌纵横的"道路"。宋儒说："天不生仲尼，万古如长夜。"良有以也。

在本书的结尾，我想说的是——在这广袤无边的天文世界和人文世界中，的确存在着一些跨越时空的纽带和系统：

以血缘为纽带，形成了"血统"；以学缘为纽带，形成了"学统"；以"斯文""慧命"和"道"的传递为纽带，则形成了"道统"。这三统，远比通过强权建立且随时变易的"政统"或"势统"更强大，更持久，更深厚。

中华文化正是一个由"血统""学统"和"道统"交织而成的独特的文化生命体，在长达数千年的演化和发展中，她已经形成了人类文明中独一无二的"这一个"。她也许不够完美，但她足够智慧，足够坚韧，也足够温暖。

作为此一文化所孕育、发荣、成就的个体，我们每个人的生命都不过是昙花一现，来去匆匆，而文化的总体生命却可绵延不绝，至少将与人类的总体命运同在。

在这个如长河一般悠远的文化生命中，我们每个人都是河边逆旅中的一个行者，"弱水三千，只取一瓢饮"，饮水思源，不能不心怀感恩。正如北宋词人李之仪的《卜算子》所唱：

君住长江头，我住长江尾，日日思君不见君，共饮长江水。

"道脉"如水，逝者如斯，来者亦如斯。"窄门"洞开，惊鸿一瞥，刹那即是永恒。

尾声：道脉永传

1 ［宋］朱熹：《四书章句集注》，第250页。
2 朱熹《中庸章句序》："《中庸》何为而作也？子思子忧道学之失其传而作也。盖自上古圣神继天立极，而道统之传有自来矣。其见于经，则'允执厥中'者，尧之所以授舜也；'人心惟危，道心惟微，惟精惟一，允执厥中'者，舜之所以授禹也。"这里，"道""心""传""授"四字，皆两见，正将"道以心传"之义委婉揭示出来。
3 关于"天人之际"及"轴心突破"的相关论述，可参余英时《论天人之际——中国古代思想的起源试探》，中华书局2014年版。
4 孟子曰："伯夷，圣之清者也；伊尹，圣之任者也；柳下惠，圣之和者也；孔子，圣之时者也。孔子之谓集大成。集大成也者，金声而玉振之也。金声也者，始条理也。玉振之也者，终条理也，始条理者，智之事也。终条理者，圣之事也。"（《孟子·万章下》）
5 民国学者翁中和（1900—1946）所著《人天书》，宗荀斥孟，竟云："以孔子性道之说为标准，孟轲之所得为零，程、朱、陆、王与戴震之俦，均附会孟轲，而不能不全失其旨，均不能不得其反，故其所得与孟轲同为零。故程、朱、陆、王与戴震亦何优劣相去之足云。由整个人类之学术界立言，则孔子人道之学之所以长晦而不明至于今，皆性善之说有以致之。故欲论晦圣学、祸人道之责任，以孟轲为首，韩愈、程颐辈为从，皆孔子之罪人。"见该书，民国三十年（1941）出版，2006年重印本，第147页。今按：翁氏为康有为弟子，宗经重道，对新文化运动多有抨击，唯论学则尊孔诋孟，虽意气风发，文辞可观，而难免失之一偏。余所藏是书,盖在温州讲学时蒙其哲嗣翁广慈先生所赠,归而拜读大半,虽不敢苟同其说,而于其人,则未尝不肃然增敬。

6　《三国志·荀彧传》注引何劭《荀粲传》。

7　[宋]程颢、程颐:《二程集》,第15页。

8　吴光等编校:《王阳明全集》卷二二,第965—966页。

9　详参刘强《论阳明心学及其诗学与"诗教"》,载《孔子研究》2020年第3期。

10　[明]王阳明:《重修山阴县学记》,《王阳明全集》卷七,第286页。

11　[唐]韩愈:《韩愈文集汇校笺注》,刘真伦、岳珍校注,北京:中华书局,2010年,第4页。

12　[唐]韩愈:《韩愈文集汇校笺注》,前揭书,第111—112页。"扬雄",该书作"杨雄",今据通常用法改之。

13　陈寅恪:《论韩愈》,见《金明馆丛稿初编》,北京:生活·读书·新知三联书店,2001年,第332页。

14　[宋]苏轼:《潮州韩文公庙碑》,《苏轼文集》,孔凡礼点校,第508页。

15　[宋]周敦颐《通书·文辞》:"文所以载道也,轮辕饰而人弗庸,徒饰也,况虚车乎。"

16　[宋]朱熹:《四书章句集注》,第377页。

17　关于"得君行道"与"觉民行道"的分判,可参余英时《宋明理学与政治文化》吉林出版集团2008年版。

18　如王夫之在论及"儒者之统"与"帝王之统"之关系时就说:"儒者之统,与帝王之统并行于天下,而互为兴替。其合也,天下以道而治,道以天子而明;及其衰也,而帝王之统绝,儒者犹保其道以孤行而无所待,以人存道,而道不可已。"见氏著《读通鉴论》卷十五,北京:中华书局,1975年,第1094页。

附录

一 《大学》全文

经一章

大学之道,在明明德,在亲民,在止于至善。知止而后有定,定而后能静,静而后能安,安而后能虑,虑而后能得。物有本末,事有终始,知所先后,则近道矣。古之欲明明德于天下者,先治其国;欲治其国者,先齐其家;欲齐其家者,先修其身;欲修其身者,先正其心;欲正其心者,先诚其意;欲诚其意者,先致其知;致知在格物。物格而后知至,知至而后意诚,意诚而后心正,心正而后身修,身修而后家齐,家齐而后国治,国治而后天下平。自天子以至于庶人,壹是皆以修身为本。其本乱而末治者,否矣。其所厚者薄,而其所薄者厚,未之有也。

传一章

《康诰》曰:"克明德。"《大甲》曰:"顾諟天之明命。"《帝典》曰:"克明峻德。"皆自明也。(释"明明德")

传二章

汤之《盘铭》曰:"苟日新,日日新,又日新。"《康诰》曰:"作新民。"《诗》云:"周虽旧邦,其命维新。"是故君子无所不用其极。(释"新民")

传三章

《诗》云:"邦畿千里,惟民所止。"《诗》云:"缗蛮黄鸟,止于丘隅。"子曰:"于止,知其所止,可以人而不如鸟乎?"《诗》云:"穆穆文王,於缉熙敬止。"为人君,止于仁;为人臣,止于敬;为人子,止于孝;为人父,止于慈;与国人交,止于信。《诗》云:"瞻彼淇澳,绿竹猗猗。有斐君子,如切如磋,如琢如磨。瑟兮僩兮,赫兮喧兮。有斐君子,终不可諠兮。""如切如磋"者,道学也;"如琢如磨"者,自修也;"瑟兮僩兮"者,恂慄也;"赫兮喧兮"者,威仪也;"有斐君子,终不可諠兮"者,道盛德至善,民之不能忘也。《诗》云:"於戏前王不忘!"君子贤其贤而亲其亲,小人乐其乐而利其利,此以没世不忘也。(释"止于至善")

传四章

子曰:"听讼,吾犹人也,必也使无讼乎!"无情者不得尽其辞,大畏民志,此谓知本。(释"本末")

传五章

此谓知本,此谓知之至也。(释"格物致知")

传六章

所谓诚其意者,毋自欺也。如恶恶臭,如好好色,此之谓自谦。故君子必慎其独也!小人闲居为不善,无所不至,见君子而后厌然,掩其不善,而著其善。人之视己,如见其肺肝然,则何益矣。此谓诚于中，形于外，故君子必慎其独也。曾子曰："十目所视，十手所指，其严乎！"富润屋，德润身，心广体胖，故君子必诚其意。（释"诚意"）

传七章

所谓修身在正其心者，身有所忿懥，则不得其正；有所恐惧，则不得其正；有所好乐，则不得其正；有所忧患，则不得其正。心不在焉，视而不见，听而不闻，食而不知其味。此谓修身在正其心。（释"正心修身"）

传八章

所谓齐其家在修其身者，人之其所亲爱而辟焉，之其所贱恶而辟焉，之其所畏敬而辟焉，之其所哀矜而辟焉，之其所敖惰而辟焉。故好而知其恶，恶而知其美者，天下鲜矣！故谚有之曰："人莫知其子之恶，莫知其苗之硕。"此谓身不修不可以齐其家。（释"修身齐家"）

传九章

所谓治国必先齐其家者，其家不可教而能教人者，无之。故君子不出家而成教于国。孝者，所以事君也；弟者，所以事长也；慈者，所以使众也。《康诰》曰："如保赤子。"心诚求之，虽不中，不远矣。未有学养子而后嫁者也！一家仁，一国兴仁；一家让，一国兴让；一人贪戾，一国作乱；其机如此。此谓一言偾事，一人定国。尧舜帅天下以仁，而民从之；桀纣帅天下以暴，而民从之；其所令反其所好，而民不从。是故君子有诸己而后求诸人，无诸己而后非诸人。所藏乎身不恕，而能喻诸人者，未之有也。故治国在齐其家。《诗》云："桃之夭夭，其叶蓁蓁；之子于归，宜其家人。"宜其家人，而后可以教国人。《诗》云："宜兄宜弟。"宜兄宜弟，而后可以教国人。《诗》云："其仪不忒，正是四国。"其为父子兄弟足法，而后民法之也。此谓治国在齐其家。（释"齐家治国"）

传十章

所谓平天下在治其国者，上老老而民兴孝，上长长而民兴弟，上恤孤而民不倍，是以君子有絜矩之道也。所恶于上，毋以使下；所恶于下，毋以事上；所恶于前，毋以先后；所恶于后，毋以从前；所恶于右，毋以交于左；所恶于左，毋以交于右：此之谓絜矩之道。《诗》云："乐只君子，民之父母。"民之所好好之，民之所恶恶之，此之谓民之父母。《诗》云："节彼南山，维石岩岩，赫赫师尹，民具尔瞻。"有国者不可以不慎，辟则为天下僇矣。《诗》云："殷之未丧师，克配上帝；仪监于殷，峻命不易。"道得众则得国，失众则失国。是故君子先慎乎德，有德此有人，有人此有土，有土此有财，有财此有用。德者本也，财者末也。外本内末，争民施夺。是故财聚则民散，财散则民聚。是故言悖而出者，亦悖而入；货悖而入者，亦悖而出。《康诰》曰："唯命不于常。"道善则得之，不善则失之矣。《楚书》曰："楚国无以为宝，惟善以为宝。"舅犯曰："亡人无以为宝，仁亲以为宝。"《秦誓》曰："若有一介臣，断断兮无他技，其心休休焉，其如有容焉。人之有技，若己有之；人之彦圣，其心好之，不啻若自其口出。寔能容之，以能保我子孙黎民，尚亦有利哉。人之有技，媢嫉以恶之，人之彦圣，而违之俾不通。寔不能容，以不能保我子孙黎民，亦曰殆哉！"唯仁人放流之，迸诸四夷，不与同中国。此谓唯仁人为能爱人，能恶人。见贤而不能举，举而不能先，命也；见不善而不能退，退而不能远，过也。好人之所恶,恶人之所好,是谓拂人之性,菑必逮夫身。是故君子有大道,必忠信以得之,骄泰以失之。生财有大道,生之者众,食之者寡,为之者疾,用之者舒,则财恒足矣。仁者以财发身,不仁者以身发财。未有上好仁而下不好义者也,未有好义其事不终者也,未有府库财非其财者也。孟献子曰:"畜马乘不察于鸡豚,伐冰之家不畜牛羊,百乘之家不畜聚敛之臣,与其有聚敛之臣,宁有盗臣。"此谓国不以利为利,以义为利也。长国家而务财用者,必自小人矣。彼为善之,小人之使为国家,菑害并至,虽有善者,亦无如之何矣!此谓国家不以利为利,以义为利也。(释"治国平天下")

二 《中庸》全文

首章

天命之谓性,率性之谓道,修道之谓教。道也者,不可须臾离也,可离非道也。是故君子戒慎乎其所不睹,恐惧乎其所不闻。莫见乎隐,莫显乎微,故君子慎其独也。喜怒哀乐之未发,谓之中;发而皆中节,谓之和。中也者,天下之大本也;和也者,天下之达道也。致中和,天地位焉,万物育焉。

第二章

仲尼曰:"君子中庸,小人反中庸。君子之中庸也,君子而时中;小人之中庸也,小人而无忌惮也。"

第三章

子曰:"中庸其至矣乎!民鲜能久矣!"

第四章

子曰:"道之不行也,我知之矣,知者过之,愚者不及也;道之不明也,我知之矣,贤者过之,不肖者不及也。人莫不饮食也。鲜能知味也。"

第五章

子曰:"道其不行矣夫!"

第六章

子曰:"舜其大知也与!舜好问以好察迩言,隐恶而扬善,执其两端,用其中于民,其斯以为舜乎!"

第七章

子曰:"人皆曰'予知',驱而纳诸罟擭陷阱之中,而莫之知辟也。人皆曰'予知',择乎中庸,而不能期月守也。"

第八章

子曰:"回之为人也,择乎中庸,得一善,则拳拳服膺而弗失之矣。"

第九章

子曰:"天下国家可均也,爵禄可辞也,白刃可蹈也,中庸不可能也。"

第十章

子路问强。子曰:"南方之强与?北方之强与?抑而强与?宽柔以教,不报无道,南方之强也,君子居之。衽金革,死而不厌,北方之强也,而强者居之。故君子和而不流,强哉矫!中立而不倚，强哉矫！国有道，不变塞焉，强哉矫！国无道，至死不变，强哉矫！"

第十一章

子曰："素隐行怪，后世有述焉，吾弗为之矣。君子遵道而行，半途而废，吾弗能已矣。君子依乎中庸，遁世不见知而不悔，唯圣者能之。"

第十二章

君子之道费而隐。夫妇之愚，可以与知焉，及其至也，虽圣人亦有所不知焉；夫妇之不肖，可以能行焉，及其至也，虽圣人亦有所不能焉。天地之大也，人犹有所憾。故君子语大，天下莫能载焉；语小，天下莫能破焉。《诗》云："鸢飞戾天，鱼跃于渊。"言其上下察也。君子之道，造端乎夫妇；及其至也，察乎天地。

第十三章

子曰："道不远人。人之为道而远人，不可以为道。《诗》云：'伐柯伐柯，其则不远。'执柯以伐柯，睨而视之，犹以为远。故君子以人治人，改而止。忠恕违道不远，施诸己而不愿，亦勿施于人。君子之道四，丘未能一焉：所求乎子以事父，未能也；所求乎臣以事君，未能也；所求乎弟以事兄，未能也；所求乎朋友先施之，未能也。庸德之行，庸言之谨，有所不足，不敢不勉，有余不敢尽。言顾行，行顾言，君子胡不慥慥尔！"

第十四章

君子素其位而行，不愿乎其外。素富贵，行乎富贵；素贫贱，行乎贫贱；素夷狄，行乎夷狄；素患难，行乎患难；君子无入而不自得焉。在上位不陵下，在下位不援上，正己而不求于人则无怨。

上不怨天，下不尤人。故君子居易以俟命，小人行险以徼幸。子曰："射有似乎君子：失诸正鹄，反求诸其身。"

第十五章

君子之道，辟如行远必自迩，辟如登高必自卑。《诗》曰："妻子好合，如鼓瑟琴；兄弟既翕，和乐且耽；宜尔室家，乐尔妻帑。"子曰："父母其顺矣乎。"

第十六章

子曰："鬼神之为德，其盛矣乎！视之而弗见，听之而弗闻，体物而不可遗。使天下之人齐明盛服，以承祭祀。洋洋乎！如在其上，如在其左右。《诗》曰：'神之格思，不可度思，矧可射思！'夫微之显，诚之不可掩如此夫。"

第十七章

子曰："舜其大孝也与！德为圣人，尊为天子，富有四海之内。宗庙飨之，子孙保之。故大德必得其位，必得其禄，必得其名，必得其寿。故天之生物，必因其材而笃焉。故栽者培之，倾者覆之。《诗》曰：'嘉乐君子，宪宪令德！宜民宜人，受禄于天。保佑命之，自天申之！'故大德者必受命。"

第十八章

子曰："无忧者其唯文王乎！以王季为父，以武王为子，父作之，子述之。武王缵大王、王季、文王之绪。壹戎衣而有天下，身不失天下之显名。尊为天子，富有四海之内。宗庙飨之，子孙保之。武王末受命，周公成文、武之德，追王大王、王季，上祀先公以天子之礼。斯礼也，达乎诸侯大夫，及士庶人。父为大夫，子为士；葬以大夫，祭以士。父为士，子为大夫；葬以士，祭以大夫。

期之丧达乎大夫，三年之丧达乎天子，父母之丧无贵贱一也。"

第十九章

子曰："武王、周公，其达孝矣乎！夫孝者，善继人之志，善述人之事者也。春秋修其祖庙，陈其宗器，设其裳衣，荐其时食。宗庙之礼，所以序昭穆也；序爵，所以辨贵贱也；序事，所以辨贤也；旅酬下为上，所以逮贱也；燕毛，所以序齿也。践其位，行其礼，奏其乐，敬其所尊，爱其所亲，事死如事生，事亡如事存，孝之至也。郊社之礼，所以事上帝也；宗庙之礼，所以祀乎其先也。明乎郊社之礼，禘尝之义，治国其如示诸掌乎。"

第二十章

哀公问政。子曰："文武之政，布在方策。其人存，则其政举；其人亡，则其政息。人道敏政，地道敏树。夫政也者，蒲卢也。故为政在人，取人以身，修身以道，修道以仁。仁者人也，亲亲为大；义者宜也，尊贤为大；亲亲之杀，尊贤之等，礼所生也。在下位不获乎上，民不可得而治矣！故君子不可以不修身；思修身，不可以不事亲；思事亲，不可以不知人；思知人，不可以不知天。天下之达道五，所以行之者三：曰君臣也，父子也，夫妇也，昆弟也，朋友之交也；五者，天下之达道也。知、仁、勇三者，天下之达德也，所以行之者一也。或生而知之，或学而知之，或困而知之，及其知之一也；或安而行之，或利而行之，或勉强而行之，及其成功一也。"

子曰："好学近乎知，力行近乎仁，知耻近乎勇。知斯三者，则知所以修身；知所以修身，则知所以治人；知所以治人，则知所以治天下国家矣。凡为天下国家有九经，曰：修身也，尊贤也，亲亲也，敬大臣也，体群臣也，子庶民也，来百工也，柔远人也，怀诸侯也。修身则道立，尊贤则不惑，亲亲则诸父昆弟不怨，敬大臣则不眩，体群臣则士之报礼重，子庶民则百姓劝，来百工则财用足，柔远人则四方归之，怀诸侯则天下畏之。齐明盛服，非礼不动，所以修身也；去谗远色，贱货而贵德，所以劝贤也；尊其位，重其禄，同其好恶，所以劝亲亲也；官盛任使，所以劝大臣也；忠信重禄，所以劝士也；时使薄敛，所以劝百姓也；日省月试，既禀称事，所以劝百工也；送往迎来，嘉善而矜不能，所以柔远人也；继绝世，举废国，治乱持危，朝聘以时，厚往而薄来，所以怀诸侯也。凡为天下国家有九经，所以行之者一也。凡事豫则立，不豫则废。言前定则不跲，事前定则不困，行前定则不疚，道前定则不穷。在下位不获乎上，民不可得而治矣；获乎上有道：不信乎朋友，不获乎上矣；信乎朋友有道：不顺乎亲，不信乎朋友矣；顺乎亲有道：反诸身不诚，不顺乎亲矣；诚身有道：不明乎善，不诚乎身矣。诚者，天之道也；诚之者，人之道也。诚者不勉而中，不思而得，从容中道，圣人也。诚之者，择善而固执之者也。博学之，审问之，慎思之，明辨之，笃行之。有弗学，学之弗能弗措也；有弗问，问之弗知弗措也；有弗思，思之弗得弗措也；有弗辨，辨之弗明弗措也；有弗行，行之弗笃弗措也；人一能之己百之，人十能之己千之。果能此道矣，虽愚必明，虽柔必强。"

第二十一章

自诚明，谓之性；自明诚，谓之教。诚则明矣，明则诚矣。

第二十二章

唯天下至诚，为能尽其性；能尽其性，则能尽人之性；能尽人之性，则能尽物之性；能尽物之性，则可以赞天地之化育；可以赞天地之化育，则可以与天地参矣。

第二十三章

其次致曲，曲能有诚，诚则形，形则著，著则明，明则动，动则变，变则化，唯天下至诚为能化。

第二十四章

至诚之道，可以前知。国家将兴，必有祯祥；国家将亡，必有妖孽。见乎蓍龟，动乎四体。祸福将至：善，必先知之；不善，必先知之。故至诚如神。

第二十五章

诚者自成也，而道自道也。诚者物之终始，不诚无物。是故君子诚之为贵。诚者非自成己而已也，所以成物也。成己，仁也；成物，知也。性之德也，合外内之道也，故时措之宜也。

第二十六章

故至诚无息。不息则久，久则征，征则悠远，悠远则博厚，博厚则高明。博厚，所以载物也；高明，所以覆物也；悠久，所以成物也。博厚配地，高明配天，悠久无疆。如此者，不见而章，不动而变，无为而成。天地之道，可一言而尽也；其为物不贰，则其生物不测。天地之道：博也，厚也，高也，明也，悠也，久也。今夫天，斯昭昭之多，及其无穷也，日月星辰系焉，万物覆焉。今夫地，一撮土之多，及其广厚，载华岳而不重，振河海而不泄，万物载焉。今夫山，一卷石之多，及其广大，草木生之，禽兽居之，宝藏兴焉。今夫水，一勺之多，及其不测，鼋鼍、蛟龙、鱼鳖生焉，货财殖焉。《诗》云："维天之命，於穆不已！"盖曰天之所以为天也。"於乎不显！文王之德之纯！"盖曰文王之所以为文也，纯亦不已。

第二十七章

大哉圣人之道！洋洋乎！发育万物，峻极于天。优优大哉！礼仪三百，威仪三千。待其人而后行。故曰苟不至德，至道不凝焉。故君子尊德性而道问学，致广大而尽精微，极高明而道中庸。温故而知新，敦厚以崇礼。是故居上不骄，为下不倍，国有道其言足以兴，国无道其默足以容。《诗》曰："既明且哲，以保其身。"其此之谓与！

第二十八章

子曰："愚而好自用，贱而好自专，生乎今之世，反古之道。如此者，灾及其身者也。"非天子，不议礼，不制度，不考文。今天下车同轨，书同文，行同伦。虽有其位，苟无其德，不敢作礼乐焉；虽有其德，苟无其位，亦不敢作礼乐焉。子曰："吾说夏礼，杞不足征也；吾学殷礼，有宋存焉；吾学周礼，今用之，吾从周。"

第二十九章

王天下有三重焉，其寡过矣乎！上焉者虽善无征，无征不信，不信民弗从；下焉者虽善不尊，不尊不信，不信民弗从。故君子之道，本诸身，征诸庶民，考诸三王而不缪，建诸天地而不悖，质诸鬼神而无疑，百世以俟圣人而不惑。质诸鬼神而无疑，知天也；百世以俟圣人而不惑，知人也；是故君子动而世为天下道，行而世为天下法，言而世为天下则。远之则有望，近之则不厌。《诗》曰："在彼无恶，在此无射；庶几夙夜，以永终誉！"君子未有不如此而蚤有誉于天下者也。

第三十章

仲尼祖述尧舜，宪章文武；上律天时，下袭水土。辟如天地之无不持载，无不覆帱，辟如四时之错行，如日月之代明。万物并育而不相害，道并行而不相悖，小德川流，大德敦化，此天地之所以为大也。

第三十一章

唯天下至圣，为能聪明睿知，足以有临也；宽裕温柔，足以有容也；发强刚毅，足以有执也；齐庄中正，足以有敬也；文理密察，足以有别也。溥博渊泉，而时出之。溥博如天，渊泉如渊。见而民莫不敬，言而民莫不信，行而民莫不说。是以声名洋溢乎中国，施及蛮貊；舟车所至，人力所通，天之所覆，地之所载，日月所照，霜露所队（坠）；凡有血气者，莫不尊亲，故曰"配天"。

第三十二章

唯天下至诚，为能经纶天下之大经，立天下之大本，知天地之化育。夫焉有所倚？肫肫其仁！渊渊其渊！浩浩其天！苟不固聪明圣知达天德者，其孰能知之？

第三十三章

《诗》曰"衣锦尚䌹"，恶其文之著也。故君子之道，闇然而日章；小人之道，的然而日亡。君子之道，淡而不厌，简而文，温而理，知远之近，知风之自，知微之显，可与入德矣。《诗》云："潜虽伏矣，亦孔之昭！"故君子内省不疚，无恶于志。君子之所不可及者，其唯人之所不见乎。《诗》云："相在尔室，尚不愧于屋漏。"故君子不动而敬，不言而信。《诗》曰："奏假无言，时靡有争。"是故君子不赏而民劝，不怒而民威于铁钺。《诗》曰："不显惟德！百辟其刑之。"是故君子笃恭而天下平。《诗》云："予怀明德，不大声以色。"子曰："声色之于以化民，末也。"《诗》曰"德辖如毛"，毛犹有伦。"上天之载，无声无臭"，至矣！

三　韩愈《原道》

博爱之谓仁，行而宜之之谓义，由是而之焉之谓道，足乎己而无待于外之谓德。仁与义为定名，道与德为虚位。故道有君子小人，而德有凶有吉。老子之小仁义，非毁之也，其见者小也。坐井而观天，曰天小者，非天小也。彼以煦煦为仁，孑孑为义，其小之也则宜。其所谓道，道其所道，非吾所谓道也；其所谓德，德其所德，非吾所谓德也。凡吾所谓道德云者，合仁与义言之也，天下之公言也；老子之所谓道德云者，去仁与义言之也，一人之私言也。

周道衰，孔子没，火于秦，黄老于汉，佛于晋魏梁隋之间。其言道德仁义者，不入于杨，则归于墨；不入于老，则归于佛。入于彼，必出于此。入者主之，出者奴之；入者附之，出者污之。噫！后之人其欲闻仁义道德之说，孰从而听之？老者曰："孔子，吾师之弟子也。"佛者曰："孔子，吾师之弟子也。"为孔子者习闻其说，乐其诞而自小也，亦曰：吾师亦尝师之云尔。不惟举之于其口，而又笔之于其书。噫！后之人虽欲闻仁义道德之说，其孰从而求之？

甚矣，人之好怪也！不求其端，不讯其末，惟怪之欲闻。古之为民者四，今之为民者六；古之教者处其一，今之教者处其三；

农之家一，而食粟之家六；工之家一，而用器之家六；贾之家一，而资焉之家六。奈之何民不穷且盗也？

古之时，人之害多矣。有圣人者立，然后教之以相生相养之道。为之君，为之师，驱其虫蛇禽兽而处之中土。寒然后为之衣，饥然后为之食。木处而颠，土处而病也，然后为之宫室。为之工以赡其器用，为之贾以通其有无，为之医药以济其夭死，为之葬埋祭祀以长其恩爱，为之礼以次其先后，为之乐以宣其湮郁，为之政以率其怠倦，为之刑以锄其强梗。相欺也，为之符玺斗斛权衡以信之；相夺也，为之城郭甲兵以守之。害至而为之备，患生而为之防。今其言曰："圣人不死，大盗不止；剖斗折衡，而民不争。"呜呼！其亦不思而已矣！如古之无圣人，人之类灭久矣。何也？无羽毛鳞介以居寒热也，无爪牙以争食也。

是故君者，出令者也；臣者，行君之令而致之民者也；民者，出粟米麻丝，作器皿，通货财，以事其上者也。君不出令，则失其所以为君；臣不行君之令而致之民，则失其所以为臣；民不出粟米麻丝，作器皿，通货财，以事其上，则诛。今其法曰：必弃而君臣，去而父子，禁而相生相养之道，以求其所谓清净寂灭者。呜呼！其亦幸而出于三代之后，不见黜于禹、汤、文、武、周公、孔子也；其亦不幸而不出于三代之前，不见正于禹、汤、文、武、周公、孔子也。帝之与王，其号虽殊，其所以为圣一也。夏葛而冬裘，渴饮而饥食，其事虽殊，其所以为智一也。今其言曰："曷不为太古之无事？"是亦责冬之裘者曰："曷不为葛之之易也？"责饥之食者曰："曷不为饮之之易也？"

传曰："古之欲明明德于天下者，先治其国；欲治其国者，先齐其家；欲齐其家者，先修其身；欲修其身者，先正其心；欲正其心者，先诚其意。"然则古之所谓正心而诚意者，将以有为也。今也欲治其心而外天下国家，灭其天常，子焉而不父其父，臣焉而不君其君，民焉而不事其事。孔子之作《春秋》也，诸侯用夷礼则夷之，进于中国则中国之。经曰："夷狄之有君，不如诸夏之亡。"《诗》曰："戎狄是膺，荆舒是惩。"今也举夷狄之法而加之先王之教之上，几何其不胥而为夷也！

夫所谓先王之教者何也？博爱之谓仁，行而宜之之谓义，由是而之焉之谓道，足乎己无待于外之谓德。其文：《诗》《书》《易》《春秋》；其法：礼、乐、刑、政；其民：士、农、工、贾；其位：君臣、父子、师友、宾主、昆弟、夫妇；其服：麻、丝；其居：宫、室；其食：粟米、蔬果、鱼肉。其为道易明，而其为教易行也。是故以之为己，则顺而祥；以之为人，则爱而公；以之为心，则和而平；以之为天下国家，无所处而不当。是故生则得其情，死则尽其常，效焉而天神假，庙焉而人鬼飨。曰："斯道也，何道也？"曰："斯吾所谓道也，非向所谓老与佛之道也。尧以是传之舜，舜以是传之禹，禹以是传之汤，汤以是传之文、武、周公，文、武、周公传之孔子，孔子传之孟轲，轲之死，不得其传焉。荀与扬也，择焉而不精，语焉而不详。由周公而上，上而为君，故其事行。由周公而下，下而为臣，故其说长。然则如之何而可也？曰：不塞不流，不止不行。人其人，火其书，庐其居，明先王之道以道之，鳏寡孤独废疾者有养也。其亦庶乎其可也。

四 程颐《颜子所好何学论》

圣人之门，其徒三千，独称颜子为好学。夫《诗》《书》六艺，三千子非不习而通也。然则颜子所独好者，何学也？学以至圣人之道也。

圣人可学而至欤？曰：然。学之道如何？曰：天地储精，得五行之秀者为人。其本也真而静，其未发也五性具焉，曰仁、义、礼、智、信。形既生矣，外物触其形而动于中矣。其中动而七情出焉，曰喜、怒、哀、乐、爱、恶、欲。情既炽而益荡，其性凿矣。是故觉者约其情使合于中，正其心，养其性，故曰性其情。愚者则不知制之，纵其情而至于邪僻，梏其性而亡之，故曰情其性。凡学之道，正其心、养其性而已。中正而诚，则圣矣。君子之学，必先明诸心，知所养，然后力行以求至，所谓自明而诚也。故学必尽其心。尽其心，则知其性，知其性，反而诚之，圣人也。故《洪范》曰："思曰睿，睿作圣。"诚之之道，在乎信道笃。信道笃则行之果，行之果则守之固：仁义忠信不离乎心，造次必于是，颠沛必于是，出处语默必于是。久而弗失，则居之安，动容周旋中礼，而邪僻之心无自生矣。

故颜子所事，则曰："非礼勿视，非礼勿听，非礼勿言，非礼勿动。"仲尼称之，则曰："得一善，则拳拳服膺而弗失之矣。"又曰："不迁怒，不贰过，有不善未尝不知，知之未尝复行也。"此其好之笃，学之之道也。视、听、言、动皆礼矣，所异于圣人者，盖圣人则不思而得，不勉而中，从容中道；颜子则必思而后得，必勉而后中。故曰：颜子之与圣人，相去一息。孟子曰："充实而有光辉之谓大，大而化之之谓圣，圣而不可知之谓神。"颜子之德，可谓充实而有光辉矣，所未至者，守之也，非化之也。以其好学之心，假之以年，则不日而化矣。故仲尼曰："不幸短命死矣。"盖伤其不得至于圣人也。所谓化之者，入于神而自然，不思而得，不勉而中之谓也。孔子曰"七十而从心所欲不逾矩"，是也。

或曰："圣人，生而知之者也。今谓可学而至，其有稽乎？"曰："然。孟子曰：'尧、舜性之也，汤、武反之也。'性之者，生而知之者也；反之者，学而知之者也。"又曰："孔子则生而知也，孟子则学而知也。后人不达，以谓圣本生知，非学可至，而为学之道遂失。不求诸己而求诸外，以博文强记、巧文丽辞为工，荣华其言，鲜有至于道者。则今之学，与颜子所好异矣。"

五　张载《西铭》

乾称父，坤称母。予兹藐焉，乃混然中处。故天地之塞，吾其体；天地之帅，吾其性。民吾同胞，物吾与也。大君者，吾父母宗子；其大臣，宗子之家相也。尊高年，所以长其长；慈孤弱，所以幼其幼。圣其合德，贤其秀也。凡天下疲癃残疾、惸独鳏寡，皆吾兄弟之颠连而无告者也。于时保之，子之翼也；乐且不忧，纯乎孝者也。违曰悖德，害仁曰贼；济恶者不才，其践形，惟肖者也。知化则善述其事，穷神则善继其志。不愧屋漏为无忝，存心养性为匪懈。恶旨酒，崇伯子之顾养；育英才，颍封人之锡类。不弛劳而底豫，舜其功也；无所逃而待烹，申生其恭也。体其受而归全者，参乎！勇于从而顺令者，伯奇也。富贵福泽，将厚吾之生也；贫贱忧戚，庸玉汝于成也。存，吾顺事；没，吾宁也。

六　朱熹《论语序说》

《史记·世家》曰："孔子名丘，字仲尼。其先宋人。父叔梁纥，母颜氏。以鲁襄公二十二年，庚戌之岁，十一月庚子，生孔子于鲁昌平乡陬邑。为儿嬉戏，常陈俎豆，设礼容。及长，为委吏，料量平；为司职吏，畜蕃息。适周，问礼于老子，既反，而弟子益进。昭公二十五年甲申，孔子年三十五，而昭公奔齐，鲁乱。于是适齐，为高昭子家臣，以通乎景公。公欲封以尼谿之田，晏婴不可，公惑之。孔子遂行，反乎鲁。定公元年壬辰，孔子年四十三，而季氏强僭，其臣阳虎作乱专政。故孔子不仕，而退修《诗》《书》《礼》《乐》，弟子弥众。九年庚子，孔子年五十一。公山不狃以费畔季氏，召，孔子欲往，而卒不行。定公以孔子为中都宰，一年，四方则之，遂为司空，又为大司寇。十年辛丑，相定公会齐侯于夹谷，齐人归鲁侵地。十二年癸卯，使仲由为季氏宰，堕三都，收其甲兵。孟氏不肯堕成，围之不克。十四年乙巳，孔子年五十六，摄行相事，诛少正卯，与闻国政。三月，鲁国大治。齐人归女乐以沮之，季桓子受之。郊又不致膰俎于大夫，孔子行。适卫，主于子路妻兄颜浊邹家。适陈，过匡，匡人以为阳虎而拘之。既解，还卫，主蘧伯玉家，见南子。去，适宋，司马桓魋欲杀之。又去，适陈，主司城贞子家。居三岁而反于卫，灵公不能用。晋赵氏家臣佛肸以中牟畔，召孔子，孔子欲往，亦不果。将西见赵简子，至河而反，又主蘧伯玉家。灵公问陈，不对而行，复如陈。季桓子卒，遗言谓康子必召孔子，其臣止之，康子乃召冉求。孔子如蔡及叶。楚昭王将以书社地封孔子，令尹子西不可，乃止。又反乎卫，时灵公已卒，卫君辄欲得孔子为政。而冉求为季氏将，与齐战有功，康子乃召孔子，而孔子归鲁，实哀公之十一年丁巳，而孔子年六十八矣。然鲁终不能用孔子，孔子亦不求仕，乃叙《书传》《礼记》。删《诗》正乐，序易《彖》《系》《象》《说卦》《文言》。弟子盖三千焉，身通六艺者七十二人。十四年庚申，鲁西狩获麟，孔子作《春秋》。明年辛酉，子路死于卫。十六年壬戌、四月己丑，孔子卒，年七十三，葬鲁城北泗上。弟子皆服心丧三年而去，惟子贡庐于冢上，凡六年。孔子生鲤，字伯鱼，先卒。伯鱼生伋，字子思，作《中庸》。"

何氏曰："《鲁论语》二十篇。《齐论语》别有《问王》《知道》，凡二十二篇，其二十篇中章句，颇多于《鲁论》。《古论》出孔氏壁中，分《尧曰》下章子张问以为一篇，有两《子张》，凡二十一篇，篇次不与《齐论》《鲁论》同。"

程子曰："《论语》之书，成于有子、曾子之门人，故其书独二子以子称。"

程子曰："读《论语》，有读了全然无事者；有读了后其中得一两句喜者；有读了后知好之者；有读了后直有不知手之舞之、足之蹈之者。"

程子曰："今人不会读书。如读《论语》，未读时是此等人，读了后又只是此等人，便是不曾读。"

程子曰："颐自十七八读《论语》，当时已晓文义。读之愈久，但觉意味深长。"

七　朱熹《论语孟子读法》

程子曰："学者当以《论语》《孟子》为本。《论语》《孟子》既治，则《六经》可不治而明矣。读书者当观圣人所以作经之意，与圣人所以用心，圣人之所以至于圣人，而吾之所以未至者，所以未得者。句句而求之，书诵而味之，中夜而思之，平其心，易其气，阙其疑，则圣人之意可见矣。"

程子曰："凡看文字，须先晓其文义，然后可以求其意。未有不晓文义而见意者也。"

程子曰："学者须将《论语》中诸弟子问处便作自己问，圣人答处便作今日耳闻，自然有得。虽孔、孟复生，不过以此教人。若能于《语》《孟》中深求玩味，将来涵养成甚生气质！"

程子曰："凡看《语》《孟》，且须熟读玩味。须将圣人言语切己，不可只作一场话说。人只看得二书切己，终身尽多也。"

程子曰："《论》《孟》只剩读着，便自意足。学者须是玩味。若以语言解着，意便不足。"

或问："且将《论》《孟》紧要处看，如何？"程子曰："固是好，但终是不浃洽耳。"

程子曰："孔子言语句句是自然，孟子言语句句是事实。"

程子曰:"学者先读《论语》《孟子》,如尺度权衡相似,以此去量度事物,自然见得长短轻重。"

程子曰:"读《论语》《孟子》而不知道,所谓'虽多,亦奚以为'。"

八　朱熹《孟子·序说》

《史记·列传》曰:"孟轲,驺人也,受业子思之门人。道既通,游事齐宣王,宣王不能用。适梁,梁惠王不果所言,则见以为迂远而阔于事情。当是之时,秦用商鞅,楚、魏用吴起,齐用孙子、田忌。天下方务于合从连衡,以攻伐为贤。而孟轲乃述唐、虞、三代之德,是以所如者不合。退而与万章之徒序《诗》《书》,述仲尼之意,作《孟子》七篇。"

韩子曰:"尧以是传之舜,舜以是传之禹,禹以是传之汤,汤以是传之文、武、周公,文、武、周公传之孔子,孔子传之孟轲,轲之死,不得其传焉。荀与扬也,择焉而不精,语焉而不详。"

又曰:"孟氏醇乎醇者也。荀与扬,大醇而小疵。"

又曰:"夫子之道大而能博,门弟子不能遍观而尽识也,故学焉而皆得其性之所近。其后离散,分处诸侯之国,又各以其所能授弟子,源远而末益分。惟孟轲师子思,而子思之学出于曾子。自孔子没,独孟轲氏之传得其宗。故求观圣人之道者,必自孟子始。"

又曰:"扬子云曰:'古者杨、墨塞路,孟子辞而辟之,廓如也。'夫杨、墨行,正道废。孟子虽贤圣,不得位。空言无施,虽切何补。然赖其言,而今之学者尚知宗孔氏,崇仁义,贵王贱霸而已。其大经大法,皆亡灭而不救,坏烂而不收。所谓存十一于千百,安在其能廓如也?然向无孟氏,则皆服左衽而言侏离矣。故愈尝推尊孟氏,以为功不在禹下者,为此也。"

或问于程子曰:"孟子还可谓圣人否?"程子曰:"未敢便道他是圣人,然学已到至处。"

程子又曰:"孟子有功于圣门,不可胜言。仲尼只说一个仁字,孟子开口便说仁义。仲尼只说一个志,孟子便说许多养气出来。只此二字,其功甚多。"

又曰:"孟子有大功于世,以其言性善也。"

又曰:"孟子性善、养气之论,皆前圣所未发。"

又曰:"学者全要识时。若不识时,不足以言学。颜子陋巷自乐,以有孔子在焉。若孟子之时,世既无人,安可不以道自任。"

又曰:"孟子有些英气。才有英气,便有圭角,英气甚害事。如颜子便浑厚不同,颜子去圣人只毫发间。孟子大贤,亚圣之次也。"或曰:"英气见于甚处?"曰:"但以孔子之言比之,便可见。且如冰与水精非不光。比之玉,自是有温润含蓄气象,无许多光耀也。"

杨氏曰:"《孟子》一书,只是要正人心,教人存心养性,收其放心。至论仁、义、礼、智,则以恻隐、羞恶、辞让、是非之心为之端。论邪说之害,则曰:'生于其心,害于其政。'论事君,则曰:'格君心之非','一正君而国定'。千变万化,只说从心上来。人能正心,则事无足为者矣。《大学》之修身、齐家、治国、平天下,其本只是正心、诚意而已。心得其正,然后知性之善。故孟子遇人便道性善。欧阳永叔却言'圣人之教人，性非所先'，可谓误矣。人性上不可添一物，尧舜所以为万世法，亦是率性而已。所谓率性，循天理是也。外边用计用数，假饶立得功业，只是人欲之私。与圣贤作处，天地悬隔。"

九　朱熹《大学章句序》

　　《大学》之书，古之大学所以教人之法也。盖自天降生民，则既莫不与之以仁义礼智之性矣。然其气质之禀或不能齐，是以不能皆有以知其性之所有而全之也。一有聪明睿智能尽其性者出于其间，则天必命之以为亿兆之君师，使之治而教之，以复其性。此伏羲、神农、黄帝、尧、舜，所以继天立极，而司徒之职、典乐之官所由设也。

　　三代之隆，其法寖备，然后王宫、国都以及闾巷，莫不有学。人生八岁，则自王公以下，至于庶人之子弟，皆入小学，而教之以洒扫、应对、进退之节，礼乐、射御、书数之文；及其十有五年，则自天子之元子、众子，以至公、卿、大夫、元士之适子，与凡民之俊秀，皆入大学，而教之以穷理、正心、修己、治人之道。此又学校之教、大小之节所以分也。

　　夫以学校之设，其广如此，教之之术，其次第节目之详又如此，而其所以为教，则又皆本之人君躬行心得之余，不待求之民生日用彝伦之外，是以当世之人无不学。其学焉者，无不有以知其性分之所固有，职分之所当为，而各俛焉以尽其力。此古昔盛时所以治隆于上，俗美于下，而非后世之所能及也！

及周之衰，贤圣之君不作，学校之政不修，教化陵夷，风俗颓败，时则有若孔子之圣，而不得君师之位以行其政教，于是独取先王之法，诵而传之以诏后世。若《曲礼》《少仪》《内则》《弟子职》诸篇，固小学之支流余裔。而此篇者，则因小学之成功，以著大学之明法，外有以极其规模之大，而内有以尽其节目之详者也。三千之徒，盖莫不闻其说，而曾氏之传独得其宗，于是作为传义，以发其意。及孟子没而其传泯焉，则其书虽存，而知者鲜矣！

自是以来，俗儒记诵词章之习，其功倍于小学而无用；异端虚无寂灭之教，其高过于大学而无实。其他权谋术数，一切以就功名之说，与夫百家众技之流，所以惑世诬民、充塞仁义者，又纷然杂出乎其间。使其君子不幸而不得闻大道之要，其小人不幸而不得蒙至治之泽，晦盲否塞，反复沈痼，以及五季之衰，而坏乱极矣！

天运循环，无往不复。宋德隆盛，治教休明。于是河南程氏两夫子出，而有以接乎孟氏之传。实始尊信此篇而表章之，既又为之次其简编，发其归趣，然后古者大学教人之法、圣经贤传之指，粲然复明于世。虽以熹之不敏，亦幸私淑而与有闻焉。顾其为书犹颇放失，是以忘其固陋，采而辑之，间亦窃附己意，补其阙略，以俟后之君子。极知僭踰，无所逃罪，然于国家化民成俗之意、学者修己治人之方，则未必无小补云。

淳熙己酉二月甲子，新安朱熹序。

十　朱熹《中庸章句序》

《中庸》何为而作也？子思子忧道学之失其传而作也。盖自上古圣神继天立极，而道统之传有自来矣。其见于经，则"允执厥中"者，尧之所以授舜也；"人心惟危，道心惟微，惟精惟一，允执厥中"者，舜之所以授禹也。尧之一言，至矣，尽矣！而舜复益之以三言者，则所以明夫尧之一言，必如是而后可庶几也。

盖尝论之：心之虚灵知觉，一而已矣，而以为有人心、道心之异者，则以其或生于形气之私，或原于性命之正，而所以为知觉者不同，是以或危殆而不安，或微妙而难见耳。然人莫不有是形，故虽上智不能无人心，亦莫不有是性，故虽下愚不能无道心。二者杂于方寸之间，而不知所以治之，则危者愈危，微者愈微，而天理之公卒无以胜夫人欲之私矣。精则察夫二者之间而不杂也，一则守其本心之正而不离也。从事于斯，无少间断，必使道心常为一身之主，而人心每听命焉，则危者安、微者著，而动静云为自无过不及之差矣。

夫尧、舜、禹，天下之大圣也。以天下相传，天下之大事也。以天下之大圣，行天下之大事，而其授受之际，丁宁告戒，不过如此。则天下之理，岂有以加于此哉？自是以来，圣圣相承：若成汤、文、武之为君，皋陶、伊、傅、周、召之为臣，既皆以此而接夫道统之传。若吾夫子，则虽不得其位，而所以继往圣、开来学，其功反有贤于尧舜者。然当是时，见而知之者，惟颜氏、曾氏之传得其宗。及曾氏之再传，而复得夫子之孙子思，则去圣远而异端起矣。子思惧夫愈久而愈失其真也，于是推本尧舜以来相传之意，质以平日所闻父师之言，更互演绎，作为此书，以诏后之学者。盖其忧之也深，故其言之也切；其虑之也远，故其说之也详。其曰"天命率性"，则道心之谓也；其曰"择善固执"，则精一之谓也；其曰"君子时中"，则执中之谓也。世之相后，千有余年，而其言之不异，如合符节。历选前圣之书，所以提挈纲维、开示蕴奥，未有若是之明且尽者也。自是而又再传以得孟氏，为能推明是书，以承先圣之统，及其没而遂失其传焉。则吾道之所寄不越乎言语文字之间，而异端之说日新月盛，以至于老、佛之徒出，则弥近理而大乱真矣。然而尚幸此书之不泯，故程夫子兄弟者出，得有所考，以续夫千载不传之绪；得有所据，以斥夫二家似是之非。盖子思之功于是为大，而微程夫子，则亦莫能因其语而得其心也。惜乎！其所以为说者不传，而凡石氏之所辑录，仅出于其门人之所记，是以大义虽明，而微言未析。至其门人所自为说，则虽颇详尽而多所发明，然倍其师说而淫于老、佛者，亦有之矣。

熹自蚤岁即尝受读而窃疑之，沈潜反复，盖亦有年，一旦恍然似有以得其要领者，然后乃敢会众说而折其中，既为定著章句一篇，以俟后之君子。而一二同志复取石氏书，删其繁乱，名以《辑略》，且记所尝论辩取舍之意，别为《或问》，以附其后。然后此书之旨，支分节解、脉络贯通、详略相因、巨细毕举，而凡诸说之同异得失，亦得以曲畅旁通，而各极其趣。虽于道统之传，不敢妄议，然初学之士，或有取焉，则亦庶乎行远升高之一助云尔。

淳熙己酉春三月戊申，新安朱熹序。

十一　王阳明《大学问》

问曰："《大学》者，昔儒以为大人之学矣。敢问大人之学何以在于'明明德'乎？"

阳明子答曰："大人者，以天地万物为一体者也。其视天下犹一家，中国犹一人焉。若夫间形骸而分尔我者，小人矣。大人之能以天地万物为一体也，非意之也，其心之仁本若是，其与天地万物而为一也。岂惟大人，虽小人之心亦莫不然，彼顾自小之耳。是故见孺子之入井，而必有怵惕恻隐之心焉，是其仁之与孺子而为一体也；孺子犹同类者也，见鸟兽之哀鸣觳觫，而必有不忍之心焉，是其仁之与鸟兽而为一体也；鸟兽犹有知觉者也，见草木之摧折而必有悯恤之心焉，是其仁之与草木而为一体也；草木犹有生意者也，见瓦石之毁坏而必有顾惜之心焉，是其仁之与瓦石而为一体也：是其一体之仁也，虽小人之心亦必有之。是乃根于天命之性，而自然灵昭不昧者也，是故谓之'明德'。小人之心既已分隔隘陋矣，而其一体之仁犹能不昧若此者，是其未动于欲，而未蔽于私之时也。及其动于欲，蔽于私，而利害相攻，忿怒相激，则将戕物圮类，无所不为，其甚至有骨肉相残者，而一体之仁亡矣。是故苟无私欲之蔽，则虽小人之心，而其一体之仁犹大人也；一有私欲之蔽，则虽大人之心，而其分隔隘陋犹小人矣。故夫为大人之学者，亦惟去其私欲之蔽，以自明其明德，复其天地万物一体之本然而已耳，非能于本体之外而有所增益之也。"

问曰："然则何以在'亲民'乎？"

答曰："明明德者，立其天地万物一体之体也。亲民者，达其天地万物一体之用也。故明明德必在于亲民，而亲民乃所以明其明德也。是故亲吾之父，以及人之父，以及天下人之父，而后吾之仁实与吾之父、人之父与天下人之父而为一体矣；实与之为一体，而后孝之明德始明矣！亲吾之兄，以及人之兄，以及天下人之兄，而后吾之仁实与吾之兄、人之兄与天下人之兄而为一体矣；实与之为一体，而后弟之明德始明矣！君臣也，夫妇也，朋友也，以至于山川鬼神鸟兽草木也，莫不实有以亲之，以达吾一体之仁，然后吾之明德始无不明，而真能以天地万物为一体矣。夫是之谓明明德于天下，是之谓家齐国治而天下平，是之谓尽性。"

问曰："然则又乌在其为'止至善'乎？"

答曰："至善者，明德、亲民之极则也。天命之性，粹然至善，其灵昭不昧者，此其至善之发见，是乃明德之本体，而即所谓良知也。至善之发见，是而是焉，非而非焉，轻重厚薄，随感随应，变动不居，而亦莫不自有天然之中，是乃民彝物则之极，而不容少有议拟增损于其间。少有拟议增损于其间，则是私意小智，而非至善之谓矣。自非慎独之至、惟精惟一者，其孰能与于此乎？后之人惟其不知至善之在吾心，而用其私智以揣摸测度于其外，以为事事物物各有定理也，是以昧其是非之则，支离决裂，人欲肆而天理亡，明德亲民之学遂大乱于天下。盖昔之人固有欲明其明德者矣，然惟不知止于至善，而骛其私心于过高，是以失之虚罔空寂，而无有乎家国天下之施，则二氏之流是矣。固有欲亲其民者矣，然惟不知止于至善，而溺其私心于卑琐，是以失之权谋智术，而无有乎仁爱恻怛之诚，则五伯功利之徒是矣。是皆不知止于至善之过也。故止至善之于明德、亲民也，犹之规矩之于方圆也，尺度之于长短也，权衡之于轻重也。故方圆而不止于规矩，爽其则矣；长短而不止于尺度，乖其剂矣；轻重而不止于权衡，失其准矣；明明德、亲民而不止于至善，亡其本矣。故止于至善以亲民，而明其明德，是之谓大人之学。"

问曰："'知止而后有定，定而后能静，静而后能安，安而后能虑，虑而后能得'，其说何也？"

答曰："人惟不知至善之在吾心，而求之于其外，以为事事物物皆有定理也，而求至善于事事物物之中，是以支离决裂，错杂纷纭，而莫知有一定之向。今焉既知至善之在吾心，而不假于外求，则志有定向，而无支离决裂、错杂纷纭之患矣。无支离决裂、错杂纷纭之患，则心不妄动而能静矣。心不妄动而能静，则其日用之间，从容闲暇而能安矣。能安，则凡一念之发，一事之感，其为至善乎？其非至善乎？吾心之良知自有以详审精察之，而能虑矣。能虑则择之无不精，处之无不当，而至善于是乎可得矣。"

问曰："'物有本末'，先儒以明德为本，新民为末，两物而内外相对也。'事有终始'，先儒以知止为始，能得为终，一事而首尾相因也。如子之说，以新民为亲民，则本末之说亦有所未然欤？"

答曰："终始之说，大略是矣。即以新民为亲民，而曰明德为本，亲民为末，其说亦未尝不可，但不当分本末为两物耳。夫木之干谓之本，木之梢谓之末。惟其一物也，是以谓之本末。若曰两物，则既为两物矣，又何可以言本末乎？新民之意，既与亲民不同，则明德之功，自与新民为二。若知明明德以亲其民，而亲民以明其明德，则明德亲民焉可析而为两乎？先儒之说，是盖不知明德亲民之本为一事，而认以为两事，是以虽知本末之当为一物，而亦不得不分为两物也。"

问曰："'古之欲明明德于天下者'，以至于'先修其身'，以吾子明德亲民之说通之，亦既可得而知矣。敢问'欲修其身'，以至于'致知在格物'，其工夫次第又何如其用力欤？"

答曰："此正详言明德、亲民、止至善之功也。盖身、心、意、知、物者，是其工夫所用之条理，虽亦各有其所，而其实只是一物。格、致、诚、正、修者，是其条理所用之工夫，虽亦皆有其名，而其实只是一事。何谓身？心之形体运用之谓也。何谓心？身之灵明主宰之谓也。何谓修身？为善而去恶之谓也。吾身自能为善而去恶乎？必其灵明主宰者欲为善而去恶，然后其形体运用者始能为善而去恶也。故欲修其身者，必在于先正其心也。然心之本体则性也。性无不善，则心之本体本无不正也。何从而用其正之之功乎？盖心之本体本无不正，自其意念发动而后有不正。故欲正其心者，必就其意念之所发而正之，凡其发一念而善也，好之真如好好色；发一念而恶也，恶之真如恶恶臭：则意无不诚，而心可正矣。然意之所发有善有恶，不有以明其善恶之分，亦将真妄错杂，虽欲诚之，不可得而诚矣。故欲诚其意者，必在于致知焉。致者，至也，如云'丧致乎哀'之'致'。《易》言'知至至之'，'知至'者，知也；'至之'者，致也。'致知'云者，非若后儒所谓充广其知识之谓也，致吾心之良知焉耳。良知者，孟子所谓'是非之心，人皆有之'者也。是非之心，不待虑而知，不待学而能，是故谓之良知。是乃天命之性，吾心之本体，自然灵昭明觉者也。凡意念之发，吾心之良知无有不自知者。其善欤，惟吾心之良知自知之；其不善欤，亦惟吾心之良知自知之。是皆无所与于他人者也。故虽小人之为不善，既已无所不至，然其见君子，则必厌然掩其不善，而著其善者，是亦可以见其良知之有不容于自昧者也。今欲别善恶以诚其意，惟在致其良知之所知焉尔。何则？意念之发，吾心之良知既知其为善矣，使其不能诚有以好之，而复背而去之，则是以善为恶，而自昧其知善之良知矣。意念之所发，吾之良知既知其为不善矣，使其不能诚有以恶之，而复蹈而为之，则是以恶为善，而自昧其知恶之良知矣。若是，则虽曰知之，犹不知也，意其可得而诚乎！今于良知之善恶者，无不诚好而诚恶之，则不自欺其良知而意可诚也已。然欲致其良知，亦岂影响恍惚而悬空无实之谓乎？是必实有其事矣。故致知必在于格物。物者，事也，凡意之所发必有其事，意所在之事谓之物。格者，正也，正其不正以归于正之谓也。正其不正者，去恶之谓也。归于正者，为善之谓也。夫是之谓格。书言'格于上下'，'格于文祖'，'格其非心'，格物之格实兼其义也。良知所知之善，虽诚欲好之矣，苟不即其意之所在之物而实有以为之，则是物有未格，而好之之意犹为未诚也。良知所知之恶，虽诚欲恶之矣，苟不即其意之所在之物而实有以去之，则是物有未格，而恶之之意犹为未诚也。今焉于其良知所知之善者，即其意之所在之物而实为之，无有乎不尽。于其良知所知之恶者，即其意之所在之物而实去之，无有乎不尽。然后物无不格，而吾良知之所知者无有亏缺障蔽，而得以极其至矣。夫然后吾心快然无复余憾而自谦矣，夫然后意之所发者，始无自欺而可以谓之诚矣。故曰：'物格而后知至，知至而后意诚，意诚而后心正，心正而后身修。'盖其功夫条理虽有先后次序之可言，而其体之惟一，实无先后次序之可分。其条理功夫虽无先后次序之可分,而其用之惟精,固有纤毫不可得而缺焉者。此格致诚正之说,所以阐尧舜之正传而为孔氏之心印也。"

后记

这本小书是我近些年研习儒学的又一收获。从最初的酝酿构思，到最终的成文成书，历时凡八年之久——不算长，也不算短。

早在2012年底，我为长沙明伦书院开讲"四书通讲"时，便初步理出一个"夫子之道"的头绪——当时所编纲要，仅三万余字，只能算是一个胚胎。嗣后，又在多个场合讲此话题，思考随年深入，讲义不断扩充，课件时有增益，始有成书之意。

然而"计划赶不上变化"。这期间，因为《论语》的讲习更为集中，所获较易整理，日就月将，欲罢不能，故2015年夏，《论语新识》的写作率先提上日程，至2016年秋付梓出版时，我的《论语》讲习恰满十年——该书虽属"后发先至"，亦可谓水到渠成。

2017年春节期间，我应上海图书馆之邀，做了一个题为《夫子之道：四书通讲》的系列讲座，讲座凡六场，共十二个专题，录像及录音在网络及电台传播，以系统性和通俗易懂受到读者及观众好评。正是这次系列讲座，让我得以重新梳理贯穿于《四书》中的"日用常行之道"，并根据十几个小时的录音整理稿，完成了对此书框架结构和义理逻辑的进一步深化和细化。

说来也巧，当年夏天，又接到山东教育卫视的邀请，在《孔子大讲堂》栏目上再讲《夫子之道》，共十五集，因为是在电视媒体上传播，故我对自己的要求是先写成讲稿，以免言不及义，信口开河。正是在那次讲授中，本书的大体规模基本形成。节目播出后，又受到观众谬赞，先后多次重播。

转眼到了2018年秋季，我在同济大学闻学堂开设多年的《论语导读》公选课再度开启。这一次，我改变了以往逐篇、逐章、逐句、逐字讲解的方式（这种方式可以做到把经文讲透，但一个学期常常只能讲完六七篇，不免遗憾），转而采取"四书通讲"的专题讲座形式，一个学期下来，"四书"得以兼顾，道脉粗可贯通，上课的体验更是从未有过的酣畅！

缘分还在凝聚。就是在这一年课程结束之际，承蒙《名作欣赏》杂志厚爱，得以在该刊开设"四书通讲"专栏。遂决定再次自我加压，抛弃原有的讲稿，以更为严谨整饬的学术文章出之。自2019年元月开始，几乎每月都要完成一篇八九千字的长文，就这样一篇篇写下去，专栏竟一口气开了近两年，共连载21期。

尽管如此，当我把所有的文章汇聚成帙后，依旧觉得意犹未尽，因又撰写了《自序》，增补了《尾声》，添加了《附录》，调整了全书的题目、章节、注释，并做了文字和语感上的润色，以降低阅读难度。为此，交稿日期不得不一再延迟。

孔子说："德之不修，学之不讲，闻义不能徙，不善不能改，是吾忧也。"此夫子"四忧"，境界廓大，知易行难，我只能说——"虽不能至，心向往之"。

在此书付梓之际，我要向前面提到的单位及朋友表示感谢，没有这些善缘，也就没有这本书。感谢广西师范大学出版社的邀约和支持，作为最早合作的出版社，这一次的合作，算是再续前缘。还要感谢岳麓书社的朋友们，没有他们最初的鞭策和厚爱，这本书恐怕也不会破茧而出。

最后，感谢本书的读者朋友们。因为此书我们相识，这"学缘"的扩散，于我而言真是一种莫大的福报。

刘　强

2020年10月3日谨识于沪上守中斋